Galería Hispánica

SECOND EDITION

ROBERT LADO
MARGARET ADEY
LOUIS ALBINI
JOSEPH MICHEL
HILARIO S. PEÑA

McGRAW-HILL BOOK COMPANY
New York   St. Louis   San Francisco
Düsseldorf   Johannesburg   Kuala Lumpur   London
Mexico   Montreal   New Delhi   Panama
Rio de Janeiro   Singapore   Sydney   Toronto

Dear Professor:
This book has been sent to you at the suggestion of our local McGRAW-HILL representative. Please accept it with his compliments.

COLLEGE & UNIVERSITY DIVISION
McGRAW-HILL BOOK COMPANY

Designed and illustrated by PATRICIA FRIEDMAN

Galería Hispánica

Copyright © 1971, 1965 by McGraw-Hill, Inc. All Rights Reserved. Printed in the United States of America. No part of this publication may be reproduced, stored in a retrieval system, or transmitted, in any form or by any means, electronic, mechanical, photocopying, recording, or otherwise, without the prior written permission of the publisher.

07-035747-1

Library of Congress Catalog Card Number 72-133807

1 2 3 4 5 6 7 8 9 10   VH VH   80 79 78 77 76 75 74 73 72 71

About the authors

Robert Lado, Dean of the School of Languages and Linguistics at Georgetown University, is a well-known author in the field of linguistics and language teaching. Dr. Lado is the author of *Language Teaching: A Scientific Approach.*

Margaret Adey teaches Spanish at Davy Crockett High School in Austin, Texas, where she introduced language laboratory instruction. She is Organizer and Director of the Spanish Workshop for High School Students in Guanajuato, Mexico (formerly of Monterrey), and a past president of the Austin Chapter of the American Association of Teachers of Spanish and Portuguese.

Louis Albini is Chairman of the Foreign Language Department of Pascack Hills High School, Montvale, New Jersey. He taught methods and demonstration classes at the University of Puerto Rico for the NDEA Institute for three summers. Mr. Albini has been a pioneer in the use of the language laboratory in New Jersey.

Joseph Michel, Professor of Foreign Language Education at the University of Texas, is Director of the Foreign Language Education Center at the University of Texas. In 1964–1965 he was a Fulbright lecturer on foreign language teaching at the University of Madrid.

Hilario S. Peña, a teacher of Spanish and French for twenty-two years, is a junior high school principal in the city of Los Angeles. Dr. Peña was Assistant Director of the NDEA Spanish Institute at the University of Southern California for six consecutive years and is a member of the California Advisory Council of Educational Research.

Acknowledgments

The authors wish to thank the publishers, authors and holders of copyright for their permission to reproduce the following literary works.

Una carta a Dios from *Cuentos campesinos de México* published by Editorial Cima, México, D. F., courtesy of Gregorio López y Fuentes.

Me como dos from *Cuentos españoles,* 1967, published by Gráficas Ampurias, Barcelona, Spain.

Importancia de los signos de puntuación from *Libro de lecturas* by Angel Antón Andrés published by Max Hueber, Munich, Germany.

Bolívar, courtesy of Mrs. Luis Llorens Torres.

El Alcázar no se rinde from *Temas españoles* published by Publicaciones Españolas, Madrid, Spain.

El mensajero de San Martín from *Segundo curso progresando* published by D. C. Heath and Company, Boston, Massachusetts.

El lago encantado from *Cuentos contados,* edited by Pittaro and Green, published by D. C. Heath and Company, Boston, Massachusetts.

El pirata sin cabeza from *El Norte,* Monterrey, México.

La vieja del Candilejo from *Leyendas de España* published by Aguilar S. A. de Ediciones, Madrid, Spain.

Cinco requisitos para ser una novia feliz from *Excelsior*, Havana, Cuba.

El arte de decir «No» from *La Mañana,* Montevideo, Uruguay.

El tesoro de Buzagá from *Leyendas* published by Editorial Minerva, Bogotá, Colombia, courtesy of Dr. B. Otero D'Costa.

La lechuza from *Los gauchos judíos* published by EUDEBA, Buenos Aires, Argentina, courtesy of Ana María Gerchunoff de Kantor.

La yaqui hermosa from *Obras completas,* Vol. 20, *Cuentos misteriosos,* published by Ruiz-Castillo y Cía., S. A., Editorial Biblioteca Nueva, Madrid, Spain.

Raza de bronce from *Raza de bronce,* 1922, published by Promoteo, Sociedad Editorial, Valencia, Spain.

¡Quién sabe! courtesy of the heirs of José Santos Chocano.

Miguel Hidalgo y Costilla from *Historia patria* by Justo Sierra published by Universidad de México, México, D. F.

Con días y ollas venceremos from *Tradiciones peruanas* published by Montaner y Simón, Barcelona, Spain.

¡Viva la libertad! from *Obras completas,* Vol. I, published by Aguilar S. A. de Ediciones, Madrid, Spain.

En el fondo del caño hay un negrito from *En este lado* by José Luis González published by Los Presentes, México, D. F.

Los tres besos from *El desierto: Viñetas de Giambiagi,* 1924, published by Bajel, S. A., Buenos Aires, Argentina.

El día del juicio from *Cuentistas mexicanos modernos* published by Biblioteca Mínima Mexicana, México, D. F.

El rastreador from *Facundo,* Vol. II, published by Angel Estrada y Cía., S. A., Buenos Aires, Argentina.

Campito, payador de Pachacama from *Empresa Ercilla,* Santiago, Chile.

Mi padre from *Asomante,* San Juan, Puerto Rico.

La pared from *La condenada,* 1919, published by Promoteo, Sociedad Editorial, Valencia, Spain.

El potrillo roano from *De los campos porteños* published by EUDEBA, Buenos Aires, Argentina.

México: regocijo de Navidad from *Visión,* Bogotá, Colombia.

Semana Santa bajo la Giralda from *Hoy,* México, D. F., courtesy of Raúl de la Cruz.

El Carnaval en Latinoamérica from *La Linterna* published by Folansco Publishing Company, Pittsburgh, Pennsylvania.

Una esperanza from *Obras completas,* Vol. 5, *Almas que pasan,* published by Ruiz-Castillo y Cía., S. A., Editorial Biblioteca Nueva, Madrid, Spain.

Memorias de Pancho Villa, sixth edition, 1963, published by Compañía General de Ediciones, México, D. F., courtesy of Martín Luis Guzmán.

Mejor que perros from *Escritores contemporáneos de México,* edited by Paul Patrick Roger, published by Houghton-Mifflin Company, Boston, Massachusetts, courtesy of Dolores Varela de Mancisidor.

Tránsito from *Biblioteca aldeana de Colombia,* 1936, published by Editorial Minerva Ltda., Bogotá, Colombia.

Costumbres del día de los difuntos from *El Comercio,* Quito, Ecuador.

Pólvora en fiestas from *El Pensamiento Navarro,* Pamplona, Spain.

San Fermín from *El Pensamiento Navarro,* Pamplona, Spain.

Manolo el intrépido from *Gráfica,* Hollywood, California.

Entrevista con Joaquín de Entrambasaguas from *Mundo Hispánico,* Madrid, Spain.

Graciosos personajes de mi huerta published by W. M. Jackson, Inc., New York, New York.

La comida de negocios from *Obras completas,* Vol. 6, published by Aguilar S. A. de Ediciones, Madrid, Spain, courtesy of Félix Fernández Flórez.

Preface

El Prado, the famous museum in the heart of Madrid, houses a collection of art treasures from the entire world. Captured on canvas in vivid hues or sculptured from stone in quiet gray, the creative fancy of the great artists is on display for all the world to see.

The visitor who wanders through the silent exhibition rooms pauses to admire the strength of Goya, the majesty of Velázquez, the sensitivity of El Greco or the warmth of Murillo. On every wall and in every niche, there is an artistic creation that opens the way to a reflection on life, both past and present.

Galería Hispánica also houses a rich collection of pictures from the Spanish-speaking world. The student of Spanish is invited to wander through the "gallery," read the diverse selections and reflect upon the "pictures" of Hispanic life.

Each theme in *Galería Hispánica* is familiar to all. Love, death, liberty, adventure, conflict are aspects of life with which students of all ages can readily identify. As the student reads, not only will he make the acquaintance of modern authors of Spain and Spanish America, but also he will be naturally exposed to the similarities and differences in the cultures of the people who speak the Spanish language.

Included in this Hispanic gallery are selections representing many literary genres. Short stories, excerpts from novels and plays, articles from newspapers and magazines and poems offer the student an opportunity to increase his ability to read with understanding, gain greater insight into the structure of the Spanish language, appreciate contemporary Spanish writing and lay the foundation for discussion of style and literary analysis.

As emphasis shifts to reading and writing, it is important that the student maintain and develop his listening and speaking skills. To continue learning Spanish this modern way, there are detailed questions that accompany each selection, structure drills and patterns for oral practice, unique treatment of new vocabulary and creative exercises.

Galería Hispánica reproduces for us *cuadros de la vida hispánica.*

This book is designed to carry the student further in his development of the four language skills, while deepening his insights into Hispanic culture through an exposure to the works of modern writers of the Spanish-speaking world.

Each of the seventeen units of *Galería Hispánica* is called a *cuadro* because it presents a picture of a phase of the cultures of Spain, South America, Central America, Mexico or the Caribbean area. Each *cuadro* is composed of three literary selections.

Vocabulary and points of structure are taught through contextual drills stimulated by the literary selections.

All *cuadros* are developed in this manner:

Preparando la escena. The theme of the *cuadro* is presented to the students.

Introducción. A short statement about the literary selection and the author precedes each selection.

Guía de estudio. A study guide for each selection highlights qualities such as style, versification and ideas which may not be completely apparent to the students.

Palabras clave. Key words from the literary selection are presented and defined in Spanish so that the students may comprehend the reading without difficulty. Each word is presented in the context in which it is used in the selection which follows. English is used only where necessity dictates. The definition for each word is followed by an additional sentence in which the student is given the opportunity to use the new word.

Selección. The literary pieces are representative of authors of the Spanish-speaking world. Authors of the nineteenth and twentieth centuries predominate the text.

Para la comprensión. Questions guide the students to discuss what they have read and provide an effective tool for the teacher to check comprehension.

Ejercicios de vocabulario. Vocabulary exercises give students opportunity to practice in a variety of contexts those words that should become an active part of their vocabulary.

Ejercicios creativos. The literary selections are accompanied by creative exercises which provide challenging written assignments and discussion topics for a variety of ability levels.

Estructura. Both simple and challenging drills in each *cuadro* present in an interesting manner a complete review of the important concepts of Spanish structure.

In keeping with the title, *Galería Hispánica* contains reproductions of Hispanic art, photographs from all over the Spanish-speaking world and sixteen pages in full color representing Hispanic masterpieces.

Contents

Cuadro 1	**EL HUMORISMO**	1
	Una carta a Dios *por Gregorio López y Fuentes*	2
	Me como dos	8
	Importancia de los signos de puntuación	12
	El pretérito—verbos regulares	16
Cuadro 2	**EL HEROÍSMO**	20
	Bolívar *por Luis Llorens Torres*	21
	El Alcázar no se rinde *por Carlos Ruiz de Azilú*	26
	El mensajero de San Martín	30
	El pretérito—verbos irregulares	36
	El pretérito—verbos de cambio radical	37
Cuadro 3	**LA LEYENDA**	40
	El lago encantado	41
	El pirata sin cabeza	47
	La vieja del Candilejo	53
	El imperfecto	59
	Usos del imperfecto y del pretérito	60
Cuadro 4	**PRECEPTOS PARA JÓVENES HISPANOHABLANTES**	63
	Cinco requisitos para ser una novia feliz	64
	Abecé del amor *por Lope de Vega Carpio*	68
	El arte de decir «No»	73
	Verbos reflexivos	77
	La voz pasiva con se	78
Cuadro 5	**LA SUPERSTICIÓN**	79
	El trovador *por Antonio García Gutiérrez*	80
	El tesoro de Buzagá *por Enrique Otero D'Costa*	86
	La lechuza *por Alberto Gerchunoff*	92
	El futuro y el condicional	98
	El futuro y el condicional de probabilidad	101
Cuadro 6	**EL INDIO**	102
	La yaqui hermosa *por Amado Nervo*	103
	Raza de bronce *por Alcides Arguedas*	110
	¡Quién sabe! *por José Santos Chocano*	115
	El gerundio o participio presente	119

Cuadro 7	**LA LIBERTAD**	**122**
	Miguel Hidalgo y Costilla *por Justo Sierra, Padre*	123
	Con días y ollas venceremos *por Ricardo Palma*	129
	¡Viva la libertad!	134
	Mandatos directos—formas formales	139
	Mandatos directos—formas familiares	141
	Mandatos indirectos	142
Cuadro 8	**EL CONFLICTO**	**144**
	En el fondo del caño hay un negrito *por José Luis González*	145
	Los tres besos *por Horacio Quiroga*	151
	El día del juicio *por Gastón García Cantú*	159
	Los pronombres de complemento	166
Cuadro 9	**TIPOS DEL MUNDO HISPÁNICO**	**172**
	El rastreador *por Domingo Faustino Sarmiento*	173
	El matador *por Luis Taboada*	180
	Campito, payador de Pachacama	185
	El presente del subjuntivo	193
	Usos del presente del subjuntivo	194
Cuadro 10	**LA AVENTURA**	**198**
	A la deriva *por Horacio Quiroga*	199
	Héroes de una aventura que glorifica a España	205
	La historia de Pedro Serrano *por Garcilaso de la Vega*	213
	Usos del presente del subjuntivo	222
Cuadro 11	**EL AMOR**	**225**
	Varios efectos del amor *por Lope de Vega Carpio*	226
	El sombrero de tres picos *por Pedro Antonio de Alarcón*	230
	El abanico *por Vicente Riva Palacio*	235
	El imperfecto del subjuntivo	244
	Usos del imperfecto del subjuntivo	245
Cuadro 12	**SENTIMIENTOS Y PASIONES**	**251**
	Mi padre *por Manuel del Toro*	252
	La pared *por Vicente Blasco Ibáñez*	257
	El potrillo roano *por Benito Lynch*	265
	Ser y estar	274

Cuadro 13	**LOS DÍAS DE FIESTA**	**280**
	México: regocijo de Navidad	281
	Semana Santa bajo la Giralda *por Raúl de la Cruz*	290
	El Carnaval en Latinoamérica	295
	Los posesivos	300
	Los demostrativos	301
	El de, la de, los de, las de	301
Cuadro 14	**LA REVOLUCIÓN**	**302**
	Una esperanza *por Amado Nervo*	303
	Memorias de Pancho Villa *por Martín Luis Guzmán*	311
	Mejor que perros *por José Mancisidor*	318
	Por y para	324
Cuadro 15	**LA MUERTE**	**326**
	Tránsito *por Luis Segundo de Silvestre*	327
	Costumbres del día de los difuntos	335
	El niño prodigio	341
	Los tiempos compuestos	347
	Cláusulas con si	350
Cuadro 16	**LA FURIA ESPAÑOLA**	**352**
	Pólvora en fiestas *por Francisco López Sanz*	353
	San Fermín *por Alfredo Martín Masa*	359
	Manolo el intrépido *por Florinda Cavaldón*	364
	Pronombres relativos	368
Cuadro 17	**EL ALIMENTO**	**371**
	Entrevista con Joaquín de Entrambasaguas	372
	Graciosos personajes de mi huerta *por Isabel Gordon*	378
	La comida de negocios *por W. Fernández Flórez*	383
	La voz pasiva	391

Vocabulario	**394**
Verbos	**424**
Sobre los artistas	**434**
Índice gramatical	**436**

CUADRO 1

El humorismo

PREPARANDO LA ESCENA Los españoles y los latinoamericanos son muy amantes del humor. Su humorismo es una mezcla de lo chistoso con lo trágico y con lo irónico, como en *Don Quijote*. Los ricos y los pobres, los nobles y los campesinos, todos tienen una inclinación natural por el humorismo. Por eso Gómez de la Serna, un escritor español, dijo: «Lo que se apoya en el aire claro de España es lo humorista».

Una carta a Dios

por Gregorio López y Fuentes

INTRODUCCIÓN

El cuento que sigue fue escrito por Gregorio López y Fuentes, autor mexicano, y demuestra el humor irónico mexicano. Además del humorismo que se ve en este cuento, se puede ver la fe de un campesino pobre. Es esta fe que sirve de ímpetu para producir *Una carta a Dios*.

GUÍA DE ESTUDIO

El campesino mexicano de este episodio nos revela la sencillez de toda cosa complicada. A la vez podemos comprender con mejor claridad el problema de ganarse la vida con las manos y la ayuda de la naturaleza.

PALABRAS CLAVE

1. **aflijas (afligirse)** te preocupes
   Afligirse no es ayuda cuando el mal no tiene remedio.
   No te _____ tanto, aunque el mal es muy grande.

2. **aguacero** lluvia fuerte de poco tiempo
   Un aguacero inundó la calle.
   Lencho esperaba que el _____ pudiera salvar la cosecha de maíz maduro con las flores del frijol.

3. **arrugando (arrugar)** haciendo pliegues (wrinkling)
   María estaba arrugando las páginas de su libro.
   Estaba _____ el papel.

4. **ayuda** socorro, auxilio
   Lencho le pidió ayuda a Dios.
   Dios le da _____.

5. **buzón** cajón para las cartas
   Echó la carta en el buzón.
   Eche Ud. estas tarjetas postales en el _____, por favor.

6. **cortina** lo que cubre y oculta algo, como la tela que cubre una ventana (curtain)
   Me gusta la cortina que tienes en la sala.
   La luz no puede penetrar la _____ en la sala.

7. **cosecha** consiste en recoger los frutos del campo (harvest)
   La cosecha del maíz es en septiembre.
   Con bastante lluvia tendremos buena _____ en el otoño.

8. **darse el gusto** tomar placer en
   Pedro quiere darse el gusto de comprarse un automóvil nuevo.
   Quiere _____ de ver a sus niños.

9. **enfadó (enfadarse)** se enojó
   Al enterarse de lo que había sucedido, la maestra no pudo menos que enfadarse.
   Al ver que le dieron poco dinero, Lencho se _____.

10. **equivocado** en error
    Perdone, señor. Yo estoy equivocado.
    La reunión tendrá lugar el dos de julio, no el tres; yo estaba _____.

11. **esperanza** fe, confianza que ha de pasar una cosa (hope)
    Lencho todavía tenía esperanza de recibir una respuesta.
    Tenemos la _____ de ver paz en la tierra.

12. **firma** acto de poner su nombre en algo
    La carta tenía la firma: Dios.
    Hay que poner su _____ en el contrato.

13. **fondo** parte más baja de una cosa
    Hay leche en el fondo del vaso.
    La llave había caído al _____ de su bolsillo.

14. **golpecitos** choques, palmaditas (little taps)
    Sentí unos golpecitos pero no sabía de dónde venían.
    El jefe dio _____ con la mano.

15. **gotas** partículas de un líquido
    Las gotas de agua caen de las nubes.
    Le gustaba sentir las _____ de lluvia en la cara.

16. **granizos** hielo que cae del cielo, lluvia helada
    Cayeron granizos muy grandes que destruyeron la cosecha.
    Comenzaron a caer _____ tan grandes como monedas de plata.

17. **huerta** lugar donde hay árboles frutales
    La huerta estaba llena de la aroma de manzanas y peras.
    En su _____ mi tío tiene perales, manzanos y cerezos.

18. **ladrones** los que roban
    El empleado no era ladrón.
    La policía encontró a los _____ que habían robado el banco.

19. **maduro** listo para comer (ripe)
    El maíz estaba maduro.
    El melón duro no está todavía _____.

20. **mojó (mojar)** humedeció
    A María le gusta mojar su muñeca.
    Lencho _____ el sobre para cerrarlo.

21. **mortificado** afligido
    Jaime estaba mortificado por las malas nuevas.
    El campesino se sintió _____ al ver el granizo.

22. **puñetazo** acto de pegar con la mano, con el puño
    Jorge le dio un puñetazo a Juan.
    Lencho cerró el sobre con un _____.

23. **rudo** áspero, sin educación
    La pescadora era una mujer muy ruda.
    El hijo del campesino era hombre _____.

24. **seguridad** certidumbre
    Rodolfo tenía la seguridad de que iba a ganar en la ruleta.
    El campesino tenía la _____ de ser oído.

25. **sello** estampilla para mandar cartas
    Las cartas necesitan sello.
    Para mandar una carta a España, hay que poner un _____ de veinte centavos.

26. **sobre** papel doblado dentro del cual se mandan las cartas
    Puso la dirección en el sobre.
    Escribió en el _____ «Por avión».

27. **soplar** hacer viento
    Un fuerte viento comenzó a soplar.
    Una brisa fresca comenzaba a _____ las hojas.

28. **sueldo** lo que se paga por un trabajo, salario
    El empleado tenía un sueldo fijo.
    El empleado contribuía parte de su _____ todos los meses a una caridad.

29. **tempestad** tormenta (storm)
    María se asustó con la tempestad.
    La _____ de granizos destruyó la cosecha del campesino.

30. **tristeza** infelicidad, pena
    Los padres se consumían de tristeza al ver que su hijo no mejoraba.
    La familia sintió _____ al ver que la cosecha estaba arruinada.

31. **ventanilla** ventana donde despachan en las oficinas (ticket window)
    Se puede comprar sellos en la ventanilla del correo.
    Lencho fue a la _____ del correo.

El ingenioso hidalgo don Quijote de la Mancha

4 El humorismo

La casa... única en todo el valle... estaba en lo alto de un cerro bajo. Desde allí se veían el río y, junto al corral, el campo de maíz maduro con las flores del frijol que siempre prometían una buena cosecha.

Lo único que necesitaba la tierra era una lluvia, o a lo menos un fuerte aguacero. Durante la mañana, Lencho... que conocía muy bien el campo... no había hecho más que examinar el cielo hacia el noreste.

—Ahora sí que viene el agua, vieja.

Y la vieja, que preparaba la comida, le respondió:

—Dios lo quiera.

Los muchachos más grandes trabajaban en el campo, mientras que los más pequeños jugaban cerca de la casa, hasta que la mujer les gritó a todos:

—Vengan a comer...

Fue durante la comida cuando, como lo había dicho Lencho, comenzaron a caer grandes gotas de lluvia. Por el noreste se veían avanzar grandes montañas de nubes. El aire estaba fresco y dulce.

El hombre salió a buscar algo en el corral solamente para darse el gusto de sentir la lluvia en el cuerpo, y al entrar exclamó:

—Estas no son gotas de agua que caen del cielo; son monedas nuevas; las gotas grandes son monedas de diez centavos y las gotas chicas son de cinco...

Y miraba con ojos satisfechos el campo de maíz maduro con las flores del frijol, todo cubierto por la transparente cortina de la lluvia. Pero, de pronto, comenzó a soplar un fuerte viento y con las gotas de agua comenzaron a caer granizos muy grandes. Esos sí que parecían monedas de plata nueva. Los muchachos, exponiéndose a la lluvia, corrían a recoger las perlas heladas.

—Esto sí que está muy malo—exclamaba mortificado el hombre—, ojalá que pase pronto...

No pasó pronto. Durante una hora cayó el granizo sobre la casa, la huerta, el monte, el maíz y todo el valle. El campo estaba blanco, como cubierto de sal. Los árboles, sin una hoja. El maíz, destruido. El frijol, sin una flor. Lencho, con el alma llena de tristeza. Pasada la tempestad, en medio del campo, dijo a sus hijos:

—Una nube de langostas habría dejado más que esto... El granizo no ha dejado nada: no tendremos ni maíz ni frijoles este año...

La noche fue de lamentaciones:

—¡Todo nuestro trabajo, perdido!

—¡Y nadie que pueda ayudarnos!

—Este año pasaremos hambre...

Pero en el corazón de todos los que vivían en aquella casa solitaria en medio del valle había una esperanza: la ayuda de Dios.

Lencho *sobrenombre de Lorenzo*

perlas heladas *modo figurativo de decir* granizo

langostas *locusts*

—No te aflijas tanto, aunque el mal es muy grande. ¡Recuerda que nadie se muere de hambre!

—Eso dicen: nadie se muere de hambre . . .

Y durante la noche, Lencho pensó mucho en su sola esperanza: la ayuda de Dios, cuyos ojos, según le habían explicado, lo miran todo, hasta lo que está en el fondo de las conciencias.

Lencho era un hombre rudo, trabajando como una bestia en los campos, pero sin embargo sabía escribir. El domingo siguiente, con la luz del día, después de haberse fortificado en su idea de que hay alguien que nos protege, empezó a escribir una carta que él mismo llevaría al pueblo para echarla al correo.

No era nada menos que una carta a Dios.

«Dios», escribió, «si no me ayudas, pasaré hambre con toda mi familia durante este año. Necesito cien pesos para volver a sembrar y vivir mientras viene la nueva cosecha, porque el granizo . . .»

Escribió «A Dios» en el sobre, metió la carta y, todavía preocupado, fue al pueblo. En la oficina de correos, le puso un sello a la carta y echó ésta en el buzón.

Un empleado, que era cartero y también ayudaba en la oficina de correos, llegó riéndose mucho ante su jefe, y le mostró la carta dirigida a Dios. Nunca en su existencia de cartero había conocido esa casa. El jefe de la oficina . . . gordo y amable . . . también empezó a reir, pero muy pronto se puso serio y, mientras daba golpecitos en la mesa con la carta, comentaba:

—¡La fe! ¡Ojalá que yo tuviera la fe del hombre que escribió esta carta! ¡Creer como él cree! ¡Esperar con la confianza con que él sabe esperar! ¡Empezar correspondencia con Dios!

Y, para no desilusionar aquel tesoro de fe, descubierto por una carta que no podía ser entregada, el jefe de la oficina tuvo una idea: contestar la carta. Pero cuando la abrió, era evidente que para contestarla necesitaba algo más que buena voluntad, tinta y papel. Pero siguió con su determinación: pidió dinero a su empleado, él mismo dio parte de su sueldo y varios amigos suyos tuvieron que darle algo «para una obra de caridad».

Fue imposible para él reunir los cien pesos pedidos por Lencho, y sólo pudo enviar al campesino un poco más de la mitad. Puso los billetes en un sobre dirigido a Lencho y con ellos una carta que tenía sólo una palabra como firma: DIOS.

Al siguiente domingo, Lencho llegó a preguntar, más temprano que de costumbre, si había alguna carta para él. Fue el mismo cartero quien le entregó la carta, mientras que el jefe, con la alegría de un hombre que ha hecho una buena acción, miraba por la puerta desde su oficina.

Lencho no mostró la menor sorpresa al ver los billetes . . . tanta era su seguridad . . . pero se enfadó al contar el dinero . . . ¡Dios no podía haberse equivocado, ni negar lo que Lencho le había pedido!

Inmediatamente, Lencho se acercó a la ventanilla para pedir papel y tinta. En la mesa para el público, empezó a escribir, arrugando mucho la frente a causa del trabajo que le daba expresar sus ideas. Al terminar, fue a pedir un sello, que mojó con la lengua y luego aseguró con un puñetazo.

Tan pronto como la carta cayó al buzón, el jefe de correos fue a abrirla. Decía:

«Dios: Del dinero que te pedí, sólo llegaron a mis manos sesenta pesos. Mándame el resto, como lo necesito mucho; pero no me lo mandes por la oficina de correos, porque los empleados son muy ladrones. —Lencho.»

PARA LA COMPRENSIÓN

1. ¿Dónde estaba la casa?
2. ¿Qué se veían desde allí?
3. ¿Qué necesitaba la tierra?
4. ¿Qué hacía la vieja?
5. ¿Cuándo comenzaron a caer grandes gotas de lluvia?
6. ¿Cómo estaba el aire al comenzar la lluvia?
7. ¿Qué parecían monedas de plata nueva?
8. ¿Cuánto tiempo cayó el granizo?
9. ¿Cómo estaban los árboles después de caer el granizo? ¿Y el maíz? ¿Y el frijol?
10. ¿En qué pensó Lencho durante la noche?
11. ¿A quién escribió Lencho una carta?
12. ¿Por qué necesitaba Lencho los cien pesos?
13. ¿Quién mostró la carta al jefe de la oficina?
14. ¿Qué dijo el jefe de la oficina después de leer la carta?
15. ¿Qué idea tuvo el jefe de la oficina?
16. ¿A quiénes pidió dinero?
17. ¿Fue posible reunir todo el dinero pedido por Lencho?
18. ¿En dónde puso los billetes?
19. ¿Cómo reaccionó Lencho al recibir la carta?
20. ¿Qué pidió Lencho a la ventanilla?
21. ¿Dónde escribió Lencho su segunda carta?
22. ¿Cómo mojó Lencho el sello?
23. Según Lencho, ¿cómo eran los empleados de la oficina de correos?

EJERCICIOS DE VOCABULARIO

A. Reemplacen el verbo **afligirse** por **preocuparse**.
1. No te aflijas.
2. ¿Por qué andas tan afligido?
3. ¿Tiene Ud. motivo para afligirse?

B. Reemplacen el verbo **enojarse** por **enfadarse**.
1. No comprenden por qué nos enojamos tanto.
2. Cuando caen los granizos, los labradores se enojan.
3. ¿Por qué te enojaste cuando te lo dije?

C. Reemplacen la palabra **nombre** por **firma**.
1. Antes de mandar la carta, tienes que poner tu nombre.
2. El nombre aparece en la carta, no en el sello.
3. Pon tu nombre, y luego al buzón.

D. Completen las siguientes oraciones con una palabra apropiada.
1. Hoy _____ mucho viento.
2. Este año habrá buena _____. Los labradores serán ricos.
3. ¡Qué _____ es él! Roba a cualquiera.
4. Tan pobre es que no tiene la _____ de ver mejorar su situación.
5. Echa la carta al _____.
6. Hay tantas nubes. Me parece que habrá un _____.
7. No comas la naranja. No está _____.
8. No olvides de poner el _____ en el sobre antes de mandarlo.
9. ¿Cuánto le pagan de _____? Trabaja Ud. mucho.
10. Hay un montón de árboles frutales en la _____.

E. Den el antónimo de las siguientes palabras.
1. la alegría
2. secar
3. la riqueza
4. contestar
5. sin
6. salir

F. Den un sinónimo de las siguientes palabras.
1. la fe
2. la infelicidad
3. la estampilla
4. el jardín
5. enojarse
6. áspero
7. humedecer
8. el salario
9. el socorro
10. el director

EJERCICIOS CREATIVOS

1. Escriba una descripción del campo después de la caída del granizo.
2. Escriba la reacción del empleado al ver la carta de Lencho.
3. Ud. es empleado de correo y recibe la carta de Lencho. Conteste por escrito.
4. Si Ud. fuera Lencho, ¿dónde buscaría Ud. ayuda? Discuta las varias maneras de obtener ayuda que existen hoy día para el campesino o cualquier hombre pobre.

Me como dos

INTRODUCCIÓN

El cuento que sigue, seleccionado y adaptado por Carmen S. Blanch, demuestra el humor español. La escena que desarrolla es muy cómica. Se ve tan exagerada que se reduce al absurdo cuando se considera la plausibilidad de la situación. Sin embargo, son lo absurdo y lo exagerado lo que hacen un papel muy importante en los cuentos humorísticos.

GUÍA DE ESTUDIO

Muy a menudo son las cosas pequeñas, insignificantes, que forman base de las riñas entre marido y mujer. Estas riñas, a su turno, se usan con frecuencia como nudo de chistes, comedias y cuentos humorísticos.

PALABRAS CLAVE

1. **acto**   acción pública y solemne
   La graduación del colegio fue un acto solemne.
   Los amigos presentes en el _____ vieron algo increíble.

2. **apenas**   con dificultad
   Estaba muy cansado y apenas podía caminar.
   Era tan viejo que _____ podía estar de pie.

3. **asistentes**   personas que están presentes
   Los asistentes eran amigos de la familia.
   El acto fue muy solemne para los _____.

4. **atrevía (atreverse)**   decidía hacer algo ofensivo o peligroso (dared)
   No se atreve a pisar la línea.
   El padre se molestó al ver que Luis se _____ a contestarle de aquella forma.

5. **cenar**   comer la comida de la noche
   ¿Qué vas a cenar esta noche?
   Voy a _____ sopa y pescado frito.

6. **difunto**   persona muerta, sin vida
   El difunto murió en un accidente.
   Los amigos del _____ fueron al cementerio.

7. **disimuladamente**   en forma secreta, sin llamar la atención
   Le puso disimuladamente la nota en la mano.
   La mujer estaba muy cerca de él, y le hablaba _____ al oído.

8. **enfadó (enfadarse)**   se puso de mal humor
   El muchacho se enfadó sin motivo.
   Ella se _____ y estuvo de mal humor todo el día.

9. **enterraremos (enterrar)**   pondremos debajo de tierra
   Enterraron al muerto en el cementerio nuevo.
   Cuando estés muerto te _____.

10. **entierro**   ceremonia de poner un muerto debajo de tierra
    Murió el domingo y el entierro será el martes.
    La mujer fue a la iglesia a preparar todo para el _____.

11. **fingido**   falso
    El amor que prometiste fue fingido.
    Se levantó el _____ muerto y habló en voz alta.

12. **lanzaba (lanzar)**   emitía, tiraba una cosa a distancia
    El muchacho lanzaba piedras al aire.
    La falsa viuda _____ suspiros y sollozos.

13. **muero (morirse)**   termino la vida
    Me muero de amor por ti.
    Si no me escribes pronto me _____.

14. **resucitar**   volver a la vida un muerto
    ¡Tiene siete vidas como los gatos; ya resucitó otra vez!
    Los amigos escaparon al ver _____ al muerto.

15. **sollozo**   acción de llorar con sentimiento
    Esos sollozos me parecen falsos.
    De vez en cuando la mujer daba un _____ con mucho sentimiento.

16. **suelo**   superficie, base sobre la que estamos
    El suelo de esa escuela es de cemento.
    La mujer vio a su marido en el _____ y fue a buscar al médico.

17. **suspiro**   aspiración y expiración profunda que expresa sentimiento
    ¿Serán suspiros de amor?
    De vez en cuando la mujer dejaba escapar un _____ exagerado.

18. **testarudo**   que persiste con exceso en su opinión
    Este hombre es más testarudo que una mula.
    Tienes que ser más razonable; no seas _____.

19. **viuda**   mujer cuyo marido está muerto
    María Teresa quedó viuda muy joven.
    De vez en cuando la pobre _____ lanzaba suspiros falsos.

9   *Me como dos*

Érase una vez un matrimonio que tenía la costumbre de cenar tres huevos fritos cada noche. El marido se comía siempre dos y la mujer el que quedaba. Pero un día la mujer se enfadó y, de bastante mal humor, le dijo a su marido:

—Mira, a partir de mañana, eso de comerse los dos huevos lo alternaremos. Una noche los comerás tú y otra yo.

El marido se molestó mucho al oir que su mujer se atrevía a replicarle de aquella forma y furiosamente exclamó:

—¡Pues si haces eso me muero!

—¡Pues muérete, y te enterraremos!

El marido en aquel mismo momento se hizo el muerto. La mujer cuando vio que su marido se había quedado tieso en el suelo salió corriendo de la casa y fue a buscar al carpintero para encargarle inmediatamente la caja; luego se fue a la iglesia y lo dejó todo arreglado para que al día siguiente tuviera lugar el entierro.

El cortejo caminaba hacia el cementerio, despacio y en silencio. Los amigos del difunto llevaban el ataúd. De vez en cuando la fingida viuda lanzaba un suspiro entremezclado con un sollozo. Se acercaba al ataúd, abrazaba al muerto y disimuladamente le decía al oído:

—Anda ya, hombre. Deja de hacer el ganso. ¿Cuántos te comes?

—¡Me como dos, porque soy el cabeza de familia!

—¡Pues te comerás uno!

—Pues que siga el entierro—decía el marido.

Ya estaban llegando a la entrada del cementerio; la mujer se acercó de nuevo al féretro y susurró al oído de su marido:

—¿Cuántos te comes? Mira que ya estamos entrando en el cementerio. Vamos, ¡decide de una vez!

—Me como dos, porque soy el cabeza de familia.

—Pues no los comerás.

—Pues que siga el entierro—dijo de nuevo el marido.

El cortejo fúnebre entró dentro del recinto del cementerio lentamente; el ataúd fue depositado en tierra.

La esposa se acercó de nuevo a su marido llorando y quedamente le susurró al oído:

—¿Cuántos comes?

—Me como dos porque soy el cabeza de familia.

—No seas testarudo que ya estás junto a la fosa y pronto va a venir el sepulturero.

—Pues me como dos o que siga el entierro.

—¡Pues cómete dos y levanta ya de ahí!—le dijo al final la mujer fuera de sí.

Entonces se levantó el fingido muerto envuelto en su sudario, y a grito pelado empezó a vociferar:

—¡Dos me como y dos me comeré!

Los asistentes al acto, en cuanto vieron resucitar al muerto y en cuanto oyeron aquellas terroríficas palabras, echaron a correr; y dos viejecitos, que apenas podían tenerse en pie y que eran los que más rezagados andaban, murmuraban con gran susto:

—¡Y vamos a ser nosotros las víctimas que somos los que más despacio vamos!

rezagados   lagging behind

PARA LA COMPRENSIÓN

1. ¿Qué solía comer cada noche el matrimonio?
2. ¿Quién comía dos huevos fritos?
3. ¿Qué le dijo la mujer al marido?
4. ¿Por qué se molestó mucho el marido?
5. ¿Qué dijo el marido para asustar a su mujer?
6. ¿Se asustó ella?
7. ¿Cómo contestó?
8. ¿Adónde fue la mujer a arreglar el entierro?
9. ¿Cómo fue el entierro, en automóvil o a pie?
10. ¿Cómo lo sabemos?
11. ¿Creía la mujer que el marido estaba muerto?
12. ¿Cómo lo sabemos?
13. ¿Por qué arregló todo para el entierro?
14. ¿Quién fue más testarudo, el marido o ella?
15. ¿Qué hizo el fingido muerto cuando la mujer dijo: —¡Pues cómete dos!?
16. ¿Qué hicieron los asistentes al ver resucitar al muerto?
17. ¿Qué haría Ud. en el mismo caso?
18. ¿Quiénes eran los que más rezagados andaban?
19. ¿Cómo entendieron los viejecitos lo que decía el muerto de comerse dos?
20. ¿Qué significaba: —¡Dos me como y dos me comeré!?

EJERCICIOS DE VOCABULARIO

A. Reemplacen el verbo **sepultar** por **enterrar**.
1. Van a sepultar al difunto mañana.
2. Lo sepultaron en el cementerio de San Clemente.
3. Lo sepultarán al lado del monumento.

B. Reemplacen el verbo **tirar** por **lanzar**.
1. Lo tiraron al aire.
2. Veremos quién lo tirará más lejos.
3. ¿Cuándo lo van a tirar?

C. Completen las siguientes oraciones con una palabra apropiada.
1. La pobre _____ dio unos sollozos durante el entierro de su marido.
2. Murió ayer. Mañana será el _____.
3. Tiene que ser algo _____. No es verdad.
4. No quería que nadie me oyera. Así se lo dije _____.
5. _____ podía caminar pero siguió con dificultad.
6. ¿Qué haces en el _____? Levántate.

D. Escriban de otra forma la palabra o expresión en letra negrita.
1. El **muerto** está en el ataúd.
2. Lo van a sepultar en el **camposanto.**
3. **De noche comen** tres huevos.
4. No le pudieron **devolver la vida** al desgraciado.
5. El marido se **molestó** mucho.
6. Deja de **ser tonto**.
7. El marido es el **jefe** de la familia.
8. Empezó a **gritar en voz alta**.

EJERCICIOS CREATIVOS

1. Imagínese una de las víctimas del fingido difunto. Escriba una carta a un amigo suyo contándole precisamente lo que ocurrió en el cementerio.
2. Haga una lista de palabras y expresiones «fúnebres» que se usan en el cuento.
3. Los andaluces son muy amantes de la exageración. El chiste andaluz que sigue lo verifica. Léalo. Luego, escríbalo en forma dialogada.

   Tres andaluces caminaban en el campo. En la distancia se podía ver la alta torre de una iglesia. Uno de los hombres, siendo bromista, anunció a sus compañeros que había una mosca en el campanario de la iglesia. El segundo, no queriendo admitir que no tenía la vista tan buena como la de su amigo, declaró que él también podía verla. Añadió que era una mosca negra, con ojos grandes y verdes. El tercer andaluz admitió francamente que no podía ver la mosca, a pesar de los anteojos que llevaba, pero sabía bien cierto que había una mosca en el mencionado campanario porque podía oír muy bien los pasos del insecto.

Importancia de los signos de puntuación

INTRODUCCIÓN

En la pequeña narración que sigue, el autor anónimo combina la prosa con la poesía para crear un cuento muy entretenido. Nos enseña la importancia de la puntuación y al mismo tiempo mantiene un tono festivo y alegre. La conclusión contiene una sorpresa para el lector y para las tres hermanas del cuento. La décima es una poesía de diez versos y cada verso tiene ocho sílabas y una rima.

GUÍA DE ESTUDIO

Este cuento puede servir de lección de puntuación, pero aun más importante sirve de lección de diplomacia. ¡Qué listo es el caballero rico! ¡Qué ingeniosas son las tres bellas!

PALABRAS CLAVE

1. **acertado (acertar)** adivinado, atinado (figured out correctly)
   Pedro y Juan no pudieron acertar la palabra secreta.
   Ninguna de las tres hermanas había _____ el secreto del joven.

2. **aclarado (aclarar)** explicado, hecho más claro
   Cuando había aclarado el accidente, lo pude comprender.
   Ahora que el problema está _____, podemos continuar nuestra discusión.

3. **amor propio** aprecio inmoderado de sí mismo
   El amor propio nos ciega frecuentemente.
   El _____ a veces nos hace olvidar a los otros.

4. **bobos** tontos
   Los bobos fácilmente se meten en dificultades.
   Los que dicen tal cosa son _____.

5. **buen mozo** guapo, bien parecido
   El joven del cuento era buen mozo.
   El novio de María es inteligente y _____.

6. **ciega** sin vista
   La niña ciega vendía flores en la esquina.
   La niña era _____ hasta que la operación le devolvió la vista.

7. **conseguido (conseguir)** logrado, obtenido
   He conseguido un buen puesto en la embajada.
   He _____ un boleto para el juego de fútbol.

8. **declarado (declararse)** haber manifestado los sentimientos personales
   Juan no quería declararse a Rosa por temor de ser rechazado.
   El galán del cuento no se había _____ a ninguna de las tres hermanas.

9. **desvanecer** disipar, quitar, hacer desaparecer
   María vio desvanecer sus esperanzas.
   La verdad puede _____ la duda.

10. **duda** falta de seguridad, incertidumbre
    Como Miguel no estaba seguro, se sentía preso por la duda.
    Sin _____ él ganará el premio.

11. **exigieron (exigir)** demandaron, insistieron
    Las hermanas exigieron al joven que dijera a quién amaba.
    _____ que asistiera a la fiesta.

12. **gentileza** encanto, gracia
    La superiora del convento no sólo posee gentileza sino también belleza.
    La reina de la fiesta poseía mucha _____.

13. **ortografía** deletreo (spelling)
    La ortografía es el arte de escribir correctamente.
    Antes de escribir una carta, el alumno necesitaba una lección de _____.

14. **probar** demostrar, enseñar la verdad de una cosa (to prove)
    Si te quiero convencer de eso, necesito probártelo.
    Si puede Ud. _____ lo que dice, le creeré.

15. **recibieron (recibir) calabazas** fueron despreciados (were turned down by the one they loved)
    Salvador recibió calabazas de su antigua amiga.
    Las tres hermanas _____, pero no se quejaron.

16. **rogaron (rogar)** suplicaron, pidieron, imploraron
    No hay que rogar a nadie.
    Los esclavos _____ por su vida y por su libertad.

13   Importancia de los signos de puntuación

Tres hermanas bastante hermosas vivían con sus padres en un pueblecito de la Mancha. Hacía más de dos años que iba a su casa todas las noches de visita un caballero rico, elegante y buen mozo. Este joven había conseguido conquistar el corazón de las tres hermanas sin haberse declarado a ninguna. Cada una de las tres se creía la preferida. Para salir de dudas, exigieron un día al joven que dijese cuál de las tres era la que él amaba.

Al ver que no había otro remedio, ofreció declarar en una décima el estado de su corazón con respecto a las tres hermanas. Puso, sin embargo, la condición de que no había de estar puntuada, y autorizó a cada una de las tres jóvenes para que la puntuase a su manera. La décima era la siguiente:

> Tres bellas que bellas son
> me han exigido las tres
> que diga cuál de ellas es
> la que ama mi corazón
> si obedecer es razón
> digo que amo a Sotileza
> no a Sol cuya gentileza
> no tiene persona alguna
> no aspira mi amor a Bruna
> que no es de poca belleza

Sotileza, que abrió la carta, la leyó para sí y dijo: —Hermanas, yo soy la preferida; escuchen la décima:

> Tres bellas, que bellas son,
> me han exigido las tres
> que diga cuál de ellas es
> la que ama mi corazón.
> Si obedecer es razón,
> digo que amo a Sotileza;
> no a Sol, cuya gentileza
> no tiene persona alguna;
> no aspira mi amor a Bruna,
> que no es de poca belleza.

—Siento mucho desvanecer esa ilusión, querida Sotileza—dijo Sol—pero la preferida soy yo. Para probártelo, escucha cómo se debe puntuar la décima:

la Mancha lugar de España de donde era don Quijote

puntuada punctuated

> Tres bellas, que bellas son,
> me han exigido las tres
> que diga cuál de ellas es
> la que ama mi corazón.
> Si obedecer es razón,
> ¿digo que amo a Sotileza?
> No; a Sol, cuya gentileza
> no tiene persona alguna;
> no aspira mi amor a Bruna,
> que no es de poca belleza.

—Las dos están equivocadas—dijo Bruna—. Es natural, el amor propio las ciega. Es indudable que la preferida soy yo. La verdadera puntuación de la décima es la siguiente:

> Tres bellas, que bellas son.
> Me han exigido las tres
> que diga cuál de ellas es
> la que ama mi corazón.
> Si obedecer es razón,
> ¿digo que amo a Sotileza?
> No. ¿A Sol, cuya gentileza
> no tiene persona alguna?
> No. Aspira mi amor a Bruna,
> que no es de poca belleza.

Convencida Sotileza de que no habían aclarado nada, dijo:
—Hermanas, ahora estamos en la misma duda que antes. Es necesario que le obliguemos a que diga cuál de las tres ha acertado con la puntuación que él quería.

En efecto, aquella misma noche rogaron al joven que pusiera a la décima la puntuación que él había pensado.

El consintió, y a la mañana siguiente recibieron una carta en la que aparecía la décima con la puntuación siguiente:

> Tres bellas, que bellas son,
> me han exigido las tres
> que diga cuál de ellas es
> la que ama mi corazón.
> Si obedecer es razón,
> ¿digo que amo a Sotileza?
> No. ¿A Sol, cuya gentileza
> no tiene persona alguna?
> No. ¿Aspira mi amor a Bruna?
> ¿Qué? No. Es de poca belleza.

Las tres hermanas recibieron calabazas pero como ninguna de las tres era la preferida, no se enfadaron.

Este cuento prueba que es verdadero el refrán, «Falta de todos, consuelo de bobos».

Importancia de los signos de puntuación

PARA LA COMPRENSIÓN

1. ¿Quiénes son los personajes del cuento?
2. ¿Dónde vivían las hermanas?
3. ¿Qué ofreció escribir el joven?
4. ¿Qué tenían que hacer las hermanas?
5. ¿Quién abrió la carta?
6. ¿Qué le dijo Sol a Sotileza?
7. Por fin, ¿en qué consintió el joven?
8. Según la puntuación del joven, ¿cómo era Bruna?
9. ¿Qué prueba este cuento?

EJERCICIOS DE VOCABULARIO

A. En el cuento, busquen una palabra apropiada para completar las siguientes oraciones.

1. Por fin, ha _____ un novio.
2. El chico es _____.
3. Sin _____, se casarán pronto.
4. Sí, pero antes él le tiene que _____ la mano.
5. Me alegro, porque la chica tiene mucha _____.
6. En este momento está _____. No ve nada más que su novio.
7. El no es _____. Tiene mucha inteligencia.

B. Den un sinónimo de las siguientes palabras.

1. el deletreo
2. insistir
3. obtener
4. la gracia
5. el bobo
6. pedir
7. explicar
8. la predilecta

EJERCICIOS CREATIVOS

1. En sus propias palabras, relate el cuento.
2. Describa a las tres hermanas ... su aspecto físico, su carácter y su personalidad.
3. Cite los elementos humorísticos. Explique el tipo de humor que se explota en cada cuento. ¿Es exagerado? ¿Educado? ¿Irónico?

ESTRUCTURA

El Pretérito—Verbos Regulares

VERBOS DE LA PRIMERA CONJUGACIÓN

Estudien las formas del pretérito de los verbos regulares de la primera conjugación.

mirar

(yo)	miré	(nosotros)	miramos
(tú)	miraste	(vosotros)	mirasteis
(Ud., él, ella)	miró	(Uds., ellos, ellas)	miraron

A. Sigan el modelo.

> La mujer les gritó a todos.
> Lencho/
> Lencho les gritó a todos.

1. La mujer les gritó a todos.
   el campesino/los muchachos/yo/los empleados y yo/tú/
2. El hombre rudo se acercó a la ventanilla.
   los ladrones/yo/la vieja/tú/el jefe y yo/
3. Cuando comenzó a llover, el campesino se mojó.
   los trabajadores/yo/el empleado y yo/tú/el más pequeño/

4. No pasaron hambre porque sembraron otra vez.
   su familia/yo/los afligidos/tú/nosotros/
5. Lencho echó la carta al buzón.
   el hombre de fe/yo/mi amigo y yo/tú/la mujer/

B. Contesten a las siguientes preguntas según el modelo.

> ¿Dónde trabajaste ayer?
> Trabajé en la casa de Lencho.

1. ¿Dónde cenaste ayer?
2. ¿Dónde jugaste ayer?
3. ¿Dónde estudiaste ayer?
4. ¿Dónde empezaste a escribir ayer?
5. ¿Dónde esperaste ayer?
6. ¿Dónde pagaste ayer?
7. ¿Dónde visitaste ayer?

C. Contesten a las siguientes preguntas según el modelo.

> ¿Quiénes buscaron la carta?
> Nosotros la buscamos.

1. ¿Quiénes hallaron la carta?
2. ¿Quiénes miraron la carta?
3. ¿Quiénes escucharon la carta?
4. ¿Quiénes empezaron la carta?
5. ¿Quiénes mandaron la carta?
6. ¿Quiénes esperaron la carta?
7. ¿Quiénes llevaron la carta?
8. ¿Quiénes echaron la carta?

D. Contesten a las siguientes preguntas según la indicación.

1. ¿Qué exclamaste? —*Ojalá que pase pronto.*
2. ¿Qué gritaste a todos? —*Vengan a comer.*
3. ¿Qué observaste? *un fuerte aguacero*
4. ¿A quién ayudaste? *al pobre labrador*
5. ¿Dónde echaste la carta? *al correo*
6. ¿En qué pensó Lencho? *en su única esperanza*
7. ¿Cómo trabajó Lencho? *como una bestia de campo*
8. ¿Qué sembró Lencho? *maíz y frijoles*
9. ¿Cómo pasaron Uds. la noche? *llorando y lamentando la mala suerte*
10. ¿Qué enviaron Uds. al campesino? *poco más de cincuenta pesos*
11. ¿Cuándo llegaron Uds.? *un poco más temprano que de costumbre*
12. ¿Por qué contestaron Uds. la carta? *para no desilusionar al hombre de fe*

VERBOS DE LA SEGUNDA CONJUGACIÓN

Estudien las formas del pretérito de los verbos regulares de la segunda conjugación.

comer

(yo)	comí	(nosotros)	comimos
(tú)	comiste	(vosotros)	comisteis
(Ud., él, ella)	comió	(Uds., ellos, ellas)	comieron

E. Sustituyan según el modelo.

> *El empleado vendió el sello.*
> *Ud./*
> *Ud. vendió el sello.*

1. El empleado vendió el sello.
   todos nosotros/los carteros/yo/el jefe de la oficina/tú/
2. Lencho y su mujer vieron el aguacero.
   yo/el pobre/tú/los trabajadores/nosotros/
3. El joven conoció a las tres hermanas.
   los amigos nuestros/yo/el autor y yo/tú/Uds./
4. El campesino perdió su dinero.
   yo/las hermanas/tú/los carpinteros/tú y yo/

F. Contesten a las preguntas según el modelo.

¿Vas a comer?
No, ya comí.

1. ¿Vas a beber?
2. ¿Vas a responder?
3. ¿Vas a leer?
4. ¿Vas a vender?
5. ¿Vas a escoger?
6. ¿Van Uds. a comer?
7. ¿Van Uds. a responder?
8. ¿Van Uds. a leer?
9. ¿Van Uds. a vender?
10. ¿Van Uds. a escoger?

G. Cambien las siguientes oraciones al pretérito según el modelo.

Ve la única casa en todo el valle.
Vio la única casa en todo el valle.

1. Recogen las perlas heladas.
2. Las gotas de agua parecen monedas de plata.
3. Una nube negra aparece sobre el valle.
4. ¿No reconoces al jefe?
5. ¿Por qué escoges este cuento?
6. ¿Por qué rompes el sello?
7. Prometo ayudarle.
8. No debo reir ante el jefe.
9. Comprendo la fe de Lencho.
10. ¿Quiénes venden los sellos?
11. Los empleados comen a la una.
12. Los carteros meten la carta en el sobre.

H. Contesten a las siguientes preguntas según la indicación.

1. ¿Cuántos huevos comiste anoche? *dos*
2. ¿Adónde corriste? *a buscar un carpintero*
3. ¿Qué perdiste? *todo lo que tenía*
4. ¿Qué leíste? *la carta sin puntuación*
5. ¿Cómo les pareció la carta? *bien escrita*
6. ¿A quién vieron Uds. llorando y sollozando? *a la fingida viuda*
7. ¿Qué aprendieron Uds. del marido? *que es testarudo*
8. ¿Qué no comprendieron las hermanas? *el problema*
9. ¿Cuándo corrieron del cementerio? *cuando vieron resucitar al muerto*
10. ¿Quiénes se atrevieron a quedarse en el cementerio? *dos viejecitos*
11. ¿Qué vieron los asistentes? *al muerto resucitarse*

VERBOS DE LA TERCERA CONJUGACIÓN

Estudien las formas del pretérito de los verbos regulares de la tercera conjugación.

abrir

(yo)	abrí	(nosotros)	abrimos
(tú)	abriste	(vosotros)	abristeis
(Ud., él, ella)	abrió	(Uds., ellos, ellas)	abrieron

I. Sustituyan según el modelo.

El mozo escribió una décima.
las hermanas/
Las hermanas escribieron una décima.

1. El mozo escribió una décima.
   yo/el joven y yo/sus padres/tú/la más bella/
2. Las hermanas le exigieron la puntuación correcta.
   Sotileza/Bruna y Sol/yo/Bruna y yo/tú/
3. Lencho decidió pedir ayuda a Dios.
   yo/los pobres afligidos/tú/mi hermano y yo/el hombre de fe/
4. Todos recibieron calabazas.
   la jovencita/yo/mis amigos y yo/tú/las tres hermanas/

J. Contesten a las preguntas según el modelo.

> ¿Es aconsejable abrir la carta?
> No, pero la abrí.

1. ¿Es fácil escribir una décima?
2. ¿Es difícil subir aquella montaña?
3. ¿Fue divertido asistir a esa función?
4. ¿Es aconsejable exigir esa cantidad?
5. ¿Es correcto interrumpir la conversación?
6. ¿Es necesario recibir la noticia?

K. Contesten a las preguntas según el modelo.

> ¿Es propio abrir la carta?
> No, y por eso no la abrieron.

1. ¿Es correcto escribir una carta sin puntuación?
2. ¿Es fácil subir la montaña rocosa?
3. ¿Fue importante escribir la carta?
4. ¿Es propio exigir su presencia?
5. ¿Es necesario interrumpir la conversación?
6. ¿Es posible recibir la noticia?

L. Contesten a las siguientes oraciones según el modelo.

> El mozo no recibió calabazas. ¿Y tú?
> Yo no recibí calabazas tampoco.

1. El ciego no asistió al entierro. ¿Y tú?
2. La anciana no subió al cementerio. ¿Y tú?
3. El mozo no insistió en puntuar la carta. ¿Y tú?
4. Lencho no describió bien su problema. ¿Y tú?
5. El carpintero no abrió el ataúd. ¿Y tú?
6. El marido no sufrió mucho tiempo. ¿Y tú?
7. Los caballeros no interrumpieron la conversación. ¿Y Uds.?
8. Los empleados no recibieron mucho dinero. ¿Y Uds.?
9. Las tres bellas no escribieron bien la nota. ¿Y Uds.?
10. Los viejecitos no asistieron al entierro. ¿Y Uds.?
11. Los empleados no abrieron la carta. ¿Y Uds.?
12. Los pobres no exigieron mucho. ¿Y Uds.?

CUADRO 2

El heroísmo

PREPARANDO LA ESCENA En la literatura universal hay miles de cuentos que tratan de la conducta heroica y las hazañas valientes. Estos cuentos pasan por los años, aumentando en popularidad, no sólo porque son muy emocionantes sino que también tienen valor inspirativo.

En los anales del heroísmo uno puede encontrar muchos nombres españoles. Inmortalizados en canción y cuento son los hechos heroicos del Cid y las atrevidas aventuras de Pizarro, Cortés y los demás conquistadores quienes abrieron las puertas al Nuevo Mundo. Célebres son las titánicas luchas de Bolívar y de San Martín en el movimiento independentista de la América del Sur.

Y mientras que algunos han ganado la fama mundial a causa de su valor y de su coraje, otros, igualmente valerosos, han muerto en la oscuridad, desconocidos, los olvidados de nuestros días.

Bolívar

por Luis Llorens Torres

INTRODUCCIÓN

Entre los hombres más heroicos del mundo hay que señalar a Simón Bolívar... hombre de sueños, de ideales, de ambiciones y de hazañas incomparables en la lucha por la independencia sudamericana. Uno lo llamó «el primer ciudadano del mundo»; otro, «la gloria del Nuevo Mundo»; aun otros lo nombraron «el gran libertador», y alguien ha dicho que Bolívar fue «supereminente sobre todos los héroes que viven en el Templo de la Fama».

Luis Llorens Torres (1878–1944), poeta central del modernismo puertorriqueño, lo ha inmortalizado en la poesía. Nos dice que Bolívar fue, en todo, grande.

GUÍA DE ESTUDIO

Este poema nos presenta varios aspectos de la personalidad de Bolívar. El primer verso indica que tenía varias profesiones. Además de ser un soldado valeroso, Bolívar también fue caballero.

PALABRAS CLAVE

1. **arrojaba (arrojar)** lanzaba, tiraba

   Está prohibido arrojar papeles fuera de la ventana.
   Peligrosamente, _____ piedras cerca de la escuela.

2. **arrojos** atrevimientos, intrepidez, determinación (daring)

   El arrojo que tiene contribuye mucho al éxito de la campaña.
   Entrar en batallas sin armas fue signo de sus _____.

3. **espada** arma blanca, recta de punta y filo, con empeñadura, lanza

   Me gustan los cuentos de capa y espada.
   Los soldados de la Edad Media lucharon con _____.

Los Andes
Pan American Union, Washington

22 El heroísmo

4. **hazaña**   hecho ilustre o célebre (deed)
   Sería difícil determinar la hazaña más famosa del Cid.
   Cruzar los Alpes con elefantes fue una _____ increíble.

5. **libertadas**   puestas en libertad, libradas, salvadas
   La mayoría de las repúblicas sudamericanas fueron libertadas por San Martín y Bolívar.
   Una de las tierras _____ por Bolívar lleva su nombre.

6. **nació (nacer)**   vino al mundo, contrario de *morir*
   Nacer en el siglo veinte es vivir en un mundo de grandes avances científicos.
   El autor _____ en 1878.

7. **patria**   lugar donde se ha nacido (fatherland)
   Con gritos de «¡Viva la patria!» los patriotas empezaron la batalla.
   Lucharon para conservar la independencia de la _____.

8. **picos**   cúspides de una montaña, montañas puntiagudas
   Los picos nevados de los Andes son muy hermosos.
   Aun en el verano los _____ de esa cordillera están cubiertos de nieve.

9. **signos**   indicios, señales
   Los signos de la carretera estaban equivocados.
   Los consideran unos _____ de buena suerte.

10. **sino**   pero, conjunción en sentido adversativo
    No fue Rosa quien ganó el premio sino Patricia.
    No fue María quien lo hizo _____ Juan.

11. **soldado**   el que sirve en el ejército de una nación
    Ese soldado es veterano de la segunda guerra mundial.
    Un _____ guardaba cada entrada de la fortaleza.

12. **valentía**   valor, ánimo
    La valentía de los soldados aseguró la victoria.
    Bolívar tenía la _____ de un héroe.

Político, militar, héroe, orador y poeta.
Y en todo, grande. Como las tierras
    libertadas por él,
por él, que no nació de patria alguna,
sino que muchas patrias nacieron
    hijas de él.

Tenía la valentía del que lleva una espada.
Tenía la cortesía del que lleva una flor.
Y entrando en los salones arrojaba la espada;
y entrando en los combates arrojaba la flor.

    Los picos del Ande no eran más, a sus ojos,
que signos admirativos de sus arrojos.
    Fue un soldado poeta, un poeta soldado,
y cada pueblo libertado
era una hazaña del poeta y era un poema
    del soldado.
Y fue crucificado...

«Simón Bolívar»
Bolivarian Society of the United States

1. Además de ser un gran héroe, ¿qué fue Bolívar?
2. ¿Cómo lo compara el autor con las tierras que libertó?
3. Según la primera estrofa, ¿qué patria produjo a Bolívar?
4. ¿Cuántas patrias nacieron hijas de él?
5. ¿Qué símbolo de valentía emplea el autor?
6. ¿Qué símbolo de cortesía emplea el autor?
7. Repita los versos que nos dicen que Bolívar sabía cuándo ser caballero y cuándo ser soldado.
8. ¿Qué hacía Bolívar al entrar en combate?
9. ¿Qué hacía al entrar en un salón?
10. ¿Cuáles son los versos que nos indican que aun la grandeza de las montañas se sometía a la grandeza del hombre?
11. A la vista de Bolívar, ¿qué eran los picos del Ande?
12. ¿Fue poeta o soldado Bolívar?
13. ¿Qué era cada pueblo libertado?
14. ¿Qué fin tuvo Bolívar según este poema?

EJERCICIOS DE VOCABULARIO

A. Completen las siguientes oraciones con la palabra apropiada.

poeta, hazañas, Andes, héroes, orador, militar, político, espadas, patria, arrojo

1. Unas montañas de la América del Sur son los _____.
2. El que puede entusiasmar a su público mientras habla es _____.
3. Llamamos _____ al país donde nacemos.
4. En tiempo de paz las _____ se convierten en arados.
5. El que se dedica a la vida de soldado se llama _____.
6. El hombre de imaginación que escribe poemas es un _____.
7. En época de guerra surgen muchos hombres que realizan grandes _____.
8. Cuando las realizan, la gente les llama _____.
9. Estos soldados poseen gran valentía y _____.
10. El que se interesa por el gobierno de su país y quiere ser elegido a un puesto público es un _____.

B. Reemplacen la palabra o expresión en letra negrita por otra.

1. El soldado moderno no lucha con **lanzas**.
2. Tiene mucho orgullo en su **país**.
3. Es un hombre valiente que ha realizado **muchos hechos ilustres**.
4. Es un **soldado** valiente.
5. ¿Por qué lo **tiraste** al suelo?
6. Su **determinación** le hará un héroe.
7. No sé de qué será **señal**.

EJERCICIOS CREATIVOS

1. Otro gran héroe de la América del Sur fue San Martín. Compare a Bolívar y a San Martín desde el punto de vista de:
   a. Las circunstancias de la familia
   b. La educación
   c. Los éxitos militares

2. ¿Qué contribución hicieron los siguientes hombres al movimiento independentista?
   a. José Antonio de Sucre
   b. Bernardo O'Higgins
   c. José Martí
   d. Padre Miguel Hidalgo
   e. Francisco de Miranda
   f. José Gaspar Francia
   g. José Artigas

3. Coloque en un mapa de Sudamérica los sitios de las siguientes batallas:
   a. Nueva Granada
   b. Carabobo
   c. Ayacucho
   d. Chacabuco
   e. Maipú

4. Escriba un párrafo breve explicando por qué llaman a Bolívar el Jorge Wáshington de Sudamérica.

El Alcázar no se rinde

por Carlos Ruiz de Azilú

INTRODUCCIÓN

Durante la Guerra Civil en España las fuerzas republicanas se habían apoderado de la ciudad de Toledo. Asediados en el Alcázar de Toledo había algunos insurgentes quienes se habían negado a entregar el armamento y las municiones de este centro militar a los republicanos. El contingente, bajo el comandante militar, coronel Moscardó, había jurado morir si fuera preciso antes que rendirse.

GUÍA DE ESTUDIO

Para ser héroe, muchas veces es necesario sacrificar algo. Hay dos héroes identificados en este cuento del Alcázar de Toledo. ¿Quiénes son? ¿Por qué lo son?

El Alcázar de Toledo
Spanish National Tourist Office

PALABRAS CLAVE

1. **alcázar**   fortaleza, palacio árabe
   El Alcázar de Sevilla es un edificio estupendo.
   Asediados en el _____ había muchos hombres.

2. **angustia**   dolor moral profundo
   La madre no podía disimular la angustia que sentía cuando su hijo se fue a la guerra.
   Todos podían comprender la _____ que sentía el padre del hijo muerto.

3. **aparato**   instrumento para ejecutar una cosa
   El aparato no funciona.
   ¿Dónde está el _____ de radio?

4. **beso**   acción de besar (kiss)
   Le dio un beso a su madre antes de salir.
   Mamá me dio un _____ y dijo: —Eres un buen niño.

5. **colgó (colgar)**   suspendió una cosa en otra (hung)
   Tengo que colgar el teléfono para que pueda usarlo mi padre.
   Pablo _____ su abrigo en este clavo.

6. **despacho**   oficina, lugar donde se trabaja
   El coronel trabajaba en su despacho.
   El coronel escribía en su _____ cuando recibió la noticia.

7. **detenido (detener)**   parado, arrestado
   Tenemos que detener a todos los criminales.
   Han _____ al asesino hasta que vengan los demás.

8. **encomienda (encomendar)**   recomienda, confía, da
   Al morir sus padres, tuvieron que encomendar la niña a sus abuelos.
   — _____ tu alma a Dios—dijo el padre.

9. **entristecidos**   tristes (saddened)
   Todos quedaron entristecidos al despedirse en el aeropuerto.
   Tenía los ojos _____ por la profunda emoción que sentía.

10. **fusilar**   matar con una descarga de pistola o escopeta
    Han capturado al espía y lo van a fusilar.
    Creo que van a _____ a los culpables.

11. **gesto**   ademán, demostración
    Demostró su enfado con un gesto de mal humor.
    Con un _____ de impaciencia repitió las instrucciones.

12. **jefe**   superior o principal de un cuerpo o asociación, líder
    ¿Quién es el jefe de la milicia?
    ¿Sabes quién es el _____ del partido republicano en estos días?

13. **rinde (rendirse)**   se entrega, se sujeta al dominio de otros
    Prefieren morir antes que rendirse.
    El asediado en el Alcázar no se _____.

14. **romper**   quebrar, hacer pedazos una cosa, interrumpir
    Procura no romper los platos al guardarlos.
    Nadie quería _____ el silencio de aquel momento dramático.

15. **sobran (sobrar)**   exceden, están unas cosas de más, hay más de lo necesario de una cosa
    Como no van a venir nuestros amigos tienen que sobrar tres asientos.
    Veo por la lista de los invitados que _____ los hombres.

16. **sonó (sonar)**   hizo ruido una cosa (sounded, rang)
    Se despertó el niño al sonar el teléfono.
    Creo que _____ la campana después de diez minutos.

17. **vilmente**   de una manera vil, despreciable
    Los mártires fueron torturados vilmente.
    El presidente fue _____ asesinado.

27   El Alcázar no se rinde

Eran aproximadamente las diez de la mañana del día veintitrés de julio de 1936 cuando sonó el teléfono del despacho del coronel Moscardó. Se hallaba éste rodeado de varios de los jefes del Alcázar y otros oficiales, organizando la defensa exterior y la acomodación del personal refugiado. Pausadamente se levantó el coronel y se dirigió al teléfono.

La conversación de aquella llamada telefónica ha de contarse entre los diálogos más heroicos de nuestros días:

—¿Quién está al aparato?

—Soy el jefe de las milicias socialistas. Tengo la ciudad en mi poder, y si dentro de diez minutos no se ha rendido Ud., mandaré fusilar a su hijo Luis, que lo he detenido; y para que vea que es así, él mismo le hablará. «A ver, que venga Moscardó.»

En efecto, el padre oye a su hijo Luis, que le dice tranquilamente por el aparato:

—Papá, ¿cómo estás?

—Bien, hijo mío. ¿Qué te ocurre?

—Nada de particular. Que dicen que me fusilarán si el Alcázar no se rinde, pero no te preocupes por mí.

—Mira, hijo mío; si es cierto que te van a fusilar, encomienda tu alma a Dios, da un ¡Viva Cristo Rey! y otro ¡Viva España! y muere como un héroe y mártir. Adiós, hijo mío; un beso muy fuerte.

—Adiós, papá; un beso muy fuerte.

A continuación se oye nuevamente la voz del jefe de milicias, preguntando:

—¿Qué contesta Ud.?

El coronel Moscardó pronuncia estas sublimes palabras:

—¡Que el Alcázar no se rinde y que sobran los diez minutos!

A los pocos días fue asesinado vilmente don Luis Moscardó Guzmán, joven de diecisiete años, nuevo mártir de la Cruzada.

Cuando el coronel Moscardó colgó el auricular, un silencio impresionante que nadie se atrevía a romper reinaba en su despacho. Todos comprendían la magnitud del sacrificio ofrecido a la Patria y la singular heroicidad del gesto. Intensamente pálido y con los ojos entristecidos por la angustia de su drama interior, el coronel Moscardó rompió el silencio, dirigiéndose a sus colaboradores:

—Y bien, señores, continuemos . . .

---

personal refugiado refugee personnel

ha de contarse has to be considered

colgó el auricular hung up the receiver

PARA LA COMPRENSIÓN

1. ¿Quién es el coronel Moscardó?
2. ¿Quién le llamó por teléfono?
3. ¿Qué le dijo?
4. ¿Con quién habló el coronel entonces?
5. ¿Qué consejo le dio a su hijo el coronel?
6. ¿Con quién volvió a hablar el coronel?
7. ¿Qué le dijo?
8. ¿Qué pasó a los pocos días?

28   El heroísmo

9. Cuando el coronel Moscardó colgó el auricular, ¿qué reinaba en su despacho?
10. ¿Qué comprendían los que habían escuchado la conversación entre padre e hijo?
11. ¿Quién rompió el silencio por fin?
12. ¿Qué dijo él?
13. ¿Por qué podemos llamarles héroes al coronel y a su hijo?

EJERCICIOS DE VOCABULARIO

A. Reemplacen la palabra en letra negrita según la indicación.
1. Soy el **jefe** de las milicias nacionales. **general**
2. Si no se rinde, mandaré **fusilar** a su hijo. **matar**
3. Sonó el teléfono en **el despacho** del presidente. **la oficina**
4. Fue asesinado **vilmente**. **cobardemente**
5. Hizo un **gesto** de desesperación. **ademán**
6. Su **cara** mostraba señas de gran pena. **rostro**
7. Esperamos que se **rinda** el enemigo. **entregue**
8. Oye, Pedro, ¿qué te **ocurre**? **sucede**
9. ¿Es **cierto** que te van a fusilar? **seguro**
10. Sus ojos **revelaban** la lucha interior. **mostraban**

B. Completen las siguientes oraciones con la palabra apropiada

mandato, pausadamente, rendido, fortaleza, detención, preciso, cárcel, aparato, poder

1. El _____ del general es irrevocable.
2. Era _____ acabar lo que se había empezado.
3. Por infracción de la ley, lo habían puesto en _____.
4. A su compañero lo echaron en la _____ por el crimen.
5. Cuando quiso hablar por el _____, no funcionaba.
6. Cayó en el _____ del enemigo.
7. Siempre hablaba _____.
8. Después de un asedio largo, la _____ cayó en manos del enemigo.
9. Después de luchar por semanas, la fortaleza se había _____.

C. Den el antónimo de las siguientes palabras.
1. la mañana
2. la noche
3. hablar
4. exterior
5. impersonal
6. la vida
7. preguntar
8. oscuro
9. el silencio
10. guardar silencio

EJERCICIOS CREATIVOS

1. Una guerra civil casi siempre resulta en tragedia. En un párrafo en español explique por qué.
2. Para discutir con madurez e inteligencia la Guerra Civil en España, hay que comprender ciertos términos. Indentifique los siguientes:
   a. Las Cortes Constituyentes
   b. El Frente Popular
   c. La Falange
   d. Los republicanos
   e. Los nacionales (franquistas)
   f. Generalísimo Franco
   g. José Antonio Primo de Rivera
3. Hay varios libros que nos hablan de la revolución, el terror y las atrocidades que ocurrieron durante la Guerra Civil en España. Busque detalles y prepare un informe para leer a la clase:
   Nicholson B. Adams, *España, introducción a su civilización:* Capítulo XXV, «El camino del infortunio» (en español)
   James Cleugh, *Spain in the Modern World,* Secciones 24 y 25 (en inglés)
   Martha E. Gellhorn, *Face of War* (en inglés)
   Ernest Hemingway, *For Whom the Bell Tolls* (en inglés)
   George Orwell, *Homage to Catalonia* (en inglés)
   Robert Payne, *The Civil War in Spain, 1936–1939* (en inglés)
   Hugh Thomas, *The Spanish Civil War* (en inglés). Este libro también da una bibliografía amplia de otras lecturas en las páginas 644–699.
4. Haga un estudio de la pintura de la destrucción de Guernica por Pablo Picasso. Descríbala en algunos párrafos.

El mensajero de San Martín

INTRODUCCIÓN

En la selección *El Alcázar no se rinde,* don Luis Moscardó Guzmán, joven de diecisiete años, se destacó como héroe, sacrificándose por la patria. *El mensajero de San Martín* es el cuento de otro joven que también se muestra muy valiente. Aunque no lucha en el campo de batalla, ni siquiera lleva armas, su hazaña es digna de un verdadero patriota.

GUÍA DE ESTUDIO

En la tierra de nuestros vecinos sudamericanos tuvo lugar una insurrección tan dramática como la de los colonos norteamericanos a fines del siglo dieciocho. Hubo numerosas batallas, mucho sufrimiento y muchos sacrificios, inmensurables conspiraciones e intrigas, el heroísmo en todas sus formas. Ambos lados, las fuerzas realistas así como las patriotas, querían realizar la victoria, haciendo del movimiento independentista una lucha larga y sangrienta. Muchos soldados y hombres de estado figuraron de un modo prominente en la guerra... héroes como Bolívar, Sucre, Miranda, O'Higgins, Artigas, San Martín... y otros menos conocidos, como el mensajero de San Martín.

PALABRAS CLAVE

1. **abogado** licenciado en leyes

    Estudió la carrera de abogado en Chile.
    Miguel encontró al _____ Rodríguez en Santiago.

2. **añadió (añadir)** aumentó, puso, dijo algo más

    Martínez añadió otra línea a la carta.
    —Más vale que confieses—_____ el coronel.

3. **castigo** pena o sufrimiento impuesto por alguna falta

    Le van a dar un castigo fuerte por tal crimen.
    Si confiesas quizá puedas evitarte el _____.

4. **cinturón** banda de material resistente que se pone a medio cuerpo (belt)

    El muchacho tenía un cinturón muy especial.
    Recibió la respuesta, que guardó en su _____ secreto.

El heroísmo

5. **choza** casa pequeña y pobre (hut)
El pobre tiene que vivir en aquella choza.
Miguel estaba en una _____, donde lo habían encerrado sin preocuparse más de él.

6. **despertar** interrumpir el sueño
La luz del día siempre me despierta.
El café me hace _____ la memoria.

7. **ejército** multitud de soldados con sus armas y jefes militares
Esa nación tiene un ejército de 100.000 hombres.
Tengo un hermano en el _____ al servicio de la nación.

8. **encierren (encerrar)** contener a una persona o cosa en una parte de donde no es posible salir (lock up)
Llévenlo a la policía y enciérrenlo esta noche.
No quiere que ellos lo _____.

9. **enviar** mandar a una persona o cosa a alguna parte
Voy a enviarte a una misión muy difícil.
Quiero _____ el paquete por correo aéreo.

10. **golpe** contacto violento de dos cuerpos (blow)
Le dieron un golpe en la cabeza con un palo.
Un soldado estaba presente cuando le dieron el _____.

11. **golpearon (golpear)** dieron golpes (struck repeatedly)
El boxeador golpeó al muchacho sin piedad.
Dos soldados lo _____ hasta que perdió el conocimiento.

12. **halló (hallar)** encontró
Te busqué ayer, pero no te pude hallar.
El muchacho _____ a su amigo y le dio la carta.

13. **heridas** lesiones producidas por un arma u otro instrumento (wounds)
Miguel tenía heridas en todo el cuerpo.
San Martín pudo ver las _____ de los golpes que el muchacho había recibido.

14. **huir** escaparse rápidamente para no sufrir algo malo
En circunstancias especiales un muchacho valiente puede huir.
Al ver a los soldados Miguel cometió el error de _____.

15. **jurado (jurar)** prometido solemnemente
Le había jurado amor eterno, y ya cambió de opinión.
No quiero descubrir el nombre, porque he _____ guardar el secreto.

16. **moneda** pieza de metal redonda para comprar cosas (coin)
Me dieron una moneda de plata con la figura de Kennedy.
¿Has visto alguna vez una _____ de oro?

17. **orgullo** satisfacción por haber hecho algo importante (pride)
El padre tenía orgullo en su hijo por su conducta honrada.
Miguel estaba lleno de _____ por haber servido a San Martín.

18. **paisaje** vista del campo considerada desde el punto de vista artístico (landscape)
Las montañas y los valles formaban un paisaje mágico.
Miguel sintió emoción al ver el hermoso _____.

19. **sombra** imagen oscura por interrupción de luz (shadow)
La sombra se movía misteriosamente en la noche.
El soldado andaba como una _____ en la noche oscura.

20. **valiente** cualidad de coraje, que no tiene miedo
Fue muy valiente ante el enemigo.
Ordóñez vio que el muchacho era muy _____.

21. **velaban (velar)** estaban sin dormir
Los centinelas velaban de noche para prevenir un ataque por sorpresa.
Algunos _____, pero otros quedaron dormidos.

El general don José de San Martín leía unas cartas en su despacho. Terminada la lectura, se volvió para llamar a un muchacho de unos dieciséis años que esperaba de pie junto a la puerta.

—Voy a encargarte una misión difícil y honrosa. Te conozco bien; tu padre y tres hermanos tuyos están en mi ejército y sé que deseas servir a la patria. ¿Estás resuelto a servirme?

—Sí, mi general, sí—contestó el muchacho.

—Debes saber que en caso de ser descubierto te fusilarán—continuó el general.

—Ya lo sé, mi general.

—Entonces, ¿estás resuelto?

—Sí, mi general, sí.

—Muy bien. Quiero enviarte a Chile con una carta que no debe caer en manos del enemigo. ¿Has entendido, Miguel?

—Perfectamente, mi general—respondió el muchacho.— Dos días después, Miguel pasaba la cordillera de los Andes en compañía de unos arrieros.

Llegó a Santiago de Chile; halló al abogado Rodríguez, le entregó la carta y recibió la respuesta, que guardó en su cinturón secreto.

—Mucho cuidado con esta carta—le dijo también el patriota chileno—. Eres realmente muy joven; pero debes ser inteligente y buen patriota.

Miguel volvió a ponerse en camino lleno de orgullo. Había hecho el viaje sin dificultades, pero tuvo que pasar por un pueblo cerca del cual se hallaba una fuerza realista al mando del coronel Ordóñez.

Alrededor se extendía el hermoso paisaje chileno. Miguel se sintió impresionado por aquel cuadro mágico; mas algo inesperado vino a distraer su atención.

Dos soldados, a quienes pareció sospechoso ese muchacho que viajaba solo y en dirección a las sierras, se dirigieron hacia él a galope. En la sorpresa del primer momento, Miguel cometió la imprudencia de huir.

—¡Hola!—gritó uno de los soldados sujetándole el caballo por las riendas—. ¿Quién eres y adónde vas?

Miguel contestó humildemente que era chileno, que se llamaba Juan Gómez y que iba a la hacienda de sus padres.

Lo llevaron sin embargo a una tienda de campaña donde se hallaba, en compañía de varios oficiales, el coronel Ordóñez.

—Te acusan de ser agente del general San Martín—dijo el coronel—. ¿Qué contestas a eso?

lectura reading

encargarte darte

resuelto listo, decidido

cordillera cadena de montañas
arrieros muleteers
entregó dio

mas pero

dirigieron fueron hacia

sujetándole holding
riendas reins

tienda de campaña tent

más vale	*es mejor*
evitarte	*avoid, save yourself*
apoderaron	*held*
brusco	*repentino*
arrebató	*snatched, took away*
brasero	*hearth*
convenir	*admitir*
puñado	*handful*
azotes	*lashes*
apretó	*tightened, pressed, gritted*
perdió el conocimiento	*se desmayó*
basta	*enough*

Miguel habría preferido decir la verdad, pero negó la acusación.

—Oye, muchacho—añadió el coronel—, más vale que confieses francamente, así quizá puedas evitarte el castigo, porque eres muy joven. ¿Llevas alguna carta?

—No—contestó Miguel, pero cambió de color y el coronel lo notó.

Dos soldados se apoderaron del muchacho, y mientras el uno lo sujetaba, el otro no tardó en hallar el cinturón con la carta.

—Bien lo decía yo—observó Ordóñez, disponiéndose a abrirla.— Pero en ese instante Miguel, con un movimiento brusco, saltó como un tigre, le arrebató la carta de las manos y la arrojó en un brasero allí encendido.

—Hay que convenir en que eres muy valiente—dijo Ordóñez.— Aquel que te ha mandado sabe elegir su gente. Ahora bien, puesto que eres resuelto, quisiera salvarte y lo haré si me dices lo que contenía la carta.

—No sé, señor.

—¿No sabes? Mira que tengo medios de despertar tu memoria.

—No sé, señor. La persona que me dio la carta no me dijo nada.

El coronel meditó un momento.

—Bien—dijo—te creo. ¿Podrías decirme al menos de quién era y a quién iba dirigida?

—No puedo, señor.

—¿Y por qué no?

—Porque he jurado.

El coronel admiró en secreto al niño pero no lo demostró. Abriendo un cajón de la mesa, tomó un puñado de monedas de oro.

—¿Has tenido alguna vez una moneda de oro?—preguntó a Miguel.

—No, señor—contestó el muchacho.

—Bueno, pues, yo te daré diez. ¿Entiendes? Diez de éstas, si me dices lo que quiero saber. Y eso, con sólo decirme dos nombres. Puedes decírmelo en voz baja—continuó el coronel.

—No quiero, señor.

—A ver—ordenó—unos cuantos azotes bien dados a este muchacho.

En presencia de Ordóñez, de sus oficiales y de muchos soldados, dos de éstos lo golpearon sin piedad. El muchacho apretó los dientes para no gritar. Sus sentidos comenzaron a turbarse y luego perdió el conocimiento.

—Basta—dijo Ordóñez—, enciérrenlo por esta noche. Mañana confesará.

Entre los que presenciaron los golpes se encontraba un soldado chileno que, como todos sus compatriotas, simpatizaba con la causa de la libertad. Tenía dos hermanos, agentes de San Martín, y él mismo esperaba la ocasión favorable para abandonar el ejército real. El valor del muchacho lo llenó de admiración.

apagados	*no encendidos*
cerrojo	*bolt, lock*
¡quieto!	*¡quédate calmo!*
cansancio	*fatiga*
ensillado	*saddled*
apretón de manos	*strong handshake*
espoleó	*spurred*

A medianoche el silencio más profundo reinaba en el campamento. Los fuegos estaban apagados y sólo los centinelas velaban con el arma en el brazo.

Miguel estaba en una choza, donde lo habían dejado bajo cerrojo, sin preocuparse más de él.

Entonces, en el silencio de la noche, oyó un ruido como el de un cerrojo corrido con precaución. La puerta se abrió despacio y apareció la figura de un hombre. Miguel se levantó sorprendido.

—¡Quieto!—murmuró una voz—. ¿Tienes valor para escapar?

De repente Miguel no sintió dolores, cansancio, ni debilidad; estaba ya bien, ágil y resuelto a todo. Siguió al soldado y los dos andaban como sombras por el campamento dormido, hacia un corral donde se hallaban los caballos del servicio. El pobre animal de Miguel permanecía ensillado aún y atado a un poste.

—Este es el único punto por donde puedes escapar—dijo el soldado—, el único lugar donde no hay centinelas. ¡Pronto, a caballo y buena suerte!

El joven héroe obedeció, despidiéndose de su generoso salvador con un apretón de manos y un ¡Dios se lo pague! Luego, espoleó su caballo sin perder un minuto y huyó en dirección a las montañas.

Huyó para mostrar a San Martín, con las heridas de los golpes que habían roto sus espaldas, como había sabido guardar un secreto y servir a la patria.

Cordillera de los Andes
Pan American Union, Washington

34   El heroísmo

PARA LA COMPRENSIÓN

1. ¿Qué estaba haciendo San Martín en su despacho?
2. ¿A quién llamó?
3. ¿Qué misión difícil le encargó?
4. ¿Qué podría pasar si lo descubrieran?
5. ¿Cómo se llamaba el muchacho y qué edad tenía?
6. ¿Por dónde pasaba dos días después?
7. ¿Dónde halló al abogado?
8. ¿Qué le entregó a Rodríguez?
9. ¿Dónde guardó la respuesta?
10. ¿Qué le dijo el patriota chileno?
11. ¿Qué había en el pueblo cerca del cual tuvo que pasar Miguel?
12. ¿Qué vino a distraer la atención de Miguel al contemplar el paisaje chileno?
13. ¿Por qué les pareció sospechoso el muchacho?
14. ¿Qué imprudencia cometió Miguel?
15. ¿Quién era Juan Gómez?
16. ¿Adónde dijo que iba?
17. ¿Adónde lo llevaron?
18. ¿Quién era el coronel Ordóñez?
19. ¿De qué acusaban a Miguel?
20. ¿Por qué había preferido Miguel decir la verdad?
21. ¿Cómo notó el coronel Ordóñez que Miguel tenía un secreto?
22. ¿Cómo evitó Miguel que el coronel Ordóñez leyera la carta?
23. ¿Cómo intentó el coronel persuadir a Miguel que le dijese el contenido?
24. ¿Cómo intentó que le dijese a quién iba dirigida?
25. ¿Qué sentimiento sintió el coronel hacia el muchacho?
26. ¿Cuándo se abrió la puerta de la choza de Miguel?
27. ¿Cómo se escapó Miguel?
28. ¿Dónde se quedó el soldado chileno?
29. ¿Adónde huyó Miguel?
30. ¿A quién fue a mostrar cómo había sabido guardar el secreto para servir a la patria?

EJERCICIOS DE VOCABULARIO

A. Completen las siguientes oraciones con la palabra o expresión apropiada.

servirme, arrieros, cerrojo, medianoche, de pie, corrido, espoleó su caballo, atado, dolores, misión, admiración, buena suerte, huyó, generoso salvador, sombras, apoderaron, despacho, cordillera, choza, manos del enemigo

1. El general leía unas cartas en su _____.
2. El muchacho esperaba _____ junto a la puerta.
3. Voy a encargarte una _____ difícil.
4. ¿Estás resuelto a _____?
5. La carta no debe caer en _____.
6. Miguel pasaba la _____ de los Andes.
7. Iba en compañía de unos _____.
8. El valor del muchacho lo llenó de _____.
9. Dos soldados se _____ del muchacho.
10. A _____ el silencio más profundo reinaba.
11. Miguel estaba en una _____.
12. Lo habían dejado bajo _____.
13. Oyó el ruido de un cerrojo _____.
14. De repente no sintió _____.
15. Los dos andaban como _____.
16. El animal permanecía _____ a un poste.
17. ¡Pronto, a caballo y _____!
18. Se despidió de su _____ con un apretón de manos.
19. Luego _____ sin perder un momento.
20. _____ en dirección a las montañas.

B. Den el contrario de las siguientes palabras.

1. un palacio
2. perder
3. poner en libertad
4. dormir bien
5. cobarde

C. Contesten a las siguientes preguntas con una oración completa.

1. ¿Qué hace la policía con un criminal?
2. ¿Qué hay en un ejército?
3. ¿En qué tienen que vivir los pobres?
4. ¿Qué llevan los hombres para que no caigan los pantalones?
5. ¿Qué reciben los soldados en una batalla cruel?

EJERCICIOS CREATIVOS

1. Compare o contraste el cuento *El Alcázar no se rinde* con *El mensajero de San Martín* tocando en los siguientes puntos:

    a. Lugar de la acción
    b. Tiempo de la acción
    c. Personajes valientes

2. Imagine que Ud. es director de escena de un estudio cinematográfico. Ud. tiene que repartir papeles para una película titulada *El mensajero de San Martín*. ¿Qué características tendrían los actores que escogería Ud. para desempeñar los siguientes papeles?

    a. San Martín
    b. Luis
    c. El coronel Ordóñez
    d. El soldado que simpatizaba con la causa de la libertad

3. Mencionados en la selección son «el hermoso paisaje chileno» y «una cordillera de los Andes». Prepare un breve informe sobre la topografía de Chile. Use un mapa en su presentación.

4. Haga una lista de palabras y expresiones «militares» que se usan en el cuento. Luego, escriba un párrafo usando por lo menos cinco palabras de la lista preparada (por ejemplo: **soldado, luchar, ejército, fusilar, herida**).

ESTRUCTURA

El Pretérito—Verbos Irregulares

Las terminaciones de la mayoría de los verbos irregulares en el pretérito son *–e, –iste, –o, –imos, –isteis, –ieron*. Los siguientes verbos tienen una raíz irregular.

andar anduv
  anduve, anduviste, anduvo   anduvimos, anduvisteis, anduvieron
caber cup
  cupe, cupiste, cupo   cupimos, cupisteis, cupieron
estar estuv
  estuve, estuviste, estuvo   estuvimos, estuvisteis, estuvieron
hacer hic   (en la tercera persona singular *hiz*)
  hice, hiciste, hizo   hicimos, hicisteis, hicieron
poder pud
  pude, pudiste, pudo   pudimos, pudisteis, pudieron
poner pus
  puse, pusiste, puso   pusimos, pusisteis, pusieron
querer quis
  quise, quisiste, quiso   quisimos, quisisteis, quisieron
saber sup
  supe, supiste, supo   supimos, supisteis, supieron
tener tuv
  tuve, tuviste, tuvo   tuvimos, tuvisteis, tuvieron
venir vin
  vine, viniste, vino   vinimos, vinisteis, vinieron

Si la jota precede a la terminación, se omite la *i* en la terminación de la tercera persona plural.

decir   dij
dije, dijiste, dijo   dijimos, dijisteis, dijeron
traer   traj
traje, trajiste, trajo   trajimos, trajisteis, trajeron

(Otros verbos semejantes son *conducir, producir* y *traducir*.)

Los siguientes verbos tienen *y* en la tercera persona singular y plural. Noten los acentos.

caer
caí, caíste, cayó   caímos, caísteis, cayeron
creer
creí, creíste, creyó   creímos, creísteis, creyeron
leer
leí, leíste, leyó   leímos, leísteis, leyeron
oir
oí, oíste, oyó   oímos, oísteis, oyeron

Los verbos *dar, ser* e *ir* también son irregulares en el pretérito.

dar
di, diste, dio   dimos, disteis, dieron
ser e *ir*
fui, fuiste, fue   fuimos, fuisteis, fueron

El Pretérito—Verbos de Cambio Radical

VERBOS CON EL CAMBIO E → I

Los verbos *pedir, mentir, rendir, despedir, conseguir, seguir, reir, repetir, sentir, preferir* y *sugerir* tienen una *i* en la tercera persona singular y plural.

pedir
pedí, pediste, pidió   pedimos, pedisteis, pidieron

VERBOS CON EL CAMBIO O → U

Los verbos *dormir* y *morir* tienen una *u* en la tercera persona singular y plural.

dormir
dormí, dormiste, durmió   dormimos, dormisteis, durmieron

A. Reemplacen el verbo con la forma correspondiente del infinitivo indicado.

1. Recibiste una flor.
   traer/ dar/ hacer/ tener/
2. Escribió de su valentía en los combates.
   saber/ oir/ querer hablar/ leer/
3. No hicimos nada ayer.
   dar/ oir/ tener/ decir/
4. Yo estudié demasiado.
   oir/ saber/ traer/ hacer/
5. ¿Qué recibieron?
   querer/ decir/ hacer/ dar/
6. Yo caminé con el héroe.
   venir/ ir/ andar/ estar/

B. Contesten a las preguntas según el modelo.

> ¿Qué leíste?
> No leí nada, pero el general leyó algo.

1. ¿Qué hiciste?
2. ¿Qué dijiste?
3. ¿Qué oíste?
4. ¿Qué supiste?
5. ¿Qué quisiste?
6. ¿Qué tuviste?
7. ¿Qué trajiste?

C. Contesten a las preguntas según el modelo.

> ¿Salió el coronel esta mañana?
> El salió ayer. Los soldados salieron hoy.

1. ¿Vino el coronel esta mañana?
2. ¿Se fue el coronel esta mañana?
3. ¿Cayó el coronel esta mañana?
4. ¿Estuvo el coronel esta mañana?
5. ¿Se rindió el coronel esta mañana?
6. ¿Murió el coronel esta mañana?
7. ¿Se detuvo el coronel esta mañana?
8. ¿Huyó el coronel esta mañana?

D. Sigan el modelo.

> Los colaboradores no lo creyeron.
> Nosotros sí lo creímos.

1. Los arrieros no lo condujeron.
2. Los mártires no lo oyeron.
3. Los políticos no lo dijeron.
4. Los poetas no lo quisieron.
5. Los abogados no lo supieron.
6. Los patriotas no lo leyeron.
7. Los mensajeros no lo trajeron.
8. Los cobardes no lo hicieron.

E. Sigan el modelo.

> Ve la choza en la sierra.
> Vio la choza en la sierra.

1. Estoy en Toledo.
2. Tengo la ciudad en mi poder.
3. Caigo en las manos del enemigo.
4. No puedo rendirme.
5. Me despido de mi papá.
6. ¿Por qué huyes?
7. ¿Oyes al orador?

«Guernica» por Pablo Picasso

On extended loan to the Museum of Modern Art, New York, from the artist

38   El heroísmo

8. ¿Dices que aumenta su popularidad?
9. ¿Sabes de su valentía?
10. La carta cae al fuego.
11. Pone el documento en el cinturón secreto.
12. Es sacrificado.
13. No queremos romper el silencio.
14. No podemos asesinarlo vilmente.
15. No producimos buenos resultados.
16. No traducimos los poemas fácilmente.
17. Andan pausadamente hacia el aparato.
18. Están en la tienda de campaña.
19. Van tranquilamente a su muerte.
20. Son sacrificados por la patria.

F. Sigan el ejemplo.

El vuelve con las tropas.
El volvió con las tropas.

1. El Alcázar no se rinde.
2. Cuelgo el aparato telefónico.
3. No quepo en este pequeño espacio.
4. Pongo el auricular en su sitio.
5. Vienes al despacho tranquilamente.
6. Andas por la sierra con los arrieros.
7. Estás en la tienda de campaña.
8. Vamos al Alcázar con los soldados.
9. Le decimos que nace un héroe.
10. Andamos con las riendas en la mano.
11. Hace grandes hazañas heroicas.
12. Es un mártir de la patria.
13. No pueden fusilar al patriota.
14. Mueren valientemente.
15. Vienen a negar la acusación.
16. Huyen de los que les dan azotes.

G. Sigan el modelo.

Carlos, pregúntele a Luis si tuvo que venir temprano hoy.
Carlos: *Luis, ¿tuviste que venir temprano hoy?*
Luis: *No, no tuve que venir temprano hoy. ¿Y tú, Felipe?*
Felipe: *Tampoco tuve que venir temprano.*

1. Pregúntele a Mariana   si oyó el poema acerca de Bolívar.
   si oyó sonar el teléfono.
   si oyó la respuesta del joven.

2. Pregúntele a Guillermo   si fue a la sierra.
   si fue al campamento.
   si fue a pie.

3. Pregúntele a Susana   si hizo la tarea para hoy.
   si hizo su cama antes de salir de la casa.
   si hizo algo interesante ayer.

4. Pregúntele a Tomás   si trajo el cinturón secreto.
   si trajo su libro a clase.
   si trajo un mensaje importante.

CUADRO 3

La leyenda

PREPARANDO LA ESCENA Las leyendas son narraciones en las que se mezcla un poco de verdad con grandes dosis de ficción. La imaginación y la fantasía hacen un papel muy importante en las leyendas, puesto que lo que comenzó como historia acaba por perder de vista la realidad.

Las leyendas tratan de hechos de un pasado remoto y los personajes son héroes dotados de cualidades notables. Frecuentemente son personajes históricos.

Algunas leyendas son tristes, otras trágicas, otras pintorescas, otras alegres, pero todas tienen elementos de belleza, de ensueño y de encanto que capturan la imaginación y el corazón.

Las tres leyendas que siguen son del mundo hispánico, pero el tema de cada una de ellas es distinto. Las leyendas son productos de la tradición, y por consiguiente no tienen autor, sino alguien que las colecciona. En este caso, *La vieja del Candilejo* sale de una colección reunida por Antonio Jiménez-Landi. El compilador de las otras se llama Alejandro Sux.

El lago encantado

INTRODUCCIÓN

La primera leyenda viene del Perú y se refiere a los incas, una de las tribus indias del Nuevo Mundo, cuya riqueza y cultura son muy famosas. Algunos de los personajes son históricos y otros ficticios. El conflicto que surge entre conquistadores e indios es un relato poético de la conquista con todas sus hazañas, trágicas y nobles.

GUÍA DE ESTUDIO

Lea esta leyenda y deléitese con su belleza. Luego fíjese en cuáles de los personajes son históricos y cuáles son probablemente legendarios. Examine la narración para ver si reconoce los hechos históricos y los lugares geográficos que verdaderamente existen. La leyenda presenta la conquista bajo un aspecto diferente de la que fue en la realidad, porque, como todas las leyendas, quiere filtrar los acontecimientos a través de la fantasía.

PALABRAS CLAVE

1. **agüero** anuncio, señal, pronóstico
   Adela cree que es mal agüero encontrarse con un gato negro en el camino.
   Los vientos fuertes comenzaron a traer el mal _____ de que venía la tempestad.

2. **alcanzó (alcanzar)** cogió, sobrepasó
   Pedro corrió tras Juan y Elías, pero no los alcanzó.
   El caballo blanco _____ al caballo negro y llegó primero.

3. **allende** al otro lado, del lado de allá
   Los niños vienen de allende el río para jugar.
   José vino de _____ la montaña a vivir en el pueblo.

4. **atrajo (atraer)** trajo hacia él (attracted, drew)
   Cuando el presidente habló en la escuela, atrajo a mucha gente.
   La maestra de español _____ a todos los alumnos buenos.

5. **atrevido** audaz, intrépido
   Los indios creían que los conquistadores españoles eran muy atrevidos.
   Don Ramón era un hombre muy _____ cuando era joven.

6. **cumplir** guardar, efectuar, satisfacer
   Un general famoso volvió a las Islas Filipinas para cumplir una promesa que había hecho.
   El agente que vendió el automóvil viejo no quería _____ su promesa.

7. **demás** lo otro (the rest, the remainder)

   La primera parte del libro es muy buena pero lo demás es demasiado difícil.
   María dejó la carta y el regalo, pero se llevó lo _____.

8. **desafiando (desafiar)** confrontando, afrentando

   Los hijos del tío Pedro caminaron por la sierra desafiando los elementos, hasta que llegaron a su destino.
   Juan se echó al lago para salvar a la niña, _____ el peligro.

9. **disimuló (disimular)** ocultó, escondió

   El soldado disimuló su temor y siguió en marcha, obedeciendo a su capitán.
   Alfredo _____ saber algo del accidente, y no dijo nada durante toda la interrogación.

10. **huir** escaparse

    En vez de huir, todos se prepararon para pelear.
    El que causó el accidente trató de _____ pero no pudo.

11. **lisa** sin aspereza (smooth)

    Blanca era una chica preciosa, de cabello brillante y con la piel muy lisa.
    La superficie del agua en la piscina estaba _____.

12. **oculto** escondido

    Hay una casita oculta entre los árboles al otro lado del río.
    En la Sierra Madre hay un lago _____ que contiene grandes tesoros.

13. **opaca** no transparente

    Estaban cerradas las cortinas opacas y así no entraba la luz del día en el salón oscuro.
    El agua del lago Sulinqui es _____.

14. **paraje** lugar, terreno

    La familia Marcos tiene una casa en un paraje selecto en la costa de Acapulco.
    A la orilla del lago Sulinqui hay un _____ muy verde, lleno de flores hermosas.

15. **perecía (perecer)** moría, sucumbía, expiraba

    En las civilizaciones indígenas, cuando perecía una dinastía, nacía otra.
    En la ley de los indígenas aztecas, cuando _____ el curaca del pueblo, su hijo le reemplazaba.

16. **quebrada** abertura estrecha entre dos montañas, cañón

    La quebrada de Acapulco es uno de los lugares más pintorescos de la costa.
    Los tíos de Carlos tienen una casa cerca de la _____.

17. **rumor** murmullo, ruido

    Cuando uno está en la quebrada, a lo lejos se oye el rumor de las olas del mar.
    De la casa se oye el _____ de las personas en la calle.

18. **sordo** que hace muy poco ruido, que no oye u oye mal

    El indio anciano estaba sordo y la gente le tenía que hablar por medio de señas y gestos.
    En el pueblo se oía un _____ murmullo de ansiedad y temor.

19. **vasallos** siervos, esclavos, servidores

    Los vasallos del rey estaban obligados a cultivar la tierra del reino.
    En un tiempo los mayas tuvieron otros indios como _____.

20. **veloces** rápidos

    Hoy día hay aviones muy veloces que transportan a la gente de un sitio a otro en muy poco tiempo.
    Los incas tenían chasquis muy _____ que llevaban los mensajes al Inca.

En el norte de la república Argentina hay un lago tranquilo, circular y rodeado de montañas cubiertas de vegetación. Los habitantes de aquella región lo llaman el Lago Encantado. El paraje sólo es accesible por una estrecha quebrada.

Durante gran parte del día el lago queda en las sombras. Sólo por pocos minutos llegan los rayos del sol a la superficie del agua.

Muchos años antes de la conquista española habitaban aquellas regiones unas tribus de indios, vasallos de los incas. En aquel tiempo vivía un «curaca» muy rico, respetado y querido por su pueblo. Poseía objetos de oro, trabajos de plumas y otras muchas cosas de valor inestimable.

> curaca *jefe*

Entre sus tesoros había una urna de oro que uno de los reyes incas había regalado a su abuelo en señal de gratitud por un importante servicio. La urna tenía maravillosas virtudes: mientras estaba en poder de esa nación, los curacas gobernaban en paz y el pueblo vivía tranquilo y feliz; pero si caía en manos enemigas, perecía la dinastía y reinarían poderosos conquistadores.

Todos los años en la gran Fiesta del Sol, la urna sagrada era puesta en exhibición. De todas partes venían los indios para adorarla.

* * *

Las razas indias tenían una tradición común. Era que un día debían llegar al continente hombres de lengua desconocida, de piel blanca y de costumbres extrañas. Estos extranjeros iban a conquistar a los indios. Según unos, un dios iba a anunciar su llegada; según otros, un espíritu malo iba a traer consigo la muerte. Los pueblos que vivían cerca del mar esperaban a los forasteros del otro lado del mar; para las naciones del interior, los forasteros iban a venir de allende las montañas, de los desiertos o de las selvas. El fondo de la leyenda era siempre el mismo.

> forasteros *extranjeros*
> selvas *bosques (woods, forests)*

Los años pasaron y la antigua leyenda se convertía en realidad. Los forasteros pisaban las costas del continente. Hombres atrevidos cruzaban las selvas, desafiando todos los obstáculos.

Cierto día un «chasqui» del Cuzco llevó la noticia que del norte venían hombres de aspecto nunca visto.

> chasqui *mensajero inca*

En el país hubo un sordo rumor de inquietud. Los habitantes ofrecieron sacrificios humanos al Sol para aplacar su ira.

Poco después se supo que el Inca Atahualpa había caído prisionero en poder de los invasores. Todo el país estaba en conmoción y los guerreros marchaban a defender a su rey.

* * *

La esposa del curaca se llamaba Ima. El noble amaba a Ima con ternura y pasión. Cuando se recibieron las primeras noticias del Cuzco acerca de los invasores, la frente de la joven india se nubló y tuvo sueños de mal agüero.

—Tú estás inquieta—le dijo su marido—; la mala noticia te ha alarmado, pero de todas partes llegan guerreros y pronto el Inca estará libre de los invasores.

—Yo he soñado que las hojas de los árboles caían—contestó Ima—y eso significa desgracia.

engañan *hacen caer en un error (deceive)*

—Los sueños engañan muchas veces, mi querida; no todos son enviados por los dioses.

—Pero éste sí, esposo mío—insistió Ima—. Y ayer, vi una bandada de pájaros que volaba hacia el norte. Un sacerdote me explicó que eso también indica calamidad.

El curaca disimuló su propia inquietud y se preparó a partir con sus tropas. Antes de partir llamó a Ima, y dándole la urna sagrada, le dijo:

—Antes de dejarla caer en manos de los enemigos, arrójala al lago sombrío, oculto en medio de la sierra.

Ima prometió hacer lo que mandaba su esposo. A los pocos días el curaca partió con sus guerreros.

* * *

Un día llegaron a la lejana provincia unos veloces chasquis. Anunciaron que el Inca Atahualpa había prometido al jefe de los invasores, en cambio de su libertad, una sala llena de oro y dos piezas más pequeñas llenas de plata. En todas partes del imperio mandaron recoger todos los metales preciosos.

entregar *dar, poner en poder de otro*
rescatar *libertar pagando (to ransom)*

Nadie rehusó, nadie murmuró cuando vino la orden de entregar los tesoros para rescatar al Hijo del Sol. Caravanas de riquezas maravillosas cruzaban el país por bosques, montañas, desiertos y ríos. Una de las caravanas paró en casa del curaca, donde recibió muchos objetos de oro y de plata.

El jefe que recogía los objetos de valor notó que Ima apartaba la urna. Como nunca había estado en aquella región, ignoraba las propiedades maravillosas de la urna sagrada.

—¿Por qué aparta Ud. eso?—preguntó a la mujer del curaca.

Ima le explicó el motivo por qué guardaba la urna. Al guerrero no le interesó eso. El había recibido orden de recoger todos los objetos de oro y de plata.

—Lo que Ud. dice no me importa—dijo a Ima—, ¡déme la urna!

—No; tome todo lo demás para el rescate del Inca, nuestro señor. Pero la urna he prometido no entregarla jamás.

—En nombre del Inca, ¡déme la urna!

—¡Jamás!

acudieron *vinieron en socorro (came to the aid)*

Viendo que Ima no consentía, el guerrero quiso quitarle el objeto sagrado por la fuerza. Los criados de la casa acudieron y hubo una lucha. El ruido del combate atrajo gente que tomó parte en favor de Ima. En la confusión del combate, Ima se escapó con el tesoro; iba a cumplir su promesa de arrojar la urna al lago y no dejarla caer en manos de los forasteros.

El jefe había visto huir a Ima y la siguió. Esta corría con tal velocidad a través del valle que su perseguidor varias veces la perdió de vista. Luego apareció a los ojos del jefe indio la superficie lisa y opaca del lago encantado.

Allí alcanzó a Ima cuando ésta levantaba los brazos con la urna. Los dos lucharon unos instantes. La mujer del curaca, que no podía sostener con éxito una lucha desigual, tomó una resolución suprema. Con un movimiento repentino se libró de las manos del guerrero, y alzando la urna sagrada, se arrojó con ella al agua.

El agua se agitó con un rumor de voces bajas y excitadas. El lago se iluminó pronto con una luz color de oro. El mágico espectáculo duró algunos instantes. El resplandor se apagó y el guerrero vio otra vez el lago tranquilo en la sombra. Tenía por cierto que el fenómeno extraordinario provenía de la urna sagrada, y que los dioses iban a castigarle. Lleno de espanto, olvidando su altivez de guerrero, volvió la espalda al lago misterioso, y huyó como un loco a través de las selvas.

Al día siguiente hallaron el cuerpo sin vida del indio ... **Y la urna no cayó en manos de los conquistadores.**

se apagó *se extinguió, murió*

El Alcázar de Segovia
Messrs. García Garrabella, Editors, San Sebastian, Spain

PARA LA COMPRENSIÓN

1. ¿De qué trata esta leyenda?
2. Describa el lago y el paraje donde se encuentra.
3. ¿Cómo se llega a ese paraje?
4. Antes de la conquista española, ¿quiénes habitaban esa región?
5. ¿Cómo era el curaca de ese pueblo?
6. ¿Qué objeto especial tenía él entre sus tesoros?
7. ¿De dónde vino esa urna?
8. ¿Tenía alguna virtud esa urna?
9. ¿Por qué era necesario cuidar mucho esa urna?
10. ¿Cuándo se exhibía la urna?
11. Cuente algo de la tradición común que tenían las razas indias.
12. ¿Qué diferencia había entre la leyenda de los indios que vivían cerca del mar y los que vivían en las montañas?
13. ¿Qué noticia llevó cierto día un chasqui?
14. ¿Cómo reaccionó el pueblo a esta noticia?
15. ¿Qué le pasó a Atahualpa poco después de esto?
16. ¿Cómo se llamaba la esposa del curaca?
17. ¿Cómo afectaron las noticias del Cuzco a Ima?
18. Relate algo del diálogo que tuvieron ellos sobre los sueños.
19. Antes de partir el curaca, ¿qué le dijo a Ima?
20. ¿Cuánto valuaba Atahualpa su libertad?
21. ¿Qué hicieron los incas para rescatar al Hijo del Sol?
22. ¿Qué sucedió cuando llegó una de las caravanas a la casa del curaca?
23. ¿Por qué se dirigió el jefe de la caravana a Ima?
24. ¿Qué orden había recibido el guerrero?
25. Viendo que Ima no consentía en darle la urna, ¿qué hizo el guerrero?
26. ¿Por qué se escapó Ima? ¿Qué iba a hacer?
27. ¿Quién la vio huir?
28. ¿Qué hizo él?
29. ¿Dónde alcanzó el jefe a Ima?
30. ¿Qué resolución suprema hizo ella?
31. Describa lo que ocurrió en el lago cuando se arrojó Ima en el agua.
32. ¿Cómo afectó todo esto al guerrero?

EJERCICIOS DE VOCABULARIO

A. Completen las siguientes oraciones con la palabra apropiada.

1. Una extensión de agua rodeada de tierra es un _____.
2. Los _____ vencieron a los indios.
3. El lago estaba rodeado de _____ altas.
4. Sinónimo de *extranjero* es _____.
5. El cuento que se repite durante varias generaciones es una _____.
6. Un lugar seco donde no hay agua es un _____.
7. El que sirve a otro es _____.
8. *Esposo* es lo mismo que _____.
9. La _____ tiene muchos árboles y vegetación.
10. La sucesión de reyes de una familia forma una _____.

B. Den una definición de las siguientes palabras.

1. el lago
2. la leyenda
3. el sueño
4. la isla
5. el combate
6. el oro
7. la selva
8. atrevido
9. alcanzar
10. disimular

EJERCICIOS CREATIVOS

1. Prepare un informe en español sobre la vida de los incas antes de la conquista, como se ve en esta leyenda.
2. ¿Qué personajes son verdaderamente históricos?
3. ¿Qué personajes son ficticios?
4. ¿A qué sucesos históricos se refiere la leyenda?
5. Mencione algunos personajes legendarios de nuestra propia historia, describiendo sus hazañas.

El pirata sin cabeza

INTRODUCCIÓN

Al mismo tiempo que se desarrollaba la labor de la conquista, se verificó una lucha marítima entre los españoles y los ingleses. Uno de los personajes más conocidos de esta guerra nunca declarada fue Francisco Drake. Para los españoles fue un corsario, mientras que los ingleses lo consideraron como un héroe. La reina Isabel le dio el título de «Sir Francis Drake».

GUÍA DE ESTUDIO

Al leer esta selección, note los personajes históricos de la leyenda, los lugares geográficos y los hechos que son ciertos. Trate de determinar los acontecimientos que son imaginarios. ¿Qué aspecto del carácter de Sir Francis Drake se ve en esta leyenda?

PALABRAS CLAVE

1. **anclaban (anclar)** echaban las naves el ancla para quedar fijas en un punto

   Tres barcos anclaban en el puerto, cuando llegó Roberto de España.
   Uno de los barcos que _____ en el puerto cuando llegamos era de don Calistro.

2. **avistado (avistar)** visto (sighted)

   Después de haber avistado el puerto, decidieron acercarse a la costa.
   Aunque habían _____ la costa, no pararon; siguieron navegando.

3. **bellaco** hombre malo, villano

   Julián dice que el viejo que vive en la cueva es un bellaco.
   Todos los muchachos creían que don Lauterio era un _____, pero en realidad era un buen hombre.

4. **cargadas** llenas

   Los animales que habían en el pueblo estaban cargados de provisiones.
   Las cabañas estaban _____ de oro y plata.

5. **constituyó (constituir)** formó

   El capitán Montenegro constituyó una escuadra marina invencible.
   El capitán _____ una escuadra de doce bergantines.

6. **daños** destrucción, males

   La desatinada actuación de Raúl ocasionó muchos daños.
   Drake causó muchos _____ en todos los puertos de Sudamérica.

7. **desenterrar** excavar, sacar de la tierra

   Los piratas volvieron a la isla para desenterrar el tesoro.
   El pirata quería _____ el tesoro sin que nadie lo viera.

8. **embriagado** borracho (drunk)

   El capitán andaba embriagado de tanto alcohol.
   A Pancho no le permitieron entrar al baile porque iba _____.

9. **empeñando (empeñar)** prometiendo, jurando

   Don José de la Luz salió de su pueblo empeñando su palabra de honor que volvería.
   Se fue del baile _____ su palabra que volvería sobrio al día siguiente.

10. **internó (internarse)** se metió

    El lobo se comió las gallinas y luego se internó en el bosque para que no lo vieran.
    Se _____ Margarita en su recámara y no salió hasta que se fue Gregorio.

11. **intimando (intimar)** sugiriendo (hinting)

    El capitán daba las órdenes intimando obediencia a sus soldados.
    El capitán levantó la voz _____ que era mejor que los marineros escucharan cada palabra.

12. **mordido (morder)** resultado de clavar los dientes en una cosa (bitten)

    Víctor Manuel fue mordido por la serpiente de la ambición.
    Benito se encontraba _____ por la envidia y el celo.

13. **patentes** privilegios, ventajas

    La reina le dio a Drake patentes de corsario.
    El secretario del presidente recibió muchas _____ como recompensa de su largo servicio a la nación.

14. **pavorosos** terribles, horribles, fieros

    Los encuentros que tuvo a lo largo de su travesía fueron verdaderamente pavorosos.
    Los efectos del veneno fueron _____.

15. **peripecias** cambios de fortuna

    Las peripecias de su vida de marinero no le quitaron su amor al mar.
    Las _____ de su vida de marinero le quitaron el deseo de viajar.

16. **pillaje** robo, saqueo

    El pirata Drake se hizo famoso por su arte en el pillaje.
    El _____ siempre ha sido considerado un acto deshonesto.

17. **sosegada** tranquila, serena, pacífica

    María es una persona totalmente sosegada.
    El tío Pancho vive una vida muy _____ en su ranchito.

18. **trecho** distancia

    Hay un buen trecho por recorrer antes de llegar al pueblo.
    El _____ de Valles a Jalpilla es largo.

19. **tropezó (tropezar) con** se encontró

    Carlos tropezó con un amigo que hacía muchos años no había visto.
    Alfredo _____ Manuel después de dos años de no verlo.

20. **venado** ciervo (deer)

    El puerto de Venado tiene nombre de un animal cuadrúpedo.
    Nadie sabe por qué llamaron la isla, la isla del _____.

21. **víbora** serpiente

    La cascabel es una de las víboras más peligrosas.
    El veneno de la _____ lo mató.

En un lugar denominado Venado, en la costa colombiana, cerca de Cartagena, dicen los vecinos y viajeros que en mitad del camino y a intervalos desiguales, se aparece un hombre decapitado que hace señales con los brazos como si quisiera indicar un sitio determinado adonde quisiera conducirlos para revelarles algo de importancia. Se aparte de su ruta el viajero o insista en continuarla, el aparecido le sigue un trecho y luego se desvanece como nube de polvo.

¿Quién es y de dónde sale semejante fantasma?

La leyenda nos lo revela.

Francisco Drake, hijo de Londres, sobrino de Juan Achit, pirata profesional que intentó en vano apoderarse de Cartagena de Indias, fue paje de la duquesa de Feria, en España, pero mordido por la víbora de la ambición y embriagado por el alcohol de la aventura, reunió algún dinero, compañeros sin escrúpulos y barcos, y se hizo a la vela decidido a conquistar fortuna y gloria o perecer en la empresa. Rumbo a las Indias Occidentales, a mitad de camino, tropezó con un colega francés con quien concertó alianza después de haber cambiado media docena de andanadas a guisa de saludo.

Drake se transformó en el almirante de la escuadra corsaria, y al frente de ella saqueó Las Cruces, camino de Panamá, y saqueó las recuas cargadas de plata y oro del Perú en Nombre de Dios, ciudad en la que se embarcaban las barras de los preciosos metales en los galeones de España.

Después de esas hazañas, su socio, el francés, se retiró a la vida decente y sosegada, y Drake hizo proa hacia Inglaterra en donde logró asociarse nada menos que con la reina Isabel a la que obsequió la mayor parte de su botín, contra un título, patentes de corsario y una flota armada como para una guerra en regla, que le convirtió en el más poderoso de los piratas de su tiempo.

Con tales medios de acción, hasta entonces nunca vistos, Drake se dirigió a Lima intentando desembarcar en El Callao, lo que no consiguió debido a la resistencia heroica de sus defensores. Entonces continuó rumbo hacia Panamá, pero habiendo avistado un galeón español atestado de barras metálicas, lo alcanzó apoderándose de su cargamento, valuado en un millón. Volvió a Londres, entregó su parte a la Reina, compró tierras, privilegios y más títulos nobiliarios, y con ayuda de la soberana constituyó otra escuadra corsaria más grande que la anterior. Con ella se dirigió a Santo Domingo, conquistándola y saqueándola a fondo, y luego a Cartagena de Colombia.

encarnizada *feroz, sangrienta*

rendición *surrender*

se amenazó *threatened*
ducados *monedas de oro*
rescate *ransom*

El Miércoles de Ceniza, el nueve de febrero de 1586, veinticinco barcos anclaban en la Punta del Judío, para facilitar el desembarco de mil corsarios dispuestos a todo. La pelea fue larga y encarnizada en lo que hoy se llama Castillogrande, mientras Drake personalmente, al frente de un centenar de lanchas bien equipadas, echaba pie a tierra en La Caleta intimando rendición a sus defensores, los que obedecieron sin chistar, convencidos de que no les quedaba otro remedio. A la mañana siguiente toda Cartagena estaba en poder del corsario oficial de Su Majestad la reina Isabel de Inglaterra. El pillaje fue minucioso, y además se amenazó con el incendio de la ciudad si no se pagaba una suma de 600.000 ducados por su rescate.

Los negociadores del Gobernador y los civiles, después de algunos días de discusiones y del incendio de algunas casas por orden de Drake para apresurar la decisión, llegaron a un acuerdo por el cual

Spanish National Tourist Office

50 La leyenda

el corsario recibió, entre monedas, barras, joyas, esclavos, artillería, buques, etc., algo más de 400.000 ducados.

Llevando en sus bergantines un riquísimo botín, Drake sólo pensó en volver a Londres, pero le asaltó una tormenta y debió volver a Cartagena para reparar los daños, sin cometer nuevas tropelías, empeñando su palabra de honor de que respetaría todas las cláusulas del convenio firmado por él.

Hízose a la mar de nuevo, y temeroso de encontrar en su ruta a una escuadra española que andaba en su busca, desembarcó su tesoro en un lugar llamado Venado. Un puñado de hombres le acompañaron. Internóse en el bosque e hizo enterrar todo cuanto llevaba. Entonces reunió al grupo de acompañantes y preguntó:

—¿Alguno de vosotros se atrevería a permanecer en este sitio para cuidar el tesoro?

Uno de ellos respondió:

—¡Yo... mi señor capitán!

Oir esas palabras y desenfundar su machete fue todo uno. De un machetazo hizo volar la cabeza del marinero. A los otros les ordenó que volvieran a bordo.

Ninguno de los que la ayudaron a esconder su tesoro llegó a Londres. Uno a uno fueron muriendo envenenados por el propio Drake.

El gran corsario llegó a Londres; la operación del reparto del botín se efectuó como de costumbre, y como de costumbre volvió a salir con una nueva escuadra para repetir sus hazañas. Naturalmente, nada dijo a la soberana del tesoro que había dejado enterrado en Venado.

Después de muchas peripecias, afortunadas y adversas, Drake llegó a Portobelo, gravemente enfermo de disentería, pero deseoso de llegar a Venado para desenterrar su tesoro. So pretexto de curarle, uno de sus marineros de confianza le administró veneno en una enema, cuyos efectos fueron rápidos y pavorosos. Ya en el paroxismo del dolor y las ansias de la agonía, señalaba algo que nadie veía, y gritaba despavorido:

—¡Sí... sí!... Ya voy a reunirme contigo!... ¡Te reconozco, hombre sin cabeza!... ¡Yo te la corté por bellaco!... ¡Querías robarme!... ¡Ja, ja, ja!... Ya estamos iguales... Ninguno de los dos tenemos nada...

Y Francisco Drake, el gran corsario inglés, favorecido por la reina Isabel de Inglaterra, expiró sin agregar palabra, llevándose consigo el secreto del lugar de Venado en donde enterró su cuantiosa fortuna en joyas. El único que conoce el lugar es el Pirata sin Cabeza que todavía, de cuando en cuando, aparece en el camino que va desde la Punta de Mestizos hasta la boca de la Balsa, más allá de la Punta de Tortugueros, no muy lejos de la gloriosa Cartagena de Indias, en la república de Colombia.

bergantines buques

tropelías abusos, injusticias

desenfundar sacar de su cubierta
machete especie de cuchillo grande

so bajo

El pirata sin cabeza

PARA LA COMPRENSIÓN

1. ¿Dónde se aparece el pirata?
2. ¿Quiénes le han visto?
3. ¿Qué señales hace el pirata decapitado?
4. ¿Quién era Francisco Drake?
5. ¿Qué le causó salir al mar a buscar fortuna?
6. ¿Con quién tropezó rumbo a las Indias Occidentales?
7. Al transformarse Drake en almirante corsario, ¿qué hizo él?
8. ¿Dónde encontró recuas cargadas de oro?
9. ¿Con quién se asoció Drake en Inglaterra?
10. ¿Qué consiguió de ella?
11. ¿Hacia dónde se dirigió después?
12. ¿Por qué no pudo desembarcar en El Callao?
13. ¿Qué encontró rumbo a Panamá?
14. ¿Cuánto valía el cargamento del galeón español?
15. ¿Qué hizo Drake con ese tesoro?
16. ¿Adónde se dirigió con su nueva escuadra?
17. Relate lo que sucedió el Miércoles de Ceniza de 1586.
18. ¿Cuántos ducados pidió Drake por el rescate de Cartagena?
19. ¿Qué consiguió?
20. ¿Qué le hizo regresar a Cartagena?
21. ¿Por qué desembarcó su tesoro en el lugar llamado Venado?
22. ¿Quiénes le acompañaron a enterrar el tesoro?
23. ¿Por qué decapitó al pirata?
24. ¿Cuántos de los que le ayudaron a esconder el tesoro llegaron a Londres?
25. ¿Cómo murieron ellos?
26. ¿Qué le dijo Drake a la Reina del tesoro que había escondido?
27. ¿Cómo llegó Drake a Portobelo?
28. ¿Quién le administró el veneno?
29. Cuando se estaba muriendo Drake, ¿qué gritaba?
30. ¿Quién es el único que conoce el lugar donde está el tesoro?

EJERCICIOS DE VOCABULARIO

A. Completen las siguientes oraciones con la palabra apropiada.

fantasma, pelea, perecer, venado, decapitado, buques, sosegada, ruta, pillaje, morir, borracho, víbora, costa, pirata

1. La tierra contigua al mar es la _____.
2. El hombre a quien le han cortado la cabeza está _____.
3. El camino que sigue el viajero es la _____.
4. Una misteriosa aparición es un _____.
5. La *culebra* es lo mismo que la _____.
6. *Morir* es lo mismo que _____.
7. *Corsario* es lo mismo que _____.
8. El *ciervo* es lo mismo que el _____.
9. El *saqueo* es lo mismo que el _____.
10. El francés se retiró a una vida decente y _____.
11. *Combate* es igual que _____.
12. *Barcos* quiere decir lo mismo que _____.
13. *Expirar* quiere decir _____.
14. *Embriagado* es igual que _____.

B. Den la forma femenina de la palabra en letra negrita.

1. **El vecino** vivía en paz.
2. **Los viajeros** iban en un buque viejo.
3. Su **hijo** lo acompañó a Londres.
4. Tenía tres **sobrinos**.
5. **El duque** tenía muchos amigos.
6. La duquesa iba con tres **compañeros**.
7. **El rey** gobernaba con sabiduría.
8. **El español** se retiró tranquilamente.
9. Un puñado de **hombres** lo acompañaron.
10. **El soberano** no supo del tesoro.

C. Contesten a las siguientes preguntas con una oración completa.

1. ¿Para qué tienen que anclar un barco?
2. ¿Por qué desprecian todos a un bellaco?
3. ¿De qué vienen cargadas las naves?

4. ¿Qué puede recibir una nave durante una tormenta?
5. ¿Cómo se pone uno después de tomar demasiado vino?
6. ¿Qué le habrá mordido?

EJERCICIOS CREATIVOS

1. Según esta leyenda, ¿qué clase de hombre era Sir Francis Drake?
2. Describa el papel que hicieron los piratas en la conquista del Nuevo Mundo.
3. ¿Puede Ud. mencionar otros corsarios famosos?
4. Escriba una nueva conclusión para esta leyenda comenzando así: Era de noche cuando se puso en camino Drake. Al acercarse al lugar donde había enterrado el botín, vio de repente . . .
5. Si Ud. fuera Drake y quisiera alistar a hombres para sus expediciones, ¿qué descripción les daría de los atractivos del Nuevo Mundo?

La vieja del Candilejo

INTRODUCCIÓN

Cada región de España tiene su bello tesoro de leyendas. Algunas tienen antiguos temas que recorrieron el mundo medieval; otras sacan su inspiración de mitos locales o de alguna ocurrencia histórica. La que sigue es una leyenda andaluza, tal vez disfigurada durante los años, que evoca el nombre de una calle de Sevilla, la del Candilejo, y un extraño suceso de la época de don Pedro I.

GUÍA DE ESTUDIO

Don Pedro I, hijo de Alfonso XI, fue rey de Castilla de 1350 hasta 1369. No le interesaba la doctrina caballeresca ni las maniobras políticas de los hombres que le rodeaban. Fue hombre de acción, a veces demasiado dispuesto a matar primero y juzgar después. Sus partidarios le llamaban el Justiciero y sus enemigos, el Cruel.

PALABRAS CLAVE

1. **alumbraba (alumbrar)** llenaba de luz
   La luz eléctrica alumbra mejor que la de gas.
   La luz débil que _____ la habitación era la de un candil pequeño de la vieja.

2. **amenazas** indicaciones de que se intente hacer daño a una persona (threats)
   Don Martín repitió las mismas amenazas para asustar a la vieja.
   Ella no se dejó intimidar por las _____.

3. **amplió (ampliar)** extendió, aumentó el espacio o las ideas
   Es necesario ampliar la casa porque la familia es muy grande.
   El Rey _____ el palacio para vivir mejor.

4. **arrepentida** con pesar de alguna acción o idea mala (sorry)
   Estoy arrepentido de mi conducta de ayer.
   La vieja, _____ por sus acciones, se retiró inmediatamente.

5. **asunto**   tema de la conversación

    Es un asunto de gran importancia para mí.
    No entendí el _____ que discutían.

6. **averiguado (averiguar)**   descubierto la verdad

    La policía quiere averiguar quién fue el asesino.
    ¿No ha _____ Ud. todavía quién es el culpable?

7. **bañado**   cubierto de algún líquido como agua, sangre, etc.

    Tenía la cabeza bañada de un líquido azul.
    Puede ver en las piedras de la calle el cuerpo de un hombre _____ en sangre.

8. **candil**   lámpara de aceite

    Ese candil es muy bonito pero da poca luz.
    Con la luz del _____ pudo ver el camino.

9. **débil**   que tiene poca energía física o moral

    Eres muy débil para mover esta piedra.
    La _____ vieja temblaba de miedo delante del Rey.

10. **faltaron (faltar)**   no tuvieron la cantidad suficiente

    ¿Cuántos días faltan para las vacaciones?
    Le _____ pocos minutos para cumplir la orden.

11. **naranjo**   árbol cuya fruta es la naranja

    Este naranjo tiene más de cien años y da naranjas muy dulces.
    Don Pedro plantó el _____ en el jardín del palacio hace muchos años.

12. **restaurar**   reparar o reconstruir en su forma original

    Los artesanos restauraron el edificio con el estilo morisco.
    Don Pedro hizo _____ el Alcázar de Sevilla para vivir en él.

13. **temporadas**   espacios de tiempo que se dedican habitualmente a algo

    En la temporada de vacaciones siempre vamos a la playa.
    A don Pedro le gustaba pasar grandes _____ en el Alcázar de Sevilla.

54 La leyenda

En Sevilla hay una calle que se llama del Candilejo. Este nombre evoca un sucedido de la época de don Pedro I de Castilla, a quien sus partidarios llamaban el Justiciero y sus enemigos, el Cruel.

Don Pedro gustaba mucho de residir en Sevilla; hizo restaurar su alcázar morisco, lo amplió con magníficos salones y pasaba grandes temporadas en él. Todavía, al cabo de los siglos, se conserva un antiquísimo y retorcido naranjo en sus jardines maravillosos, que, según tradición, fue plantado por el propio don Pedro.

Era una noche lóbrega. No se oía ningún ruido en la angosta callejuela, cuyos vecinos dormían ya, sin duda, salvo la viejecita que habitaba, sola, en una casa muy pobre.

De pronto se oyó el choque de unas espadas, allí mismo, en el esquinazo de la calle y, poco después, una voz agónica, desfallecida, que exclamaba: «¡Dios me valga! ¡Muerto soy!»

La viejecilla, sin pensar en las consecuencias que podría tener aquel acto, cogió el candilejo que la alumbraba y se dirigió a un ventanuco de la habitación. A la mortecina luz del candil pudo ver, entonces, el bulto de un hombre bañado en sangre y caído sobre las piedras de la calle y, a su lado, un caballero membrudo y alto, que permanecía con la espada en la diestra. La luz del candil iluminó el rostro del matador, quien se apresuró a cubrirlo con ambas manos, de manera que la curiosa mujer no pudo conocerle entonces.

Quizá arrepentida por lo que acababa de hacer, la vieja retiróse del ventanuco precipitadamente, pero con tan mala fortuna, quizá torpeza, que el candil se le cayó a la calle.

Su curiosidad no había quedado satisfecha; permaneció detrás de la ventana, para escuchar, y pronto oyó las pisadas del matador, bajo el muro, y el ruido, que ya conocía bien, de sus choquezuelas, o rótulas, al andar.

Por ese ruido tan extraño conoció que el matador era el caballero que pasaba todas las noches, a la misma hora, por debajo de su ventana. La viejecita le había visto, furtivamente, más de una vez y sabía quien era.

—¡Sálvanos, Virgen de los Reyes!—exclamó, y se puso a rezar.

A la mañana siguiente, los alguaciles de la ciudad hallaron el cadáver de la víctima, y el Alcalde Mayor, que era don Martín Fernández Cerón, comenzó rápidamente sus pesquisas para descubrir y encarcelar al asesino.

Se sospechaba de los judíos y de los moriscos, pobladores de aquel barrio. Alguien habló de una hermosa dama que recibía la

---

candilejo — *lámpara pequeña*
sucedido — *suceso*
partidarios — *followers*
justiciero — *strictly fair, stern*

morisco — *Moorish*

retorcido — *twisted*

lóbrega — *oscura, tenebrosa*
angosta — *estrecha*

esquinazo — *corner*
desfallecida — *faint*

mortecina — *dying, pale, wan*

membrudo — *muscular, fuerte*
diestra — *mano derecha*
se apresuró — *se dio prisa*

torpeza — *estupidez*

pisadas — *steps*
muro — *pared*
choquezuelas, rótulas — *kneecaps*

furtivamente — *furtively*

alguaciles — *bailiffs, constables*
Alcalde Mayor — *Lord Mayor*
pesquisas — *investigación*

pobladores — *habitantes*

55 La vieja del Candilejo

visita de un personaje principal a altas horas de la noche; pero todos ignoraban quién pudiera ser el galanteador.

Los vecinos próximos al lugar del criminal suceso no sabían absolutamente nada, ni habían oído nada, ni nada podían declarar.

El hecho levantó muchos comentarios en Sevilla y no pocas censuras contra la negligencia de sus autoridades. Hasta que el rumor público llegó a oídos del propio Rey como una oleada de protestas contra sus justicias, nombre que se daba, genéricamente, a los encargados de ejecutarla.

Don Pedro tuvo que tomar cartas en el asunto y llamó, con premura, al Alcalde Mayor.

—¿Es posible que dentro de Sevilla maten a un hombre y ni tú ni tus alguaciles hayáis averiguado, todavía, quién es el culpable? ¿Ni siquiera habéis encontrado algún indicio que os sirva de rastro para dar con él? ¿Puede ejercerse así la justicia que me ha dado fama?

El Alcalde Mayor se excusaba en vano:

—Señor, hemos hecho todas las averiguaciones imaginables; pero he de confesar que, hasta ahora, han resultado inútiles; en el lugar del suceso tan sólo hemos hallado un candil pegado al muro de la casa donde vive una pobre mujer muy viejecilla, a quien, sin duda, pertenece. Pero esto, ¿qué puede probarnos?

—¿Has tomado declaración a esa anciana?

—Sí, Alteza; y ha reconocido el candil como suyo, pero asegura no saber nada más.

—Préndela de nuevo y tráela a mi presencia. Yo te aseguro que delante de mí tendrá que declarar.

El Alcalde Mayor salió del Real Alcázar temeroso y corrido, porque sabía muy bien que si el Rey se interesaba por el asunto y si éste no se esclarecía pronto, su cabeza había de pagar por la del misterioso matador, y le faltaron minutos para dar cumplimiento a la orden recibida.

Algunas horas más tarde don Martín regresó al Alcázar, en uno de cuyos salones moriscos tuvo lugar la escena siguiente:

—Señor, ésta es la vieja—dijo don Martín.

La débil mujer se estremecía de miedo. ¿Cuándo se había visto ella delante del Rey, en un palacio que le pareció de leyenda? Ningún contraste más elocuente que el de aquella vieja arrugada, retorcida como un haz de sarmientos, pequeñita, casi miserable, y del corpulento monarca, de gesto duro, de mirada fría, en lo más florido de su juventud, rodeado de un lujo oriental.

Preguntó el Alcalde Mayor:

—¿Conoces este candil?

—Sí... ya he dicho que es mío—balbució la anciana.

—¿Y no has reconocido a la persona que mató al caballero?

—No la vi...

galanteador galán

oleada big wave

tomar cartas en el asunto to look into the matter
premura urgency, haste

rastro track, trail

pegado stuck

corrido ashamed, abashed

se esclarecía was elucidated

se estremecía shook

arrugada wrinkled
haz bundle
sarmientos shoots or branches of a grapevine
gesto gesture

balbució babbled

56 La leyenda

sayones	*henchmen*
vergajos	*short whips*
descargarlos	*to strike blows with them*
fieramente	*fiercely*

delates	*give away*
horca	*gallows*

acosada	*harassed*
aplomo	*aplomb, poise*

espanto	*dread, terror*
verdugos	*executioners*
selló	*sealed*
templada	*tempered*
asombro	*astonishment*
ampara	*protects, shelters*
bolsilla	*small money bag*
premiar	*to reward*

prosiguió	*went on, continued*
homicida	*murderer*
ajusticiado	*executed*
escalofrío	*chill, shiver*
recorría	*passed over*

perplejidad	*perplexity, puzzlement*
se degüelle	*be beheaded*
efigie	*efigy*
escarmiento	*warning, lesson*
clavada	*nailed down*
esquina	*corner*

—Está bien—continuó el Alcalde—. Quieres que te obliguemos a confesar y vas a hacerlo muy pronto.

Los sayones empuñaron los vergajos, y ya se disponían a descargarlos fieramente sobre la insignificante viejecilla, cuando dijo el monarca:

—Si sabes quién es el matador, te ordeno que declares su nombre. Mi justicia es igual para todos y nada tienes que temer de ella.

Pero la anciana, pálida y temblorosa, no se atrevía a fijar los ojos en don Pedro, que, sin duda, le parecía algún semidiós.

Y solamente pudo balbucear unas palabras ininteligibles.

—Empezad...—ordenó don Martín a los sayones.

—Todavía no—dijo don Pedro—. Mujer, por última vez te mando que delates al asesino, sea quien fuere, y si no lo haces te mandaré a ti a la horca.

—¡Responde!—gritó, fuera de sí, el Alcalde—. Vamos... ¿Quién ha sido?

Pero la vieja callaba. Don Pedro insistió nuevamente, volvió don Martín a sus amenazas, avanzaron los sayones hacia la víctima y, tan acosada se vio ésta que, al fin, sacando fuerzas de su debilidad respondió temerosa pero con aplomo:

—El Rey.

El espanto paralizó los brazos de los verdugos y selló la boca de don Martín. ¿Qué iba a suceder, santo Cielo? Mejor era que se abriese la boca.

Pero don Pedro, con voz templada y firme, rompió aquel silencio de muerte para declarar ante el general asombro:

—Has dicho la verdad y la justicia te ampara.

Sacó luego una bolsilla con cien monedas de oro y se la entregó a la mujer, añadiendo:

—Toma; el rey don Pedro sabe premiar a quien le sirve bien.

La viejecilla creyó que estaba soñando, mientras cogía la bolsa...

Prosiguió el monarca:

—En cuanto al homicida, será ajusticiado... Ya lo oyes, don Martín...

El Alcalde empezó a temblar; un escalofrío recorría todo su cuerpo, desde las uñas de los pies hasta las puntas de los cabellos venerables.

Nuevamente la voz de don Pedro, grave, reposada, le sacó de su angustiosa perplejidad. Añadió el soberano:

—Mas como nadie puede dar muerte al rey de Castilla, mando que se degüelle su efigie, que se le corte la cabeza y que ésta se ponga en la misma esquina de la calle donde fue muerto el caballero, para que sirva de escarmiento a todas las gentes.

Y así se hizo. Durante muchos años, una cabeza de don Pedro el Cruel estuvo clavada en aquella esquina de la calle del Candilejo.

PARA LA COMPRENSIÓN

1. El Candilejo en Sevilla, ¿es el nombre de una vieja o de una calle?
2. Don Pedro I de Castilla, ¿era don Pedro el Cruel o don Pedro el Justiciero?
3. El antiquísimo naranjo que se conserva todavía, ¿fue plantado por don Pedro o por la viejecita?
4. ¿Quién habitaba sola en la casita pobre de la callejuela?
5. ¿Qué exclamó la voz agónica?
6. ¿Estaba vivo o muerto el hombre bañado en sangre?
7. ¿Quién tenía todavía la espada en la mano?
8. ¿Por qué no quedó satisfecha la curiosidad de la vieja al iluminar el rostro del matador?
9. ¿Qué cosa pasó al retirarse la viejecita precipitadamente de la ventana?
10. ¿Dónde permaneció para escuchar?
11. ¿Cómo logró conocer al matador, por la voz o por las pisadas?
12. ¿Cuándo hallaron el cadáver de la víctima los alguaciles?
13. ¿Qué sabían los vecinos próximos al lugar del suceso criminal?
14. ¿Por qué tuvo que intervenir el propio rey don Pedro?
15. ¿Dónde habían hallado los alguaciles el candil?
16. ¿Por qué salió el Alcalde Mayor muy temeroso a buscar a la vieja?
17. ¿Regresó don Martín con la vieja o solo?
18. ¿Reconoció la vieja el candil?
19. ¿Confesó al Alcalde Mayor que conocía a la persona que mató al caballero?
20. ¿La conocía?
21. ¿Qué castigo prometió don Pedro a la mujer si no declaraba el nombre del matador?
22. ¿Por qué tenía más miedo la viejecilla declarar el nombre del matador que sufrir castigo por no declararlo?
23. ¿Qué dijo don Pedro ante la terrible acusación?
24. ¿Qué premio o qué castigo le dio a la mujer?
25. ¿Qué sentencia pronunció el Rey contra el matador?
26. ¿Cómo ordenó cumplir la terrible sentencia?
27. ¿Por qué ordenó que se cumpliera así?
28. ¿Quedó vivo don Pedro después de tener cortada la cabeza?
29. ¿Cómo fue posible eso?
30. ¿Sería posible la misma solución en nuestros tiempos?
31. ¿Por qué?
32. ¿Por qué sabemos si se trata o no se trata de un suceso cierto?
33. ¿Cuántas cabezas de don Pedro el Cruel hubo en Sevilla durante muchos años según se entiende por la leyenda?

EJERCICIOS DE VOCABULARIO

A. Completen las siguientes oraciones con una palabra apropiada.
1. El _____ es un árbol frutal.
2. Pasaron una _____ en Sevilla.
3. Ese candil no _____ bien la sala.
4. La luz es _____, no fuerte.
5. Tengo suficiente. No me _____ nada.
6. Se da cuenta de lo serio de lo que ha hecho. Está _____.
7. La iglesia está en malas condiciones pero la van a _____.
8. Siempre hace _____; pero no te hará ningún daño.
9. La luz de un _____ es menos fuerte que la de una bombilla eléctrica.
10. Han _____ quien fue el culpable. Es Rodríguez.

B. Reemplacen el verbo **volver** por **regresar**.
1. Vuelven a las ocho.
2. La policía volverá mañana con el criminal.
3. La vieja volvió llena de terror.

C. Reemplacen el verbo **ir** por **dirigirse**.
1. La vieja fue hacia la calle del Candilejo.
2. Van hacia la sierra en busca del asesino.
3. Voy hacia la esquina.

D. Reemplacen la expresión **ponerse a** por **empezar a**.
1. La señora se pone a llorar.
2. El Alcalde se puso a temblar.
3. Nos pusimos a correr.

EJERCICIOS CREATIVOS

1. ¿Qué elementos tiene en común esta leyenda con las otras?
2. ¿Qué leyenda le gustó más? ¿Por qué?
3. Busque algunos detalles de la vida de don Pedro I de Castilla. Luego, haga uno de los siguientes ejercicios:
    a. Prepare un breve párrafo discutiendo lo que quiere decir el rey don Pedro cuando habla en el cuento de «la justicia que me ha dado fama».
    b. Escriba una composición titulada «El reino tempestuoso de don Pedro el Cruel».
    c. Prepare un informe (oral o escrito) comentando por qué don Pedro I de Castilla merece los dos apodos: el Justiciero y el Cruel.

ESTRUCTURA

El Imperfecto

VERBOS REGULARES

Estudien las formas del imperfecto de los verbos regulares.

mirar	*comer*	*vivir*
miraba	comía	vivía
mirabas	comías	vivías
miraba	comía	vivía
mirábamos	comíamos	vivíamos
mirabais	comíais	vivíais
miraban	comían	vivían

VERBOS IRREGULARES

Los verbos *ser, ver* e *ir* son irregulares en el imperfecto. Estudien las siguientes formas.

ser	*ver*	*ir*
era	veía	iba
eras	veías	ibas
era	veía	iba
éramos	veíamos	íbamos
erais	veíais	ibais
eran	veían	iban

A. Sigan el modelo.

   Sus padres siempre le regalaban algo.
   los otros/
   Los otros siempre le regalaban algo.

   1. Sus padres siempre le regalaban algo.
      yo/el forastero/su esposo y yo/tú/
   2. El extranjero se refería a la leyenda.
      los sacerdotes/yo/los invasores y yo/tú/
   3. En los conflictos los conquistadores eran valientes.
      yo/el jefe/tú/los guerreros y yo/
   4. Todos los años iban a la exhibición.
      tú/Ima y yo/los chasquis/yo/
   5. Veíamos la urna sagrada y la admirábamos.
      yo/la gente/tú/los nobles/

B. Expresen los verbos conjugados en el tiempo imperfecto.
   1. El pirata quiere quedarse en la isla.
   2. Un hombre hace señales con los brazos.
   3. Creo que es un fantasma.
   4. Yo trato de reunir algún dinero.
   5. El almirante y yo vemos islas remotas en las expediciones.
   6. Mis socios y yo insistimos en guardar el secreto.
   7. Tienes miedo de encontrar al adversario.
   8. No vas a engañar a tus colegas.
   9. Los barcos anclan en la Punta del Judío.
   10. Los piratas son sus amigos y colegas.

C. Contesten dos veces, según el modelo.

   Cuando estabas en Cartagena, ¿estudiabas mucho o nadabas a menudo?
   Cuando estaba en Cartagena, estudiaba mucho.
   Cuando estaba en Cartagena, nadaba a menudo.

   1. Cuando estabas en Cartagena, ¿ibas a la playa o te quedabas en casa?
   2. Cuando estabas en Cartagena, ¿trabajabas mucho o descansabas mucho?
   3. Cuando estabas en Cartagena, ¿comías en el hotel o preferías comer en los restaurantes?
   4. Cuando llovía, ¿jugaban Uds. en casa o iban al trabajo?
   5. Cuando llovía, ¿salían Uds. a pasear o se quedaban en casa?
   6. Cuando llovía, ¿tenían Uds. que ayudar en casa o podían tener un día de descanso?
   7. Cuando llovía, ¿tenían Uds. largas conversaciones por teléfono o pasaban el día sin hacer nada?
   8. Mientras buscaban al asesino, ¿querían Uds. callarse o deseaban identificar al culpable?
   9. Mientras buscaban al asesino, ¿alumbraban Uds. la calle o la dejaban oscura?
   10. Mientras buscaban al asesino, ¿salían Uds. de noche o regresaban temprano a casa?

Usos del Imperfecto y del Pretérito

UNA ACCIÓN NO TERMINADA

Se emplea el imperfecto para expresar acciones en progreso en el pasado. En estas oraciones no importa cuando empieza ni cuando termina la acción. Lo importante es la acción misma.

   Abría la carta lentamente.
   Durante aquellos días, andábamos por la orilla del lago.

D. Sigan el modelo.

   Estaban comiendo entonces.
   Comían entonces.

   1. Yo estaba mirando por la ventana.
   2. La vieja se estaba estremeciendo.
   3. Ellos estaban guardando silencio.
   4. Estábamos insistiendo en la verdad.
   5. Se estaba sospechando de los judíos y de los moriscos.
   6. Los indios estaban viviendo en aquella región.

UNA ACCIÓN REPETIDA

Se usa el imperfecto para expresar una acción repetida o habitual en el pasado.

Todas las mañanas me levantaba a las seis.

E. Sigan el modelo.

Siempre habla de sus aventuras.
Siempre hablaba de sus aventuras.

1. A menudo disimula cierto interés en el tesoro enterrado.
2. Cada día los piratas se arrojan al agua para nadar.
3. En el invierno los barcos se dirigen hacia el Caribe.
4. El capitán siempre insiste en la rendición de los puertos.
5. El agente pasa por aquí con frecuencia.

LA DESCRIPCIÓN

El imperfecto se usa para expresar descripciones en el pasado.

Estaba alegre.
Hacía un día magnífico.

F. Expresen las siguientes oraciones en el imperfecto.

1. Las aguas del lago reflejan los rayos del sol.
2. Durante el día el lago queda en las sombras.
3. Es una noche lóbrega.
4. Hace buen tiempo y brilla el sol.
5. El caballero es alto y membrudo.
6. Son las seis en punto.
7. Es la una y quince.
8. Hace un tiempo espléndido.

ESTADO MENTAL O EMOCIONAL

Con ciertos verbos como *tener, creer, querer, pensar* y *saber,* que expresan un estado mental o emocional, se usa el imperfecto en el pasado.

La anciana tenía miedo de confesar.
El mensajero quería decir la verdad.

G. Expresen las siguientes oraciones en el pasado.

1. Ella lo conoce bien.
2. El rey quiere protegerla.
3. Creen en esa doctrina.
4. Ellos piensan en su obligación.
5. Sólo Drake sabe donde está el tesoro enterrado.
6. El mensajero tiene sólo dieciséis años.
7. Ella está segura de haberlo visto.

UNA ACCIÓN TERMINADA

Se usa el pretérito para expresar una acción terminada en el pasado.

Drake saqueó muchas ciudades de las costas.
Ayer capturaron al asesino.

H. Expresen las siguientes oraciones en el pretérito.
1. Los indios ofrecen sacrificios humanos.
2. Veo una bandada de pájaros.
3. Oye las pisadas del matador.
4. Saca una bolsilla de monedas de oro.
5. Conozco al jefe de la expedición.
6. Se quedan en las sombras.
7. Salen de la casa oscura.

I. Sigan el modelo.

Recojo los objetos de valor.
ayer/
Ayer recogí los objetos de valor.

siempre/
Siempre recogía los objetos de valor.

1. Ellos perecen en las aguas agitadas.
   con frecuencia/ anoche/
2. Arroja el paquete al fondo del lago.
   el sábado pasado/ siempre/
3. Vienen hombres de aspecto diferente.
   el año pasado/ a menudo/
4. El rey severo castiga a los culpables.
   una vez/ todos los días/
5. Ponen a los ladrones en la cárcel.
   anoche/ de costumbre/

CUADRO 4

Preceptos para jóvenes hispanohablantes

PREPARANDO LA ESCENA   Como las costumbres en cada país son distintas y los puntos de vista cambian, por consiguiente, lo que se espera de los jóvenes de diferentes naciones también varía.

Sin embargo, las reglas de comportamiento y los consejos que da la madre a sus hijos son esencialmente los mismos. En este cuadro se pintan los requisitos para que una novia sea feliz, lo que el marido quiere hallar en su mujer y lo que la mujer busca en un buen marido. El cuadro termina con un pequeño artículo sobre el arte de decir «No». La comparación de preceptos y costumbres nos revela en lo que nos parecemos al hispanohablante y en lo que somos distintos.

Cinco requisitos para ser una novia feliz

INTRODUCCIÓN

De gran interés para todo joven es la manera en que se tratan los muchachos y las muchachas de otros países. No sólo es cuestión de costumbres sino de psicología. En el juego del amor el novio debe saber cómo tratar a la novia y viceversa. Lea los requisitos que siguen, y examine cuáles son costumbres y cuáles reglas psicológicas. Piense si se deben observar o no.

GUÍA DE ESTUDIO

El vocabulario usado en esta selección es muy sencillo. Aprenda las palabras *valla* y *guapo*. Luego dedíquese a determinar si los requisitos aciertan verdaderamente.

PALABRAS CLAVE

1. **ama (amar)** tiene amor a personas o cosas, estima

   Cada madre ama a sus hijos.
   El niño _____ a los padres.

2. **ceda (ceder)** obedezca, cumpla con, no resista

   Es mejor que Juan ceda a los deseos de su papá si quiere usar el automóvil.
   A veces es necesario que el profesor _____ a los caprichos de los alumnos.

3. **consejo** sugestión, recomendación, advertencia

   Te voy a dar un consejo: no seas un vago, que no llegarás a ser nada; estudia tu lección y haz tus deberes.
   Esto no es solamente un _____, es una orden.

4. **corriente** dirección, tendencia

   Es muy difícil nadar contra la corriente.
   En contra de la _____ moderna, mi hermana compró un traje de baño de una sola pieza.

5. **gozará (gozar)** encontrará satisfacción, se deleitará

   Un día José gozará del dinero de su padre.
   Al recibir su herencia, el señor Gutiérrez _____ de la vida.

6. **guapo** bien parecido

   El joven es muy guapo.
   Carlos es inteligente, _____ y muy popular con las chicas.

7. **igualdad** semejanza, relación entre dos cosas iguales

   Los alumnos tuvieron un debate sobre la igualdad de los hombres y las mujeres.
   En los países donde no se conoce la democracia, no hay _____ entre los grupos sociales.

8. **ingeniería** ciencia del ingeniero (engineering)

   El chico iba a hacer una carrera de ingeniería.
   No sé si estudia la _____ mecánica o la eléctrica.

9. **ingenuidad** inocencia, sencillez, simplicidad

   La ingenuidad del joven fue muy sorprendente.
   La novia demostraba la _____ de una chica de catorce años.

10. **irremediablemente** sin remedio (hopelessly)

    Si declaras tus opiniones públicamente, estarás irremediablemente perdido.
    Después de la guerra, muchos pueblos quedaron _____ destruidos.

11. **locura** privación de la razón, algo contrario a la razón

    Un amor muy grande puede convertirse en locura.
    Fue una _____ luchar contra cuatro hombres a la vez.

12. **valla** barrera, pared, cerco

    La mamá gritó cuando su niñito se cayó de la valla.
    Una _____ de gente rodeaba la plaza.

La Estudiantina de Guanajuato — Mexican National Tourist Council

Cinco requisitos para ser una novia feliz

Aquí están los cinco requisitos para ser una novia feliz.

1. Sepa ser femenina. Para ser femenina no es necesario que una mujer sea bella. El hombre quiere que sea muy femenina, aunque esto vaya en contra de la corriente moderna. Esa superficial igualdad entre hombres y mujeres, lo único que trae consigo es hacer a la novia menos mujer . . . y al novio menos hombre. Y de esa manera no se va a ninguna parte, mucho menos a un matrimonio bien construido.

2. Mientras sea novia, sea siempre difícil. Este es un consejo que no admite excepciones: nunca ceda.

3. Conserve fresca su ingenuidad. No tema que su novio tenga que explicarle muchas cosas y que se ría de sus preguntas. Su novio, porque la ama, gozará siendo, además de su novio, su maestro.

4. Interésese desde el principio por las cosas de su novio. Pero eso sí: sinceramente. Nada de hipocresías que se descubren, y entonces resultan una valla entre los dos. Desde el principio piense que lo más importante para Ud. es él. Si su novio estudia algo como ingeniería mecánica, debe Ud. interesarse en sus clases, en sus exámenes, en su trabajo.

5. No le importe que sea guapo o feo, que sea rico o pobre, que sea un gran hombre o sólo un ente cualquiera. Ah, pero nunca le confiese que lo ama con locura, porque entonces, mi amiga, está Ud. irremediablemente perdida . . . Porque ellos . . . ¡Ellos son así!

---

nada de hipocresías que se descubren
none of this being a hypocrite, because you'll be found out

un ente cualquiera   *an ordinary human being*

PARA LA COMPRENSIÓN

1. ¿Cuántos requisitos hay para ser una novia feliz?
2. ¿Cuáles son?
3. ¿Es necesario ser bella para ser femenina?
4. ¿Le gustan al hombre las mujeres femeninas?
5. ¿Qué trae la superficial igualdad entre hombres y mujeres?
6. ¿Qué se necesita para que el matrimonio sea un matrimonio bien construido?
7. ¿Será bueno que la novia sea siempre difícil?
8. ¿Admite excepciones este consejo?
9. ¿Cómo debe conservar la novia su ingenuidad?
10. ¿Será malo que el novio tenga que explicarle muchas cosas?
11. ¿Será bueno que la novia se interese en las cosas del novio?
12. ¿Por qué debe ser sincera la novia?
13. ¿Qué debe ser lo más importante para la novia?
14. ¿Será necesario que el novio sea guapo o rico?
15. ¿Por qué no es bueno que la novia confiese que lo ama con locura?

EJERCICIOS DE VOCABULARIO

A. Completen las siguientes oraciones con una palabra apropiada.

1. La madre _____ a sus hijos.
2. El hombre debe _____ la silla a la mujer.
3. El padre dio un _____ importante a su hijo pero éste no le hizo caso.
4. Era un mozo _____ y bien educado.
5. En la democracia creemos en la _____.
6. La situación es aun peor. No tiene _____.
7. Formaron una _____ alrededor del jefe para que no lo asesinaran.
8. La _____ es un vicio feo.
9. Quiere ser ingeniero. Estudia la _____.
10. La _____ del agua nos llevó a la otra orilla.

B. Reemplacen las palabras en letra negrita por un sinónimo.

1. Te voy a dar **una recomendación**.
2. No me gusta la **tendencia** actual de la situación.
3. Su **sencillez** le hace aun más bonita.
4. La niña **estima** a su padre.
5. Es un chico **bien parecido.**
6. Tiene que **obedecer** a sus deseos.
7. No quiero que te caigas **del cerco.**

EJERCICIOS CREATIVOS

1. La selección dice «El hombre quiere que sea muy femenina, aunque esto vaya en contra de la corriente moderna». ¿Qué quiere decir esta idea? Cite ejemplos.
2. ¿Está Ud. de acuerdo con todos los requisitos? ¿Cuáles omitiría Ud.? ¿Añadiría otros?
3. Estos requisitos son para una novia. Prepare una selección parecida para un novio. Haga una comparación entre las dos listas de requisitos.

Abecé del amor

por Lope de Vega Carpio

INTRODUCCIÓN

Lope de Vega fue un dramaturgo español del Siglo de Oro. Sobre la materia del amor fue experto, y escribió cosas muy bellas. La escena que sigue es un diálogo entre Peribáñez y Casilda, esposo y esposa recién casados. Cada uno le dice al otro lo que espera de él en su nueva vida.

GUÍA DE ESTUDIO

El diálogo está tomado de un drama titulado *Peribáñez y el comendador de Ocaña*. Lope de Vega se vale del alfabeto para revelar lo que los nuevos esposos quieren mutuamente de sí. El diálogo está en verso y tiene rima. Esta forma de poesía se llama acróstico. ¿Están todas las letras del alfabeto? ¿Por qué?

PALABRAS CLAVE

1. **altanero**   arrogante, insolente
   Margarita no quiere a Juan porque es muy altanero.
   Dio las órdenes en un tono _____ y despectivo.

2. **castigo**   pena impuesta por el delito o falta (punishment)
   El castigo que le dieron por el crimen no lo hizo sufrir mucho.
   El criminal no recibió el _____ que merecía.

3. **caudal**   tesoro, fortuna
   Dice Casilda que el amor es el mayor caudal de la vida.
   Ese comerciante es un hombre de mucho _____.

4. **celosa**   que tiene celos (jealous)
   Ana tenía un abrigo nuevo y Elena estaba muy celosa.
   María está _____ de todos los honores que ha recibido su hermano.

5. **cobras (cobrar)**   demandas, exiges (charge, collect)
   Tú cobras mucho por el trabajo que haces.
   Tú siempre _____ demasiado por tu mercancía.

6. **dadivoso**   liberal, generoso
   Cuando cobran dinero para los pobres, hay que ser dadivoso.
   Ella quiere a José porque es muy _____.

7. **destierre (desterrar)** expulse, excluya

   Es posible que el dictador lo destierre por no estar de acuerdo con sus ideas políticas.
   El valor de Eduardo hace que él _____ todo temor de su corazón.

8. **duele (dolerse)** se arrepiente (regrets, repents of)

   Felipe hace cosas violentas, pero luego se duele de lo que hace, y se entristece.
   Don Máximo nunca se _____ de sus errores.

9. **entendida** sabia, culta, erudita

   Josefina es una muchacha entendida y por eso todos la estiman.
   Luisa es una muchacha muy _____.

10. **ingrato** desagradecido, infiel, egoísta

    El novio de Dolores es un hombre ingrato.
    Es un hijo _____ el que no honra a sus padres.

11. **limpia** que no está sucia (clean)

    Póngase ropa limpia antes de salir de la casa.
    El agua que bebemos está _____.

12. **necio** tonto, inepto, estúpido

    Era muy necio pero todos lo querían porque era guapo.
    Todos dicen que Lencho es _____ porque siempre anda riéndose solo.

13. **pensativo** profundamente absorto

    El profesor estaba tan pensativo que no oía el ruido en la clase.
    El matemático estudió el problema y estuvo _____ por largo rato.

Spanish National Tourist Office

69   Abecé del amor

	PERIBAÑEZ **A**mar y honrar su marido
deste abecé *de este abecé (of this alphabet)*	es letra deste abecé,
	siendo buena por la *B*,
	que es todo el bien que te pido.
haráte cuerda *te hará cuerda (will make you wise)*	Haráte cuerda la *C*,
	la *D* dulce, y entendida,
	la *E*, y la *F* en la vida
	firme, fuerte y de gran fe.
	La *G* es grave y, para honrada
	la *H*, que con la *I*
	te hará ilustre, si de ti
	queda mi casa ilustrada.
	Limpia serás por la *L*,
	y por la *M*, maestra
	de tus hijos, cual lo muestra
	quien de sus vicios se duele.
solicitudes *atenciones*	La *N* te enseña un no
	a solicitudes locas;
	que este no, que aprenden pocas,
	está en la *N* y la *O*.
quista *querida*	La *P* te hará pensativa,
	la *Q* bien quista, la *R*
	con tal razón, que destierre
	toda locura excesiva.
solícita *atenta, diligente*	Solícita te ha de hacer
	de mi regalo la *S*,
	la *T* tal que no pudiese
	hallarse mejor mujer.
	La *V* te hará verdadera,
	la *X* buena cristiana,
	letra que en la vida humana
	has de aprender la primera.
zelosa *celosa*	Por la *Z* has de guardarte
	de ser zelosa; que es cosa
	que nuestra paz amorosa
	puede, Casilda, quitarte.

Preceptos para jóvenes hispanohablantes

CASILDA **P**ues escucha y ten paciencia.

La primera letra es *A*,
que altanero no has de ser;
por la *B* no me has de hacer
burla para siempre ya.

La *C* te hará compañero
en mis trabajos; la *D*
dadivoso, por la fe
con que regalarte espero.

de fácil trato *easy to get along with*

La *F* de fácil trato,
la *G* galán para mí,
la *H* honesto, y la *I*
sin pensamiento de ingrato.

Por la *L* liberal,
y por la *M* el mejor
marido que tuvo amor,
porque es el mayor caudal.

Por la *N* no serás
necio, que es fuerte castigo;
por la *O* sólo conmigo
todas las horas tendrás.

Por la *P* me has de hacer obras
de padre; porque quererme
por la *Q*, será ponerme
en la obligación que cobras.

Por la *R* regalarme,
y por la *S* servirme,
por la *T* tenerme firme,
por la *V* verdad tratarme;

ansí *así*

por la *X* con abiertos
brazos imitarla ansí
y como estamos aquí
estemos después de muertos.

71 Abecé del amor

PARA LA COMPRENSIÓN

1. ¿Qué letra hace buena a la mujer?
2. ¿Qué bien pide Peribáñez?
3. ¿Qué letras harán a Casilda dulce y entendida?
4. Mencione las tres *efes* de la vida.
5. Si la *I* hace ilustre a Casilda, ¿cómo quedará su casa?
6. ¿De quién será maestra ella?
7. ¿Qué enseñanza recibe de la *N*?
8. ¿Qué letra destierra toda locura excesiva?
9. ¿Será ella solícita del regalo de Peribáñez?
10. ¿Qué letra debiera ella aprender la primera? ¿Por qué?
11. ¿Qué le aconsejó por último Peribáñez?
12. ¿Qué dice Casilda al empezar su «abecé»?
13. ¿Qué no ha de ser Peribáñez?
14. ¿Teme ella que le haga burla él?
15. ¿En qué será Peribáñez su compañero?
16. ¿Qué le promete Casilda a Peribáñez por sus dádivas?
17. ¿Cómo debe de tratarla él a ella?
18. Según Casilda, ¿cuál es el mayor caudal?
19. Según Casilda, ¿qué es un fuerte castigo?
20. ¿Con quién quiere Casilda compartir el tiempo de Peribáñez?
21. ¿Qué clase de obras requiere de él?
22. Relate todas las atenciones que quiere Casilda que le dé Peribáñez.
23. ¿Cómo quiere que estén después de muertos?

EJERCICIOS DE VOCABULARIO

A. Completen las siguientes oraciones con las palabras del poema.

1. _____ y honrar a su marido.
2. Siendo _____ por la *B*.
3. Haráte cuerda la _____.
4. La *D* _____, y _____, la *E*. La *F* en la vida _____, _____ y de gran fe.
5. Por la *L* serás _____ y por la *M*, _____.
6. La *P* te hará _____, la *R* con tal _____, que destierre toda locura excesiva. La *S* te ha de hacer _____.
7. Finalmente, la *V* te hará _____.

B. De la lista, escojan el sinónimo de cada una de las siguientes palabras.

altanero, desagradecido, distinguido, tonto, riqueza, generoso, difunto, atenta

1. arrogante
2. dadivoso
3. ilustre
4. ingrato
5. necio
6. muerto
7. caudal
8. solícita

C. Digan cómo es cada una de las siguientes personas.

1. Nunca quiere ver a su novio con otra chica.
2. Es una persona en que todo el mundo tiene mucha confianza.
3. Nunca le da las gracias a nadie por nada.
4. Siempre da algo a los pobres.
5. Es un egoísta antipático.
6. Nunca sabe lo que pasa en el mundo. Es un poco estúpido.

EJERCICIOS CREATIVOS

1. Este poema dialogado fue escrito por uno de los mejores autores de España, y sería inútil tratar de imitar a Lope de Vega. Pero vamos a considerar la idea de su poema: un análisis de lo que uno desea en su compañero conyugal. Haga una lista alfabética de adjetivos que describan las cualidades que Ud. considera necesarias o deseables en un matrimonio.

2. Entre los hispanos es muy común escribir acrósticos. Trate de escribir uno elogiando a su madre, a su padre o a un amigo. (Sugestión: Escoja un nombre corto para comenzar, y emplee las letras del nombre para comenzar cada renglón.)

El arte de decir «No»

INTRODUCCIÓN

En la vida moderna toda persona tiene que hacer numerosas decisiones y muchas de ellas tienen que ser negativas. Es más fácil decir «Sí». Saber decir «No» sin enfadar a la gente es un verdadero arte. El artículo que sigue apareció en una revista de Uruguay. El estilo es muy distinto del de las dos selecciones anteriores.

GUÍA DE ESTUDIO

Note las numerosas ocasiones que el artículo señala en las que se tiene que decir «No» firme y decisivamente. Examine si Ud. está de acuerdo con el autor del artículo, y determine si verdaderamente es necesario saber decir «No».

PALABRAS CLAVE

1. **avergonzarse**   sentir vergüenza (to feel shame)

    No hay que avergonzarse de la verdad.
    Si Ud. siempre dice la verdad, no tiene que _____.

2. **casándose (casarse)**   uniéndose en matrimonio

    La mayoría de las chicas terminan casándose.
    Son muchas las chicas que terminan _____ antes de llegar a los veinte años.

3. **cotidiano**   diario, acostumbrado, ordinario

    Las vacaciones cambian el vivir cotidiano por completo.
    Ese pobre gana el pan _____ vendiendo periódicos y billetes de lotería.

4. **desdicha**   miseria

    La desdicha de Luis fue no haber terminado el examen.
    Casarse por dinero puede resultar en la _____ de los esposos.

5. **elogiable**   digno de aplauso

    Julio hizo algo muy elogiable. Entregó a la policía el dinero que había hallado en la calle.
    El esfuerzo que Juan hizo en el juego fue un acto _____.

6. **embarazosas**   que embarazan, desconciertan o estorban (embarrassing)

    La situación en que Juanito puso a su pobre madre fue muy embarazosa.
    La gente que compra cosas en crédito a veces se halla en situaciones _____.

7. **grosera** descortés

   La señora Petronila es muy grosera con los muchachos de la vecindad.
   Carolina nunca es _____ con su hermana.

8. **herir** dar un golpe que hace daño o que ofende

   Rosa aceptó la invitación de Juan por no herir sus sentimientos.
   Algunas veces una palabra insignificante puede _____ los sentimientos de otra persona.

9. **impone (imponer)** da

   El maestro impone orden en la clase.
   Cuando el jefe _____ la orden, todos obedecemos.

10. **molestas** que causan molestia, que irritan

    Las atenciones del señor Pérez me resultaron molestas.
    Las atenciones de algunas personas nos resultan _____ a veces.

11. **rechazar** resistir, obligar a retroceder, no aceptar

    María tuvo que rechazar la invitación al baile.
    Quiero comprar un traje nuevo pero voy a _____ la tentación.

12. **semejantes** parecidos

    Mi vestido nuevo es muy semejante al que llevas puesto.
    Estos vasos son muy _____ aunque no los compré en la misma tienda.

13. **seres** personas

    Hay seres en las regiones indígenas que nunca han visto un automóvil.
    Después del incendio, entraron en el edificio y encontraron a dos _____ vivos.

14. **temor** miedo

    María tenía mucho temor cuando la hacían entrar en un cuarto oscuro.
    Después del accidente manejaba su auto con cierto _____.

envueltas *mixed up, involved*

trascendentales *serias*

Es muy probable que Ud. sea una de esas personas que están continuamente envueltas en situaciones embarazosas, simplemente porque no saben decir «No». No hay que avergonzarse de admitirlo, porque se debe no tanto a debilidad de carácter, sino al temor de herir los sentimientos de los demás. Aun así, es necesario solucionar este problema, porque aprender a decir «No» es importante, tanto para las pequeñas cosas del vivir cotidiano como para las decisiones trascendentales que afectan toda nuestra vida, nuestra felicidad, las relaciones que tenemos con los demás.

Probablemente está Ud. cada día en la situación imposible de decirle «No» a un vendedor que le sirve cortésmente. Por no saber decir «No» tal vez compra Ud. muchas cosas que no necesita y no le gustan. Es preciso aprender a mostrarse firme en ocasiones semejantes sin ser descortés.

A toda muchacha le gusta tener muchos amigos, pero las atenciones de aquellas personas que nos resultan molestas nos significan una pérdida de tiempo. Sin mostrarse grosera, en estos casos se impone la sílaba de orden: «No».

Hay circunstancias más graves aun. Son muchas las chicas que terminan hasta casándose con un muchacho porque no saben «cómo rechazar». Esto puede resultar muy serio; puede hacer la desdicha de dos seres, y todo porque en el momento preciso no se tuvo el valor para decir francamente «No».

La decisión es elogiable en todos los casos y recomendable en todas las circunstancias. Apréndase las diversas maneras de decir, con resolución amable, «No».

PARA LA COMPRENSIÓN

1. ¿Será un arte saber decir «No»?
2. ¿Por qué se encuentran algunas personas en situaciones embarazosas?
3. ¿A qué se debe que muchos no sepamos decir «No»?
4. ¿Por qué es necesario aprender a decir «No»?
5. ¿Afectará nuestra felicidad esta palabrita?
6. Relate lo que puede suceder si no le decimos «No» al vendedor.
7. ¿Será necesario ser firme y descortés a la vez?
8. ¿Les gusta a las muchachas tener muchos amigos?
9. ¿Cuáles personas nos resultan molestas a todos?
10. Cuando nos hacen perder tiempo, ¿qué debemos hacer?
11. En cuanto a las muchachas, ¿cuáles circunstancias son las más graves?
12. ¿Por qué se ven a veces dos seres viviendo miserablemente?
13. ¿Piensa Ud. que se necesita valor para decir «No»?
14. ¿Cuándo es elogiable la decisión?
15. ¿Cuándo es recomendable?
16. ¿Cuál es la última recomendación del autor?

EJERCICIOS DE VOCABULARIO

A. Verdad o falso.
1. Hay que aprender a decir «No».
2. «No» es importante para las cosas pequeñas.
3. *Cotidiano* quiere decir *diario*.
4. *Mensual* quiere decir *semanal*.
5. Hay que ser descortés.
6. *Grosero* es lo mismo que *descortés*.
7. Todas las decisiones son iguales.
8. A veces herimos a nuestros amigos.
9. En ciertas ocasiones, uno debe poder resistir.
10. El desdichado siempre tiene la culpa.

B. Reemplacen la palabra en letra negrita por un sinónimo.
1. Aquel chico es completamente **descortés.**
2. No sé por qué tiene **miedo** de decir «No».
3. Hay circunstancias más **serias.**
4. Esto puede resultar en la **miseria** de dos **humanos.**
5. Eso puede afectar las relaciones que tenemos con los **otros.**
6. Siempre **resiste** las tentaciones.
7. Es **preciso** solucionar este problema.
8. Se encuentra en tal situación **sencillamente** porque no sabe decir que no.

EJERCICIOS CREATIVOS

1. ¿Ha tenido Ud. alguna experiencia embarazosa porque no pudo decir «No»? Prepárese para relatarla a la clase.
2. ¿Cómo diría Ud. «No» en estas ocasiones?
    a. Ud. queda invitado a una fiesta que no le llama la atención. No es la primera vez que esta persona le invita, pero antes había conflictos legítimos.
    b. El consejo estudiantil le pide ser jefe del comité para mejorar la disciplina en los pasillos entre clases. Ud. teme que esto no vaya a ser popular con los otros estudiantes.
    c. Su tía le pregunta si le gusta su sombrero nuevo que en realidad le queda muy mal. Ud. no quiere ofenderla.
    d. Algunos amigos insisten en que vaya con ellos a un sitio prohibido por sus padres. No quiere que le llamen cobarde.

ESTRUCTURA

Verbos Reflexivos

LOS PRONOMBRES REFLEXIVOS

Si el sujeto y el complemento del verbo se refieren a la misma persona, el verbo es reflexivo. Es decir, el sujeto hace la acción a sí mismo. Los verbos reflexivos van acompañados de un pronombre reflexivo. Estudien las siguientes formas.

lavarse *acostarse*
me lavo me acuesto
te lavas te acuestas
se lava se acuesta
nos lavamos nos acostamos
os laváis os acostáis
se lavan se acuestan

Se notará que el pronombre reflexivo precede al verbo.

Me lavo las manos.
Carlos se levanta temprano.

A. Sigan el modelo.

Carlos se pone los zapatos.
Felipe y Mario/
Felipe y Mario se ponen los zapatos.

1. Carlos se pone los zapatos.
   nosotros/tú/Jorge/yo/María y yo/Uds./
2. El rey se enfadó al oír la noticia.
   ellos/tú/los novios/Casilda y yo/Uds./Ud./yo/

B. Contesten a las siguientes preguntas afirmativamente.

¿Te sientes bien?
Sí, me siento bien.

1. ¿Te interesas por las cosas de él?
2. ¿Te ríes de su ingenuidad?
3. ¿Te detienes para contemplar el paisaje?
4. ¿Te callas en clase?
5. ¿Te diviertes en las fiestas?
6. ¿Te acuestas tarde?
7. ¿Te duermes en seguida?
8. ¿Te levantas temprano?

C. Contesten negativamente, según el modelo.

¿Se sienten bien?
No, no nos sentimos bien.

1. ¿Se sienten tristes?
2. ¿Se ríen de los problemas?
3. ¿Se bañan en el lago?
4. ¿Se van de aquí?
5. ¿Se equivocan esta vez?
6. ¿Se detienen en el paseo?
7. ¿Se acuestan después de cenar?
8. ¿Se duermen con la luz encendida?

EL PRONOMBRE REFLEXIVO CON INFINITIVO

El pronombre reflexivo puede añadirse al infinitivo o puede preceder al verbo auxiliar.

Me tengo que levantar. ⟷ Tengo que levantarme.
El se va a enfadar. ⟷ El va a enfadarse.

D. Sigan el modelo.

>*Me voy a levantar.*
>*Voy a levantarme.*

1. Me tengo que arreglar.
2. Nos queremos sentar aquí.
3. ¿Te puedes reconocer en esa fotografía?
4. La novia se debe interesar por las cosas de su novio.
5. Los novios se quieren casar.
6. No me voy a reir de tus preguntas.

E. Sigan el modelo.

>*No se ríe de su novio.* va a
>*No va a reirse de su novio.*

1. No se levanta. *quiere*
2. No se fija en nada. *puede*
3. Se va de aquí. *quiere*
4. Se acuesta poco después de cenar. *puede*
5. Se duerme en seguida. *puede*
6. No se equivoca esta vez. *debe*
7. Se divierte en esa fiesta. *va a*

F. Sigan el modelo.

>*Me olvidé de lo desagradable.* tuve que
>*Tuve que olvidarme de lo desagradable.*

1. No me quedé con poco dinero. *quise*
2. Me puse a sus órdenes. *ofrecí*
3. Me acerqué a la orilla. *traté de*
4. Me asomé a la ventana. *intenté*
5. Me preocupé de los jóvenes. *fue natural*
6. No me acordé de las reglas. *pude*
7. Me dediqué a hacerle feliz. *prometí*

La Voz Pasiva con Se

Se expresa la voz pasiva con el pronombre reflexivo *se* y la tercera persona del verbo. El verbo concuerda con el sujeto. La voz pasiva indica que el sujeto es indefinido o general.

>Aquí se habla español.
>Se venden corbatas aquí.

G. Sigan el modelo.

>*Nunca dicen eso.*
>*Nunca se dice eso.*

1. Arreglan el documento en esa oficina.
2. Venden revistas.
3. Resuelven el problema decisivamente.
4. Abren las puertas a las diez.
5. Celebran los días de fiesta.
6. No hablan inglés aquí.
7. Acaban el trabajo.
8. Echan las cartas al buzón.
9. Hacen todo aquí.
10. Escriben acrósticos para distraerse.

CUADRO 5

La superstición

PREPARANDO LA ESCENA   Un gato negro que cruza delante de uno... un espejo hecho pedazos... un paraguas abierto dentro de la casa... ¡presagios de desastre!

Tales creencias y concepciones han sido populares desde tiempo inmemorial. Nacen de la ignorancia, del miedo y de la incomprensibilidad. Y a pesar de la evidencia de lo contrario son nociones muy comunes.

¿Sabe Ud. que en el estado de Maine una nuez moscada suspendida del cuello en un cordel previene los furúnculos, el crup y la neuralgia?

¿Sabe Ud. que hay una creencia entre los cubanos que la lluvia de mayo tiene cualidades singularmente beneficiosas?

Y el español al embarcar nunca pisa primero con el pie izquierdo. ¡Hacerlo sería invitar un desastre!

Las supersticiones del mundo se incorporan en muchas formas literarias. Diviértase con las siguientes selecciones, y acuérdese... «¡El martes, ni te cases ni te embarques!»

El trovador

por Antonio García Gutiérrez

INTRODUCCIÓN

El trovador, drama romántico en cinco jornadas, sirvió de inspiración para la ópera más popular de Giuseppe Verdi (*Il Trovatore*).

Aunque es una obra de amor tierno, otra pasión... la venganza ... añade una nota melodramática.

Como conviene a una obra trágica, la escena empieza en un ambiente de misterio y de suspensión. Los criados del conde de Luna esperan a que se despierte su amo. Para pasar el tiempo Jimeno relata la historia de la niñez del Conde y el secuestro de su hermano.

GUÍA DE ESTUDIO

La brujería existía entre todas las razas primitivas. Las brujas derivaban su poder del diablo a cambio de sus almas como recompensa. Para que pudieran evitar la cárcel, se suponía que las brujas tenían el poder de convertirse en animales (gatos, ratones, lechuzas y otros). Además, varios espíritus personales les servían. Muchos creían que se podía espantar a las brujas haciendo la señal de la cruz o pronunciando el nombre de Jesús.

El cuervo negro, pájaro muy astuto e inteligente, ha formado parte del folklore de muchas naciones desde el tiempo más remoto. Su color negro lo ha hecho un presagio de desastre y de muerte para los supersticiosos. Entre otros que lo han usado como tal símbolo se puede citar a William Shakespeare (*Macbeth*), a Edgar Allan Poe (*The Raven*) y al colombiano Jorge Isaacs (*María*).

PALABRAS CLAVE

1. **achicharrado**   tostado, frito o asado demasiado, quemado
   En el café nos sirvieron el pan achicharrado.
   A mí no me gusta el pan _____.

2. **apostaría (apostar)**   haría una apuesta (would bet)
   Don Policario dijo que él nunca apostaría en las carreras de caballos.
   Don Luciano no _____ en el juego por miedo de perder.

3. **aya**   persona encargada de criar o educar a un niño (governess, instructress)
   El aya del niño era una mujer muy buena y sabia.
   Cuando Miguelito iba al parque, su _____ siempre iba con él.

4. **bruja**   mujer que se preocupa en lo supersticioso y lo diabólico (witch)
   En la noche de todos los santos, se quedó dormida la bruja.
   Según se dice, esa vieja es una _____ y sabe hechizar.

5. **buho**   ave nocturna (owl)
   Dicen que el buho es muy sabio.
   El _____ duerme todo el día y vuela de noche.

6. **chillido**   grito muy agudo (screech, scream)
   El niño dio un chillido cuando se cogió la mano en la puerta.
   La niña dio un _____ cuando su hermano la espantó.

7. **enflaquecer**   hacerse delgado, perder peso, ponerse flaco
   Hoy día todo el mundo quiere enflaquecer.
   Antonia quería _____, pero no podía dejar de comer.

8. **ensayo**   práctica, prueba, experimento
   María canta una hora cada noche como ensayo para el día del programa.
   Todos los días había _____ para la fiesta.

9. **erizó (erizarse)**   se levantó el cabello a alguien
   Se le erizó el pelo al gato cuando vio al perro.
   El cabello se le _____ desde el momento que empezó la música extraña.

10. **espantoso**   terrorífico, horrible, horroroso
    Hace poco hubo un terremoto espantoso.
    En la cueva de Juan López Portillo encontraron un animal _____.

11. **hechizado (hechizar)**   preparado maleficio contra una persona (bewitched, injured by witchcraft)
    En los tiempos antiguos había personas que podían hechizar a una persona.
    La bruja había _____ a doña Petra.

12. **modo**   manera, forma
    Angelina se peina de un modo diferente cada día.
    En el norte de México se cocina la carne de un _____; en el sur, de otro.

13. **parrilla**   rejilla de horno, instrumento que sirve para asar y tostar (broiler, grating, grill)
    En la fiesta de ayer, asaron la carne a la parrilla.
    En el norte cocinan la carne a la _____.

14. **sacudiendo (sacudir)**   golpeando, agitando en el aire
    Polita debe sacudir su abrigo antes de ponérselo.
    El perro fue _____ la muñeca de la niña.

15. **vagabundas**   mujeres sin domicilio fijo que andan por las calles
    En Sevilla se ven muchas vagabundas por las calles cuando hay fiesta.
    Las hermanas del Sagrado Corazón recogieron a las _____ por unos días.

Jornada Primera

Zaragoza: Sala corta en el palacio de la Aljafería.

Escena Primera

Guzmán, Jimeno y Ferrando (criados del Conde), sentados.

JIMENO
Nadie mejor que yo puede saber esa historia; como que hace muy cerca de cuarenta años que estoy al servicio de los condes de Luna.

FERRANDO
Siempre me lo han contado de diverso modo.

GUZMAN
Y como se abultan tanto las cosas ...

JIMENO
Yo os lo contaré tal como ello pasó por los años de 1390. El conde don Lope de Artal vivía regularmente en Zaragoza, como que siempre estaba al lado de su Alteza. Tenía dos niños: el uno que es don Nuño, nuestro muy querido amo, y contaba entonces seis meses, poco más o menos, y el mayor, que tendría dos años, llamado don Juan. Una noche entró en la casa del Conde una de esas vagabundas, una gitana con ribetes de bruja, y sin decir una palabra se deslizó hacia la cámara donde dormía el mayorcito. Era ya bastante vieja ...

FERRANDO
¿Vieja y gitana? Bruja sin duda.

JIMENO
Se sentó a su lado, y le estuvo mirando largo rato, sin apartar de él los ojos ni un instante; pero los criados la vieron y la arrojaron a palos. Desde aquel día empezó a enflaquecer el niño, a llorar continuamente y, por último, a los pocos días cayó gravemente enfermo; la pícara de la bruja le había hechizado.

GUZMAN
¡Diantre!

JIMENO
Y aun su aya aseguró que en el silencio de la noche había oído varias veces que andaba alguien en su habitación y que una legión

---

y como se abultan tanto las cosas — and since things get so exaggerated

ribetes — earmarks

palos — *golpes*
la pícara de la bruja — *the malicious witch*

¡diantre! — *¡diablo!*

82 La superstición

de brujas jugaban con el niño a la pelota, sacudiéndole furiosas contra la pared.

FERRANDO

¡Qué horror! Yo me hubiera muerto de miedo.

JIMENO

Todo esto alarmó al Conde, y tomó sus medidas para pillar a la gitana; cayó efectivamente en el garlito, y al otro día fue quemada públicamente, para escarmiento de viejas.

<small>pillar *to catch*
garlito *trap*
para escarmiento *as a warning*</small>

GUZMAN

¡Cuánto me alegro! ¿Y el chico?

JIMENO

Empezó a engordar inmediatamente.

FERRANDO

Eso era natural.

JIMENO

Y a guiarse por mis consejos, hubiera sido también tostada la hija, la hija de la hechicera.

FERRANDO

¡Pues por supuesto! . . . Dime con quién andas . . .

<small>dime con quién andas [y te diré quién eres] *an old Spanish proverb equivalent to "birds of a feather flock together"*</small>

JIMENO

No quisieron entenderme, y bien pronto tuvieron lugar de arrepentirse.

GUZMAN

¿Cómo?

JIMENO

Desapareció el niño, que estaba ya tan rollizo que daba gusto verle; se le buscó por todas partes, ¿y sabéis lo que se encontró? Una hoguera recién apagada en el sitio donde murió la hechicera y el esqueleto achicharrado del niño.

<small>rollizo *chubby*</small>

FERRANDO

¡Cáspita! ¿Y no la atenacearon?

<small>¿y no la atenacearon? *¿y no la torturaron?*</small>

JIMENO

Buenas ganas teníamos todos de verla arder por vía de ensayo para el infierno; pero no pudimos atraparla, y sin embargo si la viese ahora . . .

GUZMAN

¿La conoceríais?

JIMENO

A pesar de los años que han pasado, sin duda.

FERRANDO

Pero también apostaría yo cien florines a que el alma de su madre está ardiendo ahora en las parrillas de Satanás.

GUZMAN
  Se entiende.

JIMENO
  Pues ... mis dudas tengo en cuanto a eso.

GUZMAN
  ¿Qué decís?

JIMENO
  Desde el suceso que acabo de contaros no ha dejado de haber lances diabólicos ... Yo diría que el alma de la gitana tiene demasiado que hacer para irse tan pronto al infierno.

FERRANDO
  ¡Jum! ... ¡Jum! ...

jum hm or hum; a Spanish equivalent of the sound made with closed lips to express contempt or surprise

JIMENO
  ¿He dicho algo?

FERRANDO
  Preguntádmelo a mí.

GUZMAN
  ¿La habéis visto?

FERRANDO
  Más de una vez.

GUZMAN
  ¿A la gitana?

FERRANDO
  ¡No, qué disparate; no ...! Al alma de la gitana; unas veces bajo la figura de un cuervo negro; de noche regularmente en buho. Ultimamente, noches pasadas, se transformó en lechuza.

lechuza barn owl

GUZMAN
  ¡Cáspita!

JIMENO
  Adelante.

FERRANDO
  Y se entró en mi cuarto a sorberse el aceite de mi lámpara; yo empecé a rezar un *Padre nuestro* en voz baja ... ni por ésas; apagó la luz y me empezó a mirar con unos ojos tan relucientes; se me erizó el cabello; tenía un no sé qué de diabólico y de infernal aquel espantoso animalejo. Ultimamente, empezó a revolotear por la alcoba ... yo sentí en mi boca el frío beso de un labio inmundo, di un grito de terror exclamado «¡Jesús!» y la bruja espantada lanzó un prolongado chillido, precipitándose furiosa por la ventana.

sorberse el aceite to sip the oil

revolotear to flutter
inmundo filthy, unclean
¡Jesús! Such exclamations are frequent in Spanish and do not have the offensive tone which they do in English. Translate by some mild exclamation.

GUZMAN
  Me contáis cosas estupendas. Y en pago del buen rato que me habéis hecho pasar, voy a contaros otras no menos raras y curiosas, pero que tienen la ventaja de ser más recientes.

PARA LA COMPRENSIÓN

1. ¿En qué palacio se registra esta escena?
2. ¿Quiénes son Guzmán, Jimeno y Ferrando?
3. ¿A quién servía Jimeno?
4. ¿Por cuánto tiempo?
5. ¿Cuándo pasó lo que contaba Jimeno?
6. ¿Dónde vivía por lo regular don Lope de Artal?
7. ¿Por qué vivía allí?
8. ¿Cuántos hijos tenía?
9. ¿Quién era el mayor?
10. ¿Qué edad tenía el menor?
11. Describa a la bruja que entró en la casa del Conde.
12. ¿Hasta dónde se deslizó?
13. ¿Qué pensó Ferrando de la vieja gitana?
14. ¿Qué hizo la gitana cuando entró en la recámara de don Juan?
15. ¿La dejaron allí los criados?
16. ¿Qué le sucedió al niño desde aquel día?
17. ¿Qué aseguraba el aya de don Juan?
18. ¿Qué hizo el Conde acerca de todo esto?
19. ¿Cogieron a la gitana?
20. ¿Y qué le hicieron a ella?
21. ¿Cuándo comenzó a engordar el chico?
22. ¿Qué quería Jimeno que hicieran con la hija de la gitana?
23. ¿Qué sucedió con el niño después de un tiempo?
24. ¿Se escapó la hija de la gitana?
25. ¿La olvidó Jimeno?
26. ¿Qué estaba dispuesto a apostar Ferrando?
27. ¿Qué piensa Jimeno del alma de la gitana?
28. ¿Ha visto Ferrando el alma de la gitana?
29. Relate lo que Ferrando dice acerca de eso.
30. ¿Cuándo salió la bruja de la alcoba de Ferrando?

EJERCICIOS DE VOCABULARIO

A. Completen las siguientes oraciones con la palabra apropiada.

princesa, apagó, gitana, brujas, enfermo, apostaría, chillido, lechuza, enflaquecer, boca, rollizo, hechicera, bastante, cosas, guiarse, hechizado, escarmiento, abultan, revolotear, parrilla

1. Yo también _____ cien pesos.
2. Sentí en mi _____ un beso frío.
3. _____ la luz y me empezó a mirar.
4. Espero que vaya a _____ por mis consejos.
5. Se transformó en _____.
6. Empezó a _____ en la alcoba.
7. Lanzó un _____ prolongado.
8. Me cuentas _____ estupendas.
9. La legión de _____ jugaba.
10. ¡Cómo se _____ las cosas!
11. Era _____ con ribetes de bruja.
12. Empezó a _____ el niño.
13. Era _____ viejo.
14. Se transformó en _____ hermosa.
15. La bruja lo había _____.
16. Cayó gravemente _____.
17. Desapareció el niño _____.
18. Lo están cocinando en la _____.
19. Es hija de la _____.
20. Fue quemada como _____.

B. Completen las siguientes oraciones con una palabra apropiada.

1. ¡Qué horrible! Es _____ aquella bruja.
2. Me dio tanto miedo que yo di un _____.
3. No hay _____ de hacerlo.
4. Todos _____ a ayudar al niño enfermo.
5. Son unas _____. Nunca hacen nada.
6. Yo no _____ nada porque sé que no va a ganar.
7. Aquella vieja es tan mala que tiene que ser _____.
8. Estaba gordo pero he empezado a _____.
9. Nos hace falta otro _____. No lo sabemos perfectamente.
10. Vamos a poner la carne en la _____.

C. Den un antónimo de las palabras en letra negrita.

1. Nadie **peor** que yo puede saber esa historia.
2. **Nunca** me lo han contado.
3. Es nuestro **odiado** amo.
4. Desde aquel día **acabó de** enflaquecer.
5. Empezó a **reir** continuamente.
6. **Apareció** el niño.
7. Está en el **paraíso**.
8. Ella **salió de** mi cuarto.

D. Preparen una lista de animales que aparecen en el cuento.

EJERCICIOS CREATIVOS

1. Según la creencia popular, ¿cómo puede uno vencer al diablo? ¿Qué otros modos hay de evitar lo que se considera «mala suerte»?
2. Escriba una anécdota de alguna superstición. Exprésela en sus propias palabras.
3. Si le ha gustado la primera jornada, lea el drama entero y prepare un resumen para presentar a la clase.
4. Escuche algunas arias de *Il Trovatore* de Giuseppe Verdi y discuta cómo refleja la música el espíritu original del drama.

El tesoro de Buzagá

por Enrique Otero D'Costa

INTRODUCCIÓN

Mientras existe la creencia de que hay un tesoro al extremo del arco iris, habrá quienes lo busquen. El hombre está siempre deseoso de mejorar su fortuna.

Este es un cuento que habla de dos hombres en busca de tesoro: el uno, un humilde empedrador llamado Lope Badillo; el otro, cura de la santa iglesia de Tunja. Es un cuento guarnecido con superstición, misterio y brujería.

De su vasto conocimiento de leyenda y de folklore, el autor nos ha presentado tipos memorables de la Colombia rural.

GUÍA DE ESTUDIO

El mohán es un monstruo fantástico que hace un papel típico en la leyenda colombiana. Es una especie de demonio lleno de malignidad que se hace sentir por sus diabluras. Tiene forma de indio cabezón con piernas cortas y con aletas de pez en las espaldas.

Note las señales y las referencias supersticiosas que contribuyen al misterio... tesoro oculto, lugares solitarios, la vieja india que guía solamente hasta cierto lugar, la llegada de los viajeros en día favorable de luna nueva y la risa diabólica del mohán.

PALABRAS CLAVE

1. **agarraba (agarrar)** cogía

   Pepe se agarraba de la mano de su tío al cruzar el camino.
   _____ la fruta del árbol cuando su mamá no lo miraba.

2. **asombrado (asombrar)** desconcertado, confundido, sorprendido

   El padre Camilo quedó asombrado cuando vio al mago hacer desaparecer a la muchacha.
   Alfredo quedó _____ cuando supo que le había tocado el premio gordo en la lotería.

3. **áspero** desigual, rugoso (rough)

   El camino en la montaña es muy áspero.
   El tronco de ese árbol es _____ y feo.

4. **burla** abuso, ridiculez, engaño

   Antonio hizo burla de su hermanito.
   Doña Antonia le perdonó a José la _____ que le había hecho a su hermanito.

5. **cumbre** pico, altura

   De la cumbre de la montaña, se ve todo el valle.
   Yo fui el único que no pudo subir hasta la _____.

6. **cura** ministro católico, sacerdote

   El cura bautizó al niño.
   El padre Juan es _____.

7. **ennoblecía (ennoblecer)** enriquecía, dignificaba, engrandecía

   El trabajo de la iglesia ennoblecía el alma del cura Padilla.
   Manuelito _____ su vida con el estudio.

8. **espantados** asustados

   Elena salió del cine con los ojos espantados después de ver la película de horror.
   Parecía que estaban _____ todos los pollitos, porque andaba el coyote cerca de allí.

9. **estirado (estirar)** extendido, prolongado, alargado

   El elástico se ha estirado demasiado.
   María dijo que el elástico se había _____ tanto que ya no servía.

10. **hará (hacer) daño** causará mal

    Don Benito sabe que eso va a hacer daño a la gente.
    Si ayuda a María, _____ a Lupita.

11. **hechicero** mago, brujo

    Pedro y Juan vieron dos hechiceros cerca del pueblo.
    El _____ era gitano.

12. **milagrosamente** maravillosamente

    Las cosas no se resuelven milagrosamente.
    María se salvó _____ cuando el tren chocó con su auto.

13. **temida** que inspira temor

    La armada inglesa era la más temida.
    La serpiente es más _____ que cualquier otro animal.

14. **tiraron (tirar) una moneda** echaron a suertes con una moneda (flipped a coin)

    Los jugadores tiraron una moneda para ver cuál equipo recibiría la pelota.
    _____ para ver quien comería el dulce.

87 El tesoro de Buzagá

En la muy noble y leal ciudad de Tunja vivía cierto honrado vecino llamado Lope Badillo, empedrador de oficio. Decir empedrador es decir pobre, y el hombre de mi cuento era tan pobre que tenía solamente una vieja camisa. Cuando su buena mujer se la lavaba, tenía que quedarse en cama esperando a que el sol la secara.

La pobreza en que se hallaba Lope no había matado su espíritu ni su ambición. Al contrario, el deseo de hacer fortuna era muy fuerte, y así pasaba las horas pensando en el mejor medio de salir de necesidades, sin que esta meditación tuviera en muchos años ningún resultado tangible.

Pero a nadie le falta la ayuda de Dios. Cierto día Lope Badillo tuvo la buena suerte de hablar de su pobreza a una india vieja, que sabía muchos secretos antiguos del país, y ella ofreció ayudarle, poniéndole en contacto con un mohán que guardaba un tesoro oculto y que vivía en un lugar solitario que ella le mostraría.

Badillo, muy alegre ante esta perspectiva, comunicó su secreto a don Benito de Laserna, cura de la santa iglesia de Tunja, hombre virtuoso en todo sentido, aunque bastante aficionado al dinero.

Badillo buscaba la ayuda no menos que el consejo del cura, porque temía que pudiera haber cosa mala en un asunto de santuarios y mohanes. Mas el cura tranquilizó sus escrúpulos y convino en ayudarle mediante un pago de la mitad del tesoro.

Así salieron de Tunja con gran secreto una mañana, guiados por la vieja india, y después de caminar mucho tiempo, llegaron a unas verdes cumbres. Desde allí, la india les mostró el lejano sitio donde vivía el mohán. La india no quiso acompañarlos más adelante porque tenía miedo de morir si se acercaba más al misterioso lugar. Y tuvieron que dejarla volver a la ciudad.

Nuestros peregrinos continuaron caminando con mucha dificultad hasta descubrir entre la maleza el bohío de su mohán. Al penetrar por la puerta vieron al fondo de la habitación a un indio viejo, seco y flaco sentado reposadamente en el suelo. Sus ojillos brillantes y picarescos observaron con gravedad a los visitantes y había un ligero temblor en sus labios sin sangre. ¡Aquel viejo era el mohán!

Los peregrinos se acercaron bastante turbados, porque los mohanes eran personas muy temidas, mitad hechiceros, mitad demonios. Pero en esta ocasión, en lugar de la ira y tempestad que creían hallar, los caminantes encontraron un viejecillo que muy cortésmente les preguntó en qué podía servirles.

—Será muy poco, señor mohán—le dijo Lope Badillo—. Ya lo sospechará al vernos buscándole por estos caminos . . .

—Je, je—rió el viejecillo—o mucho me equivoco o queréis hallar el santuario de Buzagá . . .

—Eso mismo, señor mohán.

—Serán satisfechos, como han venido en día favorable. Tenemos luna nueva, y en el valle canta el alcaraván.

alcaraván   bittern, a bird

Después de largo caminar por montes, valles y llanuras, llegaron muy cansados a una cuesta abrupta. Hacía mucho sol, y el camino se hacía muy áspero. De pronto el mohán se paró y declaró que no podía seguir adelante. Estaba muy viejo y las fuerzas le faltaban. Se sentó en una gran piedra, resuelto a no dar un paso más.

cuesta abrupta   steep slope

El cura y Badillo se miraron aguardando cada uno a que el otro se ofreciera para cargar con el indio. Mas el sol estaba caliente, la cuesta larga y áspera . . . Finalmente el empedrador habló proponiendo llevar el viejo a cuestas por iguales turnos.

a cuestas   on their backs

—No puede ser así—dijo el mohán—porque no me gustan estos cambios. Echadlo a la suerte, y veremos . . .

echadlo a la suerte   toss for it

Y siguiendo el consejo del hechicero, tiraron una moneda . . . El cura perdió, y tuvo que cargar con el indio. Y siguieron caminando.

¡Diablos! ¡El sucio viejo pesaba más que una montaña! ¡Qué fatiga! Hasta los dientes le sudaban al cura subiendo por aquella cuesta, que parecía prolongarse sin fin.

Lope Badillo, viendo las agonías de su compañero, ofreció relevarle, pero el mohán, cuando oyó que querían hacer un cambio, gritó:

—¡Mal, mal! Eso hará daño a la empresa. Porque es preciso, para hallar este tesoro, que un solo hombre me transporte continuamente, sin tomar descanso, ni parar en el camino. Como el padre Benito me tomó en sus hombros, en hombros del padre es preciso llegar al santuario.

El padre Benito lanzó una desolada mirada por todo lo largo de la senda, dio un suspiro de resignación y continuó el ascenso. Pero a los ojos espantados del cura, la cumbre, en vez de acercarse, parecía alejarse más y más.

—Me parece que esta cuesta se alarga hasta lo infinito.

—Esas son ideas suyas—decía Badillo para consolarle.

—Paciencia, que muy pronto llegaremos al fin del camino y principio de nuestra dicha. ¿Verdad, viejo mohán?

—Ji, ji, ji—reía el mohán—. Ya llegaremos, ahorita llegaremos, y cuando toméis el oro a puñadas, os creeréis bien servidos.

Y se agarraba con mayor fuerza de la cabeza de su paciente conductor, y golpeándole con los talones como si fuera caballo, le espoleaba alegremente: —¡Ji, ji, ja, ja! ¡Orito, orito y algunas esmeraldítas! ¡Ji, ji! ¡Ya lo veréis, ya lo veréis! ¡Ji, ji!

Lo que el padre vio en aquel momento fue que la cumbre ya no se veía. El camino se había estirado, estirado como por encanto. Y el padre Benito comprendió, al fin, sin duda por inspiración del Cielo, que aquel viaje tenía algo diabólico. Lleno de irritación y de alarma, le dijo de pronto al viejo que bajara.

Pero el mohán siguió riendo y golpeándole con los talones:

—¡Arre, arre, su merced, que ya vamos llegando! Es aquí cerca, cerquita. ¡Arre, su merced! ¡Ji, ji, ja, ja!

El padre Benito le gritó a Badillo que viniera a ayudarle y éste, muy asombrado, tomó una piedra y la echó a la cabeza del mohán, tratando de derribarle.

¡San Miguel nos valga! En lugar del esperado efecto, la piedra volvió como una pelota de caucho y dando contra Lope Badillo, le arrojó al suelo, los ojos llenos de chispas. Badillo se escapó exclamando a grandes voces:

—¡Padre, padre! ¡Este viejo indio ... creo que es el diablo mismo!

¿El diablo? No faltaba más. Y sacando un frasco de agua bendita que llevaba en el bolsillo, la echó sobre el mohán, invocando al mismo tiempo al Santísimo Sacramento. Santo remedio; el indio se cayó al suelo como un leño seco y fue rodando montaña abajo hasta sepultarse en el fondo con un ruido de truenos.

El cura y su compañero quedaron maravillados y dando gracias a Dios por haberse escapado tan milagrosamente. Cuando bajaron al fondo, vieron asombrados que aquel cuerpo no era el de un hombre que acababa de morirse sino de un hombre muerto hacía muchos, muchísimos años. El diablo había tomado este cuerpo para su vivienda, y dentro de él hacía todas las cosas malas que acostumbra hacer para perdición y ruina de la raza humana.

¡Ayayay! El cura y Badillo volvieron hacia el camino, lamentándose el primero de la burla que le había hecho el demonio, y lamentándose el segundo de haber perdido la fortuna al momento de tenerla en las manos. Y con estas experiencias volvieron a Tunja, alegrándose en medio de todo de haberse escapado del camino infernal por donde los había querido conducir el diablo mismo.

Y llegaron a casa; Lope, a seguir empedrando calles, y el padre Benito, curado por la mano de Dios de andar buscando tesoros, muy contento de seguir diciendo su misa temprana, oficio que le ennoblecía el alma y le aseguraba la comida.

PARA LA COMPRENSIÓN

1. ¿Dónde vivía Lope Badillo?
2. ¿Qué oficio tenía?
3. ¿Son ricos los empedradores?
4. Cuando su mujer le lavaba la camisa, ¿qué hacía Lope?
5. ¿En qué pensaba por largas horas?
6. ¿A quién le habló de su pobreza?
7. ¿Cómo le ayudó la india vieja?
8. ¿A quién le comunicó Badillo su secreto?
9. ¿Quién era don Benito de Laserna?
10. ¿Por qué buscó Badillo la ayuda de don Benito?
11. Relate el viajecito que hicieron Badillo y don Benito con la india.
12. ¿Qué encontraron entre la maleza?
13. ¿Cómo era el mohán?
14. ¿Por qué era favorable aquel día?
15. ¿Qué hizo el mohán después de mucho caminar?
16. ¿Por qué no quería caminar más?
17. ¿Cómo resolvieron el problema?
18. ¿Quién tuvo que cargar al indio?
19. ¿Qué ofreció hacer Badillo?
20. ¿Por qué no lo permitió el mohán?
21. ¿Por qué se espantó el cura?
22. ¿Qué le decía Badillo?
23. Y el mohán, ¿qué hacía?
24. Cuando ya no se veía la cumbre, ¿qué sucedió?
25. ¿Qué sucedió cuando Badillo quiso pegarle al indio con la piedra?
26. ¿Qué gritó Badillo?
27. ¿Cómo venció el cura al mohán?
28. ¿Qué le pasó al indio?

EJERCICIOS DE VOCABULARIO

A. Completen las siguientes oraciones con la palabra apropiada.

lugar, cerca, camisa, estirado, infernal, espoleaba, sudaba, cumbre, caucho, descanso, seco, áspero, cuesta, perdición, flaco

1. El hombre tenía una _____.
2. El hombre _____ su caballo.
3. La casa está _____ de aquí.
4. La pelota era de _____.
5. Era la _____ de la raza humana.
6. _____ de tanto ejercicio.
7. El indio era viejo, _____ y _____.
8. Era una _____ abrupta.
9. Quiero tomar un _____.
10. Estaba en un _____ misterioso.
11. Subió hasta la _____.
12. Lo halló _____ en el suelo.
13. Oyó un ruido _____.
14. El camino era _____.

B. Den el antónimo de la palabra en letra negrita.

1. Decir empedrador es decir **rico**.
2. **El hombre** de mi cuento es pobre.
3. Tenía una camisa **vieja**.
4. Badillo era muy **alegre**.
5. Salió de Tunja una **mañana**.
6. El indio estaba **flaco**.
7. Su camisa estaba **mojada**.
8. Caminaba de **día**.
9. Se **sentó** de repente.
10. El viejo era **sucio**.
11. El caballo era muy **fuerte**.
12. El cura decía misa **temprano**.

C. Den el sinónimo de la palabra en letra negrita.
1. El camino a la cumbre es **rugoso**.
2. Es un **brujo** aquel viejo.
3. El cura estaba **espantado**.
4. Queremos llegar **al pico**.
5. Lo hicieron **milagrosamente**.
6. Aquel viejo te puede **causar mal**.
7. No sé por qué estaban tan **sorprendidos**.
8. Lo que hizo **enriqueció** su alma.
9. ¿Por qué lo has **alargado** tanto?
10. ¿Es **un engaño** que te hacen?

EJERCICIOS CREATIVOS

1. Escriba un resumen de este episodio.
2. Haga una lista de los elementos que contribuyen a la popularidad de las supersticiones. Ya se han citado la ignorancia, la incomprensibilidad y el miedo.
3. Mencione algunas supersticiones no mencionadas y explique su significado.

La lechuza

por Alberto Gerchunoff

INTRODUCCIÓN

El argentino Alberto Gerchunoff emplea las tradiciones hebreas y la vida de la colonia judía de la Argentina como tema de muchos cuentos suyos. A veces trágicos y misteriosos como en *La lechuza,* estos cuentos nos revelan el gran poder dramático de Gerchunoff. También, el autor ha captado en prosa la tristeza y la desesperación del pueblo judío que ha sufrido tantas pérdidas y tanta persecución durante los años.

GUÍA DE ESTUDIO

En 1492 la reina Isabel mandó expulsar de España a los moros y a los judíos. Eso trajo consecuencias trágicas no sólo para los desterrados sino también para España, porque los desterrados eran de la gente más culta, más ingeniosa y más industriosa del país.

En esta selección la lechuza, frecuentemente nocturna en sus hábitos, es el símbolo de la tragedia.

PALABRAS CLAVE

1. **afligida** triste, inconsolable, angustiada

   Le trajeron comida a la afligida mujer, pero no comió.
   Don Lauterio se quedó con la _____ mujer para consolarla.

2. **astro** estrella, planeta, sol

   Ese astro parece más brillante que aquel astro.
   Júpiter es un _____ muy brillante del firmamento.

3. **aullaron (aullar)** gritaron lobos o perros con voces quejosas y prolongadas (howled)

   En el rancho de don José de la Luz, se oye a los perros aullar de noche.
   Los lobos _____ anoche.

4. **comprometió (comprometerse)** se obligó, se afianzó, dio palabra

   María se comprometió con el novio de su niñez.
   Juanita no se _____ con Miguel porque quería más a José.

5. **charco** agua estancada en un hoyo en el suelo (puddle)

   La rana cantaba en el charco.
   Pedro se cayó en el _____.

6. **estremeció (estremecer)** tembló

   Se estremeció con el frío de la nieve al abrir la puerta.
   Se _____ con el frío del agua.

7. **fantasma** espíritu visible, aparición

   Dicen que en el cementerio hay fantasmas que salen de noche.
   En el cuarto del tesoro hay un _____ que cuida el dinero.

8. **frondosa** que está llena de hojas y ramas espesas

   La arboleda era muy frondosa.
   El jardín tenía una palma muy _____.

9. **maquinalmente** automáticamente

   El apagó maquinalmente su cigarro.
   La niña repetía todo lo que oía _____.

10. **reflejo** luz reflejada, reflexión de luz

    El reflejo del sol penetraba por la ventana.
    El _____ le cegó por un momento.

11. **vago** sutil, indeterminado

    El tenía pensamientos vagos.
    Me cogió un dolor _____.

12. **vivaz** brillante, vívido

    Su sonrisa era vivaz.
    La luz del farol es _____.

Jacobo pasó en su caballo ante la casa de Reiner, saludando en español. La vieja contestó en judío, y la muchacha le preguntó si había visto a Moisés, que había partido en la mañana en busca del tordillo.

—¿Moisés?—preguntó el muchacho—. ¿Se fue en el caballo blanco?

—En el blanco.

—¿Salió por el camino de Las Moscas?

—No—respondió Perla—tomó el camino de San Miguel.

—¿De San Miguel? No lo he visto.

La vieja se lamentó, con voz que revelaba su inquietud:

—Ya se hace tarde y mi hijo partió tan sólo con unos mates; no llevó revólver...

—No hay cuidado, señora; se pueden recorrer todos los alrededores sin encontrar a nadie.

—Dios te oiga—añadió doña Eva—, dicen que cerca de los campos de Ornstein hay bandidos.

El diálogo terminó con una palabra tranquilizadora de Jacobo; espoleó al caballo, obligándolo a dar un salto, para lucir su habilidad de jinete en presencia de Perla.

El sol declinaba y la tarde de otoño se adormecía bajo el cielo rojo. El tono amarillo de las huertas, el verde pálido del potrero quebrado por el arroyo oscuro daban al paisaje una melancolía dulce, como en los poemas hebraicos en que las pastoras retornan con el rebaño sonámbulo bajo el cielo de Canaán.

Se sumergían en oscuridad las casas de la colonia y en los tejidos de alambre brillaban en reflejos vivaces los últimos rayos del sol.

—Es tarde, hija mía, y Moisés no llega...

—No hay temor, madre, no es la primera vez. ¿Te acuerdas, el año pasado, en vísperas de Pascua, cuando fue con el carro al bosque de San Gregorio? Vino con la leña al día siguiente.

—Sí, recuerdo; pero llevaba revólver, y además, cerca de San Gregorio hay una colonia...

Un silencio penoso siguió a la conversación. En los charcos cantaban las ranas y de los árboles próximos venían ruidos confusos.

Una lechuza voló sobre el corral, graznó lúgubremente y se posó en un poste.

Marginal glosses:
- tordillo — *gray horse*
- espoleó — *spurred*
- para lucir su habilidad de jinete — *in order to show off his horsemanship*
- el verde pálido... arroyo oscuro — *the pale green of the pasture broken up by the dark ravine*
- pastoras... sonámbulo — *shepherdesses return with their drowsy flock*
- tejidos de alambre — *wire fences*
- graznó lúgubremente y se posó — *hooted mournfully and lit*

—¡Qué feo es aquel pájaro!—dijo la muchacha.

Graznó otra vez la lechuza, y miró a las mujeres, en cuyo espíritu sus ojos hicieron la misma triste impresión.

—Dicen que es de mal agüero.

—Dicen así, pero no creo. ¿Qué saben los campesinos?

—¿No decimos nosotros, los judíos, que el cuervo anuncia la muerte?

—¡Ah, es otra cosa!

La lechuza voló hasta el techo, donde lanzó un graznido y tornó al poste, sin dejar de mirar a las mujeres.

En el extremo del camino lleno de sombra resonaron las pisadas de un caballo. La chica miró, haciendo visera de las manos. Desengañó a la madre.

—No es blanco.

De las casas el viento traía el eco de un canto, uno de esos cantos monótonos y tristes que lamentan la pérdida de Jerusalén y exhortan a las hijas de Sion, «magnífica y única», a llorar en la noche para despertar con sus lágrimas la piedad del Señor. Maquinalmente, Perla repitió en voz baja:

Llorad y gemid, hijas de Sion ...

Después, con voz más fuerte, cantó la copla de los judíos de España, que le había enseñado en la escuela el maestro don David Ben-Azán:

Hemos perdido a Sion,
hemos perdido a Toledo.
No queda consolación ...

Como la madre había continuado inquietándose, la muchacha, para distraerla, continuó la conversación anterior.

—¿Tú crees en los sueños? Hace unos días, doña Raquel contó algo que nos dio miedo.

La vieja contó a su vez una historia espantosa.

Una prima suya, hermosa como un astro, se comprometió con un vecino de la aldea. Era carretero muy pobre, muy honrado y muy temeroso de Dios. Pero la moza no lo quería, por ser contrahecho. En la noche del compromiso, la mujer del rabino ... una santa mujer ... vio un cuervo.

El novio vendió un caballo y con el dinero compró un misal, que regaló a la novia. Dos días antes del casamiento se anuló el compromiso y la moza se casó al año siguiente con un hombre muy rico del lugar.

El recuerdo del suceso causó honda impresión en el ánimo de doña Eva. Su cara se alargó en la sombra y, en voz baja, contó el milagroso acontecimiento. Se casó la muchacha, y uno a uno fueron muriendo sus hijos. ¿Y el primer novio? El buen hombre había

pisadas *steps (hoofbeats)*
visera *shield*

carretero *wagon driver*
contrahecho *deformed*
rabino *rabbi*

muerto. Entonces el rabino de la ciudad, consultado por la familia, intervino. Examinó los textos sagrados y halló en las viejas tradiciones un caso parecido.

Aconsejó a la mujer que devolviera al difunto su lujoso **misal**. Así recobraría la tranquilidad y la dicha.

—Llévalo—le dijo—bajo el brazo derecho, mañana, a la noche, y devuélveselo.

Nada respondió la afligida. Al otro día, al salir la luna, misal bajo el brazo, salió. Una lluvia lenta le golpeaba el rostro, y sus pies, débiles por el miedo, apenas se podían avanzar sobre la dura nieve. En los suburbios ya, muerta de fatiga, **se guareció** junto a una pared; pensaba en los hijos muertos y en el primer novio, cuyo recuerdo había desaparecido de su memoria durante tanto tiempo. Lentamente **hojeaba** el misal, de iniciales frondosas y rosas, de estilo arcaico, que le gustaba contemplar en las fiestas de la sinagoga, mientras recitaba en coro las oraciones.

De pronto sus ojos se oscurecieron, y al recobrarse vio en su presencia al carretero, con su cara resignada y su cuerpo deforme...

—Es tuyo este misal y te lo devuelvo—le dijo.

El fantasma, que tenía tierra en los ojos, extendió una **mano de hueso** y recibió el libro.

Entonces la mujer, recordando el consejo del rabino, añadió:

—Que la paz sea contigo, y ruega por mí; yo pediré a Dios por tu salvación.

Perla suspiró. La noche cerraba, tranquila y transparente. A lo lejos, las **luciérnagas** se agitaban como chispas **diminutas** y llevaban al espíritu de la anciana y de la chica un vago terror de fantasmas. Y allí sobre el **palenque**, la lechuza continuaba mirándolas con sus ojos **de imán**, lucientes y fijos.

Obsesionada por un pensamiento oculto, la niña continuó:

—Pero si el gaucho dice tales cosas del pájaro, bien pudiera ser...

Doña Eva miró el palenque y luego hacia el fondo negro del camino y con voz temblorosa, casi imperceptible, murmuró:

—Bien pudiera ser, hija mía...

Un frío agudo la estremeció, y Perla, con la garganta oprimida por la misma angustia, se acercó a la viejecita. En esto se oyó el eco de un galope. Las dos se agacharon para oir mejor, tratando de ver en la densa oscuridad. Su respiración era **jadeante**, y los minutos se deslizaban sobre sus corazones con lentitud opresiva. Aullaron los perros de la vecindad. El galope se oía cada vez más precipitado y claro, y un instante después vieron el caballo blanco que venía en enfurecida carrera. Se pararon madre e hija, llenas de espanto, y de sus bocas salió un grito enorme, como un alarido. El caballo, sudoroso, se detuvo en el portón, sin el jinete, con la silla ensangrentada...

PARA LA COMPRENSIÓN

1. ¿Quién pasó por la casa de Reiner?
2. ¿En qué iba?
3. ¿Saludó en español Jacobo?
4. Y la vieja, ¿en qué idioma le contestó?
5. ¿Qué le preguntaron a Jacobo?
6. ¿Dónde andaba Moisés?
7. ¿Qué camino había tomado él?
8. ¿Por qué temían que le pasara algo?
9. ¿Por qué espoleó Jacobo al caballo?
10. Describa el paisaje del potrero.
11. ¿Por qué se preocupaba la vieja?
12. ¿Qué diferencia había entre este viaje de Jacobo y el que hizo al bosque de San Gregorio?
13. Hable del silencio que siguió a la conversación.
14. ¿Qué dijo la muchacha cuando vio la lechuza?
15. ¿Qué hizo la lechuza?
16. Diga algo del diálogo que surgió al llegar la lechuza.
17. ¿Qué se oyó venir del extremo del camino?
18. ¿Era blanco el caballo que venía de la sombra?
19. ¿Qué traía el viento de las casas?
20. ¿Cómo quiso distraer la muchacha a la madre?
21. ¿Quién contó una historia espantosa?
22. Describa la pareja que se comprometió, según la historia.
23. ¿Qué vio la esposa del rabino la noche del compromiso?
24. Relate algunos de los incidentes que ocurrieron después de esto.
25. ¿Qué papel tiene el misal en esta historia?
26. ¿A quién le dio la afligida mujer el misal?
27. ¿Por qué comenzaron Perla y la anciana a pensar en fantasmas?
28. ¿Cómo se encontraban Perla y la anciana cuando oyeron el eco de un galope?
29. Describa esta última escena.
30. ¿Por qué gritaron la madre y la hija?

EJERCICIOS DE VOCABULARIO

A. Den un antónimo de la palabra en letra negrita.

1. Moisés había **vuelto** en la mañana.
2. Es **temprano,** hija mía.
3. Un **ruido** penoso siguió a la conversación.
4. ¡Qué **guapa** es aquella ave!
5. La lechuza voló hacia el **suelo**.
6. Con voz **débil,** cantó la copla.
7. Llevó el misal bajo el brazo **izquierdo**.
8. Al otro día, al **ponerse** la luna, salió.
9. De pronto, sus ojos se **esclarecieron.**
10. Se **alejó de** la viejecita.

B. Completen las siguientes oraciones con una palabra apropiada.

1. ¡Cuidado! No te pongas el pie en el _____.
2. Tiene un significado _____; no es nada claro.
3. Hay muchos _____ en el cielo.
4. Ella se _____ de miedo.
5. Los supersticiosos creen en _____.
6. Algunos perros no hacen nada más que _____.
7. Su personalidad es muy _____, llena de vida.
8. La pobre está tan _____ por la muerte de su novio.
9. El lo hizo _____ sin ningún esfuerzo.
10. Hay un _____ de las estrellas en el agua.

EJERCICIOS CREATIVOS

1. Mencione ciertos animales o pájaros que se ven en estos cuentos y que se consideran «mal agüero». Explique por qué. En nuestra propia tradición, ¿qué animales tienen esta reputación?
2. ¿Cuál de los tres cuentos le gustó más? Defienda su opinión.

ESTRUCTURA

El Futuro y el Condicional

Para formar el futuro y el condicional de los verbos regulares, se agregan las apropiadas terminaciones al infinitivo. Las terminaciones del futuro son *é, ás, á, emos, éis, án*. Las terminaciones del condicional son *ía, ías, ía, íamos, íais, ían*.

EL FUTURO

mirar	*comer*	*vivir*
miraré	comeré	viviré
mirarás	comerás	vivirás
mirará	comerá	vivirá
miraremos	comeremos	viviremos
miraréis	comeréis	viviréis
mirarán	comerán	vivirán

EL CONDICIONAL

miraría	comería	viviría
mirarías	comerías	vivirías
miraría	comería	viviría
miraríamos	comeríamos	viviríamos
miraríais	comeríais	viviríais
mirarían	comerían	vivirían

Los siguientes verbos tienen una raíz irregular en el futuro y en el condicional.

caber	*cabr*	cabré	cabría
decir	*dir*	diré	diría
haber	*habr*	habré	habría
hacer	*har*	haré	haría
poder	*podr*	podré	podría
poner	*pondr*	pondré	pondría
querer	*querr*	querré	querría
saber	*sabr*	sabré	sabría
salir	*saldr*	saldré	saldría
tener	*tendr*	tendré	tendría
valer	*valdr*	valdré	valdría
venir	*vendr*	vendré	vendría

Se emplea el futuro para expresar una acción que tendrá lugar en el futuro.

Comerán aquí mañana.
Veremos a los López la semana que viene.

Se emplea el condicional para expresar una condición basada en algo expresado o entendido.

Yo iría contigo pero no tengo el tiempo.
Yo le hablaría para aclarar el asunto.

El condicional se usa también para expresar un hecho futuro con relación a un momento pasado.

Dijo que iría.
Decidieron que saldríamos.

EL FUTURO

A. Sigan el modelo.

Jimeno les contará lo que pasó.
los criados del Conde/
Los criados del Conde les contarán lo que pasó.

1. Los criados les contarán lo que pasó.
   el ayudante/ nosotros/ yo/ nuestro amo/ los dos niños/
2. Todos leerán la historia de la bruja.
   Antonio/ el autor melodramático/ yo/ los vagabundos/ tú/
3. El Conde dormirá esta noche en el palacio.
   tú y tus compañeros/ yo/ Fernando/ sólo tú/ nosotros/

B. Sigan el modelo.

Voy a abrir la puerta.
Abriré la puerta.

1. Voy a invitar al Conde.
2. Voy a evitar el problema.
3. Voy a tener que irme.
4. Vas a ver el arco iris.
5. Vas a poner el paraguas afuera.
6. Vas a hacer una fortuna.
7. Ud. va a salir muy pronto.
8. El va a embarcarse el viernes.
9. Ella va a espantar al niño.
10. Vamos a caber en el salón.
11. Vamos a perder tiempo buscándola.
12. Vamos a guiar a los peregrinos.
13. Van a tirar una moneda.
14. Van a valer más en el futuro.
15. Van a querer ir.

C. Expresen los infinitivos indicados en la forma apropiada del futuro.

1. Será muy poco.
   saber/ tener/ decir/
2. El empedrador comunicará su secreto al cura.
   contar/ decir/ escribir/
3. Yo buscaré la camisa recién lavada.
   ponerse/ devolver/ quitarse/
4. Los peregrinos no estarán aquí.
   caber/ venir/ salir de/
5. El Conde no mandará castigarla.
   poder/ querer/ permitir/
6. Tú regresarás muy pronto.
   salir/ volver/ venir/
7. Nosotros llegaremos al fin del camino.
   estar/ ir/ venir/

D. Contesten a las preguntas según el modelo.

¿Qué verás allí?
Veré el nuevo libro.

1. ¿Qué leerás allí?
2. ¿Qué buscarás allí?
3. ¿Qué recibirás allí?
4. ¿Qué dejarás allí?
5. ¿Qué escribirás allí?
6. ¿Qué comprarás allí?
7. ¿Qué venderás allí?

E. Contesten a las preguntas, según la indicación.

¿Cuándo vendrán Uds.? durante la cuaresma
Vendremos durante la cuaresma.

1. ¿Cuándo sabrán Uds. quién lo hizo? *mañana*
2. ¿Cuándo podrán Uds. volar a la Argentina? *muy pronto*
3. ¿Cuándo tendrán Uds. que devolverle el regalo? *la semana que viene*

4. ¿Cuánto le dirán Uds. al jinete? *nada*
5. ¿Qué harán Uds. con la leña? *un fuego*
6. ¿Cuándo saldrán Uds. para el bosque? *mañana si no llueve*
7. ¿Dónde pondrán Uds. al ladrón? *en la cárcel*

EL CONDICIONAL

F. Sigan el modelo.

   No irían sin la carta.
   yo/
   No iría sin la carta.

1. No iría sin la carta.
los vecinos/tú/el jinete/Fernando y yo/el cura/
2. Jimeno no haría eso sin razón.
yo/el gaucho/tú/las mujeres asustadas/nosotros/
3. ¿Qué diría el pobre en tal caso?
tú/el carretero/yo/el hombre deformado/nosotros/

G. Transformen según el modelo.

   Dice que buscará el tesoro.
   Dijo que buscaría el tesoro.

1. Promete que lo llevará a cuestas.
2. Escribe que vendrán durante la cuaresma.
3. Cree que le devolverá el misal.
4. Badillo dice que vendrá a ayudarle.
5. Los dos lamentan que no serán ricos.
6. El diablo cree que morirán.
7. Doña Eva dice que la lechuza traerá mala suerte.

"Owl" por Pablo Picasso
Collection, The Museum of Modern Art, New York; Curt Valentín Bequest

La superstición

H. Transformen según el modelo.

> *Iba a buscar al hijo.*
> *Buscaría al hijo.*

1. Iba a alcanzar al tordillo.
2. Iba a vender un caballo.
3. Ibas a abrir el portón.
4. Ibas a espantar aun más a las afligidas.
5. Ibamos a correr a la pícara de la bruja.
6. Ibamos a rezar en voz baja.
7. Iban a morir en una hoguera.
8. Iban a salir con gran secreto.

El Futuro y el Condicional de Probabilidad

Se puede expresar una probabilidad o una conjetura relacionada con el presente por medio del futuro.

Ahora estarán en casa. → Probablemente están en casa.
¿Quién será él? → ¿Quién puede ser él?

Si la probabilidad o la conjetura está relacionada con el pasado, se usa el condicional.

Ayer estarían en casa. → Ayer probablemente estuvieron en casa.
¿Quién sería él? → Me pregunto quién era él.

I. Sigan el modelo.

> *Probablemente están con el Conde.*
> *Estarán con el Conde.*

1. Probablemente es un fantasma.
2. Probablemente leen las oraciones del misal.
3. Probablemente hablan con el campesino.
4. Probablemente son ignorantes de las supersticiones.
5. Probablemente se divierten en sus fiestas.
6. Probablemente los criados apuestan mucho en el juego.

J. Sigan el modelo.

> *Probablemente estaban en casa.*
> *Estarían en casa.*

1. Probablemente era tarde cuando la atraparon.
2. Probablemente tenías buenas ganas de evitar el peligro.
3. Probablemente hacían daño a su fama de buen jinete.
4. Probablemente tiraron una moneda para determinar qué hacer.
5. Probablemente hicieron burla del hechicero y sus disparates.
6. Probablemente se convertía en buho o en lechuza.
7. Probablemente sacudía el esqueleto para espantarnos.

K. Sigan el modelo.

> *Me pregunto si es vagabunda.*
> *¿Será vagabunda?*

1. Me pregunto si el Conde sabe quién hechizó al niño.
2. Me pregunto si rezan todavía en la iglesia.
3. Me pregunto si muere a causa de ser hechizado.
4. Me pregunto si alcanza el empedrador a hacerse rico.
5. Me pregunto si puede ver el arco iris por la ventanilla de su celda.
6. Me pregunto si llegan a la cumbre cargando tanto bulto.
7. Me pregunto si aullan los perros toda la noche.

L. Sigan el modelo.

> *Me pregunto si se recobró de su melancolía.*
> *¿Se recobraría de su melancolía?*

1. Me pregunto si fue posible devolverle el regalo.
2. Me pregunto si le dieron miedo los bandidos.
3. Me pregunto si desengañó al pobre novio.
4. Me pregunto si anunciaban las aves nocturnas el desastre.
5. Me pregunto si se extendía la mano en señal de amistad.
6. Me pregunto si tenía miedo al hechicero.
7. Me pregunto si salieron en busca del hijo perdido.

CUADRO 6

El indio

PREPARANDO LA ESCENA   Es difícil definir al indio. Es un enigma que desafía cualquier esfuerzo a clasificarlo. ¿Pobre? ¿Sufrido? ¿Humilde? ¿Melancólico? ¿Rico? ¿Afortunado? ¿Orgulloso? ¿Feliz?

Hoy día el indio puede ser el primitivo que vive como vivían sus antecesores, o el educado quien ha logrado éxito en la sociedad moderna. Quizás es descendiente castizo de una civilización bien desarrollada; quizás la sangre de muchas razas corre en sus venas.

Sin hacer caso de su herencia, hay una atracción misteriosa al considerar su historia... una historia tan antigua que mucha de ella se saca de la tierra misma.

La yaqui hermosa

por Amado Nervo

INTRODUCCIÓN

En el estado de Sonora, México, viven los indios yaquis. Después de ser conquistados por los españoles, muchos de ellos fueron explotados. Los colonos criollos los usaban en las faenas agrícolas. Algunos de los indios se adaptaron fácilmente a la vida nueva; algunos resistieron hasta la muerte.

El cuento que sigue nos indica la reacción de «la yaqui hermosa». Fue escrito por el mexicano Amado Nervo (1870–1919).

GUÍA DE ESTUDIO

El yaqui es viril y orgulloso. Siempre se ha dedicado a la guerra. El conquistador español también era viril y orgulloso. Imagínese el choque de culturas cuando estos dos grupos, uno vencedor, el otro vencido, trataron de vivir juntos, adaptándose a una vida nueva.

En este cuento la yaqui hermosa representa el espíritu indomable de la raza.

El *cuento corto* se divide básicamente en tres partes: la exposición, el desarrollo y el desenlace: (a) *La exposición* (o introducción) presenta al lector la información necesaria para comprender lo que sigue. Generalmente hay información sobre algunos personajes, el tiempo y el lugar y sucesos anteriores a la acción. (b) *El desarrollo* consiste en el desenvolvimiento progresivo de la acción hasta llegar al punto culminante. (c) *El desenlace* es sencillamente la solución, o cómo se resuelven los problemas y los conflictos.

Después de leer *La yaqui hermosa* trate de dividir el cuento en sus tres partes fundamentales.

PALABRAS CLAVE

1. **barro** masa que forma la tierra con agua (clay, mud)
   Las llantas del automóvil se resbalaban en el barro.
   La olla está hecha de _____.

2. **caza** acción de cazar (hunt)
   Mi amigo va a la caza en el estado de Sonora.
   Sin escopeta no puedo ir a la _____ de conejos.

3. **cazadores** personas que cazan
   Los indios son buenos cazadores.
   Los _____ gastan mucho dinero en rifles.

4. **colonos** habitantes de una colonia
   Los colonos no son nativos del país.
   Los _____ se establecieron aquí.

5. **comarca** región, territorio, provincia
   Mi tío Francisco es de la comarca de Taninul.
   La gente de esa _____ es muy amable.

6. **criollos** los españoles nacidos en América
   En México hay descendientes de criollos.
   Los mestizos no son _____.

7. **duro** fuerte, resistente
   El indígena tenía que ser duro para el oficio de cargador.
   El azteca tiene que ser _____ para labrar la tierra.

8. **enternecido (enternecer)** movido por la compasión (moved to compassion)
   El padre Salinas se sintió enternecido al ver a los pobres encarcelados.
   El hombre _____ ayudó al niño perdido.

9. **esbelta** bien formada, garbosa
   Aunque pasaron largos años, la dama se mantuvo esbelta.
   La muchacha _____ fue nombrada reina de la fiesta.

10. **faena** trabajo, labor
    Es una faena difícil.
    La _____ del rancho mantenía ocupado al dueño.

11. **fiereza** ferocidad, salvajismo, bestialidad
    La fiereza de los indígenas es el producto de la región donde habitan.
    La gente de la ciudad no sabe nada de la _____ de la gente de la selva.

12. **huérfano** chico que ha perdido a sus padres
    Una familia bondadosa crió al huérfano.
    Joselito quedó _____ durante la guerra.

13. **madrugó (madrugar)** se levantó temprano
    El día de su santo, la niña madrugó con entusiasmo, pero se quedó dormida durante su fiesta en la tarde.
    El indio _____ el lunes pero se quedó dormido el martes.

14. **ni siquiera** (conjunción negativa) (not even)
    Juan quiere jugar al béisbol, pero ni siquiera tiene una pelota.
    Ese niño no tiene _____ siete años.

15. **peleado (pelear)** contendido, luchado, combatido
    Habíamos peleado, sin embargo le ayudé cuando estuvo demasiado preocupado.
    Los indios han _____ entre sí desde hace muchos años.

16. **queja** lamento, protesta, clamor
    En esa escuela hay alumnos que nunca tienen una queja.
    De noche se oye la _____ de los animales que tienen frío.

17. **recorrer** caminar, andar
    El nuevo profesor quiso recorrer la universidad para conocerla.
    El indio pudo _____ diez millas en un día.

18. **ribera** margen de un río, borde, orilla
    Acostado en la ribera del río, el niñito, fascinado, se miraba el reflejo en el agua.
    Don Luciano descansó en la _____ del río.

19. **rincón** ángulo entre dos paredes (interior corner)
    Cuando hace algo malo, el niño tiene que quedarse en el rincón.
    La maestra me sentó en el _____.

20. **tamaño** dimensión

Ya que la señora ha aumentado de peso, tiene que comprarse ropa de mayor tamaño.
El señor López tiene una casa del _____ de un hotel.

21. **terruño** patria chica, tierra natal

Todos los estudiantes en la clase proceden del mismo terruño.
Todos nosotros amamos a nuestro _____.

22. **vencidos** conquistados, dominados

Los soldados se sintieron vencidos contra tantos enemigos.
Los indígenas fueron _____ por los españoles.

"Maya Women" por Roberto Montenegro
Collection, The Museum of Modern Art, New York; Gift of Nelson A. Rockefeller

105 La yaqui hermosa

Los indios yaquis ... casta de los más viriles entre los aborígenes de México ... habitan una comarca fértil y rica del estado de Sonora; hablan un raro idioma que se llama el «cahita»; son altos, muchas veces bellos, como estatuas de bronce, duros para el trabajo, buenos agricultores, cazadores máximos ... y, sobre todo, combatientes indomables siempre.

Su historia desde los tiempos más remotos puede condensarse en esta palabra: guerra.

Jamás han estado en paz con nadie. Acaso en el idioma cahita ni existe siquiera la palabra «paz».

No se recuerda época alguna en que los yaquis no hayan peleado. De ellos puede decirse lo que de Benvenuto Cellini se dijo: «que nacieron con la espuma en la boca», la espuma de la ira y del coraje.

La historia nos cuenta que Nuño de Guzmán fue el conquistador que penetró antes que nadie en Sinaloa y Sonora, y llevó sus armas hasta las riberas del Yaqui y del Mayo. El primer combate que los yaquis tuvieron con los españoles fue el cinco de octubre de 1535. Comandaba a los españoles Diego Guzmán, y fueron atacados por los indios, que esta vez resultaron vencidos, pero tras un combate muy duro. Los españoles afirmaron después que nunca habían encontrado indios más bravos.

Recientemente el gobierno federal inició nueva acción contra las indomables tribus, y para dominar su tenacidad bravía, casi épica, hubo de recurrir a medidas radicales: descepar familias enteras de la tierra en que nacieron, y enviarlas al otro extremo de la república, a Yucatán y a Campeche especialmente. Lo que el yaqui ama más es su terruño. La entereza de raza se vio, pues, sometida a durísima prueba.

En Campeche los desterrados fueron repartidos entre colonos criollos, que se los disputaban ávidamente, dada la falta de brazos de que se adolece en aquellas regiones para las faenas agrícolas.

Un rico terrateniente amigo mío recibió más de cien indios de ambos sexos.

Separó de entre ellos cuatro niñas huérfanas y se las envió a su esposa, quien hubo de domesticar a fuerza de suavidad sus fierezas. Al principio las yaquitas se pasaban las horas acurrucadas en los rincones. Una quería tirarse a la calle desde el balcón. Negábanse a aprender el castellano, y sostenían interminables y misteriosos

---

yaquis *an Indian tribe named after the Yaqui River in the state of Sonora in northern Mexico*

Benvenuto Cellini *an Italian Renaissance goldsmith, sculptor and author, who was famous for his escapades and quarrels*
la espuma en la boca *like the foam at the mouth of a mad dog*

para dominar... medidas radicales *in order to tame their fierce, almost epic tenacity, had to resort to extreme measures*
descepar *to uproot*
entereza *integrity*

dada la falta... se adolece *owing to the shortage of help they suffered from*
terrateniente *dueño de tierra*

acurrucadas *huddled up*

diálogos en su intraducible idioma, o callaban horas enteras, inmóviles como las hoscas piedras de su tierra.

Ahora se dejarían matar las cuatro por su ama, a la que adoran con ese fiel y conmovedor culto del indígena por quien lo trata bien.

Entre los ciento y tantos yaquis, sólo una vieja hablaba bien el castellano. Era la intérprete.

Cuando mi amigo les recibió, hízolos formar en su hacienda, y dirigióse a la intérprete en estos términos:

—Diles que aquí el que trabaje ganará lo que quiera. Diles también que no les tengo miedo. Que en otras haciendas les prohiben las armas; pero yo les daré carabinas y fusiles a todos ... porque no les tengo miedo. Que la caza que maten es para ellos. Que si no trabajan, nunca verán un solo peso. Que el Yaqui está muy lejos, muy lejos, y no hay que pensar por ahora en volver ... Que por último, daré a cada uno la tierra que quiera: la que pueda recorrer durante un día.

—¿De veras me darás a mí toda la tierra que pise en un día?— preguntó adelantándose un indio alto, cenceño, nervioso, por medio de la intérprete.

—¡Toda la que pises!—le respondió mi amigo.

Y al día siguiente, en efecto, el indio madrugó, y cuando se apagaba el lucero, ya había recorrido tres kilómetros en línea recta, y en la noche ya había señalado con piedras varios kilómetros cuadrados.

—¡Todo esto es tuyo!—le dijo sencillamente el propietario, que posee tierras del tamaño de un pequeño reino europeo.

El indio se quedó estupefacto de delicia.

Diariamente iba mi amigo a ver a la indiada, y la intérprete le formulaba las quejas o las aspiraciones de los yaquis.

Un día, mi amigo se fijó en una india, grande, esbelta, que tenía la cara llena de barro.

—¿Por qué va esa mujer tan sucia?—preguntó a la intérprete.

Respondió la intérprete:

—Porque es bonita; dejó al novio en su tierra y no quiere que la vean los «extranjeros».

La india, entretanto, inmóvil, bajaba obstinadamente los ojos.

—¡A ver!—dijo mi amigo—que le laven la cara a ésta. ¡Traigan agua!

Y la trajeron y la intérprete le lavó la cara.

Y, en efecto, era linda como una salambó.

Su boca breve, colorada como la tuna; sus mejillas mate, de una carnación deliciosa; su nariz sensual, semiabierta; y, sobre todo aquello, sus ojos relumbrosos y tristes, que no acababan nunca, negros como dos noches lóbregas.

El colono la vio, y enternecido le dijo:

—Aquí todo el mundo te tratará bien, y si te portas como debes, volverás pronto a tu tierra y verás a tu novio.

107   La yaqui hermosa

tenazmente determinadamente
enclavijaba sus manos sobre el seno clasped her hands over her bosom

La india, inmóvil, seguía tenazmente mirando al suelo, y enclavijaba sus manos sobre el seno.

Mi amigo dio instrucciones para que la trataran mejor que a nadie. Después partió para México.

* * *

Volvió a su hacienda de Campeche al cabo de mes y medio.

—¿Y la yaqui hermosa?—preguntó al administrador.

—¡Murió!—respondió éste.

Y luego, rectificando:

—Es decir, se dejó morir de hambre. No hubo manera de hacerla comer. Se pasaba los días encogida en un rincón, como un ídolo. No hablaba jamás. El médico vino. Dijo que tenía fiebre. Le recetó quinina. No hubo forma de dársela. Murió en la quincena pasada. La enterramos allí.

Y señalaba un sitio entre unas peñas, con una cruz en rededor de la cual crecían ya las amapolas.

encogida shrunk, curled up
le recetó quinina he prescribed quinine for her
quincena pasada last half month
peñas rocas grandes
amapolas poppies

PARA LA COMPRENSIÓN

1. ¿Dónde habitan los yaquis?
2. ¿Qué idioma hablan los yaquis?
3. Describa a los yaquis.
4. ¿En qué palabra puede condensarse la historia de los yaquis?
5. ¿Quién fue el primer conquistador que penetró la tierra de los yaquis?
6. ¿Hasta dónde penetró él?
7. ¿Cuándo fue el primer combate que tuvieron los yaquis con los españoles?
8. ¿Qué hizo el gobierno federal contra los yaquis?
9. ¿Adónde mandaron a los pobres yaquis?
10. ¿Fue fácil para el yaqui este cambio?
11. ¿Qué hizo el gobierno con los yaquis en Campeche?
12. ¿A cuántos indios recibió el rico terrateniente?
13. ¿Qué hizo él con cuatro niñas huérfanas?
14. ¿Qué hacían las yaquitas al principio?
15. ¿Cuántos de los yaquis hablaban bien el castellano?

16. ¿Quién servía de intérprete?
17. Relate las cosas que les prometió el terrateniente por medio de la intérprete.
18. ¿Qué le preguntó al rico el indio alto?
19. ¿Qué le respondió el terrateniente?
20. ¿Qué hizo el indio al día siguiente?
21. ¿Cumplió su promesa el propietario?
22. ¿Cada cuándo iba el propietario a ver a la indiada?
23. ¿En quién se fijó un día?
24. ¿Por qué andaba sucia la india?
25. ¿Qué ordenó el propietario?
26. Describa a la yaqui hermosa.
27. ¿Qué instrucciones dejó el terrateniente al salir para México?
28. ¿Por quién preguntó al regresar a la hacienda?
29. ¿Cómo murió la yaqui hermosa?
30. Describa el lugar donde la enterraron.

EJERCICIOS DE VOCABULARIO

A. Den el sinónimo de la palabra en letra negrita.
1. **Viven en** una comarca fértil.
2. Fue una **pelea** dura.
3. Era una raza **conquistada**.
4. El yaqui ama a su **tierra**.
5. Era la **traductora**.
6. La india era **esbelta**.
7. Se quedó **quieto**.
8. **Las faenas** son difíciles.

B. Completen las siguientes oraciones con una palabra apropiada.
1. Es un indio fuerte y ____.
2. El nunca se levanta tarde; siempre ____.
3. Los dos indios se sentaban a la ____ del río.
4. Van a la ____. ¿Con cuántos conejos van a volver?
5. La india joven tiene una forma ____.
6. No está limpio; está ____.
7. Los padres del ____ murieron hace dos años.
8. El jefe siempre tiene una ____. Nunca está satisfecho.
9. Tenemos que ____ esta comarca.
10. Es una ____ que cuesta mucho trabajo.

C. Verdad o falso.
1. La faena es un animal de las montañas.
2. El huérfano es un chico sin padres.
3. Han peleado mucho durante la guerra.
4. Se sintió enternecido al ver al pobre huérfano.
5. Es tan débil que su fiereza le ha dado fama.
6. Con el barro se puede hacer ollas.
7. Los criollos nacieron en España.
8. El madrugó porque tenía cita a las ocho de la mañana.
9. Está sucio porque siempre se lava.
10. Como son tan fuertes son fácilmente vencidos.

D. Identifiquen.
1. El niño sin padres.
2. El que tiene tierra.
3. El que habita una colonia.
4. El español nacido en América.

EJERCICIO CREATIVO

1. Escriba un poema breve en que Ud. relata la vida de la yaqui hermosa.

Raza de bronce

por Alcides Arguedas

INTRODUCCIÓN

No todos los terratenientes eran tan amables como el de quien acaba de leer. Algunos eran administradores muy crueles y maltrataban a los indios. Por consecuencia, miles de éstos murieron.

Varios autores de la América Latina se han convertido en defensores de los indios, revelando con la pluma las desigualdades del pasado y del presente. Entre ellos se destaca el boliviano Alcides Arguedas. En su novela *Raza de bronce* (1919) se presenta una situación lastimosa entre el dueño y la servidumbre.

En el trozo que sigue el rico terrateniente Pantoja ha llegado a su estancia para castigar a los indios. Algunos de ellos han participado en un levantamiento.

GUÍA DE ESTUDIO

Se puede comparar esta escena con una en las plantaciones del sur de los Estados Unidos hace unos cien años. Algunos de los administradores eran buenos, otros eran crueles.

Al leer esta selección, fíjese en los siguientes detalles: (a) la sencillez infantil del indio en su manera de hablar, (b) el miedo y el respeto que sentían los indios por el patrón y (c) el vocabulario exclusivamente «indio».

PALABRAS CLAVE

1. **abarcó (abarcar)** incluyó a todos en una mirada
   El sacerdote abarcó con una mirada a todos los fieles.
   La maestra _____ con la mirada a toda la clase, luego bajó la cabeza.

2. **abrigaba (abrigar)** guardaba, tenía
   Josefa abrigaba la esperanza que pasaría el examen.
   Ninguno de los alumnos _____ la idea de copiar la lección de su vecino.

3. **agraviado (agraviar)** ofendido, injuriado
   María se sentía agraviada porque sus amigas no querían jugar con ella.
   El niño se sentía _____ porque sus hermanos no le ayudaban.

4. **antemano** con anticipación
   Mi padre anunció su viaje de antemano.
   La maestra anunció el examen de _____.

5. **apena (apenar)** causa pena, aflige, atormenta
   Me apena mucho negarte el dinero.
   Al padre le _____ no poder prestarle el auto a su hijo.

6. **arrastraron (arrastrar)** llevaron a personas o cosas por el suelo, tirando de ellas (dragged)

Las niñas arrastraron la muñeca por el suelo.
Los hombres _____ la carga de piedras una milla.

7. **azotes** golpes (lashes with a whip)
La madre también le dio unos azotes.
Le dieron unos _____ en las piernas.

8. **balbuciente** articulado con dificultad
María contestó con acento balbuciente porque no sabía la respuesta.
José respondió con acento _____ a la pregunta del director.

9. **bestias** animales
El dueño de la hacienda trataba a los indios como bestias.
Donde yo vivo no hay _____ de ninguna especie.

10. **cabalgaba (cabalgar)** montaba o viajaba a caballo
El niño cabalgaba por el corral.
El jefe _____ en línea recta.

11. **cuerda** hilos de alguna materia flexible torcidos juntos (rope, whip)
La policía encontró a la víctima ahorcada con una cuerda.
Los hacendados golpeaban a los indios con una _____.

12. **culpa** falta, causa, responsabilidad (guilt)
No fue mía la culpa de que se rompiera el florero.
La justicia pone al ladrón en la cárcel cuando tiene _____.

13. **fijamente** atentamente, cuidadosamente
El gato miraba el pedazo de queso fijamente, esperando al ratón.
Estaba mirando _____ el reloj, esperando que sonara la campana.

14. **fila** línea, columna
Los niños desfilaron en filas de a cuatro.
Los que están en la primera _____ reciben el primer premio.

15. **gastar** expender, emplear dinero en algo
A mí me gustaría gastar mi dinero sólo en ropa.
A mí me gusta _____ mi dinero en ropa.

16. **gemido** lamento, clamor
Desde lejos se oía el gemido del niño golpeado.
El alumno dejó salir un _____ cuando vio la nota.

17. **malagradecido** ingrato
Los hijos a veces son muy malagradecidos con sus padres.
El novio de Lupita es muy _____.

18. **merienda** comida ligera que se toma por la tarde
En Sur América la merienda es a las 4:30 de la tarde.
En los Estados Unidos la _____ puede ser el *coffee break*.

19. **patrón** dueño (boss)
El patrón de los indios era un hombre malo.
En mi trabajo, yo tengo un _____ muy amable.

20. **pecho** parte del cuerpo humano que está entre el cuello y el vientre (chest)
Juan tiene un pecho muy robusto.
Es costumbre de los indios cruzarse los brazos en el _____.

21. **pego (pegar)** doy golpes
Cuando mi perro se porta mal, le pego.
Yo nunca le _____ a un muchacho más chico que yo.

22. **rendida** excesivamente sumisa
Los perros sienten una rendida sumisión hacia sus amos.
Los esclavos sentían una _____ sumisión hacia sus dueños.

23. **siembra** acción de esparcir semillas en la tierra para que germinen (planting)
La siembra este año fue muy buena.
El tiempo de _____ es la primavera.

24. **sollozar** llorar (to sob)
En la iglesia vi sollozar a una pobre mujer.
De la recámara nuestra se oía _____ a alguien en el otro cuarto.

25. **vengativo** vindicativo, vengador
Juana es muy vengativa; todavía recuerda lo que le dije.
El hacendado era un hombre _____.

Entraban al solar los indios temblando como bestias enfermas, con los ojos fugitivos, y poniéndose de rodillas besaban la mano del patrón con rendida humildad y ciega hipocresía.

Se llenó pronto el patio. Entonces, Pantoja, con severo continente y acento de profundo rencor, increpó a la consternada servidumbre:

—Malagradecidos, yo nunca les he ocasionado ningún mal y han intentado matarme... Son Uds. unos desalmados; no saben respetar al patrón, que es el representante de Dios en la tierra, después de los curas... ¿Qué motivos de queja les he dado para que no estén contentos conmigo? ¿Les obligo acaso a trabajar como otros patrones?

Y dirigiéndose al viejo hilacata, que estaba allí, en primera fila, pálido y miedoso, le increpó:

—Di, tú, Choquehuanka, que eres el más racional de estos asesinos, ¿de veras soy malo con Uds.?

El indio levantó la cabeza por un segundo y clavó sus ojos, cansados de contemplar la tristeza de esa tierra, en los ojos del patrón. Luego abarcó el grupo tembloroso de sus iguales y volviendo a bajar la cabeza, repuso con acento balbuciente:

—No, tata, no eres malo.

—¿Es que les pego sin motivo?

El viejo guardó silencio; estaba grave, y su rostro, como los demás, permanecía rígido e inmóvil. Pantoja, ante el silencio del viejo, volvió a repetir su pregunta. Choquehuanka tornó a mirar a los suyos y contestó con el mismo tono:

—No, tata; sólo nos pegas cuando tenemos culpa...

—¿Y de qué están descontentos entonces?

Tampoco habló el hilacata. Con los brazos cruzados sobre el pecho, en humilde postura, y los ojos bajos, miraba el suelo fijamente, sin moverse, duro como una estatua, igual a los otros. Todos guardaban el más profundo silencio, y hasta allí llegaban los menores ruidos del campo: una gaviota que crotoraba siguiendo las curvas del río, el lejano castañetear de las gallinetas o el bufido de un toro.

<table>
<tr><td>peonada</td><td>gang of laborers</td></tr>
<tr><td>pongos</td><td>errands for the family or business of the estate</td></tr>
<tr><td>coca</td><td>a leaf with narcotic properties often chewed by the Indians of South America</td></tr>
<tr><td>avío</td><td>food needed while performing the "pongo"</td></tr>
<tr><td>sin merecerte nada a ti</td><td>without being indebted to you</td></tr>
<tr><td>se malogran</td><td>se pierden</td></tr>
<tr><td>sin que haya quien nos indemnice</td><td>without anyone compensating us</td></tr>
<tr><td>cuitados</td><td>unfortunate ones</td></tr>
<tr><td>tacañería</td><td>stinginess</td></tr>
<tr><td>cabecilla</td><td>ringleader</td></tr>
<tr><td>césped chamuscado</td><td>scorched grass</td></tr>
<tr><td>uno de los cabos... de estaño</td><td>one of the corporals unfastened from his belt a whip finished off at the end with a tin tip</td></tr>
<tr><td>azotaina</td><td>whipping</td></tr>
<tr><td>delatar</td><td>to inform against</td></tr>
<tr><td>en vez de deponer su encono</td><td>instead of putting aside his ill will</td></tr>
<tr><td>recomendándoles... sus músculos</td><td>recommending that they really put their muscles to the test</td></tr>
</table>

—Di: ¿por qué se quejan?—insistió Pantoja, medio irritado ante el silencio del viejo.

Entonces, éste, con voz más firme, habló:

—Bueno, señor, te lo he de decir ... Cuando estos tus hijos—señalando con un gesto de la mano a la peonada—van de pongos a la ciudad, dicen que no les das bastante de comer y que la señora y los niños los castigan. Los huevos los compramos nosotros a dos por medio para dártelos a ti por tres. En tiempos de siembras o cosechas, jamás nos regalas, como otros patrones, con licor, coca y merienda, y el avío nos lo ponemos nosotros, sin merecerte nada a ti; cuando faltan semillas o tenemos la desgracia de cometer cualquier error, nos castigas enviándonos a los valles, donde atrapamos males que a veces matan, y nuestras bestias se malogran, sin que haya quien nos indemnice de tanto daño ... Esto nos apena el corazón, pues pase que nos pegues, que tu mujer y tus hijos nos rompan la cabeza o nos maltraten las espaldas; pero no nos obligues a perder nuestras bestias y a gastar nuestro dinero ...

Se puso a sollozar, y los otros le imitaron. Y del grupo se levantó un gemido doloroso y profundo. Pantoja, que creyó que el miedo iba a atar la lengua de los cuitados, al ver revelada su tacañería a los ojos de sus amigos, se indignó de veras ...

Eso merecía un castigo ejemplar ...

Hizo una señal al sargento. Este, de antemano ya instruido, llamó a dos soldados, y juntos arrastraron por los pies a uno de los que Pantoja señaló como principal cabecilla. Le desnudaron por completo y le tendieron sobre el césped chamuscado del patio, cogiéndole cada uno por un brazo, mientras que el sargento cabalgaba en el cuello del peón, manteniendo inmóvil la cabeza bajo el peso de su cuerpo.

Entonces, uno de los cabos desligóse de la cintura su látigo rematado en la punta por una porra de estaño, y comenzó la azotaina, haciendo silbar su cuerda con fruición y hasta con entusiasmo.

—¡Ya no más, tata; te vamos a querer y a respetar siempre! ¡Ya no más!—seguían gimiendo los otros, que sentían vehementes deseos de escapar para librarse del horroroso espectáculo. Mas ninguno abrigaba la más remota intención de hablar y delatar a los compañeros; primero se harían matar todos a azotes, antes que traicionar a los suyos.

Así lo comprendió Pantoja. Y en vez de deponer su encono a la vista de la sangre y de las lágrimas, sintióse más enfurecido todavía y renovó su orden a los cabos, recomendándoles extremasen el rigor de sus músculos ...

Todo el día duró la azotaina; y el día entero también permanecieron los patrones como testigos exasperados pero impotentes de la crueldad del agraviado y vengativo Pantoja.

PARA LA COMPRENSIÓN

1. ¿Adónde entraban los indios?
2. ¿Cómo entraban al solar?
3. ¿Qué hacían de rodillas?
4. ¿Quién era Pantoja?
5. ¿Qué clase de hombre era?
6. Cuando se llenó el patio, ¿cómo les habló a los indios?
7. Según Pantoja, ¿quién era él?
8. ¿Qué preguntas les hizo Pantoja a los indios?
9. ¿Quién le respondió?
10. Describa las acciones de Choquehuanka al responder.
11. Cuando el viejo guardó silencio, ¿qué hizo Pantoja?
12. ¿De qué estaban descontentos los indios?
13. ¿Eran justas las quejas de los indios?
14. ¿Cómo se sentían los indios por estos agravios?
15. Cuando comenzó a sollozar el viejo, ¿qué hicieron los otros?
16. ¿Por qué se indignó Pantoja?
17. Según Pantoja, ¿qué merecía eso?
18. ¿A quién dio la orden para que castigaran al cabecilla?
19. ¿Cómo lo sacaron del grupo?
20. Describa la escena del castigo.
21. ¿Qué prometían los indios para que no le pegaran más al cabecilla?
22. ¿Qué clase de lealtad tenían los indios para su grupo?
23. ¿Por qué renovó Pantoja la orden de que extremasen el rigor del castigo?
24. ¿Cuánto duró la azotaina?
25. ¿Permanecieron allí los patrones?
26. ¿Era Pantoja un hombre perdonador?

EJERCICIOS DE VOCABULARIO

A. Contesten a las siguientes preguntas según la indicación.

1. ¿Qué abarcó el señor? **todo el paisaje**
2. ¿Qué abrigaba en su mente? **un odio horrible**
3. ¿Qué arrastraron por el suelo? **la víctima**
4. ¿Qué le apena? **la muerte de su mujer**
5. ¿Qué le dieron al pobre indio? **azotes**
6. ¿Cómo andaba por las montañas? **cabalgaba**
7. ¿Por qué lo pusieron en la cárcel? **tenía culpa de la azotaina**
8. ¿Dónde se quedaron los indios? **en una fila**
9. ¿Qué hizo el indio cuando le dieron el azote? **dio un gemido**
10. ¿Cómo le consideraban al patrón? **malagradecido**

B. Completen las siguientes oraciones con una palabra apropiada.

1. El _____ tiene que ser el jefe.
2. Tiene el _____ muy grande.
3. ¿Cuándo será la _____? ¿En primavera?
4. Tengo hambre. ¿Por qué no tomamos una _____?
5. Tenemos que esperar en la _____ si queremos entrar.
6. Ella _____ una idea falsa.
7. El lo sabía _____ pero no nos dijo nada.
8. Esa triste noticia me _____.
9. Tenemos que _____ dinero para hacer avances.
10. Tienes que tirar de la _____ para hacer sonar la campana.

C. Reemplacen la expresión **apenar** por **dar pena** en las siguientes oraciones.

1. Eso me apena.
2. ¿No te apena recibir tal noticia?
3. Me apenó verlos dar azotes al pobre indio.

D. Reemplacen la expresión **montar a caballo** por **cabalgar.**

1. Ellos montaron a caballo hasta llegar a la ribera.
2. Yo monto a caballo por la sierra.
3. El ladrón montó a caballo.

EJERCICIO CREATIVO

1. Escriba un párrafo en que contrasta Ud. el terrateniente de *La yaqui hermosa* con Pantoja.

¡Quién sabe!

por José Santos Chocano

INTRODUCCIÓN

José Santos Chocano (peruano, 1875–1934) es una de las fuerzas épicas de la literatura hispanoamericana. Su poesía, tanto como su vida, era brillante, tempestuosa y combativa. Por su interés en la América y en el indio de las Américas, lo han llamado «el poeta de América».

En *¡Quién sabe!* Chocano pinta al indio y su espíritu.

GUÍA DE ESTUDIO

El título *¡Quién sabe!* (*Who Knows?*) también quiere decir *perhaps*. En este poema significa la respuesta del indio... vaga, evasiva, misteriosa.

Con excepción del refrán, el poema se compone de líneas alternativas de versos *llanos* de nueve sílabas y versos *agudos* de ocho sílabas. Todos los versos agudos y el refrán riman en *asonancia*. Explicación: *llanos*, acentuados en la penúltima sílaba; *agudos*, acentuados en la última sílaba; *asonancia*, la rima asonante consiste en igualdad de vocales a partir de la última vocal acentuada, pero las consonantes son distintas.

PALABRAS CLAVE

1. **amo** dueño, posesor, poseedor, propietario
   El perro obedece a su amo.
   Don Luciano es el _____ del cafetal de Matlapa.

2. **apague (apagar)** extinga, sofoque, disipe
   La maestra quiere que Juan apague el fuego del calentador.
   No permitas que Juan _____ el fuego, porque tenemos frío.

3. **augusta** respetable, venerable, majestuosa, admirable
   El Inca Atahualpa pertenecía a la raza augusta de los incas.
   Moctezuma pertenecía a la raza _____ de los aztecas.

4. **escondes (esconder)** ocultas, cubres, guardas
   Si te escondes detrás de la puerta, nadie te verá.
   Si _____ el libro debajo de la mesa, Juan no lo verá.

5. **espina** punta aguda que tienen algunas plantas (thorn)
   Al coger la rosa, se hincó la mano con una espina.
   La rosa que le di a la maestra no tenía ni una _____.

6. **orgullo** amor propio (pride)
   El orgullo del indio es incomparable.
   Casi todos tenemos un poco de _____.

7. **parco** escaso, limitado, mesurado
   El señor Rodríguez tiene parco dinero.
   La familia sufría hambre porque sólo tenía _____ maíz para comer.

8. **quietud** reposo, calma, descanso
   Cuando todos mis problemas se resolvieron, sentí que me embargaba una quietud.
   El indio deseaba un momento de _____ antes de seguir su camino.

9. **sabia** versada, inteligente (wise)
   La maestra de español es una mujer sabia.
   María ejercía una preferencia _____ al escoger a sus amigos.

10. **sangre** líquido que circula en las venas del cuerpo humano (blood)
    El mestizo tiene sangre indígena y española.
    Una gota de _____ salió de la herida.

11. **sudor** transpiración (sweat)
    El indio gana la comida con el sudor de la frente.
    Todos sufren con el _____ en los países tropicales.

12. **sueño** deseo de dormir
    El indio tiene mucho sueño hoy porque trabajó toda la noche.
    El niño se durmió porque tenía mucho _____.

El Comercio, Quito, Ecuador

116 El indio

	Indio que asomas a la puerta
de esa tu rústica mansión:
cobertor *covering, blanket*	¿para mi sed no tienes agua?
¿para mi frío, cobertor?
	¿parco maíz para mi hambre?
¿para mi sueño, mal rincón?
andanza *wandering*	¿breve quietud para mi andanza?
—¡Quién sabe, señor!
labras *trabajas*	Indio que labras con fatiga
tierras que de otros dueños son:
	¿ignoras tú que deben tuyas
ser, por tu sangre y tu sudor?
audaz codicia *bold greediness (on the part of the conquering Spaniard)*	¿ignoras tú que audaz codicia,
siglos atrás, te las quitó?
¿ignoras tú que eres el Amo?
—¡Quién sabe, señor!
de frente taciturna *of silent, melancholy expression*
fulgor *luster, life*	Indio de frente taciturna
y de pupilas sin fulgor:
¿qué pensamiento es el que escondes
en tu enigmática expresión?
¿qué es lo que buscas en tu vida?
¿qué es lo que imploras a tu Dios?
¿qué es lo que sueña tu silencio?
—¡Quién sabe, señor!
	¡Oh, raza antigua y misteriosa,
de impenetrable corazón,
que sin gozar ves la alegría
y sin sufrir ves el dolor:
eres augusta como el Ande,
el Grande Océano y el Sol!
Ese tu gesto que parece
como de vil resignación,
rencor *rancor, animosity*	es de una sabia indiferencia
y de un orgullo sin rencor . . .
	Corre en mis venas sangre tuya,
y, por tal sangre, si mi Dios
me interrogase qué prefiero,
cruz o laurel, espina o flor,
beso que apague mis suspiros
hiel que colme *bitterness that fills to the brim*	o hiel que colme mi canción,
responderíale dudando:
—¡Quién sabe, señor!

PARA LA COMPRENSIÓN

1. ¿Cuál es el título de este poema?
2. ¿Qué clase de mansión tiene el indio?
3. ¿Dónde está el indio al principiar el poema?
4. ¿Qué se necesita para satisfacer la sed?
5. ¿Qué se necesita para protegerse del frío?
6. En la primera estrofa, ¿quién habla con el indio?
7. ¿Qué le pide el viajero?
8. ¿Cómo labra el indio las tierras?
9. ¿Son suyas las tierras que labra el indio?
10. ¿Por qué debieran ser del indio esas tierras?
11. ¿Por qué las perdió?
12. ¿Cómo es el indio de la tercera estrofa?
13. ¿Qué le pregunta el interrogador al indio?
14. ¿Qué responde él?
15. ¿Qué clase de raza es la del indio?
16. ¿Tiene el corazón abierto?
17. ¿A qué compara la raza el autor?
18. Describa el gesto del indio.
19. ¿En las venas de quién corre la sangre del indio?
20. ¿En qué dilema se encuentra el autor por tener sangre indígena?
21. ¿Qué contrasta el autor al beso que apague sus suspiros?
22. Si Dios le interrogase, ¿qué respondería él?

EJERCICIOS DE VOCABULARIO

A. Completen las siguientes oraciones con una palabra apropiada.
1. El indio tiene mucho _____ con sí mismo.
2. El _____ del animal es el señor Sánchez.
3. Es una señora _____. Tiene mucha inteligencia.
4. Antes de acostarte, tienes que _____ la luz.
5. Si tienes _____, ¿por qué no te acuestas?
6. Para que no lo vea, el perro _____ de su amo.
7. Salió mucha _____ de la herida.
8. ¡Cuidado! Que no te piques con la _____.
9. Tenemos _____ maíz. Hay que conservarlo.
10. ¡Qué _____! No puedo aguantar más este calor.

B. Den el contrario de las siguientes palabras.
1. tonto
2. encender la luz
3. mucho
4. bullicio
5. vil

C. Den un sinónimo de la palabra en letra negrita.
1. Si mi Dios me **preguntase** qué prefiero.
2. ¿Por qué sales de esa tu mística **casa**?
3. Le **contestaría** así.
4. ¡Oh, raza **vieja** y **desconocida**!
5. Indio que **aparece en** la puerta.

D. Preparen una lista de expresiones que sirva para describir al indio en el poema.

EJERCICIOS CREATIVOS

1. Escriba un análisis de *¡Quién sabe!* Incluya en su discusión:
   a. El significado del título
   b. Los sentimientos del poeta hacia los indios
   c. Lo que aprende Ud. de la vida, de la historia y del carácter del indio
   d. La universalidad del poema

2. Para conocer al indio, haga una lista de las varias cualidades del carácter o del temperamento del indio que se encuentran en las tres selecciones. Haga otra lista que lo describa físicamente.

3. Discuta:
   a. La acción del gobierno al trasladar a los yaquis a otras tierras desconocidas
   b. La verdadera causa de la muerte de la yaqui (¿Sería la fiebre, el hambre, la tristeza, la nostalgia, la vergüenza u otra causa?)
   c. La razón por la que Pantoja (y otros) fueron tan injustos con los indios
   d. La historia o el tratamiento del indio por los conquistadores
   e. El tratamiento del indio hoy día

ESTRUCTURA

El Gerundio o Participio Presente

Estudien las siguientes formas de los gerundios de los verbos regulares.

pasar	pasando
comer	comiendo
recibir	recibiendo

Algunos gerundios terminan en —*yendo*.

caer	cayendo
construir	construyendo
creer	creyendo
destruir	destruyendo
huir	huyendo
leer	leyendo
oir	oyendo
traer	trayendo

Los verbos de cambio radical de las segunda y tercera clases exigen un cambio en la raíz del gerundio.

advertir	advirtiendo	*pedir*	pidiendo
convertir	convirtiendo	*perseguir*	persiguiendo
divertir	divirtiendo	*reir*	riendo
mentir	mintiendo	*repetir*	repitiendo
preferir	prefiriendo	*seguir*	siguiendo
sentir	sintiendo	*sonreir*	sonriendo
venir	viniendo	*vestir*	vistiendo
decir	diciendo	*dormir*	durmiendo
despedir	despidiendo	*morir*	muriendo
medir	midiendo		

Los verbos *ir* y *poder* tienen gerundios irregulares.

ir	yendo
poder	pudiendo

EL TIEMPO PROGRESIVO

La acción progresiva se expresa con un verbo auxiliar más el gerundio para indicar una acción que progresa en el momento indicado.

Ahora estoy leyendo.
En ese momento estábamos comiendo.

El énfasis se concentra en la acción misma y no en las consecuencias. Los verbos auxiliares más comunes son *estar, seguir, continuar, quedar, andar, venir* e *ir*.

Están resistiendo la conquista.
Sigue castigando a los pobres.

Los verbos *ser, estar, tener, haber, ir* y *venir* no se emplean en la forma progresiva.

Voy con él.
Vienen a verme.
Tenemos un examen.

A. Sigan el modelo.

> *Castiga al joven.*
> *Está castigando al joven.*

1. Rectifico el error.
2. Todos pelean con él.
3. Explotan la miseria de los desafortunados.
4. Penetro en el solar.
5. Iniciamos un nuevo programa con la ayuda del gobierno.
6. Prohiben la posesión de armas.
7. El cazador sale con la carabina en la mano.
8. Dejas a la huérfana sentada en el rincón.
9. Oímos a la intérprete hablando con el propietario.
10. No le hago caso al administrador.

B. Sigan el modelo.

> *Notaban la ira y el coraje en su cara.*
> *Estaban notando la ira y el coraje en su cara.*

1. Los indios besaban la mano del patrón.
2. Yo sollozaba con ellos.
3. Solicitaban mejor tratamiento.
4. Se ponían de rodillas.
5. Todos se morían de sus faenas duras.
6. El hilacata pedía compasión.
7. Hacían testigos a los que visitaban.
8. El cazador medía el territorio.
9. Las cuatro dormían acurrucadas en el rincón.
10. Los indios pescaban en el río.

Indias de San Blas   Braniff Airways

C. Sustituyan según el modelo.

   El patrón está escuchando a ella.
   _____ continúa _____.
   El patrón continúa escuchando a ella.

   Los cazadores están escuchando a ella.
   1. _____ siguen _____.
   2. _____ dudando al patrón.
   3. Las huérfanas _____.
   4. _____ están _____.
   5. _____ haciéndole caso.
   6. Los desalmados _____.
   7. _____ continúan _____.
   8. _____ gimiendo y temblando.
   9. El viejo _____.
   10. _____ está _____.

   El indio estaba asomándose a la puerta.
   1. _____ escondiendo su tristeza.
   2. _____ seguía _____.
   3. El viajero _____.
   4. _____ suspirando mucho.
   5. _____ continuaba _____.
   6. La novia _____.
   7. _____ estaba _____.
   8. _____ huyendo del forastero.
   9. Los asesinos _____.
   10. _____ seguían _____.

EL GERUNDIO COMO ADVERBIO

Se puede sustituir el gerundio por varias cláusulas adverbiales para indicar duración de tiempo, una condición o circunstancia, una causa o la manera de realizar algo. Corresponde a *by . . . ing* en inglés.

D. Transformen según el modelo.

   Cuando era joven, era bonita.
   Siendo joven, era bonita.

   1. Cuando tenía veinte años, era fuerte y robusto.
   2. Cuando estaban en Yucatán, querían regresar a su tierra.
   3. Mientras trabajaba en esa hacienda, tenía mucha libertad.
   4. Mientras vivía en la ciudad, asistía a la universidad.

E. Transformen según el modelo.

   Si hablas con ellos, comprenderán que no piensas hacerles daño.
   Hablando con ellos, comprenderán que no piensas hacerles daño.

   1. Si le lavan la cara, verán que es bonita.
   2. Si te portas bien, volverás pronto a tu tierra.
   3. Si contestan a sus preguntas, no se enfada.
   4. Si tomo agua, no tengo sed.

F. Transformen según el modelo.

   Puesto que hablan un idioma raro, nadie se entendía con ellos.
   Hablando un idioma raro, nadie se entendía con ellos.

   1. Puesto que no saben el significado de la palabra *paz*, no comprendían la amistad de otros.
   2. Puesto que amaba su propia tierra, era buen ciudadano.
   3. Ya que la puerta está cerrada, fue a otra casa.
   4. Ya que no tiene cama, duerme en el suelo.

G. Transformen según el modelo.

   ¿Cómo pueden defenderse? Dicen la verdad.
   Diciendo la verdad, pueden defenderse.

   1. ¿Cómo se aprende a escribir bien? *Escribe mucho.*
   2. ¿Cómo sabían que era bonita? *Le lavaron la cara.*
   3. ¿Cómo lograron domesticarlas? *Eran compasivas.*
   4. ¿Cómo se dejó morir de hambre? *No comió nada.*

CUADRO 7

La libertad

PREPARANDO LA ESCENA   Se ha dicho que la lucha para la independencia de Hispanoamérica empezó con la conquista misma, sobretodo entre la población india. Desde el siglo XVI muchos españoles también disputaban la cuestión de si era justa o no la ocupación de las nuevas tierras.

Los motivos más inmediatos para la fragmentación de las provincias españolas en América fueron la progresiva pérdida de fuerza de la monarquía española, el ejemplo de la independencia norteamericana y, en general, las ideas progresivas y democráticas del siglo XVIII. Así nació la idea «utópica» de que podía crearse una Hispanoamérica independiente y unida.

La historia cuenta con muchos hombres extraordinarios que dedicaron la vida a este sueño de libertad... Francisco de Miranda, Simón Bolívar, José de San Martín, el cura Miguel Hidalgo y otros. En los episodios que siguen podemos ver el genio y la determinación de dos héroes nacionales... Hidalgo y San Martín... y la actitud que tienen unos contemporáneos hacia la libertad personal.

Miguel Hidalgo y Costilla

por Justo Sierra, Padre

INTRODUCCIÓN

«¡Viva nuestra madre santísima de Guadalupe, viva Fernando VII, viva la América y muera el mal gobierno!»

Con estas palabras pronunciadas por Miguel Hidalgo comenzó el movimiento revolucionario en México. La fecha, el dieciséis de septiembre de 1810; el lugar, el pueblo de Dolores en México; la bandera, un estandarte con la imagen de la Virgen de Guadalupe, patrona de México; y la causa, devolver a los indios las tierras en poder de la clase acaudalada y de la Iglesia.

La violencia de la lucha se debía en gran parte al fervor de Hidalgo y a la desesperación de los indios. Como ha dicho el autor de este relato: «La obra era inmensa; está realizada y México libre ha colocado en su altar más excelso el recuerdo de su padre Hidalgo, el más grande de sus hijos».

GUÍA DE ESTUDIO

La descripción de Hidalgo que sigue seguramente le va a sorprender. Parece imposible que un hombre encierre tantos elementos al parecer contrarios: ser cura e insurgente, enseñar la doctrina cristiana y mandar a un ejército en una guerra sangrienta, ser nieto de españoles y aborrecer a la dominación de los hacendados españoles.

Imagínese el conflicto que existía en el alma de un hombre de Dios al aceptar la responsabilidad de las matanzas de españoles indefensos y el derramamiento de sangre. Solamente su gran fe en la causa y su grandeza de ánimo podrían hacerle capaz de emprender tal obra.

PALABRAS CLAVE

1. **aborrecimiento**   efecto de no querer, acto de odiar (hate)

   El aborrecimiento a los españoles lo movió a matarlos.

   Los indios sentían _____ hacia los españoles.

2. **asesinatos**   muertes, homicidios premeditados

   Mataron a todos para vengar los asesinatos de la guerra anterior.

   Hay muchos _____ cada año.

3. **conjuraciones** conspiraciones
   En las revoluciones siempre hay muchas conjuraciones.
   En la guerra hay muchas _____.

4. **conjurados** conspiradores
   Los conjurados se unieron contra el oficial del gobierno.
   Los _____ conspiran contra la nación.

5. **derramaron (derramar)** virtieron un líquido (shed, spilled)
   Es malo derramar sangre humana.
   Los soldados _____ mucha sangre durante la guerra.

6. **ejército** conjunto de soldados, las fuerzas armadas de una nación (army)
   Hidalgo tenía pocos soldados profesionales en su ejército.
   El soldado pertenece al _____ de España.

7. **emprender** comenzar (to undertake)
   Hidalgo quería emprender la batalla con bastantes rifles.
   El alumno va a _____ el estudio de medicina.

8. **encaminó (encaminarse)** se dirigió
   Hidalgo se encaminó hacia Guadalajara.
   El muchacho se _____ hacia la casa de ella.

9. **escoltaba (escoltar)** acompañaba para proteger
   Un enemigo escoltaba al ejército de Hidalgo.
   El muchacho _____ a su novia.

10. **excelso** eminente
    México ha dado a Hidalgo el honor más excelso de la nación.
    El general tiene un lugar _____ en el ejército.

11. **gusanos** animales invertebrados de cuerpo blando contráctil (worms)
    Los indios de México cultivan los gusanos de seda.
    La seda viene de los _____ de seda.

12. **hacendados** dueños de haciendas
    Los hacendados de México eran crueles con los indios.
    En México había muchos _____.

13. **incontenible** indomable (uncontrollable)
    La guerra incontenible duraba muchos años.
    La multitud _____ penetró las puertas de la ciudad.

14. **jaula** aparato generalmente de barras de hierro que sirve para encerrar algo (cage)
    Pusieron la cabeza de Hidalgo en una jaula.
    El pájaro siempre está en su _____.

15. **logra (lograr)** consigue, obtiene (manages to, succeeds in)
    La maestra logra enseñarles algo a los alumnos.
    El alumno _____ aprender algo.

16. **loza** platos, vasos y tazas de barro fino vidriado (chinaware)
    Los chinos hacen buena loza.
    La _____ es muy delicada.

17. **rabia** ira (anger)
    Los soldados atacaban al enemigo con rabia.
    La _____ es mala para todos.

18. **recados** mensajes orales o escritos
    En tiempo de guerra se mandan muchos recados.
    Los novios se mandan _____ por medio de sus amigos.

19. **retroceder** volver atrás
    Por falta de municiones tuvo que retroceder.
    A veces es mejor _____ que perder la vida.

20. **terminantemente** positivamente
    El creía terminantemente en la libertad de todos los hombres.
    El dijo _____ que iría a mi casa.

21. **verdugos** ejecutores de la pena de muerte (executioners)
    Los verdugos de Hidalgo eran todos españoles.
    Los dueños de los esclavos eran unos _____.

Don Miguel Hidalgo era nieto de españoles, y aunque sus padres eran campesinos, tuvieron cuidado de enviarle a hacer sus estudios a Valladolid (hoy Morelia). A los treinta y cuatro años fue sacerdote y poco después, rector del Colegio de San Nicolás.

Hidalgo quería sobre todo mejorar la vida de los indios, dándoles medios de trabajar y ganar más dinero. Estableció por eso varias industrias, como la de fabricación de loza y el cultivo de los gusanos de seda. Los indios le adoraban y le habrían seguido al fin del mundo; él les enseñaba la doctrina cristiana y, al mismo tiempo, el aborrecimiento a la dominación de los empleados y hacendados españoles, dueños entonces de la situación.

Cuando entró en la conjuración de Querétaro, comenzó a fabricar armas y trató de buscar auxilios en todas partes, especialmente en Guanajuato. Lo que deseaba el cura era promover una revolución que acabase con el poder de los españoles en la colonia y constituir a esta América septentrional por medio de un Congreso de representantes del pueblo.

Pero se descubre la conjuración en Guanajuato y en Querétaro; varios conjurados son aprehendidos, y doña Josefa Ortiz, esposa del corregidor de Querétaro, logra mandar un aviso a don Miguel Allende, quien se había reunido con Hidalgo. En la noche del quince llega el recado de la corregidora. Se juntan. ¿Qué hacer? ¿Esconderse? Los encontrarán al fin.

—No hay más remedio—exclamó el cura—que ir a coger gachupines.

A esa suprema resolución del cura, debemos los mexicanos la Patria; no lo olvidemos jamás. Unos cuantos trabajadores de las pequeñas fábricas de Hidalgo, unos cuantos presos, que por faltas leves se hallaban en la cárcel y fueron puestos en libertad por los conjurados, un centenar de campesinos que habían acudido a la misa del domingo y habían oído el sermón inflamado del cura que les llamaba a romper sus cadenas, éste fue el primer núcleo del ejército insurgente. Con él salió Hidalgo sobre San Miguel donde se le reunió el cuerpo de tropa a que pertenecía Allende. En el camino halló en un santuario un estandarte de la Virgen de Guadalupe, la patrona de los indios, la reina india de los cielos, que los misioneros habían puesto como intercesora entre los españoles y la raza conquistada.

Miguel Hidalgo y Costilla

—Esta es nuestra bandera—exclamó Hidalgo—, ¡viva nuestra madre santísima de Guadalupe, viva Fernando VII, viva la América y muera el mal gobierno!

Los millares de hombres que seguían ya al cura, respondieron:

—¡Viva nuestra señora de Guadalupe y mueran los gachupines!

A los pocos días aquella multitud tomó posesión de Celaya; en San Luis, el oficial español Calleja organizaba sus fuerzas, pero aún no podía moverse; en Guanajuato el intendente se encerró con los españoles y sus caudales en un edificio que se llamaba la Alhóndiga de Granaditas. Sobre él fue Hidalgo; los trabajadores de las minas se le unieron y cayeron como un alud sobre los muros de Granaditas; nubes de piedras se desplomaban sobre las azoteas y si los españoles se defendían con rabia, con rabia atacaban los insurgen-

intendente *administrador*

alud *avalancha*
se desplomaban *caían*
azoteas *flat roofs*

«Don Miguel Hidalgo» (detail) por Juan O'Gorman — Mexican National Tourist Council

126 La libertad

tes. Pronto el fuego hizo volar las puertas y por ahí penetró la incontenible multitud matando sin piedad.

La matanza de Granaditas, que caudillos insurgentes no pudieron impedir, abrió la era de sangre de la guerra de independencia y le imprimió su carácter; los españoles contestaron con un grito de horror, que fue pronto de muerte; para vengar los asesinatos de Granaditas derramaron tanta sangre que habría bastado para envolver a la Nueva España en un manto de púrpura.

Hidalgo medio organizó el gobierno de aquella multitud en marcha, se dirigió a Valladolid, siguió sobre México y en el monte de las Cruces desbarataron los insurgentes a los realistas. Hidalgo, proclamado ya generalísimo, no pudo, por falta de municiones, apoderarse de México y tuvo que retroceder. Guadalajara había caído en poder del bravo guerrillero don Antonio Torres y el cura Hidalgo se encaminó a la hermosa capital de occidente, en donde entró en triunfo. Por desgracia, en Valladolid y en Guadalajara, cediendo a las feroces exigencias de las multitudes, ordenó Hidalgo el asesinato de algunos centenares de españoles. ¡Quería que desde aquel momento hubiese entre los dominadores y los dominados un abismo de sangre! Allí decretó el caudillo la libertad de los esclavos; la nueva patria no quería ser esclava, ni tener esclavos; fue ésta la honra entera de la insurrección.

Calleja, después de tomar y castigar horriblemente a Guanajuato, se dirigió a Guadalajara; el numeroso pero indisciplinado ejército insurgente fue completamente desbaratado por los realistas. Los caudillos pasaron a Saltillo, pretendiendo dirigirse a Tejas y los Estados Unidos, con objeto de allegar recursos para emprender con mejor éxito la lucha. Pero un infame traidor que los escoltaba los entregó a los españoles. Conducidos a Chihuahua, fueron allí interrogados y sentenciados a muerte. La última víctima fue el cura Hidalgo. Había contestado con digna entereza a sus jueces, que eran sus verdugos, aceptó las más tremendas responsabilidades, como las de las matanzas de los españoles indefensos y, si tuvo la debilidad de retractarse de lo que había hecho, no fue por miedo a la muerte, sino porque recordó que el Evangelio prohibía derramar sangre.

Fue fusilado el treinta de julio de 1811 y su cabeza enviada a Guanajuato y colocada en una jaula de hierro en un ángulo del edificio de Granaditas, por orden de Calleja.

Hidalgo fue el iniciador. De un acto de su voluntad nació nuestra patria. El medio que escogió para realizar su idea fue terrible: el levantamiento nacional. No había otro y la sangre los manchó a todos; pero él empezó, y lo dijo terminantemente, por hacer el sacrificio de su vida. La obra era inmensa; está realizada y México libre ha colocado en su altar más excelso el recuerdo de su padre Hidalgo, el más grande de sus hijos.

PARA LA COMPRENSIÓN

1. ¿Dónde estudió Hidalgo?
2. ¿Qué edad tenía cuando llegó a ser sacerdote?
3. ¿Qué posición ocupó en el Colegio de San Nicolás?
4. ¿Cómo quería Hidalgo mejorar la vida de los indios?
5. ¿Qué hizo para lograrlo?
6. ¿Qué les enseñaba Hidalgo a los indios?
7. ¿Qué hizo Hidalgo cuando entró en la conjuración de Querétaro?
8. ¿Qué clase de revolución deseaba promover el cura?
9. ¿Dónde se descubrió la conjuración?
10. ¿Quién era doña Josefa Ortiz y cómo ayudó ella a la causa de Hidalgo?
11. ¿Cuándo llegó el recado de la corregidora?
12. ¿Qué exclamó el cura?
13. ¿Qué fue el efecto último de esa resolución?
14. ¿Cómo se formó el primer núcleo del ejército insurgente?
15. ¿Dónde se reunió Hidalgo con Allende?
16. ¿Cuál era la bandera del ejército insurgente?
17. ¿Quiénes se encerraron en la Alhóndiga de Granaditas?
18. ¿Cómo penetró Hidalgo la Alhóndiga?
19. Describa la matanza de Granaditas y sus consecuencias.
20. ¿Por qué no pudo Hidalgo apoderarse de México?
21. ¿Por qué ordenó Hidalgo el asesinato de los españoles en Guadalajara?
22. ¿Dónde decretó la libertad de los esclavos?
23. ¿Por qué fue desbaratado el ejército insurgente por los realistas?
24. ¿Cómo contestó Hidalgo a sus jueces?
25. ¿Por qué tuvo la debilidad de retractarse Hidalgo?
26. ¿Cuándo fue fusilado?
27. ¿Qué hicieron con la cabeza de Hidalgo?
28. ¿Qué medio escogió Hidalgo para traer la independencia a México?
29. ¿Qué sacrificó Hidalgo por su patria?
30. ¿Qué honor le ha dado México?

EJERCICIOS DE VOCABULARIO

A. Den un sinónimo de las palabras en letra negrita.

1. Hay muchos **homicidios premeditados** durante una guerra.
2. Los **dueños de las haciendas** maltrataron a los indios.
3. En la guerra por la independencia, **virtieron** mucha sangre.
4. Ellos **tuvieron éxito en** organizar a los soldados.
5. Hidalgo decidió **comenzar** la batalla en Dolores.
6. Los **conspiradores** murieron ejecutados.
7. Durante una guerra civil, hay una multitud de **conspiraciones**.
8. El **eminente** cura dio el grito para empezar la batalla.
9. Se **dirigieron** hacia Guadalajara.
10. Hay muchos soldados en **las fuerzas armadas.**

B. Completen las siguientes oraciones con una palabra apropiada.

1. *Conspirar* es igual que _____.
2. Aquellos animalitos que viven bajo la tierra son _____.
3. _____ es acompañar a alguien con el motivo de protegerle.
4. Aquella tribu salvaje es _____.
5. Le pusieron al pájaro en una _____.
6. Está tan furioso que está lleno de _____.
7. Si quieres que lo sepa, tendrás que dejarle un _____.
8. Tendremos que _____ y no avanzar.
9. Los _____ pusieron fin a su vida con una pistola.
10. El lo dijo tan _____ que no hubo otro remedio que aceptarlo.

EJERCICIOS CREATIVOS

1. Prepare un informe sobre la lucha para la independencia de México:
    a. ¿Qué papel hizo Hidalgo?
    b. ¿Quién tomó el mando al morir Hidalgo?
    c. ¿Cuándo declaró México su independencia?
    d. ¿Logró México entonces la libertad para los indios con que soñaba Hidalgo?
    e. ¿Qué pasó unos cien años más tarde?
    f. ¿Quiénes fueron los héroes de aquella lucha?
2. Describa en sus propias palabras:
    a. Lo que significa «el grito de Dolores».
    b. La importancia de la Virgen de Guadalupe en México.
    c. La estructura social y económica en las colonias.
    d. Cómo se compraban y se vendían las cosas en las colonias.
3. Antes de entrar en la lucha activa, Hidalgo se dedicaba a la enseñanza:
    a. ¿Qué escuelas había?
    b. ¿Quiénes asistían?
    c. ¿Quiénes se encargaban de la instrucción?
    d. ¿Cuándo y dónde se fundó la primera universidad en el Nuevo Mundo?

Con días y ollas venceremos

por Ricardo Palma

INTRODUCCIÓN

Durante las guerras de la independencia de Hispanoamérica contra España, que empezaron alrededor del año 1810, había a veces, a pesar de la seriedad de las batallas, sucesos cómicos.

En 1821, San Martín ya había cruzado los Andes de la Argentina, había libertado a Chile y ya estaba para libertar al Perú, la última fortificación española.

Este cuento del famoso peruano, Ricardo Palma, narra un episodio breve de la vida del gran libertador de la Argentina, el general José de San Martín.

GUÍA DE ESTUDIO

El cuento relata algo de la astucia del gran general en realizar sus metas sin derramamiento de sangre. Escenas como ésta se han duplicado a través de la historia por todos los grandes espías del mundo que emplean en sus intrigas elementos sencillos e insospechables. Verá cómo «una olla», un utensilio ordinario de cocina, hizo su papel en un gran incidente histórico.

PALABRAS CLAVE

1. **alfarería** taller donde se fabrican cosas de barro

   Los padres de Ramiro tenían una alfarería.
   Compró la olla en la _____.

2. **cifra** escritura secreta

   Durante la guerra se escriben muchas cartas en cifra.
   Los espías siempre escriben en _____.

3. **horno** construcción en la que se puede conseguir una temperatura muy elevada (kiln, oven)

   El horno estaba muy caliente cuando puse el bizcocho.
   El alfarero hace ollas en el _____.

4. **navaja** tipo de cuchillo, o que sirve para afeitarse (knife, razor)

   Perico se cortó el dedo con la navaja.
   El barbero afeita la barba con la _____.

5. **olla** vasija redonda de barro o metal que se usa para cocinar

   La criada compró una olla nueva en el mercado.
   Es importante poner un poquito de mantequilla en la _____ primero.

6. **pregón** publicación o anuncio de algo en voz alta

   Oímos el _____ del vendedor.
   El _____ del indio era necesario para vender sus ollas.

7. **registrar** examinar con detención a una persona o una cosa

   Era necesario registrar al indio cada vez que pasaba.
   En la aduana tienen la costumbre de _____ a los turistas.

8. **riña** pendencia, pleito, disputa

   La riña entre ellos fue grande.
   Siempre había una _____ entre los dos muchachos.

9. **tonterías** acciones o palabras tontas (foolishness, nonsense)

   A Lourdes la conocían por sus tonterías.
   San Martín no decía _____.

En el año de 1821, cuando empezaron las famosas negociaciones entre el virrey en Lima y el general San Martín, recibieron las tropas revolucionarias, mientras esperaban en Huaura, una frase como santo y seña: «Con días y ollas venceremos».

Para todos excepto unos pocos, el santo y seña era una frase estúpida y hasta los enemigos de San Martín murmuraban: «¡Tonterías del general!»

Sin embargo, el santo y seña era importante, puesto que hizo su papel en un gran incidente histórico. Y de eso me propongo hablar hoy.

San Martín no quería ocupar a Lima por medio de una batalla, porque lo que le importaba más era salvar la vida de sus soldados.

Estaba en correspondencia secreta y constante con los patriotas leales de la capital, pero con frecuencia, los españoles conseguían interceptar las comunicaciones entre San Martín y sus amigos. Además, los españoles siempre fusilaban a quienes sorprendían con cartas en cifra. Era preciso encontrar inmediatamente un medio seguro de comunicación.

Preocupado con este pensamiento, una tarde el general San Martín pasaba por la única calle de Huaura, cuando, cerca del puente, se fijó en una casa vieja que en el patio tenía un horno para alfarería. En aquel tiempo, los utensilios de cocina eran de barro cocido.

Al ver el horno, San Martín tuvo una misteriosa inspiración y exclamó para sí: «¡Eureka! ¡Ya está resuelta la X del problema!»

El dueño de la casa era un indio viejo, inteligente y leal a los insurgentes. Después de una conversación larga, el alfarero prometió hacer para el General unas ollas con doble fondo, tan bien preparadas que el ojo más experto no pudiera descubrirlo.

El indio hacía cada semana un viajecito a Lima con sus dos mulas cargadas de platos y ollas de barro. Entre estas últimas iba la «olla revolucionaria», con importantísimas cartas en su doble fondo. Camino de Lima, el indio se dejaba registrar por los españoles, respondía con una sonrisa a sus preguntas, se quitaba el sombrero cuando el oficial pronunciaba el nombre de Fernando VII y los españoles le dejaban seguir su viaje. ¿Quién iba a imaginar que ese pobre indio hacía un papel tan importante en cosas revolucionarias?

A las ocho de la mañana pasaba por las calles de Lima, gritando a cada paso: —¡Ollas y platos! ¡Baratos, baratos!— Apenas terminaba su pregón en cada esquina, cuando salían a la puerta todos los vecinos que querían comprar utensilios de cocina.

santo y seña   cue, password

¡Eureka!   I've got it!

hacía un papel   played a role

Vivía en Lima el señor don Francisco Javier de Luna Pizarro, y él fue el patriota nombrado por San Martín para tratar con el alfarero. El criado de este señor, Pedro Manzanares, era muy leal a su amo. Al oir pasar al alfarero, no dejaba Pedro nunca de salir y comprar una olla de barro. Pero todas las semanas volvía a presentarse en la puerta, utensilio en mano, gritando al alfarero, que le entendía perfectamente: —¡Oiga Ud., cholo ladrón, con sus ollas que se rompen toditas ... Ya puede Ud. cambiarme ésta que le compré la semana pasada antes que se la rompa en la cabeza para enseñarle a no engañarme a mí!

Y tanto se repitió la escena de cambios de ollas y palabrotas, contestadas siempre con paciencia por el indio, que el barbero de la esquina le dijo al criado una mañana: —¡Caramba! ¡Yo que soy pobre no hago tanto ruido por un miserable real! ¡Vamos! Las ollas de barro no se pueden devolver, y el que se lleva chasco debe callarse y no molestar a los vecinos con gritos y lamentaciones.

—Y a Ud., ¿quién le dio vela en este entierro?—contestó Pedro—. Vaya Ud. a desollar barbas, y no se meta en lo que no le va ni le viene.

Al oir esto, se puso enfadado el barbero, y echando mano de la navaja, estaba para atacar a Pedro, que, sin esperar, huyó a su casa.

Quién sabe si la riña entre el barbero y el criado habría servido para despertar sospechas sobre las ollas, pues de pequeñas causas han salido grandes efectos. Afortunadamente, la riña tuvo lugar en el último viaje que hizo el alfarero con la «olla revolucionaria». Al día siguiente abandonó el virrey la ciudad, de la cual tomaron posesión los patriotas en la noche del nueve de julio.

---

cholo   *persona de una clase social inferior*

se lleva chasco   *is disappointed*

¿quién le ... entierro?   *¿qué le importa a Ud.?*
vaya Ud. ... ni le viene   *siga afeitando barbas y no se meta en lo que no le importa*

PARA LA COMPRENSIÓN

1. ¿Qué ocurrió en 1821?
2. ¿Qué recibieron las tropas revolucionarias mientras esperaban?
3. ¿Qué opinión tenían muchos de este santo y seña?
4. ¿Qué murmuraban los enemigos de San Martín?
5. ¿Por qué no quería San Martín ocupar a Lima por medio de una batalla?
6. ¿Con quiénes estaba en correspondencia secreta?
7. ¿Qué hacían los españoles con frecuencia?
8. ¿Qué pensamiento le preocupaba a San Martín?
9. ¿En qué se fijó San Martín mientras pasaba por la única calle de Huaura?
10. ¿Cómo eran los utensilios de cocina en aquel tiempo?

11. ¿Cómo era el alfarero?
12. ¿Qué prometió hacer para el General?
13. ¿Cuándo hacía el alfarero un viajecito a Lima?
14. ¿Cómo iban las mulas?
15. Describa la «olla revolucionaria».
16. ¿Qué hacían los españoles a los viajeros antes de que entrasen en Lima?
17. ¿Qué hacía el alfarero para no despertar sospechas?
18. ¿Qué gritaba por las calles el alfarero?
19. ¿Quién fue don Francisco Javier de Luna Pizarro?
20. ¿Quién fue Pedro Manzanares?
21. ¿Qué hacía Pedro al oir al alfarero?
22. ¿Por qué se quejaba Pedro todas las semanas?
23. ¿Por qué intercedió el barbero una mañana?
24. ¿A quién censuraba y por qué?
25. ¿Qué le contestó Pedro?
26. ¿Cómo es el lenguaje de Pedro?
27. ¿Cómo se puso el barbero?
28. ¿Qué estaba para hacerle a Pedro?
29. ¿Por qué era afortunado el alfarero?
30. ¿Qué ocurrió al día siguiente?

EJERCICIOS DE VOCABULARIO

A. Den un sinónimo de la palabra en letra negrita.
1. Las famosas negociaciones **comenzaron** en 1821.
2. «Con días y ollas **conquistaremos**».
3. No quería ocupar a la ciudad por medio de una **lucha**.
4. Los españoles **lograban** interceptar las comunicaciones.
5. Era **menester** encontrar un medio seguro de comunicación.
6. A las ocho de la mañana, **andaba** por las calles de Lima.
7. El **sirviente** de este señor era Pedro Manzanares.
8. El barbero se puso **enojado**.

B. Den el antónimo de la palabra en letra negrita.
1. El santo y seña era una frase **inteligente**.
2. Estaba en correspondencia **abierta** y constante con los patriotas.
3. Lejos del puente, se fijó en una casa **moderna**.
4. Se **puso** el sombrero.
5. El señor **vendió** una olla de barro.
6. Al oir esto, se puso **de buen humor** el barbero.
7. **Volviendo** de Lima, el indio se dejaba registrar por los españoles.

C. Completen las siguientes oraciones con una palabra apropiada.
1. El que hace ollas de barro es _____.
2. Este trabaja en una _____.
3. Para hacer las ollas, hay que ponerlas en un _____.
4. La olla es una _____ redonda que se usa para _____.
5. Están poniéndose tan enfadados que van a tener una _____.

EJERCICIOS CREATIVOS

1. La lengua española es muy rica en refranes que reflejan el sentido común y el juicio del pueblo. Haga una lista de refranes españoles. Puede comenzar con los del cuento *Con días y ollas venceremos*. Trate de ver si la clase puede adivinar el significado sin ver la traducción y si puede dar un refrán equivalente en inglés.
2. ¿Le gustaría ver a San Martín en un puesto del gobierno, digamos de los EE.UU. (Estados Unidos) hoy día? ¿Qué aspectos de su carácter revelados en este cuento indican «el hombre de estado»?

¡Viva la libertad!

INTRODUCCIÓN

Vivimos en una sociedad que pone sumo énfasis en los derechos humanos. Hay diversas facciones en busca de dichos privilegios que se ven mezcladas en continuo conflicto entre deberes y derechos. Como resultado nos encontramos en una época de protestas, huelgas y manifestaciones que desgraciadamente terminan a veces en la violencia y la muerte.

GUÍA DE ESTUDIO

Según la libertad moral, el hombre tiene el poder de escoger entre lo bueno y lo malo. Puede formar sus opiniones y dirigir sus propias acciones. Ramírez había «seleccionado», es decir, había hecho sus decisiones, estaba libre y contento con la vida... pero, a veces, nada hay más tiránico que la libertad misma.

PALABRAS CLAVE

1. **acudiesen (acudir)** fuesen adonde eran llamados
   Los muchachos acudieron al lugar de la discusión.
   Querían que todos _____ al llamamiento de los compañeros.

2. **burlan (burlar)** hacen el ridículo de algo
   No toman nada en serio; se burlan de todo.
   Hay personas ambiciosas que se _____ de la «imbecilidad colectiva de las masas».

3. **hogar** casa donde vive la familia
   Ramírez es feliz con su familia en un hogar modesto.
   Gracias a su esposa vive en un _____ confortable y limpio.

4. **huelga** interrupción del trabajo para imponer nuevas condiciones a los jefes
   Los trabajadores están en huelga.
   La _____ es un derecho del que trabaja.

5. **huelguistas** trabajadores que interrumpen el trabajo por estar en huelga
Ramírez quería trabajar; no quería ser huelguista.
El jefe de los _____ le indicó que debía unirse a ellos.

6. **indiscutible** que no se puede discutir
Es indiscutible que todos queremos la libertad.
Empiecen por respetar un derecho _____: el derecho al trabajo.

7. **jefe** superior o cabeza de un grupo
¿Quién es el jefe de los trabajadores?
El _____ es Pepe Martínez.

8. **jornal** lo que gana el trabajador en un día
Ramírez ganaba un buen jornal.
Los obreros interrumpieron el trabajo por aumento de _____.

9. **luchad (luchar)** combatid (fight)
Van a luchar contra el patrón.
_____ por obtener lo que es justo.

10. **mueble** objeto como mesa, sofá, silla que se usa para comodidad en la casa (piece of furniture)
Me gusta el estilo de este mueble. ¿Dónde lo compraste?
Lo hizo Ramírez. Es un _____ de estilo Luis XV.

11. **muestra (mostrar)** pone ante la vista (shows)
¿Quiere mostrarnos las sillas de estilo contemporáneo español?
El día se _____ claro; la luz del sol ilumina las calles y los edificios con color de oro.

12. **obreros** personas que hacen trabajo manual
Ramírez era un obrero especializado en hacer muebles.
Los _____ de distintas fábricas habían decidido declararse en huelga.

13. **pensamiento** ideas, actividad mental
El pensamiento se movía de una a otra idea en cuanto a la situación política.
Cuando Ramírez llegó a esta parte de su _____, fue interrumpido por voces, cantos y gritos de grupos de obreros.

14. **quejar** protestar, expresar insatisfacción
Algunas personas siempre se están quejando; nunca están contentas.
El se va a _____ de la situación.

15. **reclamáis (reclamar)** pedís algo que nos pertenece (demand)
Nosotros reclamamos sólo lo que es justo.
Ya que _____ vuestros derechos, respetad también los derechos de los demás.

16. **rehusó (rehusar)** no aceptó
Tengo que rehusar el puesto de secretario del club porque estoy muy ocupado.
Ramírez _____ organizar actividades para la huelga.

17. **respaldo** parte de la silla que soporta la espalda
El respaldo de estas sillas es muy incómodo.
El obrero está interesado en terminar con arte el _____ del mueble que está haciendo.

18. **rodeado** con algo alrededor (surrounded)
Una isla es una parte de tierra rodeada del mar.
El respaldo de la silla tenía un objeto central _____ de muchos adornos.

19. **sanos** que están bien de salud (healthy)
Son unos muchachos sanos y felices: nunca están enfermos.
Ramírez sentía la alegría de trabajar que sienten los hombres _____.

20. **taller** planta u oficina donde hacen trabajo manual especializado (shop)
Ramírez trabaja en un taller de muebles finos.
Llegando al _____ continuará trabajando en un mueble de estilo Luis XV.

Ramírez sale de su casa con dirección al taller.

Un airecillo fresco le picotea el rostro y le tonifica los nervios.

El día se muestra despejado; la luz del sol invade en oleadas de oro las calles, bruñe los edificios y transfigura la nieve de las montañas lejanas.

Ramírez se siente feliz de vivir y experimenta esa alegre necesidad de trabajo que es propia de hombres sanos.

En llegando al taller, continuará la talla de un mueble estilo Luis XV, en el que ha puesto todas sus complacencias.

Se trata de un respaldo de nogal, en el que ha empezado a figurar un casco, con una gran cimera, rodeado de motivos más vagos, de volutas en que el ritmo de las curvas muestra toda su gracia; de rizos, de ondulaciones mil, en que la imaginación puede poner los contornos de cuantas figuras sueñe.

Ramírez está en paz con la vida, con la sociedad, consigo mismo y contento de su fuerza y de su inteligencia.

Ramírez es un optimista.

Todo contribuye, por lo demás, a que Ramírez sea un optimista. En el hogar, modesto, pero confortable y limpio, ha saboreado una gran taza de café con leche, que las manos activas y cordiales de una esposa joven, alegre, le han servido en la pequeña alcoba, llena de gorjeos de dos angelitos morenos que juegan aún en la cama.

Gana un buen jornal. El patrón lo quiere. Con las economías que su mujer, solícita y previsora, reúne, Ramírez acabará por abrir un taller, educará bien a sus hijos y les dejará un honorable patrimonio.

Cuando Ramírez llega a esta parte de su pensamiento, empieza a percibir voces nutridas, cantos de vivos compases y gritos y recuerda que numerosos obreros de distintas fábricas han decidido declararse en huelga, por lo de siempre: aumento de jornal, disminución de horas de trabajo o ambas cosas a la vez.

A él le hablaron de organizar un grupo, de tomar la palabra en una manifestación, de influir en el ánimo de los oficiales que trabajaban con él, para que todos, absolutamente todos, acudiesen al llamamiento de sus compañeros, y él rehusó secamente.

—Yo no tengo de qué quejarme—respondió.

136 La libertad

La masa de obreros, entretanto, se aproximaba, y al distinguir a Ramírez la intensidad de sus voces aumentó:

Primero le llamaron «tránsfuga».

Luego, «traidor».

Una delegación se aproximó en seguida a él y lo invitó, con una invitación en que había más bien tono de amenaza, a que se uniese a ellos.

El jefe de la delegación, uno de los huelguistas más influyentes, le indicó que debía unirse a ellos.

—¿Debo? ¿Por qué?—preguntó Ramírez.

—Por solidaridad—respondió el jefe, dignándose discutir con Ramírez.

—Yo no estoy de acuerdo con vosotros—insinuó Ramírez—. Yo estoy satisfecho de mi situación actual. Necesito trabajar y trabajaré.

—No trabajarás—dijo el otro—porque estás obligado a solidarizarte con nosotros.

—Yo no puedo—replicó Ramírez—solidarizarme con gentes que piensan de diferente manera que yo.

—Hay, sin embargo, deberes mutuos.

—Nunca serán más grandes que los que yo tengo para con mi mujer y para con mis hijos.

—Nosotros trabajamos por la justicia y por la libertad.

—Pues empezad por ser justos conmigo; empezad por respetar mi libertad, la libertad de un obrero que quiere trabajar.

—Es que, trabajando, ayudas a la tiranía del capital.

—Y no trabajando, me someto a otra tiranía peor: la vuestra, la de la huelga. Ahora bien: entre las dos tiranías prefiero la de uno a la de muchos, la que yo elijo a aquella que se me impone.

—La huelga es un derecho.

—Pero no un deber.

—Si no estás con nosotros, estás contra nosotros.

—Ni lo uno ni lo otro. Luchad por obtener lo que os plazca, no me opongo; pero puesto que reclamáis derechos, empezad por respetar uno indiscutible: el que yo tengo de hacer lo que me plazca, mi derecho de trabajo.

—No trabajarás.

—Sí trabajaré. Es preciso que mi mujer y mis hijos coman. Holgad vosotros si así os conviene.

—Primero son tus compañeros.

—Primero son mi mujer y mis hijos.

—No trabajarás.

En esto, los gritos recomienzan:

—¡Muera la tiranía!

—¡Viva la libertad!

Y entre un muera la tiranía y un viva la libertad, Ramírez fue «tiranizado» hasta el punto de no poder usar de su «libertad» para

reivindicar	*to regain possession*
conviniendo	*coming to an agreement*
fastidiados	*molestados*
bambalinas	*flies*
lema	*motto*
prescindir	*to do without*

trabajar; y obligado a reivindicar el «derecho» común, perdió el suyo: su «derecho» a comer, su «derecho» a vivir.

Esto pasó . . ., esto ha pasado . . . en España, en Francia, en Buenos Aires. Un día, varios días, muchos días.

Y Ramírez, y todos los que piensan como Ramírez, están conviniendo en que nada hay más tiránico a veces que la libertad, y fastidiados de esta comedia de los derechos, que detrás de las bambalinas dirigen veinte o treinta ambiciosos, que se burlan de la perenne imbecilidad colectiva de las masas, acabarán por hacer una contrarrevolución, cuyo lema será éste:

«Libertad para todo . . ., hasta para prescindir uno de sus libertades».

«Derecho para todo . . ., hasta para renunciar uno a su derecho».

PARA LA COMPRENSIÓN

1. ¿Adónde se dirige Ramírez al salir de su casa?
2. ¿Cómo se muestra el día, despejado o picoteado?
3. ¿Por qué se siente feliz Ramírez, por su trabajo o por la huelga?
4. ¿Qué trabajo está haciendo?
5. ¿Es un optimista o un pesimista?
6. ¿Quiénes son los angelitos morenos?
7. ¿Qué ha saboreado Ramírez antes de salir de casa?
8. ¿Cómo sabemos si es casado o soltero?
9. ¿Con qué medios podrá abrir un taller algún día?
10. ¿Podrá educar a sus hijos o tendrán que dejar la escuela para trabajar?
11. ¿Cuándo recuerda que los obreros han decidido declararse en huelga?
12. ¿Por qué declaran la huelga?
13. ¿Qué hizo Ramírez al ser invitado a participar en la organización de la huelga?
14. ¿Cuál es el conflicto intelectual de Ramírez?
15. De acuerdo con el jefe huelguista, ¿a quién ayuda Ramírez trabajando?
16. Según el pensamiento de Ramírez, ¿a quién ayuda trabajando?
17. ¿Está Ramírez con los obreros o contra ellos según su propia opinión?
18. ¿Qué derecho reclama Ramírez?
19. ¿Cómo fue tiranizado?
20. ¿Dónde han pasado estas cosas?
21. ¿De quiénes se burlan los «veinte o treinta ambiciosos» que dirigen las huelgas, según el autor?
22. ¿Quiénes acabarán por hacer la contrarrevolución?
23. ¿Cuál es el punto esencial del lema que proponen sobre la libertad?
24. ¿Cuál es el punto esencial del lema sobre los derechos?

EJERCICIOS DE VOCABULARIO

A. Completen las siguientes oraciones con una palabra apropiada.

1. El presidente es el _____ de la compañía.
2. No quiero _____ pero no estoy satisfecho.
3. Es _____ que hay que tener unos derechos.
4. Fabrica los muebles en su _____.
5. Quieren más dinero los obreros; así van en _____.

6. El _____ es el sueldo diario.
7. No está enfermo; está _____ y salvo.
8. El trabajo manual de los _____ es difícil.
9. Todo el mundo _____ a ayudar.
10. Todos se _____ y se ríen de él.

B. Den un sinónimo de las palabras en letra negrita.
1. Tienen que **combatir** por la libertad.
2. El nos quiere **enseñar** la silla.
3. El **no aceptó** declararse en huelga.
4. Como es nuestro, lo vamos a **pedir**.
5. El taller **tiene** árboles **a todos lados.**
6. Aquel **trabajador** produce mucho.
7. Qué **idea** más liberal me vino a la mente.
8. Está **bien**.

EJERCICIOS CREATIVOS

1. Escriba una composición sobre el tema de las cualidades necesarias para ser un gran líder. No tiene que limitarse a la cuestión política; considere tales ideas como el consejo estudiantil, organizaciones o clubs.
2. Escriba una definición de «derechos civiles». Luego, haga una lista de algunos derechos civiles.
3. ¿Cómo se diferencian la libertad política y la libertad moral? Discuta.
4. Las diez primeras enmiendas a la Constitución de los Estados Unidos (la cual ha servido de modelo para las de varias repúblicas americanas) constituyen una «declaración de derechos», garantizando los derechos fundamentales de cada ciudadano. ¿Qué dice cada enmienda?

ESTRUCTURA

Mandatos Directos—Formas Formales

VERBOS REGULARES

Estudien las siguientes formas del mandato formal.

tomar	*tomo*	tome	tomen
vender	*vendo*	venda	vendan
abrir	*abro*	abra	abran

VERBOS CON RAÍZ IRREGULAR

caer	*caigo*	caiga	caigan
decir	*digo*	diga	digan
hacer	*hago*	haga	hagan
huir	*huyo*	huya	huyan
oir	*oigo*	oiga	oigan
poner	*pongo*	ponga	pongan
salir	*salgo*	salga	salgan
tener	*tengo*	tenga	tengan
traer	*traigo*	traiga	traigan
valer	*valgo*	valga	valgan
vencer	*venzo*	venza	venzan
venir	*vengo*	venga	vengan
ver	*veo*	vea	vean

VERBOS DE CAMBIO ORTOGRÁFICO

buscar	*busco*	busque	busquen
conducir	*conduzco*	conduzca	conduzcan
escoger	*escojo*	escoja	escojan
dirigir	*dirijo*	dirija	dirijan
distinguir	*distingo*	distinga	distingan
empezar	*empiezo*	empiece	empiecen
llegar	*llego*	llegue	lleguen
sacar	*saco*	saque	saquen
seguir	*sigo*	siga	sigan

VERBOS IRREGULARES

dar	*doy*	dé	den
estar	*estoy*	esté	estén
ser	*soy*	sea	sean
ir	*voy*	vaya	vayan
saber	*sé*	sepa	sepan

Se notará que el pronombre de complemento directo o indirecto se agrega al mandato afirmativo. Precede al mandato en la forma negativa.

Levántese Ud.
No se levante Ud.

A. Cambien el verbo al mandato según el ejemplo.

Ud. entra en la iglesia.
Entre Ud. en la iglesia.

1. Ud. trabaja los sábados.
2. Ud. lucha por la libertad.
3. Ud. pasa por aquí.
4. Ud. habla por teléfono.
5. Ud. regresa a las cuatro.
6. Ud. camina para el colegio.
7. Ud. estudia francés e inglés.
8. Ud. enseña a los niños.
9. Ud. ocupa este asiento.
10. Ud. termina su trabajo muy pronto.

B. Sigan el modelo.

El señor no pronuncia ninguna palabra.
Señor, no pronuncie ninguna palabra.

1. La señorita no observa cómo trabajan.
2. El capitán no arroja nada al alfarero.
3. El joven no guarda silencio.
4. La maestra no disimula su satisfacción.
5. La profesora no termina temprano.
6. El general no ignora los méritos de mi plan.
7. El señor no enfada a su mujer.
8. La señora no cambia esa olla especial.
9. El soldado no registra a ese pobre señor.
10. La señora no lava la loza.

C. Sigan el modelo.

Ud. sorprende a los conspiradores.
Sorprenda Ud. a los conspiradores.

1. Ud. promete regresar más tarde.
2. Ud. reúne a todos los interesados.
3. Ud. vende la loza en el mercado.
4. Ud. come con nosotros.
5. Ud. vive cerca del edificio alto.
6. Ud. rompe la olla de barro cocido.
7. Ud. abre la puerta de enfrente.
8. Ud. esconde el documento en la olla.
9. Ud. responde a sus interrogaciones.
10. Ud. mete el papel en el bolsillo.

D. Sigan el modelo.

El patrón no vende esa tierra.
Patrón, no venda esa tierra.

1. Mi jefe no responde a sus disparates.
2. El general no esconde las órdenes en una olla.

3. La señorita no permite el paraguas en la casa.
4. El padre no escribe ninguna carta.
5. La señora no prende la luz.
6. El capitán no cede el paso.
7. El patrón no rompe el vaso para la leche.
8. La maestra no lee nuestras composiciones.
9. La señorita no cree lo que dice Ana.
10. El profesor no sube al segundo piso.

E. Sigan el modelo.

¿Debo yo volver?
Sí, vuelva Ud.

1. ¿Debo yo confesar?
2. ¿Debo yo recordar?
3. ¿Debo yo jugar ahora?
4. ¿Debo yo volver mañana?
5. ¿Debo yo volar a España?
6. ¿Debo yo pensar más en eso?
7. ¿Debo yo contar?
8. ¿Debo yo dormir?

F. Sigan el modelo.

¿Es propio pedir más?
Claro, pidan Uds. más.

1. ¿Es propio repetir la primera parte?
2. ¿Es propio seguir por aquí?
3. ¿Es propio servir más pan?
4. ¿Es propio conseguir otros boletos?
5. ¿Es propio reir de sus bromas?
6. ¿Es propio medir la distancia así?
7. ¿Es propio sonreir a las muchachas?

G. Sigan el modelo.

Quiero levantarme.
Pues, levántese.

1. Quiero desayunarme.
2. Quiero defenderme.
3. Quiero sentarme.
4. Quiero quedarme.
5. Quiero vestirme.
6. Quiero esconderme.
7. Quiero acostarme.
8. Quiero pararme.
9. Quiero moverme.
10. Quiero despedirme.

H. Sigan el modelo.

No queremos levantarnos.
No se levanten Uds.

1. No quiero moverme.
2. No queremos sentarnos.
3. No quiero bañarme ahora.
4. No queremos quedarnos.
5. No queremos acostarnos.
6. No quiero irme.
7. No queremos enfadarnos.
10. No quiero arrodillarme.

I. Sigan el modelo.

Ud. viene mañana.
Venga Ud. mañana.

1. Ud. sale ahora.
2. Uds. dicen algo muy interesante.
3. Uds. tienen mucha paciencia.
4. Ud. no hace nada.
5. Uds. traen buenas noticias.
6. Ud. se pone a trabajar.
7. Uds. ven el estandarte.
8. Uds. oyen el pregón.
9. Ud. no huye del peligro.
10. Ud. no cae sobre las piedras.
11. Uds. saben la historia de la independencia.
12. Uds. no van a la huelga.
13. Ud. da esperanzas a los demás.
14. Ud. está aquí temprano.

Mandatos Directos—Formas Familiares

VERBOS REGULARES

El mandato familiar de los verbos regulares es igual que la tercera persona singular del indicativo. La forma negativa es la segunda persona del subjuntivo.

tomar	toma	no tomes
vender	vende	no vendas
abrir	abre	no abras

comenzar	comienza	no comiences
volver	vuelve	no vuelvas
pedir	pide	no pidas

VERBOS IRREGULARES

El mandato familiar de los siguientes verbos es irregular.

hacer	haz	no hagas
poner	pon	no pongas
salir	sal	no salgas
tener	ten	no tengas
valer	val	no valgas
venir	ven	no vengas
decir	di	no digas
ir	ve	no vayas
ser	sé	no seas

J. Sigan el modelo.

Miguel es leal a la causa.
Miguel, sé leal a la causa.

1. Manuel dice que no estamos de acuerdo.
2. Felipa abre la lata.
3. Raúl hace otro viajecito al centro.
4. Francisco va a la capital.
5. Dolores viene mañana a la misma hora.
6. Ramón tiene compasión.
7. María Eugenia sale a la esquina.
8. Rubén vuelve del ejército.
9. Concha pide una jaula para el pájaro.
10. Victoria resuelve el problema.

K. Sigan el modelo.

Lupe no trae la olla.
Lupe, no traigas la olla.

1. Ricardo no habla mucho.
2. José no dice nada.
3. Tomasina no pide mucho.
4. Pablo no sale con los huelguistas.
5. Inés no hace tantas preguntas.
6. Pedro no tiene cuidado.
7. Marta no vuelve sin el recado.
8. Enrique no va a la huelga.
9. Josefina no viene a ver al traidor.

Mandatos Indirectos

El mandato indirecto se expresa por medio de otra persona.

Felipe quiere entrar.
Que entre (él).

Se expresa con la tercera persona del presente del subjuntivo, singular o plural, según el sujeto. Casi siempre se introduce con *que* y sólo se expresa el sujeto para evitar ambigüedad o para dar énfasis.

L. Sigan el modelo.

Raúl quiere trabajar.
Que trabaje.

1. Estela quiere entrar.
2. Roberto quiere comer.
3. Isabel quiere abrir.
4. Los chicos quieren pelear.
5. Juan y Carlos quieren escribir.
6. Belita quiere leer.
7. Salvador quiere terminar.
8. Luisa quiere insistir.
9. Mis hermanas quieren correr.
10. Eduardo quiere llamar.

M. Sigan el modelo.

> *Creo que Pablo va a bailar.*
> *No, que no baile.*

1. Creo que Celia va a esperar.
2. Creo que Carmen va a llorar.
3. Creo que Rocío va a responder.
4. Creo que los soldados van a sufrir.
5. Creo que Raimundo va a escuchar.
6. Creo que esos niños van a bajar.
7. Creo que Pilar va a decidir.
8. Creo que Pepe y Nacho van a caminar.
9. Creo que Diego va a mirar.
10. Creo que Ramiro y Lalo van a subir.

N. Sigan el modelo.

> *Parece que Mario se levanta.*
> *Está bien. Que se levante.*

1. Parece que Gerónimo se queda.
2. Parece que las madres se quejan.
3. Parece que Héctor se aburre.
4. Parece que Enrique se esconde.
5. Parece que María Elena se arregla.
6. Parece que los padres se preocupan.
7. Parece que el trabajador se cansa.

O. Sigan el modelo.

> *Ellos cierran la puerta.*
> *Que cierren la puerta.*

1. Ellos se acuestan temprano.
2. Ellos devuelven el libro.
3. Ellos piden un aumento.
4. Ellos se divierten.
5. Ellos duermen mucho.
6. Ellos se visten de uniforme.
7. Ellos recuerdan esta noche.
8. Ellos sirven en el patio.
9. Ellos se ríen del alfarero.
10. Ellos se mueren del frío.

P. Sigan el modelo.

> *El no dice nada.*
> *Que no diga nada.*

1. El hace otros planes.
2. Ella se pone el sombrero.
3. Ellos salen ahora.
4. El viene a ayudarnos.
5. Ellas ven lo que han hecho.
6. Ellos no van a la fábrica.
7. Ella sabe esa lección.
8. El da el permiso necesario.
9. Ellos traen bastante comida.
10. Ellas no caen del balcón.
11. El está impaciente.
12. Ella oye esto.

Q. Sigan el modelo.

> *¿Quién lo saca?*
> *Yo no. Que lo saque otro.*

1. ¿Quién lo empieza?
2. ¿Quién lo dirige?
3. ¿Quién lo busca?
4. ¿Quién lo toca?
5. ¿Quién lo paga?
6. ¿Quién lo conduce?
7. ¿Quién lo concluye?
8. ¿Quién lo mide?
9. ¿Quién lo destruye?
10. ¿Quién lo escoge?

CUADRO 8

El conflicto

PREPARANDO LA ESCENA El hombre no es siempre dueño de su destino. Sin embargo, necesita sobrevivir. Así mantiene una lucha constante contra las fuerzas de la fortuna. A veces es una lucha contra la rutina diaria; otras veces es una lucha contra fuerzas mayores. El hombre es un producto interesante... creado por Dios, moldeado por su ambiente, forjado por las fuerzas invisibles que están dentro de él y templado por las circunstancias.

En el fondo del caño hay un negrito

por José Luis González

INTRODUCCIÓN

El puertorriqueño José Luis González es un autor moderno que escribe mucho sobre el tema del desempleado. En el cuento que sigue nos habla del desafortunado que llega del campo a la ciudad en busca de trabajo. Las dificultades materiales de la vida lo hacen establecerse con su familia en el arrabal construido sobre las márgenes de un caño. Y allí mantiene la lucha contra el ambiente que le engolfa.

GUÍA DE ESTUDIO

Un caño es un canal o un brazo del mar. Sobre las tierras pantanosas del caño cerca de la ciudad de San Juan, Puerto Rico, creció el arrabal... nido de pobreza, con un amontonamiento de familias, casuchas de aspecto despectivo y condiciones insalubres. Entre los arrabales más conocidos están El Fanguito y La Perla.

El ineducado, muchas veces, habla un idioma vulgar, lleno de expresiones familiares. Al leer este cuento, fíjese en el dialecto de los campesinos.

Este cuento se divide perfectamente en sus tres componentes: (a) *La exposición* empieza con las palabras «la primera vez». (b) *El desarrollo* empieza con las palabras «la segunda vez». (c) *El desenlace* empieza con las palabras «la tercera vez».

PALABRAS CLAVE

1. **arrabal** barrio, suburbio
   Mucha gente pobre vive en el arrabal cerca del río.
   La gente del _____ cerca del río es muy pobre.

2. **atardecer** última parte de la tarde
   El padre de la familia trabaja desde la mañana hasta el atardecer.
   El _____ en el desierto es muy hermoso.

3. **caño** canal angosto, un brazo del mar
   El caño era muy sucio.
   Anoche fuimos al _____ a ver a un amigo mío.

4. **chupándose (chuparse)** acción de producir succión con los labios (sucking)
   La niña andaba chupándose los dedos.
   La niña estaba _____ el dedo gordo.

5. **extrañeza** sorpresa, admiración, asombro
   El padre recibió la noticia de su hija con extrañeza.
   La madre miraba la tarjeta de su hija con _____ porque traía tantas notas buenas.

6. **flojamente** perezosamente
   La madre le habló flojamente porque estaba enferma.
   Le habló _____ porque estaba medio dormido.

7. **habichuelas** fruto de una planta leguminosa (kidney beans)
   En Puerto Rico la gente come mucho arroz con habichuelas.
   Me gustan las _____ bien preparadas.

8. **hacía (hacer) gracia** causaba diversión
   Le hacía gracia que el niño supiera bailar.
   A todos les _____ esta foto.

9. **se incorporó (incorporarse)** sentó el cuerpo que estaba antes acostado (straightened up)
   Cuando se levantó Estela de la cama, se incorporó en seguida.
   El enfermo _____ cuando llegó el doctor.

10. **llanto** efusión de lágrimas con lamentos (weeping, flood of tears)
    El niño de la pescadora tenía un llanto que destrozaba el alma.
    El _____ interminable del niño le hacía nervioso.

11. **maldad** malicia, vicio
    Todo lo que hacía el niño era sin maldad.
    Los niños inocentes nunca hacen nada con _____.

12. **mudanza** cambio de domicilio
    El trabajo de la mudanza le cansó.
    La _____ le costó más de lo que valían los muebles.

13. **remó (remar)** hizo adelantar una embarcación con el movimiento de los remos (rowed a boat, paddled)
    El indio remó en su bote hasta la orilla.
    Ricardo _____ desde la una hasta las tres, para poder llegar a tiempo.

14. **sobresaltada** asustada, nerviosa, alterada
    Anoche tuve una pesadilla y me desperté sobresaltada.
    La niña se puso _____ cuando perdió su libro.

15. **soga** cuerda (rope)
    Margarita tenía una soga larga.
    Las niñas de la vecina juegan con una _____.

16. **súbito** inmediato, violento, impetuoso
    Teresa se levantó de súbito cuando escuchó la explosión.
    Roberto fue movido por un sentimiento _____ a hacer algo que nunca había hecho.

17. **susto** impresión de miedo (scare, sudden terror)
    El perro le dio un susto tremendo a la niña.
    El _____ que le dieron le dejó enfermo.

"The Chessboard" por Juan Gris   Collection, The Museum of Modern Art, New York

gateando	on all fours, like a cat
montón de sacos vacíos	pile of empty sacks
semidesnuda	half-naked
¡eche p'adentro!	¡échate para adentro! (get inside!)
¡Diantre 'e muchacho desinquieto!	Drat that restless kid!
chupándose un dedito	sucking his finger

La primera vez que el negrito Melodía vio al otro negrito en el fondo del caño fue temprano en la mañana del tercer o cuarto día después de la mudanza, cuando llegó gateando hasta la única puerta de la nueva vivienda y se asomó para mirar hacia la quieta superficie del agua allá abajo.

Entonces el padre, que acababa de despertar sobre el montón de sacos vacíos extendidos en el piso junto a la mujer semidesnuda que aún dormía, le gritó:

—Mire..., ¡eche p'adentro! ¡Diantre 'e muchacho desinquieto!

Y Melodía, que no había aprendido a entender las palabras, pero sí a obedecer los gritos, gateó otra vez hacia adentro y se quedó silencioso en un rincón, chupándose un dedito porque tenía hambre.

147   En el fondo del caño hay un negrito

El hombre se incorporó sobre los codos. Miró a la mujer que dormía a su lado y la sacudió flojamente por un brazo. La mujer despertó sobresaltada, mirando al hombre con ojos de susto. El hombre se rió. Todas las mañanas era igual: la mujer despertaba con aquella cara de susto que a él le provocaba una gracia sin maldad. Le hacía gracia verla salir así del sueño todas las mañanas.

El hombre se sentó sobre los sacos vacíos.

—Bueno—se dirigió entonces a ella—. Cuela el café.

La mujer tardó un poco en contestar:

—No queda.

—¿Ah?

—No queda. Se acabó ayer.

El casi empezó a decir «¿Y por qué no compraste más?» pero se interrumpió cuando vio que la mujer empezaba a poner aquella otra cara, la cara que a él no le hacía gracia y que ella sólo ponía cuando él le hacía preguntas como ésa. A él no le gustaba verle aquella cara a la mujer.

—¿Conque se acabó ayer?

—Ajá.

La mujer se puso de pie y empezó a meterse el vestido por la cabeza. El hombre, todavía sentado sobre los sacos vacíos, derrotó su mirada y la fijó un rato en los agujeros de su camiseta.

Melodía, cansado ya de la insipidez del dedo, se decidió a llorar. El hombre lo miró y preguntó a la mujer:

—¿Tampoco hay na' pal nene?

—Sí... Conseguí unas hojitah 'e guanábana. Le guá'cer un guarapillo 'horita.

—¿Cuántos díah va que no toma leche?

—¿Leche?—la mujer puso un poco de asombro inconsciente en la voz—. Desde antier.

El hombre se puso de pie y se metió los pantalones. Después se acercó a la puerta y miró hacia afuera. Le dijo a la mujer:

—La marea 'ta alta. Hoy hay que dir en bote.

Luego miró hacia arriba, hacia el puente y la carretera. Automóviles, guaguas y camiones pasaban en un desfile interminable. El hombre sonrió viendo como desde casi todos los vehículos alguien miraba con extrañeza hacia la casucha enclavada en medio de aquel brazo de mar: el caño sobre cuyas márgenes pantanosas había ido creciendo hacía años el arrabal. Ese alguien por lo general empezaba a mirar la casucha cuando el automóvil o la guagua o el camión llegaba a la mitad del puente y después seguía mirando, volteando gradualmente la cabeza hasta que el automóvil, la guagua o el camión tomaba la curva allá delante. El hombre sonrió. Y después murmuró: «¡Caramba!»

A poco se metió en el bote y remó hasta la orilla. De la popa del bote a la puerta de la casa había una soga larga que permitía a

---

cuela   *drip*

ajá   *interjection denoting agreement*

agujeros de su camiseta   *holes in his undershirt*
insipidez   *insipidness, tastelessness*

¿Tampoco hay na' pal nene?   *¿Tampoco hay nada para el nene?*
unas hojitah 'e guanábana   *unas hojitas de guanábana (a few guanabana-custard apple leaves) (Notice the tendency in speech to replace the plural s sound with an aspirate sound.)*
Le guá'cer un guarapillo 'horita.   *Le voy a hacer un guarapillo ahora. (I'm going to fix a little tea for him right now.)*
asombro inconsciente   *unconscious surprise*
desde antier   *desde anteayer (since the day before yesterday)*
La marea 'tá alta. Hoy hay que dir en bote.   *La marea está alta. Hoy hay que ir en bote. (In the vernacular, certain Spanish-speaking people lop off syllables in rapid speech.)*
guaguas   *autobuses (en el Caribe)*
enclavada   *encerrada*
pantanosas   *marshy*

148   El conflicto

quien quedara en la casa atraer nuevamente el bote hasta la puerta. De la casa a la orilla había también un puentecito de madera, que se cubría con la marea alta.

Ya en la orilla, el hombre caminó hacia la carretera. Se sintió mejor cuando el ruido de los automóviles ahogó el llanto del negrito en la casucha.

* * *

La segunda vez que el negrito Melodía vio al otro negrito en el fondo del caño fue poco después del mediodía, cuando volvió a gatear hasta la puerta y se asomó y miró hacia abajo. Esta vez el negrito en el fondo del caño le regaló una sonrisa a Melodía. Melodía había sonreído primero y tomó la sonrisa del otro negrito como una respuesta a la suya. Entonces hizo así con la manita, y desde el fondo del caño el otro negrito también hizo así con su manita. Melodía no pudo reprimir la risa, y le pareció que también desde allá abajo llegaba el sonido de otra risa. La madre lo llamó entonces porque el segundo guarapillo de hojas de guanábana ya estaba listo.

Dos mujeres, de las afortunadas que vivían en tierra firme, sobre el fango endurecido de las márgenes del caño, comentaban:

—Hay que velo. Si me lo 'bieran contao, 'biera dicho qu'era embuste.

—La necesidá, doña. A mí misma, quién me 'biera dicho que yo diba llegar aquí. Yo que tenía hasta mi tierrita...

—Pueh nojotroh fuimoh de los primeroh. Casi no 'bía gente y uno cogía la parte máh sequecita, ¿ve? Pero los que llegan ahora, fújese, tienen que tirarse al agua, como quien dice. Pero, bueno, y ... esa gente, ¿de onde diantre haberán salío?

—A mí me dijeron que por aí por Isla Verde 'tán orbanizando y han sacao un montón de negroh arrimaoh. A lo mejor son d'esoh.

—¡Bendito...! ¿Y usté se ha fijao en el negrito qué mono? La mujer vino ayer a ver si yo tenía unas hojitah de algo pa' hacerle un guarapillo, y yo le di unas poquitah de guanábana que me quedaban.

—¡Ay, Virgen, bendito...!

Al atardecer, el hombre estaba cansado. Le dolía la espalda. Pero venía palpando las monedas en el fondo del bolsillo, haciéndolas sonar, adivinando con el tacto cuál era un vellón, cuál de diez, cuál una peseta. Bueno... hoy había habido suerte. El blanco que pasó por el muelle a recoger su mercancía de Nueva York. Y el obrero que le prestó su carretón toda la tarde porque tuvo que salir corriendo a buscar a la comadrona para su mujer, que estaba echando un pobre más al mundo. Sí, señor. Se va tirando. Mañana será otro día.

---

hizo así con la manita he waved as little children do with tiny clenched fist
fango endurecido hardened mud
hay que velo hay que verlo
Si me lo 'bieran contao, ... embuste. Si me lo hubieran contado, hubiera dicho que era embuste.
quién me 'biera dicho ... aquí quién me hubiera dicho que yo iba a llegar aquí
Pueh nojotroh fuimoh de los primeroh. Pues nosotros fuimos de los primeros.
Casi no 'bía gente..., ¿ve? Casi no había gente y uno cogía la parte más sequecita, ¿ve? (There was hardly anyone here, and one chose the driest part, you see?)
fújese fíjese
como quien dice as one says
¿de onde diantre haberán salío? ¿de dónde diantre habrán salido?
por aí por allí
'tán orbanizando ... negroh arrimaoh están urbanizando y han sacado un montón de negros arrimados
son d'esoh son de esos
bendito "blessed," expression of sympathy
¿Y usté se ha fijao en el negrito qué mono? ¿Y Ud. se ha fijado en el negrito qué mono? (Have you noticed how cute their little one is?)
unas hojitah de algo ... quedaban unas hojitas de algo para hacerle un guarapillo, y yo le di unas poquitas de guanábana que me quedaban (a few leaves of something to make him a little tea, and I gave her a few guanabana leaves that I had left)
palpando feeling, handling
vellón five-cent piece
comadrona midwife
se va tirando one struggles along

colmado *general store*   Se metió en un colmado y compró café y arroz y habichuelas y unas latitas de leche evaporada. Pensó en Melodía y apresuró el paso. Se había venido a pie desde San Juan para no gastar los cinco centavos de la guagua.

* * *

La tercera vez que el negrito Melodía vio al otro negrito en el fondo del caño fue al atardecer, poco antes de que el padre regresara. Esta vez Melodía venía sonriendo antes de asomarse, y le asombró que el otro también se estuviera sonriendo allá abajo. Volvió a hacer así con la manita y el otro volvió a contestar. Entonces Melodía sintió un súbito entusiasmo y un amor indecible hacia el otro negrito. Y se fue a buscarlo.

PARA LA COMPRENSIÓN

1. ¿Cuándo fue que Melodía vio al otro negrito por primera vez?
2. ¿Dónde lo vio?
3. ¿Cómo llegó hacia la puerta?
4. ¿En qué dormía el padre?
5. ¿Por qué se chupaba el dedo Melodía?
6. ¿Cómo se incorporó el hombre?
7. ¿Cómo despertó a la mujer?
8. Después de despertarla, ¿qué le pidió el hombre a la mujer?
9. ¿Había café o no? ¿Por qué?
10. Cuando comenzó a llorar Melodía, ¿qué le preguntó el hombre a la mujer?
11. ¿Qué había conseguido ella para el nene?
12. ¿Qué hizo el hombre antes de acercarse a la puerta?
13. ¿Cómo estaba la marea?
14. ¿Qué indicaba eso?
15. ¿Qué pasaba continuamente por el puente?
16. ¿Qué hacían por lo general los que miraban la casucha desde el puente?
17. Al meterse en el bote, ¿qué hizo?
18. ¿Para qué servía la soga que tenía el bote?
19. ¿Cuándo fue la segunda vez que Melodía vio al negrito?
20. ¿Qué le regaló el negrito a Melodía?
21. ¿Qué seña le hizo Melodía al negrito?
22. Cuando lo llamó su mamá, ¿qué le había preparado?
23. Relate lo que pueda de la conversación de las dos mujeres de la tierra firme.
24. ¿Cómo se sentía el hombre al atardecer?
25. ¿Qué traía en el bolsillo?
26. Relate tres sucesos sobresalientes del día.
27. ¿Qué compró en el colmado?
28. ¿Por qué se fue a pie desde San Juan?
29. ¿Cuándo vio Melodía al negrito por tercera vez?
30. Cuando el negrito le hizo así con la manita, ¿qué sintió Melodía?
31. ¿Qué hizo después?

EJERCICIOS DE VOCABULARIO

A. Contesten a las siguientes preguntas según la indicación.

1. ¿Cómo contestó ella?   **flojamente**
2. ¿Cuándo salieron al caño?   **al atardecer**
3. ¿Lo hizo a propósito?   **sí, con maldad**
4. ¿Qué quieres comer esta noche?   **habichuelas**
5. ¿Con qué lo van a atar?   **soga**
6. ¿Qué le dio el ruido?   **susto**
7. ¿Cómo van a atravesar el río?   **remar**
8. ¿Dónde viven los pobres?   **en aquel arrabal**

B. Den el sinónimo de las palabras en letra negrita.

1. Ella recibió la carta con **asombro**.
2. ¿Dónde está la **cuerda**?
3. Siempre lo hace con **malicia**.
4. Ella se puso **asustada**.
5. Esto me **parece divertido**.
6. Ella lo hizo **sin ánimo**.

EJERCICIOS CREATIVOS

1. Tome el papel del hombre y explíquele al policía que investiga los acontecimientos (mejor si en forma de diálogo).
2. Describa las condiciones sociales como se ven en este cuento.

Los tres besos

por Horacio Quiroga

INTRODUCCIÓN

El conflicto puede ser algo muy personal. A veces se quieren dos cosas incompatibles. Para el hombre de este cuento la vida y el amor representan tal conflicto: tiene la vida pero anhela el amor, y ofrece la vida a cambio del amor. Cuando llega el momento de la verdad se vuelve atrás, duda, pide prórroga porque también quiere la vida.

Por su debilidad e indecisión descubre al final, ya demasiado tarde, que la vida le ha pasado sin haber alcanzado el ideal que ansiaba.

El autor, Horacio Quiroga, (1878–1937) es uruguayo. Cuentista por excelencia, ha escrito, entre otros, cuentos de horror, cuentos de interés psicológico, historias humorísticas, cuentos de exploración por el mundo de la subconsciencia, cuentos de la selva y alegorías. *Los tres besos* pertenece a esta última categoría.

GUÍA DE ESTUDIO

Un cuento alegórico es un cuento en el cual los personajes, las cosas y los sucesos tienen otro significado... como en las fábulas o las parábolas. La alegoría se emplea para explicar o para enseñar.

En este cuento el conflicto entre la vida y el amor representa todo conflicto entre un ideal y el sacrificio real que hay que hacer para alcanzarlo. El autor selecciona el amor y la vida por constituir fuerzas fundamentales que todos podemos comprender y sentir. Pero la verdadera fuerza alegórica del cuento está en que representa no sólo el amor romántico y la muerte física. Representa también, por ejemplo, el conflicto del que siente una vocación religiosa pero teme al sacrificio que la entrega completa a Dios requiere. Si uno no se decide, puede descubrir, demasiado tarde, que le ha pasado la vida y no ha alcanzado nada.

En el último párrafo Horacio Quiroga se refiere al joven poeta, al artista y al filósofo. Les dice que tienen que entregar la vida para alcanzar la cumbre en su vocación. Si no la entregan, comprenderán muy tarde que ha pasado la vida inútilmente.

«Angel» por Jesús Reyes Ferreira

Collection, The Museum of Modern Art, New York; Gift of Mrs. Edgar J. Kaufmann

El conflicto

PALABRAS CLAVE

1. **a gusto**   satisfecho, contento
   María se hallaba a gusto conversando con Juan.
   Daniel estaba sentado muy _____ tomando un helado.

2. **aplacada**   calmada
   El quería comer, pero ella tenía el hambre aplacada porque había comido dulces.
   Con una limonada fresca queda _____ la sed.

3. **atreves (atreverse)**   te decides, te aventuras, te resuelves (dare)
   Alfredo no quiso atreverse a comprar el automóvil usado.
   ¡Cómo te _____ a volver!

4. **comparecer**   presentarse, hacer acto de presencia
   Rodolfo tuvo que comparecer ante al juez por la infracción de tráfico que cometió.
   Miguelito tiene que _____ ante el director de la escuela para recibir su premio.

5. **complacido**   contento, alegre, satisfecho, gustoso
   Rodolfo se encuentra muy complacido con la compra del nuevo automóvil.
   Se encontraba _____ porque iba a vivir muchos años.

6. **don**   regalo, gracia especial para hacer las cosas, talento
   El sacerdote tenía el don de hablar.
   Es evidente que María tiene el _____ de hacer amistades.

7. **honores**   fama, celebridad, gloria
   Hugo Avendaño es el cantante que ha traído a México más honores.
   La vida le había dado alegría y _____, pero no le había dado riquezas.

8. **intruso**   el que había entrado sin derecho
   Al rato habló el intruso y dijo: —Yo soy tu amigo.
   La maestra dejó de hablar para ver al _____.

9. **renombre**   fama, reputación, celebridad, honra, gloria
   Mario Moreno ha recibido renombre por su papel de «Cantinflas».
   Los astronautas americanos han traído _____ a los Estados Unidos.

10. **repuso (reponer)**   replicó, respondió, contestó
    —Soy tu amigo—repuso el juez, y le perdonó la infracción.
    —Yo le ayudo—_____ Juan, y se fue a ayudarle.

11. **sombría**   triste, melancólica, apenada
    La madre estaba sombría por el fallecimiento de su idolatrado hijo.
    El hombre hablaba en voz _____.

12. **tiene (tener) la culpa**   es responsable
    María Elena tiene la culpa de haber olvidado la fecha.
    El no _____ de ser guapo en vez de rico.

13. **transcurrido (transcurrir)**   pasado
    Han transcurrido muchos años desde que Juan era niño.
    Ha _____ mucho tiempo desde la última vez que vimos a su familia.

14. **vejez**   edad madura, antigüedad
    Don Juan Tenorio no esperaba que la vejez le llegara algún día.
    El tío Alejandro llegó a ser un hombre muy famoso en su _____.

15. **vela (velar)**   cuida a, vigila, mira, tiene cuidado de
    Juan vela constantemente por sus hermanos menores.
    La madre _____ continuamente al hijo enfermo.

16. **velados**   ocultos, secretos, escondidos
    La policía tiene planes velados para aprehender al criminal.
    Don Luciano tiene planes _____ de los que nadie sabe.

Había una vez un hombre con tanta sed de amar, que temía morir sin haber amado bastante. Temía sobre todo morir sin haber conocido uno de esos paraísos de amor a que se entra una sola vez en la vida por los ojos claros u oscuros de una mujer.

—¿Qué haré de mí—decía—si la hora de la muerte me sobrecoge sin haberlo conseguido? ¿Qué he amado yo hasta ahora? ¿Qué he abrazado? ¿Qué he besado?

Tal temía el hombre; y ésta es la razón por la cual se quejaba al destino de su suerte.

Pero he aquí que mientras tendido en su cama se quejaba, un suave resplandor se proyectó sobre él, y volviéndose vio a un ángel que le hablaba así:

—¿Por qué sufres, hombre? Tus lamentos han llegado hasta el Señor, y he sido enviado a ti para interrogarte. ¿Por qué lloras? ¿Qué deseas?

El hombre miró con vivo asombro a su visitante, que se mantenía tras el respaldo de la cama con las alas plegadas.

—Y tú, ¿quién eres?—preguntó el hombre.

—Ya lo ves—repuso el intruso con dulce gravedad—tu ángel de la guarda.

—¡Ah, muy bien!—dijo el hombre, sentándose del todo en la cama—. Yo creía que a mi edad no tenía ya ángel guardián.

—¿Y por qué?—contestó sonriendo el ángel.

Pero el hombre había sonreído también, porque se hallaba a gusto conversando a su edad con un ángel del cielo.

—En efecto—repuso—, ¿por qué no puedo tener todavía un ángel guardián que vele por mí? Estaría muy contento, mucho, de saberlo—agregó en voz baja y sombría al recordar su aflicción—si no fuera totalmente inútil . . .

—Nada es inútil cuando se desea y se sufre por ello—replicó el ángel de la guarda—. La prueba la tienes aquí; ¿no has elevado la prueba de tu deseo y tu sufrimiento? El Señor te ha oído. Por segunda vez te pregunto: ¿Qué quieres? ¿Cuál es tu aspiración?

El hombre observó por segunda vez la niebla nacarada que era su ángel.

—¿Y cómo decírtela? Nada tiene ella de divino . . . ¿Qué podrías hacer tú?

—Yo, no; pero el Señor todo lo puede. ¿Persigues algo?

—Sí.

—¿Puedes obtenerlo por tus propias fuerzas?

—Tal vez sí . . .

me sobrecoge — surprises me, catches me unaware

suave resplandor se proyectó sobre él — soft light fell upon him

tras el respaldo . . . plegadas — behind the back of the bed with folded wings

del todo — entirely

niebla nacarada — pearly mist

154   El conflicto

—¿Y por qué te quejas a la Altura si sólo en ti está el conseguirlo?

—Porque estoy desesperado y tengo miedo. ¡Porque temo que la muerte llegue de un momento a otro sin que haya yo obtenido un solo beso de gran amor! Pero tú no puedes comprender lo que es esta sed de los hombres. ¡Tú eres de otro cielo!

—Cierto es—repuso la divina criatura con una débil sonrisa—. Nuestra sed está aplacada . . . ¿Temes, pues, morir sin haber alcanzado un gran amor . . . un beso de gran amor, como dices?

—Tú mismo lo repites.

—No sufras, entonces. El Señor te ha oído ya y te concederá lo que pides. Pronto seré contigo. Hasta luego.

—*A tantôt*—respondió el hombre, sorprendido.— Y no había vuelto aún de su sorpresa cuando el respaldo de la cama se iluminaba de nuevo y oía al ángel que le decía:

—La paz sea contigo. El Señor me envía para decirte que tu deseo es elevado y tu dolor sincero. La eterna vida que exiges para satisfacer tu sed, no puede serte acordada. Pero, de conformidad con tu misma expresión, el Señor te concede tres besos. Podrás besar a tres mujeres, sean quienes fueren; pero el tercer beso te costará la vida.

—¡Angel de mi guarda!—exclamó el hombre, poniéndose pálido de dicha—. ¿A tres mujeres, las que yo elija? ¿A las más hermosas? ¿Puedo ser amado por ellas con sólo que lo desee?

—Tú lo has dicho. Vela únicamente por tu elección. Tres besos serán tuyos; mas con el tercero morirás.

—¡Angel adorado! ¡Guardián de mi alma! ¿Cómo es posible no aceptar? ¿Qué me importa perder la vida, si ello no se me ofrece más que como un medio para alcanzar mi vida misma, que es amar? ¿A tres mujeres dices? ¿Distintas?

—Distintas, a tu elección. No levantes, pues, más tus quejas a la Altura. Sé feliz . . . Y no te olvides.

Y el ángel desapareció, en tanto que el hombre salía apresuradamente a la calle.

No vamos a seguir al afortunado ser en las aventuras que el divino y desmesurado don le permitió. Bástenos saber que en un tiempo más breve del preciso para contarlo prodigó las dos terceras partes de su bien, y que cuando se adelantaba ya a conquistar su postrer beso, la muerte cayó sobre él inesperadamente. El hombre, muy descontento, pidió comparecer ante el Señor, lo que le fue concedido.

—¿Quién es éste?—preguntó el Señor al ángel guardián que acompañaba al hombre.

—Es aquél, Señor, a quien concediste el don de los tres besos.

—Cierto es—contestó el Señor—. Me acuerdo. ¿Y qué desea ahora?

à tantôt   *see you presently (a French expression)*

sean quienes fueren   *whoever they may be*

desmesurado   *excessive*

—Señor—repuso el hombre mismo—. He muerto por sorpresa. No he tenido tiempo de disfrutar el don que me otorgaste. Pido volver a la vida para cumplir mi misión.

—Tú solo tienes la culpa—dijo el Señor—. ¿No hallabas mujer digna de ti?

—No es esto . . . ¡Es que la muerte me tomó tan de sorpresa!

—Bien. Tornarás a vivir y aprovecha el tiempo. Ya estás complacido; ve en paz.

Y el hombre se fue; mas aunque en esta etapa de su vida extendió más el intervalo de sus besos, la muerte llegó cuando menos lo esperaba, y el hombre tornó a comparecer ante el Señor.

—Aquí está de nuevo, Señor—dijo el ángel guardián—el hombre que ya murió otra vez.

Pero el Señor no estaba contento de la visita.

—¿Y qué quiere éste ahora?—exclamó—. Le hemos concedido todo lo que quería.

Y volviéndose al hombre:

—¿Tampoco hallaste esta vez la mujer?

—La buscaba, Señor, cuando la muerte . . .

—¿La buscabas de verdad?

—Con toda el alma. ¡Pero he muerto! Soy muy joven, Señor, para morir todavía.

—Eres difícil de contentar. ¿No cambiaste tú mismo la vida por esos tres besos que te dan tanto trabajo? ¿Quieres que te retire el don? Tienes aún tiempo de alcanzar una larga vida.

—¡No, no me arrepiento!

—¿Qué, entonces? ¿No son bastante hermosas las mujeres de tu planeta?

—Sí, sí. ¡Déjame vivir aún!

—Ve, pues. No sueñes con otra clase de mujeres; y busca bien, porque no quiero oír hablar más de ti.

Dicho esto, el Señor se volvió a otro lado, y el hombre bajó muy contento a vivir de nuevo en la tierra.

Pero por tercera vez repitióse la aventura, y el hombre sorprendido en plena juventud por la muerte, subió por cuarta vez al Cielo.

—¡No acabaremos nunca con este personaje!—exclamó al verlo el Señor, que entonces reconoció en seguida al hombre de los tres besos—. ¿Cómo te atreves a volver a mi presencia? ¿No te dije que quería verme libre de ti?

Pero el hombre no tenía ya en los ojos ni en la voz el calor de las otras ocasiones.

—¡Señor!—murmuró—. Sé bien que te he desobedecido, y merezco tu castigo . . . ¡Pero demasiada culpa fue el don que me concediste!

—¿Y por qué? ¿Qué te falta para conseguirlo? ¿No tienes juventud, talento, corazón?

—¡Sí, pero me falta tiempo! ¡No me quites la vida tan rápidamente! ¡En las tres veces que me has concedido vivir de nuevo, cuando más viva era mi sed de amar, cuando más cerca estaba de la mujer soñada, tú me enviabas la muerte! ¡Déjame vivir mucho, mucho tiempo, de modo que por fin pueda satisfacer esta sed de amar!

El Señor miró entonces atentamente a este hombre que quería vivir mucho para conseguir a la vejez lo que no alcanzaba en su juventud. Y le dijo:

—Sea, pues, como lo deseas. Vuelve a la vida y busca a la mujer. El tiempo no te faltará para ello; ve en paz.

Y el hombre bajó a la tierra, muchísimo más contento que las veces anteriores, porque la muerte no iba a cortar sus días juveniles.

Entonces el hombre que quería vivir dejó transcurrir los minutos, las horas y los días, reflexionando, calculando las probabilidades de felicidad que podía devolverle la mujer a quien entregara su último beso.

—Cuanto más tiempo pase—se decía—más seguro estoy de no equivocarme.

Y los días, los meses y los años transcurrían, llenando de riquezas y honores al hombre de talento que había sido joven y había tenido corazón. Y el renombre trajo a su lado las más hermosas mujeres del mundo.

—He aquí, pues, llegado el momento de dar mi vida—se dijo el hombre.

Pero al acercar sus labios a los frescos labios de la más bella de las mujeres, el hombre viejo sintió que ya no los deseaba. Su corazón no era ya capaz de amar. Tenía ahora cuanto había buscado impaciente en su juventud. Tenía riquezas y honores. Su larga vida de contemporización y cálculo habíale concedido los bienes velados al hombre que no vuelve la cabeza por ver si la muerte lo acecha al gemir de pasión en un beso. Sólo le faltaba el deseo, que había sacrificado con su juventud.

Joven poeta, artista, filósofo: no vuelvas la cabeza al dar un beso, ni vendas al postrero el ideal de tu joven vida. Pues si la prolongas a su costa, comprenderás muy tarde que el supremo canto, el divino color, la sangrienta justicia, sólo valieron mientras tuviste corazón para morir por ellos.

contemporización y cálculo
compromising and hesitating
si la muerte lo acecha al gemir de pasión en un beso *if death lies in ambush at the thrill of a kiss*

PARA LA COMPRENSIÓN

1. ¿De cuántos besos habla el cuento?
2. ¿Qué clase de sed tenía el hombre del cuento?
3. ¿Por qué no quería morir todavía?
4. ¿Por qué se quejaba al destino de su suerte?
5. ¿Quién se le apareció un día?
6. ¿Cómo miró el hombre a su visitante?
7. Relate algo de la conversación entre los dos.
8. ¿Por qué se sentía a gusto el hombre?

9. ¿Quería el ángel ayudarlo?
10. Relate la discusión entre el ángel y el hombre en relación a lo que el hombre aspiraba.
11. ¿Qué le prometió el ángel?
12. ¿Cuánto tiempo tardó el ángel en ir al Cielo y volver?
13. ¿Qué le concedió el Señor al hombre?
14. ¿Qué precio tenía el último beso?
15. ¿Le importaba al hombre morir por el último beso?
16. Al irse el ángel, ¿qué le dijo?
17. ¿Cuánto tiempo tardó en conquistar a las dos primeras mujeres?
18. Y luego, ¿qué le sucedió?
19. Relate algo de la escena cuando el hombre comparece ante el Señor.
20. ¿De qué hablaron el hombre y el Señor?
21. ¿Qué le concedió el Señor esta vez?
22. ¿Encontró a la mujer que buscaba esta vez?
23. ¿Cuántas veces volvió a morir el hombre?
24. ¿Qué dijo el Señor al verle la cuarta vez?
25. ¿Cómo era él en su cuarta llegada al Cielo?
26. ¿Le concedieron más vida al hombre?
27. ¿Cómo buscó el último beso?
28. ¿Qué efecto tienen los años sobre él?
29. Cuando por fin encontró a la más bella de las mujeres, ¿qué pasó?
30. ¿Qué consejo da el autor al joven lector?

EJERCICIOS DE VOCABULARIO

A. Completen las siguientes oraciones con la palabra apropiada.

1. Aquel señor tiene el _____ de hablar.
2. La juventud se va de prisa, y pronto llega la _____.
3. Sus buenas obras ante Dios le han traído muchos _____.
4. El tiene _____ de ser gran poeta.
5. El señor está muy _____ desde que ha encontrado un verdadero amor.
6. El pobre enfermo echó una sonrisa _____.
7. Tenemos que _____ al viejo enfermo.
8. Ellos tienen que _____ ante el Creador.
9. Tengo _____ el apetito después de comer.
10. ¿Quién es aquel _____ que no fue invitado?

B. Den un sinónimo de las palabras en letra negrita.

1. —No te preocupes—**contestó** el ángel.
2. El está muy **contento** con el resultado.
3. Están **ocultos** allí.
4. Es él que **es responsable**.
5. Su gran anhelo está **calmado**.
6. Ese tiene **fama** de ser tan bondadoso.
7. Debes olvidar lo **pasado**.
8. Tenía una expresión **triste**.

C. Den el antónimo de las palabras en letra negrita.

1. Se acerca el momento **del nacimiento**.
2. El hombre **volvió**.
3. Nunca he conocido a un señor con tanta sed de **odiar**.
4. El hombre subió muy **contento**.
5. Llegó el **diablo** a su alcoba.
6. La sombra **apareció**.

EJERCICIOS CREATIVOS

1. Escriba un resumen de *Los tres besos*. Explique en sus propias palabras la moraleja.
2. ¿Está Ud. de acuerdo con el consejo del autor? ¿Por qué?

El día del juicio

por Gastón García Cantú

INTRODUCCIÓN

En el cuento de *Los tres besos* el hombre no supo alcanzar su ideal por indecisión. Ahora Ud. va a leer de un hombre quien no sólo sabía lo que quería, sino que también lo alcanzaba a toda costa. Pero tras una vida de engaño al detrimento de la humanidad, llega el día del juicio . . .

Gastón García Cantú (mexicano, 1917–) cumple su misión como escritor y como hombre. Nos señala los defectos y los engaños que encuentra en la vida; a otros les corresponde el deber de corregirlos.

GUÍA DE ESTUDIO

Este cuento se desarrolla por medio de unas escenas retrospectivas. Presenciamos unas honras fúnebres para el difunto don Joaquín Melgarejo. Por los pensamientos de una de las personas allí reunidas, sabemos qué clase de persona era el difunto.

Las escenas retrospectivas son interrumpidas y puntuadas por la voz sonora de la mujer, cantando: —¡Ruega por él!

PALABRAS CLAVE

1. **advertido (advertir)** acción de tener en cuenta alguna cosa, observado

    Queda advertido que el libro está en el estante situado frente a la puerta principal de la biblioteca.
    Quedó _____ el cambio de fecha de la reunión.

2. **afilada** cortante (sharp, cutting)

    La navaja está tan afilada que es mejor no dejarla en la mesa.
    La voz _____ del orador causaba dolor de cabeza.

3. **almacén** depósito, bodega, tienda

    El tío Alvaro tenía un almacén de aceite.
    No podemos comprar vino en este _____.

4. **cirios** candelas, velas

    En los funerales queman cirios.
    En la calle Olvera venden _____ para quemar en los altares.

5. **comprensión** condescendencia, conocimiento, facultad de entender

   Es importante que tengas comprensión de lo que estás leyendo.
   Sin _____ mutua, los hermanos se van a separar.

6. **contraían (contraer)** adquirían

   Los campesinos contraían deudas grandes con los hacendados.
   Los pobres campesinos _____ deudas grandes.

7. **cuantioso** abundante, grande

   Los alimentos eran cuantiosos antes.
   También el tío Crecencio tenía un almacén _____ en su casa.

8. **dispersos** que están dispersados, sueltos

   Se congregaron todos los grupos dispersos y formaron uno solo.
   Los países _____ se juntaron y formaron una unión de estados.

9. **echen (echar)** expulsen, lancen, despidan

   Si te echan de allí, creo que volverás.
   Juan teme que lo _____ del equipo por no practicar con los demás jugadores.

10. **espejo** superficie que refleja los objetos (mirror)

    No tengo espejo en mi cuarto.
    El piso estaba tan brillante que parecía un _____.

11. **espuma** burbujas que forman un líquido (froth, foam)

    Al perro le salía espuma por la boca.
    Al hombre enfermo le salía _____ por la boca.

12. **falleciera (fallecer)** muriera

    Sus parientes le vieron antes que falleciera.
    Les parecía imposible que _____ el presidente tan joven.

13. **hincan (hincarse)** doblan la rodilla (kneel)

    En la iglesia todos se hincan de rodillas para rezar.
    Todos se _____ al entrar en la iglesia.

14. **humillación** degradación, ofensa, afrenta, desprecio

    Cuando le tuvo que ceder el puesto, sintió mucha humillación.
    La mujer sufrió _____ por amor a su familia.

15. **humo** mezcla de gases causada por un cuerpo en combustión

    A mí no me gustan los cuartos llenos de humo.
    El _____ del fuego formó una nube grande.

16. **implorante** suplicante (imploring)

    Su tono de voz era tan implorante que tuvo que cederle.
    Las mujeres piadosas repetían la letanía en voz _____.

17. **inmutable** inalterable, imperturbable, inconmovible

    La madre del héroe permaneció inmutable durante todo el programa.
    La viuda permaneció _____ porque ella conocía mejor al que había muerto.

18. **mago** brujo (magician)

    El mago hacía aparecer y desaparecer las cosas.
    El otro día trajeron un _____ a la escuela.

19. **pala** instrumento semejante a una cuchara que se usa para excavar (shovel)

    Joselito jugaba en la arena de la playa con una pala y un carrito de metal.
    Para sacar la tierra de una excavación se necesita una _____.

20. **promedio** término medio (average)

    El promedio de lo que pagaba semanalmente era la mitad de su salario.
    El _____ de lo que el campesino pagaba como impuesto era muy alto.

21. **queridas** amantes

    Don Luciano nunca tuvo queridas.
    Don Joaquín tenía muchas _____ aunque era hombre casado.

22. **robo** fraude

    La ley no permite ningún robo.
    Don Joaquín también había sido acusado de _____.

«**Parecía imposible** que alguna vez falleciera; sin embargo, allí está, en su gran caja de acero gris, rodeado de los que, como yo, somos testigos de la vida. Por las frases que han sido dichas en todos los sitios de esta casa, no fue sino trabajador, bueno, honrado y hasta patriota. No me agrada la muerte de nadie, pero quizá algunos tengamos paz al no ver sus pequeños ojos de tuza ni oir aquella voz aguda que le salía entre espumas de saliva.»

—¡Señores—dijo alguien que organizaba a los grupos dispersos —van a dar las ocho! ¡Por favor, acérquense para rezar el rosario!

«Me quedaré en este rincón. Si todos se hincan, yo puedo evitarlo por falta de espacio. ¿Por qué cubrirán los espejos con telas negras? Allí están las autoridades con don Ramón Gómez, don Apolinar, don Justo Ramírez... Todos los hombres importantes cuyos nombres aparecerán en la noticia del periódico. Las mujeres, en grupo, cerca de doña Luisa; unas, cruzadas de brazos, se miran, interminablemente, las manos; las más devotas han empezado, hace horas, a rezar; algunas tiran de sus pañuelos con los dientes, y miran hacia la puerta, no sin inquietud. Las llamas de los cirios palpitan sucesivamente, y una delgada columna negra se disuelve en el ambiente, que empieza a oler a sudor y gardenia. Casi me siento enfermo, pero debo estar aquí hasta muy tarde. Los hijos, sobre todo don Ramón, no me perdonarían que yo, uno de los contadores, saliera sin rezar... Dependo de ellos como hasta hace días de su padre. El mando se lo pasan los unos a los otros. No hay duda: la miseria también se hereda.»

El rosario había empezado. La presidenta de la Inmaculada era la que guiaba las oraciones. Su voz, imperiosa, requería la respuesta que todos daban: unos con firmeza; otros terminando las frases en murmullo imperceptible; los más veían como un débil viento movía las llamas de los cirios.

La puerta del zaguán se abría constantemente. Llegaron personas procedentes de todos los rumbos a la pequeña ciudad, que parecía suspendida en el tiempo por la muerte de don Joaquín Melgarejo.

«Seguramente los últimos que han entrado estarían en las habitaciones. El humo de los cigarrillos flota como niebla. Las oraciones se oyen por toda la casa. En el patio están los campesinos, sumisos y tristes. Don Joaquín no fue agricultor y, sin embargo, tenía atados por el cuello a estos pobres hombres. El era, y siempre se jactó de

"Rope and People" por Juan Miró
Collection, The Museum of Modern Art, New York

a pulso   *with the strength of my hand*

que rotuló   *that he called*

serlo, un comerciante. —¡Ah, don Isauro—me decía—si otra hubiera sido mi suerte, yo sería un financiero, de esos que hacen fortunas! Pero nací en un pueblo, nadie me ayudó y ya lo ve Ud., todo lo hago a pulso: sí, señor, a pulso y con el favor de Dios.»

«¿Cómo hizo sus cosas a pulso? Las versiones son contradictorias: lo único cierto es que un día abrió las puertas de una tienda que rotuló «El Patriotismo». Fue un negocio de tantos como había en la ciudad, pero mientras éstos permanecían en la misma situación durante años, el suyo fue creciendo, y de él obtuvo para construir

El conflicto

otras casas y organizar más negocios, como si algún mago, en la bodega, multiplicara el dinero.»

«No fue secreto para nadie. Todos sabían que descubrió en la angustia de un campesino lo que llamaba su tesoro. Cierto día llegó hasta «El Patriotismo» un hombre; pedía dinero prestado por tener a un hijo suyo en agonía; a pesar de comprar cuanto necesitaba en el comercio de don Joaquín, ese día, insistió éste, no había entrado un centavo. Las cosas, repitió una y otra vez, estaban a punto de provocar otra revolución. No había dinero, ni garantías, ni apoyo a la iniciativa de los particulares. El campesino insistía en la agonía de su hijo y en lo que costaban las medicinas: veinte pesos. —¿Pero cómo prestarle—respondía don Joaquín—lo que difícilmente gano en ocho días?— ¡Veinte pesos eran una suma fabulosa! Por fin, el campesino lanzó su última petición: devolvería cada ocho días un peso por la cantidad prestada y otro peso más de réditos. Además, le entregó en garantía una pala y varios objetos familiares.»

«El favor de don Joaquín se supo en las aldeas, los ranchos y la misma ciudad. Día tras día llegaban campesinos a solicitar dinero . . . nunca prestó más de veinte pesos . . . y a dejar en la trastienda lo que, poco a poco, invadió el patio y las habitaciones: arados, palas, azadones, reatas . . . Mil enseres humildes que eran otro almacén más cuantioso que el advertido al pasar por aquellas dos puertas pintadas de color verde . . .»

Había terminado la primera parte del rosario; empezó la letanía que las voces repetían firmes, implorantes o enérgicas: —¡Ruega por él!

«No hay duda: alcanzó fortuna. Alguna vez hice números y la proporción era increíble. En cada pago los réditos eran mayores; no se aplicaban a los saldos; seguían siendo los mismos: un peso; de esta manera, el promedio semanal era del dieciocho por ciento. Los campesinos creían que por veinte pesos devolvían veinte, pero la explotación de su ignorancia no tenía límites. Al pagar una deuda contraían, invariablemente, otra. Los que no pagaban caían en desgracia para siempre. Con razón me afirmaba con esa risa afilada que no terminaba nunca: —¡Mi fortuna fue y es de veinte pesos!»

—¡Ruega por él!

«La esposa parece inmutable. Nadie podría decir si acababa de llorar o lloró hace mucho tiempo. Obesa y con ese color amarillento, nadie sospecharía lo hermosa que fue. Ha sufrido humillaciones incontables . . .»

—¡Ruega por él!

«Deja en herencia varios millones. ¿Cuántos pueblos estaban en su lista? San Mateo Xochicalco, San Melchor de los Llanos . . . Más o menos diez mil habitantes cuyas cabezas de familia aceptaban una deuda que entre todos pagaban y así, por varias generaciones, durante más de treinta años.»

amaneció muerto a puñaladas *was found stabbed to death one morning*

—¡Ruega por él!

«Las autoridades lo ayudaron en todo; algunos por deberle dinero; otros, por la esperanza de que les concediera crédito. Cometió varios crímenes: aquel don Francisco, que pretendió tener un negocio como el suyo, amaneció muerto a puñaladas... Otro más, que quiso convencer a los campesinos del robo de que eran objeto, fue asaltado en el camino...»

—¡Ruega por él!

«Fue inmenso su poder. Los más importantes hombres, en el estado, lo tenían por su amigo. En su discurso, el juez le dijo: —Ud. es amo de los pilares en los que descansa la paz pública, ahora que está amenazada por...»

«Cuando entré a trabajar como escribiente, me pagaba cuarenta y cinco pesos mensuales. Nada tengo. Ahora me dan ciento ochenta. Vivo pobremente y debo la renta de la casa... Es posible que, a pesar de todo, los hijos me echen a la calle. Después del entierro se atacarán los unos a los otros como perros, aunque ya los tíos han recomendado comprensión y sobre todo decencia por el buen nombre que heredan. ¡Ya veremos!»

—¡Ruega por él!

«¿Y si alguno no me hubiera visto rezar? ¡Dios mío, son capaces de haber observado quienes mueven los labios y quienes no lo han hecho!»

—¡Ruega por él!

«No recordaré más a don Joaquín. Ya decía mi padre que de las almas juzgadas no debe ni pensarse.»

PARA LA COMPRENSIÓN

1. ¿Qué parecía imposible?
2. Sin embargo, ¿dónde estaba?
3. ¿Quiénes lo rodeaban?
4. Por lo que se había dicho de él ese día, ¿qué opinión podía formarse uno?
5. ¿Estaban de acuerdo todos los presentes?
6. ¿Quién los llamó a rezar el rosario?
7. ¿Qué hora era?
8. ¿Quiénes estaban allí?
9. Describa el sitio donde estaba el cuerpo de don Joaquín.
10. ¿Por qué permanecía allí el contador?
11. ¿Quién guiaba las oraciones del rosario?
12. ¿Qué clase de voz tenía ella?
13. Describa el rosario.
14. ¿Por qué se abría la puerta del zaguán constantemente?
15. ¿Quiénes estaban en el patio?
16. ¿Quién era don Isauro?
17. ¿Por qué sabía tanto don Isauro de la vida de don Joaquín?
18. ¿Qué clase de hombre había sido el difunto don Joaquín?
19. ¿Cómo se llamaba la tienda de don Joaquín?
20. ¿Por qué creció su negocio a través de los años?
21. ¿Dónde descubrió su tesoro don Joaquín?
22. Diga algo que pruebe que don Joaquín tomaba ventaja de los pobres campesinos.

"Burial of an Illustrious Man" por Mario Urteaga

Collection, The Museum of Modern Art, New York; Inter-American Fund

23. ¿Alcanzó fortuna don Joaquín?
24. ¿Cómo la formó?
25. Describa a su esposa.
26. ¿Había sido un esposo fiel el difunto?
27. ¿Qué relación tenía en vida con las autoridades?
28. ¿Cuánto ganaba don Isauro cuando comenzó a trabajar con don Joaquín?
29. ¿Qué harán los hijos después del entierro?
30. ¿Qué le decía su padre a don Isauro?

EJERCICIOS DE VOCABULARIO

A. Den el sinónimo de las palabras en letra negrita.
1. Lo **expulsaron** de la sala.
2. Todos se **pusieron** de rodillas.
3. Tiene **una bodega** en el centro.
4. El señor **murió** el ocho de octubre.
5. El es completamente **inconmovible**.
6. **Las velas** alumbraban la sala donde estaba el ataúd.
7. Ellos **tenían** deudas grandes en su almacén.

B. Completen las siguientes oraciones con una palabra apropiada.
1. El chico se miró en el _____.
2. Señores muy _____ llegaron de todas partes.
3. Se afeitaba con una navaja _____.
4. Tiene que ser un _____ que lo hizo desaparecer.
5. El término medio es el _____.
6. Cuando se rompen las olas del mar, hay mucha _____.
7. Ella rezó con una voz _____.
8. La pobre sufrió mucha _____ por los actos de su marido.

165 El día del juicio

C. Verdad o falso.
1. Cuando mucha gente fuma en la misma sala, hay mucha espuma.
2. Para cavar en la tierra hay que usar una pala.
3. El rey se hincó de rodillas delante sus sujetos.
4. Como él tiene tanta comprensión, es muy difícil hablar con él.
5. El humo puede molestar a los ojos.
6. Tan inmutable es que siempre cambia de opinión.
7. El nacimiento es igual que el fallecimiento.
8. Uno no debe cometer ningún robo.

EJERCICIOS CREATIVOS

1. Haga una lista de las injusticias cometidas por don Joaquín.
2. Imagínese que es Ud. el redactor del periódico regional. Describa de una manera objetiva la vela (*wake*) de don Joaquín, y dé una breve descripción de él y de su familia.
3. Llegamos a conocer a don Joaquín por los pensamientos de uno de sus empleados (don Isauro) de mucho tiempo. Si tuviéramos la oportunidad de verle por los ojos de otras personas, ¿qué dirían de él? Imagínese que es Ud.:
   a. La mujer de don Joaquín
   b. Uno de los hijos de don Joaquín
   c. Un campesino que le debía dinero a don Joaquín
4. Identifique el conflicto en cada una de las selecciones.

ESTRUCTURA

Los Pronombres de Complemento

COMPLEMENTOS DIRECTOS

El sustantivo que recibe la acción de un verbo es el objeto o el complemento directo. El pronombre que reemplaza el sustantivo complemento es el pronombre de complemento directo.

Los pronombres de complemento directo son:

me	nos
te	os
lo, la	los, las

Sin embargo, cuando en la tercera persona singular el complemento directo es una persona masculina, el pronombre puede ser *le* o *lo*.

Me obedece.
No nos mira.
Toma el café. Lo toma.
Veo a María. La veo.
Veo a Carlos. Lo (le) veo.
Siempre comen las habichuelas. Siempre las comen.

En una oración declarativa, el pronombre precede al verbo.

A. Sustituyan según el modelo.

> *El hombre me vio en el camión.*
> *nos/*
> *El hombre nos vio en el camión.*

1. El hombre nos vio en el camión.
   te/lo/las/nos/la/me/los/
2. El lo observó desde el puente.
   a mí/a nosotros/a ellas/a él/a ti/a ella/a ellos/

B. Sigan el modelo.

> *Melodía vio al otro negrito temprano.*
> *Melodía lo vio temprano.*

1. El dejó el carretón en el muelle.
2. Oigo el ruido de día y de noche.
3. No comprendes el problema.
4. Yo escojo a las tres mujeres más hermosas.
5. Pidió la ayuda de otros.
6. Cuando llegaron todos empezaron el rosario.
7. Traerá los espejos la semana que viene.
8. Hace un mes que mandaste los planes.

C. Contesten a las preguntas según el modelo.

> *¿Tienes cinco centavos?*
> *No, no los tengo.*

1. ¿Tienes más pan?
2. ¿Tienes la solución?
3. ¿Tienes las cartas?
4. ¿Tienes los recados?
5. ¿Tienes cinco centavos?
6. ¿Tienes mi vaso?
7. ¿Tienes nuestro paraguas?
8. ¿Tienes los boletos?

D. Contesten a las preguntas según el modelo.

> *¿Qué dejaste en el muelle?* el carretón
> *Dejé el carretón en el muelle.*
> *Lo dejé en el muelle.*

1. ¿A quién telefoneaste? *a las señoras*
2. ¿Cuándo viste a la mujer asustada? *ayer por la tarde*
3. ¿Dónde compraste lo necesario? *en esa tienda*
4. ¿Quién estableció ese negocio? *don Joaquín*
5. ¿Para quién quería las medicinas? *para su hijo enfermo*
6. ¿Cuándo escucharon Uds. la música? *anoche*
7. ¿Qué vio cubierto de telas? *el espejo*
8. ¿Cómo miró a la mujer y a sus hijas? *fijamente*
9. ¿Quién autorizó estos gastos innecesarios? *el difunto*
10. ¿Dónde buscaba a la mujer perfecta? *en todas partes*

COMPLEMENTOS INDIRECTOS

Los pronombres de complemento indirecto son:

me	nos
te	os
le (a Ud., a él, a ella)	les (a Uds., a ellos, a ellas)

En una oración declarativa, el pronombre de complemento indirecto precede al verbo conjugado.

> Carlos me habla.
> El nos enseña la lección.
> ¿No te explicó nada?
> Le dije la verdad a él.

E. Sustituyan según el modelo.

> *Debió veinte pesos al dueño.*
> *Le debió veinte pesos.*
> *a mí/*
> *Me debió veinte pesos.*

1. Debió veinte pesos a las vecinas.
   al compañero/a Uds./a nosotros/a Ud./al patrón/a ti/a la intérprete/

F. Sigan el modelo.

> *Dio la leche al niñito.*
> *Le dio la leche.*

1. Dirán lo que sucedió al policía.
2. Prestó el carretón a ti.
3. Prometió su cooperación a los desafortunados.
4. Envió las cartas a nosotros.
5. La madre preparó el té para el niño.
6. El hombre dará más dinero a su mujer.
7. Yo no presté atención a los que rezaban.
8. Enseñará los documentos a mí.
9. El contador arreglará el préstamo para ti.
10. Consiguió otro plazo para mí.
11. La sirvienta abrió la puerta para nosotros.
12. El viejo dará su fortuna a Ud.

DOS COMPLEMENTOS EN UNA ORACIÓN

Cuando hay dos pronombres en la misma oración, el pronombre de complemento indirecto precede al pronombre de complemento directo. Se notará que los pronombres *le* y *les* se convierten en *se*.

me		
te	lo	
se	la	da
nos	los	
os	las	
se		

Suele emplearse una preposición para aclarar el pronombre *se*.

> Se lo doy a él.
> Se la explico a Ud.
> Se lo repito a ellos.

Los dos pronombres preceden al verbo conjugado.

G. Sustituyan según el modelo.

> *El me dio las noticias.*
> *El me las dio.*
> *el regalo/*
> *El me lo dio.*

1. El me dio las noticias.
   el regalo/la esperanza/los consejos/la bandera/los periódicos/las velas/las revistas/la carta/los paquetes/

2. Nos mostró el perro.
   el vehículo/el ladrón/las lámparas/la casa/el paraguas/los pedazos/la vista/

3. Carlos le devolvió el dinero.
   el coche/la vela/los periódicos/los regalos/las revistas/

H. Contesten según el modelo.

> *¿Me quieres traer el recado?*
> *Te lo traigo en seguida.*

1. ¿Me quieres mostrar la garantía?
2. ¿Me quieres explicar la causa de su pena?
3. ¿Me quieres dar una vela?
4. ¿Me quieres describir al ángel?
5. ¿Me quieres ofrecer el uso del bote?
6. ¿Me quieres prender la luz?

I. Transformen según el modelo.

> *Le mandé la noticia ayer.*
> *Se la mandé ayer.*

1. Le dijimos el precio ayer.
2. Le trajeron la soga ayer.
3. Le quitaron el bote ayer.
4. Le dio el regalo ayer.
5. Le explicaron la solución ayer.
6. Le solucionaron el problema ayer.

COLOCACIÓN DE LOS PRONOMBRES

En una oración declarativa los pronombres preceden al verbo conjugado.

> Me lo dijo ayer.

Los pronombres pueden añadirse al gerundio o al infinitivo o pueden preceder al verbo auxiliar.

> Está diciéndomelo.
> Me lo está diciendo.
> Va a dármela.
> Me la va a dar.

Hay que añadir los pronombres al mandato afirmativo.

> Dígamelo.
> Devuélvenosla.

Los pronombres preceden al mandato negativo.

> No me lo diga.
> No nos la devuelvas.

J. Sigan el modelo.

> *Armando está reparándome la silla.*
> *Armando está reparándomela.*

1. Pedro está mostrándonos la casa.
2. Gabriela está arreglándome la habitación.
3. Lupe está enviándote las rosas y las gardenias.
4. Guillermo está trayéndonos la decisión.
5. Juana está leyéndonos el poema.
6. Manolo está diciéndote la verdad.

K. Sigan el modelo.

> *Está prendiéndole la luz.*
> *Está prendiéndosela.*

1. Está mostrándole la vista.
2. Está dándole el premio.
3. Está ofreciéndole su cooperación.
4. Está poniéndole la decoración.
5. Está sirviéndole el café.
6. Está escribiéndole la carta.

L. Sigan el modelo.

> *Van a darles tres besos.*
> *Van a dárselos.*

1. Van a prestarles el automóvil.
2. Van a concederles el préstamo.
3. Van a venderles la casa.
4. Van a lavarles las manos.
5. Van a traerles la taza de café.
6. Van a quitarles el empleo.

M. Sigan el modelo.

> *Dígame su nombre.*
> *Dígamelo.*

1. Muéstreme su identificación.
2. Pásele el azúcar.
3. Déle estos regalos.
4. Póngale el abrigo.
5. Apáguenos la luz.
6. Tráiganos la vela.
7. Préstales cinco pesos.
8. Descríbales las casas.

N. Transformen a la forma negativa.

Dígamelo.
No me lo diga.

1. Tráigamelo.
2. Muéstremelos.
3. Descríbasela.
4. Déselo.
5. Cuéntenoslo.
6. Préndanosla.
7. Véndaselo.
8. Apáguesela.

O. Sigan el modelo.

Consígame el automóvil.
No me lo consiga.

1. Cómpreme el automóvil.
2. Tráigame los papeles.
3. Dígale la respuesta.
4. Quítele esas responsabilidades.
5. Dénos la libertad.
6. Enséñeles el camino.
7. Lléveles este paquete.
8. Cánteles la canción.

P. Sigan el modelo.

Consígueme el automóvil.
Pero no me lo consigas ahora.

1. Cómprame el periódico.
2. Tráeme la taza de café.
3. Dile tu nombre.
4. Ponle los zapatos.
5. Hazle la tortilla.
6. Sírvele el pan.
7. Cántales la canción.
8. Llévales el desayuno.

PRONOMBRES CON ACCIONES IMPREVISTAS

A veces uno sufre las consecuencias de un accidente o de una **acción hecha sin intención**. La acción involuntaria se expresa con el **reflexivo** y se agrega el complemento indirecto refiriéndose a la persona.

Se me olvidó la llave.
Se me olvidaron las flores.

Q. Sustituyan según el modelo.

Se me olvidó la fecha.
las fechas/
Se me olvidaron las fechas.

1. Se me olvidó la fecha.
   el recado/las reglas/la definición/los nombres/la carta/
2. Se le acabó el tiempo.
   la paciencia/las armas/el dinero/las fuerzas/la plata/
3. Se nos ocurrió una idea.
   un plan/algo nuevo/otra idea/una inspiración/otras soluciones/

R. Hagan la sustitución necesaria.

Se me cayó el plato grande.
1. _____ pequeño.
2. _____ urna _____.
3. __ le _____.
4. _____ olvidó _____.
5. _____ preciosa.
6. _____ joyas _____.
7. __ nos _____.
8. _____ robó _____.
9. __ me _____.
10. _____ regalos _____.
11. _____ hermosos.
12. _____ quitaron _____.
13. __ les _____.

COMPLEMENTO DE UNA PREPOSICIÓN

Se notará que los pronombres que sirven de complemento de una preposición son los mismos que se emplean como sujeto, con la excepción de las primera y segunda personas del singular.

mí	nosotros
ti	vosotros
él, ella, Ud.	ellos, ellas, Uds.

No puedes ir sin mí.
Quieren viajar con nosotros.
Es para Uds.

Con la preposición *con*, se forma una sola palabra.

El va conmigo.
¿Quién hablaba contigo?
¿Ud. habla consigo mismo?

S. Sigan el modelo.

Van a pasar por ella.
él/
Van a pasar por él.

1. Van a pasar por él.
   nosotros/Uds./él/ellos/mí/Ud./ti/

T. Contesten según el modelo.

¿Elena no fue?
No, porque salieron sin ella.

1. ¿Nosotros no fuimos?
2. ¿Angel no fue?
3. ¿Tú no fuiste?
4. ¿Mis hermanos no fueron?
5. ¿Yo no fui?
6. ¿Uds. no fueron?
7. ¿Las chicas no fueron?

U. Sigan el modelo.

Carlos llevó su mapa.
¿Su mapa? Carlos lo llevó consigo.

1. Yo llevé mi libro.
2. Marta llevó su paraguas.
3. Llevaste tu abrigo.
4. Ellos llevaron su traje.
5. Llevamos nuestro cuadro.
6. Uds. llevaron su abrigo.

V. Contesten según el modelo.

¿Pepe está con Fernando?
¿No lo ves? Pepe está enfrente de él.

1. ¿Pepe está con las muchachas?
2. ¿Pepe está con nosotros?
3. ¿Pepe está con Ud.?
4. ¿Pepe está con el maestro?
5. ¿Pepe está contigo?
6. ¿Pepe está con Uds.?
7. ¿Pepe está conmigo?

CUADRO 9

Tipos del mundo hispánico

PREPARANDO LA ESCENA El mundo hispánico está poblado de tipos característicos creados por la cultura hispánica. Son totalmente distintos de los personajes de otros países y culturas. Los rodea un colorido especial. Usan un traje que los identifica con su oficio y que es tan típico como el personaje que lo usa. Así por ejemplo, hallamos al charro y a la china poblana en México, al roto y al huaso en Chile, al gitano y al torero en España. Un estudio de algunos de estos tipos del mundo de habla española además de ser interesante es útil, puesto que revela rasgos importantes de su cultura y de su vida. Con este fin estudiaremos a tres tipos: el gaucho rastreador, el torero y el payador.

El rastreador

por Domingo Faustino Sarmiento

INTRODUCCIÓN

En la Argentina el gaucho corresponde al *cowboy* de los Estados Unidos. Los gauchos tienen distintos oficios especializados como los de domar potros o seguir la pista de animales y personas a través de la pampa. La selección que sigue fue escrita por el argentino, Domingo Faustino Sarmiento (1811–1888), y describe al gaucho rastreador.

GUÍA DE ESTUDIO

El oficio de rastreador era importante para un pueblo que vivía entre la naturaleza salvaje. El cuento relata varios episodios de la vida de un rastreador y revela el respeto con que la gente le consideraba. Al mismo tiempo describe un oficio que hoy día casi ha desaparecido.

PALABRAS CLAVE

1. **acaso**   quizá, tal vez

    Si no llueve esta noche, ¿acaso iremos al cine?
    _____ podremos visitar a la familia Gómez esta noche.

2. **aterrado (aterrar)**   espantado (terrified)

    El niño se sintió aterrado cuando se encontró solo en la casa.
    Quedó _____ por la noticia.

3. **borrado (borrar)**   hecho desaparecer (erased)

    Todas las preguntas estaban borradas antes de terminarse la clase.
    El número estaba _____.

4. **burlar**   engañar, frustrar

    Uno no debe burlar a los ignorantes.
    El hombre trató de _____ a la policía.

5. **casera**   doméstica

    Aunque yo soy casera, no me gusta la cocina.
    Una ciencia _____ no se aprende en la escuela.

6. **cuadra**   grupo de casas (block of houses)

    Esa cuadra es peligrosa después de las nueve de la noche.
    Yo vivo a una _____ de la escuela.

7. **delito** violación de la ley, crimen
   Su delito principal fue cuando el ladrón robó el banco.
   No es un _____ dormir tarde.

8. **desempeñar** cumplir con lo que debe uno hacer
   Si tú puedes desempeñar bien ese puesto podrás llegar a gerente.
   El sabe _____ bien sus obligaciones.

9. **desenvuelve (desenvolverse)** se desarrolla (unfolds)
   El vio el poder de su mente desenvolverse.
   Su talento se _____ en el arte plástico.

10. **encorvado** doblado por la edad
    Por la edad el hombre ya estaba encorvado y ciego.
    El viejo tenía el cuerpo _____ por el peso de los años.

11. **encrucijada** punto donde se cruzan varias calles o varios caminos
    Cuando llegó a la encrucijada se detuvo un poco.
    Se perdió porque no había luz en la _____.

12. **ennegrecidas (ennegrecer)** negras (blackened)
    Las lámparas pintadas a colores estaban ennegrecidas por el carbón.
    Las camisas estaban _____ por el polvo de la mina.

13. **gaucho** habitante de las pampas argentinas
    El gaucho y su caballo eran casi inseparables.
    Yo quisiera ser _____ para montar a caballo y comer mucha carne.

14. **huella** señal que deja el pie (track, footprint)
    Es difícil distinguir una huella en la arena.
    El elefante deja una _____ más grande que el ratón.

15. **huerto** campo o jardín pequeño de legumbres o árboles frutales
    El huerto del chino era el más verde de la región.
    En mi casa tenemos un _____ muy fértil.

16. **juez** magistrado (judge)
    El juez se sentó en el tribunal con el rostro tranquilo y sereno.
    El _____ le permitió volver a su casa.

17. **ligero** rápido, que pesa poco
    Si no eres más ligero te vas a quedar atrás.
    El caballo joven es más _____.

18. **llanura** superficie del terreno extensa (vast tract of level ground, prairie)
    La llanura era extensa e ideal para la cría del ganado.
    El vivía en la _____ del río Juli-Guli.

19. **mora** de los moros (Arabian)
    La raza mora en España casi ha desaparecido.
    Yo tengo una mulita _____ llamada Granada.

20. **muralla** pared, tapia
    Había una muralla muy antigua allí que no querían tumbar.
    La _____ de su casa era de adobe.

21. **pacen (pacer)** come hierba el ganado en prados (graze)
    A los caballos les gustaba pacer por muchas horas allí.
    Las vacas _____ en el rancho del señor Tónsul.

22. **pisada** huella que deja el pie al pisar (footprint)
    Al ver la pisada del gigante sobre la tierra, me asusté.
    La lluvia había borrado la _____ del camino.

23. **prófugo** el que corre de la justicia, fugitivo
    El policía no pudo encontrar al prófugo a pesar de que lo siguió por un buen rato.
    El rastreador encontró al _____ en una cueva.

24. **rastreador** uno que sigue el rastro (pathfinder, tracer, follower)
    Para ser rastreador es necesario tener buena vista.
    El oficio de _____ paga bien.

25. **rastro** huella, señal que queda (track on the ground, trail)
    El animal herido había dejado su rastro en la tierra.
    El indio encontró el _____ del animal.

26. **reo** acusado, culpado (offender, culprit)
    Si tú eres el reo, no debes de negarlo.
    En la pampa el ____ no se escapa del rastreador.

27. **senda** camino estrecho (trail)
    Si tú sigues por esa senda, llegarás al rancho.
    El gaucho conoce bien cada ____ de la pampa.

28. **suelo** la superficie de la tierra
    El rastreador no quita la vista del suelo.
    Muchas veces el campesino duerme en el ____.

29. **tapó (tapar)** cubrió
    El ladrón quiso tapar todas las huellas pero no pudo.
    La madre ____ al niño.

30. **tapia** pared, cerca
    El patio con una tapia alrededor era más privado.
    Una ____ de piedra rodeaba la casa.

31. **tropa** muchedumbre de animales que van de camino, o término militar
    Vimos la tropa de don Luciano.
    Hace tiempo que no vemos la ____ de soldados.

32. **vacío** sin carga (unloaded)
    El lugar donde guardan comida está vacío.
    El caballo ____ es más ligero que el cargado.

Una gitana   Spanish National Tourist Office

175 El rastreador

Todos los gauchos del interior son rastreadores. En llanuras tan dilatadas en donde las sendas y caminos se cruzan en todas direcciones, y son abiertos los campos en que pacen o transitan las bestias, es preciso saber seguir las huellas de un animal y distinguirlas de entre mil; conocer si va despacio o ligero, suelto o tirado, cargado o de vacío. Esta es una ciencia casera y popular. Una vez caía yo de un camino de encrucijada al de Buenos Aires, y el peón que me conducía echó, como de costumbre, la vista al suelo. —Aquí va—dijo luego—una mulita mora muy buena ...; ésta es la tropa de don N. Zapata ..., es de muy buena silla ..., va ensillada ..., ha pasado ayer ... Este hombre venía de la sierra de San Luis, la tropa volvía de Buenos Aires y hacía un año que él había visto por última vez la mulita mora cuyo rastro estaba confundido con el de toda una tropa en un sendero de dos pies de ancho. Pues esto, que parece increíble, es, con todo, la ciencia vulgar; éste era un peón de arrea, y no un rastreador de profesión.

El rastreador es un personaje grave, circunspecto, cuyas aseveraciones hacen fe en los tribunales inferiores. La conciencia del saber que posee le da cierta dignidad reservada y misteriosa. Todos lo tratan con consideración; el pobre, porque puede hacerle mal, calumniándolo o denunciándolo; el propietario, porque su testimonio puede fallarle. Un robo se ha ejecutado durante la noche; no bien se nota, corren a buscar una pisada del ladrón y, encontrada, se cubre con algo para que el viento no la disipe. Se llama en seguida al rastreador, que ve el rastro y lo sigue sin mirar sino de tarde en tarde el suelo, como si sus ojos vieran de relieve esta pisada que para otro es imperceptible. Sigue el curso de las calles, atraviesa los huertos, entra en una casa y, señalando un hombre que encuentra, dice fríamente: «¡Este es!» El delito está probado, y raro es el delincuente que resiste a esta acusación. Para él, más que para el juez, la deposición del rastreador es la evidencia misma; negarla sería ridículo, absurdo. Se somete, pues, a este testigo que considera como el

---

dilatadas *extensas*

caía yo de *venía yo de*

don N. Zapata *name of the owner*
es de muy buena silla *it is a good riding animal*
va ensillada *it is saddled*

peón de arrea *mule driver*

aseveraciones *afirmaciones*

calumniándolo *slandering him*

fallarle *condenarle*

de tarde en tarde *de vez en cuando*

176 Tipos del mundo hispánico

Sanka, a registered trademark of General Foods Corporation

Calíbar	*gaucho rastreador famoso*
no valgo nada	*no sirvo para nada*
montura	*saddle*
cabizbajo	*con la cabeza inclinada hacia abajo*
raptor	*ladrón*
cadalso	*gallows*

dedo de Dios que lo señala. Yo mismo he conocido a Calíbar, que ha ejercido en una provincia su oficio durante cuarenta años consecutivos. Tiene ahora cerca de ochenta años; encorvado por la edad, conserva, sin embargo, un aspecto venerable y lleno de dignidad. Cuando le hablan de su reputación fabulosa, contesta: «Ya no valgo nada; ahí están los niños». Los niños son sus hijos, que han aprendido en la escuela de tan famoso maestro. Se cuenta de él que durante un viaje a Buenos Aires le robaron una vez su montura de gala. Su mujer tapó el rastro con una artesa. Dos meses después Calíbar regresó, vio el rastro ya borrado o imperceptible para otros ojos y no se habló más del caso. Año y medio después Calíbar marchaba cabizbajo por una calle de los suburbios, entra en una casa y encuentra su montura ennegrecida ya, y casi inutilizada por el uso. ¡Había encontrado el rastro de su raptor después de dos años! El año 1830, un reo condenado a muerte se había escapado de la cárcel. Calíbar fue encargado de buscarlo. El infeliz, previendo que sería rastreado, había tomado todas las precauciones que la imagen del cadalso le sugirió. ¡Precauciones inútiles! Acaso sólo sirvieron para perderle; porque, comprometido Calíbar en su reputación, el amor propio ofendido le hizo desempeñar con calor una tarea que perdía a un hombre, pero que probaba su maravillosa vista.

177 El rastreador

extraviarse	*perderse*
«¡Dónde te mi as dir!»	*¡Dónde te me has de ir!*
acequia	*ditch, canal*
viña	*vineyard*
pesquisa	*búsqueda*
anonadados	*humillados, abatidos*

El prófugo aprovechaba todas las desigualdades del suelo para no dejar huellas; cuadras enteras había marchado pisando con la punta del pie; trepábase en seguida a las murallas bajas, cruzaba un sitio y volvía atrás. Calíbar lo seguía sin perder la pista; si le sucedía momentáneamente extraviarse, al hallarla de nuevo exclamaba: «¡Dónde te mi as dir!» Al fin llegó a una acequia de agua en los suburbios, cuya corriente había seguido aquél para burlar al rastreador ... ¡Inútil! Calíbar iba por las orillas, sin inquietud, sin vacilar. Al fin se detiene, examina unas hierbas y dice: «¡Por aquí ha salido; no hay rastro, pero estas gotas de agua en los pastos lo indican!» Entra en una viña; Calíbar reconoció las tapias que la rodeaban, y dijo: «Adentro está». La partida de soldados se cansó de buscar, y volvió a dar cuenta de la inutilidad de la pesquisa. «No ha salido» fue la breve respuesta que sin moverse, sin proceder a nuevo examen, dio el rastreador. No había salido, en efecto, y al día siguiente fue ejecutado. En 1831, algunos presos políticos intentaban una evasión: todo estaba preparado, los auxiliares de afuera prevenidos. En el momento de efectuarla, uno dijo: «¿Y Calíbar?» «¡Cierto!» contestaron los otros anonadados, aterrados: «¡Calíbar!»

Sus familias pudieron conseguir de Calíbar que estuviese enfermo cuatro días contados desde la evasión, y así pudo efectuarse sin inconveniente.

¿Qué misterio es éste del rastreador? ¿Qué poder microscópico se desenvuelve en el órgano de la vista de estos hombres? ¡Cuán sublime criatura es la que Dios hizo a su imagen y semejanza!

PARA LA COMPRENSIÓN

1. ¿Son rastreadores los gauchos del interior?
2. ¿Por qué es necesario ser rastreador en esas llanuras?
3. ¿Es una ciencia académica la del rastreador?
4. ¿Saben algo de esta ciencia los peones de arrea?
5. Dé una evidencia de ello.
6. Describa un rastreador de profesión.
7. ¿Qué efecto tiene en el rastreador la conciencia del saber que posee?
8. ¿Cómo trata la gente al rastreador?
9. ¿Por qué lo trata así?
10. Cuando ocurre un robo durante la noche, ¿qué es lo primero que hacen para poder coger al ladrón?
11. ¿Qué hace el rastreador cuando va en busca de un ladrón?

12. ¿Resisten muchos delincuentes la acusación del rastreador? ¿Por qué?
13. ¿Quién era Calíbar? Descríbalo.
14. ¿Aprendieron los hijos de Calíbar el arte de su padre?
15. Relate algo de cuando le robaron la montura a Calíbar.
16. Cuando se escapó de la cárcel el reo condenado, ¿qué precauciones tomó?
17. ¿Fueron útiles sus precauciones?
18. ¿Qué hizo para no dejar huellas?
19. ¿Lo encontró Calíbar? ¿Dónde?
20. ¿Cómo lograron escaparse los presos políticos en 1831?

EJERCICIOS DE VOCABULARIO

A. Completen las siguientes oraciones con una palabra apropiada.
1. El papel que _____ el rastreador es importante.
2. Vivimos a tres _____ de la iglesia.
3. Al llegar la tempestad, las nubes estaban _____.
4. El *cowboy* de las pampas argentinas es el _____.
5. La región de las pampas es una _____; no es montañosa.
6. Lo condenaron por su _____.
7. Cuando llegamos a la _____, fuimos a la derecha.
8. Hay una _____ que rodea la casa.
9. Mira la _____ que deja aquel gordo en la nieve.
10. El rastreador sabe seguir las _____ de un animal.
11. Caminamos por la _____ estrecha que va entre los árboles.
12. No lleva nada; está _____.
13. Para hacer la sopa, es necesario _____ la olla.
14. No debes _____ al pobre viejecito.

B. Den el sinónimo de las palabras en letra negrita.
1. El viejo iba **doblado por la edad**.
2. Crecen muchas legumbres en el **jardín**.
3. El **fugitivo** escapó de la policía.
4. El raptor estaba **espantado**.
5. Hay una **muralla** alrededor de la casa.
6. Tiene muchos deberes **domésticos**.

C. Verdad o falso
1. El gaucho se puso aterrado cuando recibió la buena noticia.
2. Es cruel burlar a los viejos.
3. Como está a veinte cuadras de aquí, está muy cerca.
4. Todo estaba enblanquecido por el carbón.
5. La encrucijada es el lugar donde cruzan dos calles o sendas.
6. Un animal puede oler la huella de otro.
7. Es imposible oir la pisada de otro hombre.
8. El elefante anda muy ligero.

EJERCICIOS CREATIVOS

1. Se está produciendo una película que trata del gaucho tradicional de la Argentina. Escriba una escena que trate de un robo o de otro crimen en la cual tienen que llamar a un rastreador para encontrar al delincuente. No se olvide que esta escena tiene que ser en forma dialogada y con adecuadas instrucciones para los actores y el director.

2. ¿Qué rasgos tenían en común el rastreador y el *scout* del Oeste (de los Estados Unidos)? ¿Cómo se diferenciaban? Prepárese a hablar sobre estas ideas en clase.

El matador

por Luis Taboada

INTRODUCCIÓN

De todos los personajes del mundo hispánico el torero es el más famoso. En importancia ocupa el mismo lugar que el jugador de béisbol o la estrella de cine en los Estados Unidos. Es un ídolo nacional. En una corrida de toros el torero principal es el que mata al toro y por eso se le llama el matador. La siguiente selección por Luis Taboada es un estudio de lo que piensa y siente el matador durante una tarde de toros. Nos da a conocer a otro personaje del mundo hispánico pero en una vena humorística.

GUÍA DE ESTUDIO

Esta descripción del matador es muy humana: revela al torero como un ser con emociones como el miedo y la vanidad. Note todas las palabras especiales que forman parte del vocabulario taurino.

PALABRAS CLAVE

1. **aficionado** uno que cultiva un arte sin tenerlo por oficio
   Juan es aficionado a la guitarra.
   Mi amigo es _____ a la pintura.

2. **alabanza** aprobación (praise, commendation, glory)
   El capitán del equipo recibió la alabanza de los alumnos.
   Yo necesito un poco de _____ de vez en cuando.

3. **brindo (brindar)** bebo a la salud de uno (I drink a toast)
   Vamos a brindar a todos en su honor.
   Me levanto de mi silla y _____ con mis amigos.

4. **capote** capa que lleva el torero al entrar en la plaza, o capa ancha con mangas
   El torero llevaba su capote con el orgullo de su profesión.
   Mi abuelo siempre llevaba un _____ negro de lana.

5. **carruaje** coche, vehículo, carro
   Cenicienta vio desaparecer su carruaje.
   El alcalde salió en su _____.

6. **coraje** ánimo, valor
   Para poder hacer esa acción se necesita mucho coraje.
   Un golpe en la cabeza le quita el _____ al toro.

180 Tipos del mundo hispánico

7. **cuadrilla**   cuatro o más personas que cooperan en una misma cosa

Cuando Jorge era joven él formaba parte de la cuadrilla en la plaza de toros.
Juan es uno de la _____ que decoró el salón.

8. **empresario**   persona que dirige cualquier operación

El empresario de los artistas siempre estaba ocupado.
Mi amigo, el señor González, es un gran _____ de teatro.

9. **estoque**   espada angosta, espada de toreo

El torero mata al toro con el estoque.
Sin el _____, el matador no puede matar al toro.

10. **localidad**   lugar, cada uno de los asientos

La mejor localidad en la plaza de toros está en la sombra.
Una buena _____ en el Teatro Maya cuesta dos dólares.

11. **mazapán**   pasta de almendra y azúcar cocida al horno (sweet paste of almonds)

El dulce de mazapán es uno de mis favoritos.
A mí me gustan las tortas de _____.

12. **paletilla**   hueso del hombro (shoulder blade)

La paletilla es un lugar débil del toro.
Se dio un golpe en la _____ derecha.

13. **puro**   cigarro

Al gerente del banco le gustaba fumarse un puro.
Un _____ es un cigarro, no un cigarrillo.

14. **redondel**   espacio donde el toro y el torero se encuentran (circle, bullring)

A veces el redondel es demasiado pequeño cuando el toro es bravo.
En el _____ es donde se llega el momento de la verdad.

15. **silba (silbar)**   produce un ruido con la boca que a veces indica disfavor o disgusto (whistle)

Al joven le gustaba silbarles a las muchachas.
El público _____ al ver a un torero que tiene miedo.

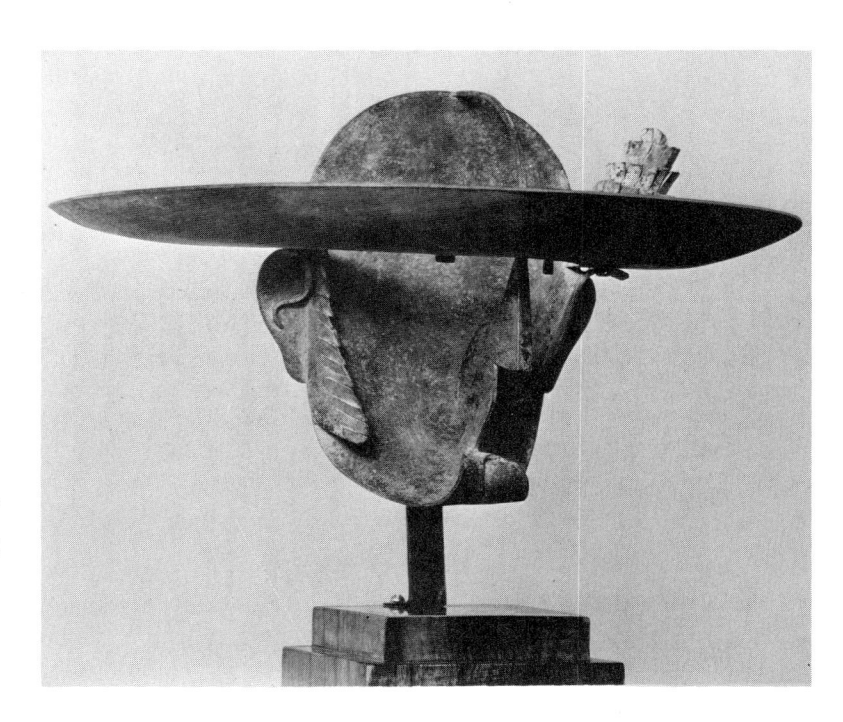

«Picador» por Pablo Gargallo
Collection, The Museum of Modern Art, New York; Gift of A. Conger Goodyear

El matador desciende del carruaje a la puerta de la Plaza, con la majestad propia de los Césares y de los espadas de cartel.

Los amigos salen a su encuentro y le estrechan la mano con efusión: él sonríe, saluda a todos y contesta a las lisonjas que se le dirigen con frases que no acusan una modestia excesiva, porque al pobrecillo le han vuelto loco a fuerza de alabanzas.

—Hoy vamos a ver la verdad—le dicen con entusiasmo sus devotos fervientes.

—Gracias, señores—contesta él pavoneándose.

—Es necesario que le quites los moños a alguno. Porque tú eres el primero aquí y en todo el mapamundi.

—Ahora se va a ver—replica el matador.

La hora se acerca; amigos y admiradores estrechan la mano del héroe y van a ocupar sus localidades. Las cuadrillas hacen el paseo.

He aquí el monólogo del matador desde el momento en que pisa el redondel.

«¡Olé! ¡Viva mi gracia! ¡Cuántas mujeres bonitas estarán en estos momentos contemplando mis hechuras y mis andares!»

«Así, así; el brazo izquierdo sujetando el capote; el derecho en forma de arco para que se vean bien los alamares de la chaquetilla. Ahora a saludar al Presidente con toda la gracia y todo el aquel de mi tierra. Buenas tardes, caballeros. ¿A quién le daría yo este capote?... ¡Ah, sí! Allí veo al vizconde de la Talega. Cuanto más elevada sea la persona, mejor. ¡Eh! ¡Allá va el capote! Ya me está dando gracias con la cabeza. No se cambiaría ahora ese chico por todos los reyes del mundo. ¡Qué honra para él! [Suena el clarín, y aparece en la arena el primer toro.] ¡Cáscaras, qué puntas tiene! ¡Vaya unos pies! Coloquémonos cerca del caballo a ver si puedo hacer un quite de lucimiento... ¡Ea, valor! Dios te salve, Reina y Madre...»

«Embiste, grandísimo tonto, que me quiero lucir. ¡Nada! No quiere tomar varas. Da un pasito más... ¡María Santísima! ¡Qué cabeza tiene! ¡Olé ya! [Aplausos.] ¡Bendita sea mi madre, y mi persona y mi gracia torera!»

---

espadas de cartel *first-rate bullfighters*

lisonjas *adulaciones*

pavoneándose *strutting*
le quites los moños a alguno *put someone in his place*
mapamundi *mapa de la superficie del mundo*

paseo *desfile taurino*

mis hechuras y mis andares *modo de andar*
alamares *adornos*
todo el aquel *todo el estilo*

¡Cáscaras, qué puntas tiene! *Gosh, what horns!*
quite *act of taking away the bull*
embiste *ataca*
me quiero lucir *I want to display my ability*
no quiere tomar varas *he does not want to take the thrusts*

Conejo	*nickname of one of his helpers*
soltar el trapo	*to let out the cape*

taleguilla	*pantalón calzón de torero*
¡al callejón de cabeza!	*headfirst into the passageway around the ring!*
enganchar	*to gore*
segundo espada	*ayudante del matador*
¿sacar al toro con un recorte?	*dodge the bull?*

vamos . . . avíos	*let's get the necessary instruments*
rubios	*center back of the bull*

vamos a tentarle con un telonazo	*let's test him with a flourish of the cape*
¡zape!	*exclamación de represión*
¡si se cuadrara!	*if he would only hold still!*
he tomado el olivo	*I have taken cover in the passageway around the ring*
me tocan las palmas	*they applaud me*
pitón	*cuerno*

«Aquí no mete el capote nadie más que yo, porque el torito es de mazapán, y hay que lucirse a su costa. Oye tú, Conejo, si vuelves a soltar el trapo, te arrimo dos bofetadas delante de todo el mundo.»

«¡Otra vara! ¡Bravo! Aquí estoy yo para llevarme el toro. ¡Y no me aplauden! ¡Qué brutos! Creo en Dios Padre Todopoderoso . . . ¡el toro me persigue y viene oliéndome la taleguilla! . . . ¡Al callejón de cabeza! . . . ¡Ay! Creí que me cogía. ¡De buena me he escapado! ¿Por qué silba el público? ¿Pues qué querían Uds.? ¿Que me dejase enganchar? No he visto gente más poco considerada. Vamos al redondel otra vez, a ver si puedo hacer otro quite con gracia. ¡Por vida de mi abuelo! ¿Pues no le aplauden al segundo espada? ¿Qué ha hecho? ¿Sacar al toro con un recorte? ¡Qué público éste! No, pues me vais a aplaudir a mí también . . . ¡Brrr! ¡Toro! Ya lo tengo. Ya se arranca. [Aplausos.] ¿No decía yo? ¡Si no hay quien pueda competir conmigo en los quites!»

«¿Han tocado a banderillas? Vamos a coger los avíos. Creo que el toro no está bastante castigado. Ese maldito Besugo se empeña en picar en los rubios, y eso que le tengo encargado que pique en la paletilla, para quitarle al toro pies y coraje. Cuando me toca un toro completamente desencuadernado, me luzco siempre. ¡Ay! Cada vez que tengo que coger la muleta, me entran unos sudores . . . Pero hay que sonreir para engañar a los aficionados. Vaya una cara serena que llevo. ¡Si pudieran verme por dentro! . . .»

«Brindo por Ud. y por toda la gente aficionada y por el coraje de los hombres de vergüenza, y ¡olé! vamos a matar al toro.»

«No hay quien tire la montera con esta gracia. [Aplausos.] Ya he entusiasmado al público . . . Santa María, Madre de Dios, ruega por nosotros . . .»

«¡Dios mío! ¡Qué cuernos! ¡Y cómo me mira! Vamos a tentarle con un telonazo. ¡Zape! Por poco se me cuela. Ahora un pase por alto. ¡Ajajá! Este ha salido bien; otro de pecho; ¡bravo! ¿Por qué no me aplaudirán? ¡Si se cuadrara! Pues no se cuadra. ¡A ver si dándole un pase en redondo! Toma, maldito, toma, para que te canses y humilles y me dejes meter el brazo . . . ¡Socorro! [Silba.] Me silban porque he tomado el olivo. ¡Pero si el toro se venía encima! ¿Me había de dejar coger? ¡Qué cosas tiene el público! ¿Adónde habrá ido a parar la espada? ¡Ah! Ya me la trae Conejo . . .»

«Vamos allá otra vez. Anda, torito, por la memoria de tu madre, déjate matar. ¡Si esto no vale nada! Ya verás qué pronto despacho, y cómo me tocan las palmas. Voy a darte un pasecito de pitón a pitón; embiste, pero no me busques el bulto, que me puedes lastimar. Perfectamente; ahora necesito que levantes la cabeza. ¿Sabes? Un poquito más; así, basta . . . Estáte quieto, que te voy a meter el estoque. ¡Ay, Virgen de las Angustias! ¡Qué vela te voy a regalar si me proteges! . . . Ea, a tirarse. ¡Uf! He dado en un hueso: torito, ven acá. Mira que tengo familia. [Aplausos.] ¡Viva mi mérito y mi

me da la guita	*means money*
canguelo	*miedo*

arte! ... Así, así, aplaudid, que eso es lo que me da la guita. ¡Si supierais el canguelo que tengo en la parte interior! Ya está cuadrado otra vez. Sea lo que Dios quiera. Santa María, Madre de Dios ... ¡Pum!»

«No sé dónde la he metido, ni cómo, ni cuándo. [Aplausos.] Debe de ser una gran estocada, porque la aplauden. Yo juraría que le sale la punta por el lado contrario. ¿A ver? No; ha resultado buena por casualidad. Pues me daré tono; miraré a los tendidos con aire de triunfo.»

«¡Viva yo, y mi madre, y mi novia y toda mi familia!»

«Mañana le pido al empresario mil pesetas más por corrida. Estoy deseando verme en el café, para recibir las felicitaciones de los aficionados. Hay hombre que si pudiera, me elevaba una estatua

Puerta del Sol	*famous plaza in Madrid*

en la Puerta del Sol. ¿Y las mujeres? ... [Continúan los aplausos.] Así, así; aplaudid, infelices, que esto es lo que me conviene. ¡Si supierais cuántas fatigas he pasado para matar este toro!»

El público aplaude entusiasmado; caen al redondel sombreros y puros; un taurómaco vehemente arroja la chaqueta y las botas, y

taurómaco	*aficionado a los toros*

quiere arrojar también la camisa, pero no lo dejan.

Y entretanto el joven matador saluda al público con el estoque, y dice para sus adentros:

«Así, así; aplaudid, brutos. Muchos aplausos y muchos sombreros, aunque las estocadas resulten por casualidad ... Todo esto es guita.»

PARA LA COMPRENSIÓN

1. ¿Quién desciende del carruaje a la puerta de la Plaza?
2. ¿Cómo desciende él?
3. ¿Quiénes salen a su encuentro?
4. ¿Cómo lo reciben?
5. ¿De qué manera reacciona él a esta recepción?
6. ¿Qué efecto han tenido en el matador las alabanzas?
7. ¿Qué le dicen sus devotos?
8. ¿Contesta él de una manera humilde?
9. ¿Qué hacen sus admiradores antes de ocupar sus localidades?
10. ¿Le gusta al matador que lo miren las mujeres?
11. ¿Con quién habla el matador la mayor parte del tiempo mientras torea?
12. Mencione algunas de las cosas que se dice él.
13. ¿Por qué quiere que embista el toro?
14. ¿Cómo trata el matador a sus ayudantes?
15. ¿Qué hace cuando lo sigue el toro?
16. ¿Por qué silba el público?
17. ¿Qué opinión tiene el matador de sus *quites*?
18. ¿Qué le ha encargado el matador a Besugo?
19. Describa las emociones del matador.
20. ¿Qué cara presenta al público?
21. ¿Cómo sabe el matador que ha entusiasmado al público?
22. ¿Puede matar al toro fácilmente?
23. ¿Por qué no quiere que el toro le busque el bulto?
24. ¿A quién le promete el matador una vela?
25. ¿Por qué se la promete?
26. ¿Qué clase de estocada logra meterle al toro? ¿Cómo lo sabemos?
27. ¿Qué piensa decirle al empresario? ¿Por qué?

28. ¿Por qué quiere irse al café después de matar al toro?
29. Describa la última escena de la corrida.
30. ¿Por qué arroja un taurómaco su chaqueta y sus botas?
31. ¿Qué reacción tiene el público al final?

EJERCICIOS DE VOCABULARIO

A. Den un sinónimo de las palabras en letra negrita.

1. Vamos a **beber al triunfo del** vizconde.
2. Hay que tener más **ánimo**.
3. ¿No quieres sentarte en **este lugar**?
4. El matador bajó del **coche**.
5. Favor de darme un **cigarro**.

B. Contesten a las siguientes preguntas según la indicación.

1. ¿Qué quieres comer? **mazapán**
2. ¿A qué vamos a brindar? **a la salud del torero**
3. ¿Dónde recibió la herida? **paletilla**
4. ¿Dónde nos vamos a sentar? **una localidad en la sombra**
5. ¿Dónde entró el toro? **redondel**
6. ¿Qué tiene en la mano el matador? **capote**
7. ¿Qué le dieron al torero? **alabanzas**
8. ¿Cómo demuestran que no están satisfechos? **silban**
9. ¿Con quién originó la idea? **empresario**
10. ¿Qué prefieres fumar? **puro**

C. Preparen una lista de términos taurinos encontrados en el cuento.

EJERCICIO CREATIVO

1. En algunas profesiones u oficios algunos creen que para lograr algo es necesario ser dramático, jactancioso y hasta ridículo. Para éstos la modestia significa timidez y debilidad. Nombre algunas personas de varios campos de actividades, bien sea los deportes, el cine, la política, el teatro, etc., que se han portado algo como el matador del cuento ... arrogantes, altivas, dramáticas, que hacen poco caso a otros, etc.

Campito, payador de Pachacama

INTRODUCCIÓN

Una fiesta en el campo, sin música y canciones y baile, no es fiesta. En la América del Sur el personaje que va de pueblo en pueblo cantando y divirtiendo a la gente se llama el payador. El payador es el trovador hispanoamericano. Es un personaje de mucho colorido y muy en demanda cuando se acerca una fiesta. Está dotado de extraordinaria habilidad musical y poética. La historia de Luis Humberto Campos es la historia de un payador moderno que también canta por la radio, muy distinto del payador antiguo que cantaba en el campo debajo de los árboles y que viajaba de lugar a lugar montado en su fiel caballo.

GUÍA DE ESTUDIO

El relato de Campito, el payador, es un reportaje hecho para una revista. Los sucesos son actuales y se refieren a la vida del payador moderno en Santiago, capital de Chile.

El verso que cantan los payadores es espontáneo y por eso le falta la perfección del verso elaborado pero no la gracia. Compare el estilo de este reportaje con el estilo de los cuentos.

PALABRAS CLAVE

1. **aburrió (aburrirse)** se cansó, se molestó (became bored)

   Yo me aburro de hacer la misma cosa todos los días.
   Se _____ de la música monótona.

2. **ambiente** lo que le rodea a uno (environment)

   El ambiente de mi barrio es bueno.
   El vivía en un _____ intelectual.

3. **asomé (asomarse)** aparecí

   A ella le gusta asomarse por la ventana para ver los carros.
   Peligrosamente, me _____ a la ventana de un piso alto.

4. **camionero** una persona que conduce un camión

   En los Estados Unidos un camionero gana bien.
   El salario de un _____ no se compara al de un artista.

5. **cansancio** fatiga

   Siento tanto cansancio que no puedo seguir caminando.
   El _____ lo dominó y se quedó dormido.

6. **cargadito** inclinado (a little disposed to, leans toward)

   Juan es cargadito a la ternura.
   Juan es un poco _____ al sentimiento.

7. **contendor** uno que contiene, que lucha, que batalla

   Pancho es el contendor que luchó contra el campeón.
   Mi primo fue _____ una vez en un programa de aficionados.

8. **cotizado** de valor, aclamado

   El torero fue cotizado por muchas personas.
   Miguel Aceves Mejía es un _____ artista radial.

9. **entrega** acción de entregar, de dar (act of rewarding, delivery)

   El campeón olímpico vino a la entrega de las medallas.
   Yo estuve presente en la _____ de los premios.

10. **garganta**   parte anterior del cuello (throat)

    Para poder hablar bien se necesita una buena garganta.
    Cuando le duele la _____, no canta.

11. **hojalatería**   arte de o tienda de objetos de hojalata (art of making tin plate or utensils of it, tin shop)

    Mi hermano trabaja en la hojalatería.
    Los indios del Perú han cultivado la _____.

12. **improviso (improvisar)**   hago pronto y sin preparación

    Hay que improvisar una recepción para la actriz.
    _____ poesías.

13. **manejando (manejar)**   guiando, conduciendo

    Si prestas cuidado podrás aprender a manejar.
    Estoy _____ mi auto.

14. **ocioso**   que no trabaja

    Si no tienes en qué ocupar tu tiempo, te pondrás muy ocioso.
    Juanito no es _____ pero le gusta descansar.

15. **opacar**   hacer opaco, oscurecer

    Parecía que la nube trataba de opacar el sol.
    Con un poco de carbón se puede _____ un cristal.

16. **otorgar**   dar, conferir

    Al jugador de pelota le otorgaron el título de campeón.
    Mañana van a _____ el premio a Juan Alacrán.

17. **platería**   arte del platero o tienda donde se vende plata (trade of the silversmith or his shop)

    En Taxco hay una platería muy buena.
    La _____ indígena es muy antigua.

18. **radial**   de radio

    Hoy día es raro el programa radial que no tenga anuncios comerciales.
    La NBC es una compañía _____ de mucho poder.

19. **radioemisora**   estación de radio

    La radioemisora KALI es una de las más populares.
    Cerca de mi casa hay una _____.

20. **resbalaran (resbalarse)**   se deslizaran (slipped, slid)

    Al resbalarse se cayó y se dio un golpe.
    Hubo peligro de que se _____ en el hielo.

21. **soltero**   el que no está casado (bachelor)

    A veces es mejor ser soltero.
    El _____ se encuentra muy en demanda en las fiestas.

22. **ternura**   cariño, afecto, dulzura, afección (tenderness, fondness)

    Si le hablas con ternura puede que te conteste.
    El niño necesita la _____ de su madre más que la de otra persona.

23. **tertulia**   reunión de personas, fiesta

    Muchos artistas iban a la tertulia.
    Durante la primera década de este siglo, la _____ figuró mucho en el desarrollo de la literatura de México.

24. **vagón**   carruaje de ferrocarril, coche

    La dama está sentada en el último vagón del tren.
    Campito se quedó solo en el _____.

De la noche a la mañana, Luis Humberto Campos (Campito para sus amigos y conocidos), treinta y dos años, soltero, vecino de Pachacama, se convirtió en cotizado artista radial. Después de algunas actuaciones, recibió dos invitaciones para viajar al extranjero: del Embajador de México y del Agregado Cultural de la Embajada del Brasil.

Llegó a Santiago en un momento muy especial. Los directivos de la Feria de Arte popular buscaban un contendor para el payador sureño Críspulo Gándara sin encontrar a nadie. Ya daban por irrealizable el *match* de payas del programa, cuando apareció Campito. Lo traía el folklorista y exdirector del Instituto Pedagógico de Valparaíso, Juan Uribe Echeverría.

De camionero a estrella

La Feria se clausuró, pero a Campito le quedó gustando la vida capitalina, que jamás había conocido. Vivió de fiesta en fiesta y de comida en comida, siempre sin desmedirse, y con esa dignidad típica del campesino. De camionero de campo, pasó a ser el centro de las tertulias santiaguinas, alternando con artistas, bohemios e intelectuales.

Muy pronto Campito se aburrió de esa vida y partió de regreso a casa de su madre, con la que ha vivido siempre. Trató de adaptarse nuevamente a su ambiente, y buscó trabajo. Volvió a Santiago, y fue contratado por Radio Portales, donde se le paga más de lo que ganaba manejando camiones: veinte escudos por actuación. Pero como solamente lo ocupan los domingos, el payador sigue empecinado en buscar trabajo como chófer:

—No quiero estar de ocioso. No me hago a la idea de ser un artista. Mi profesión es la de camionero.

Uno de los mecenas de Campito es Lorenzo Berg, director del Museo de Arte Moderno. En su casa se aloja con frecuencia. Contó:

—Es cargadito a la ternura. En la Feria se le conocieron muchas enamoradas, pero él siguió impasible y como si las cosas le resbalaran. Incluso, venía una dama a buscarlo en auto, al que subía con la misma indiferencia y actitud, como si fuera una carreta. Muchos lo encontraron parecido a Frank Sinatra, y lo apodaron «el Sinatra del campo». Es miembro de una cofradía de chinos, en la que dirige los bailes y cantos durante sus fiestas religiosas.

---

sureño *del Sur*
payas *composiciones poéticas improvisadas*

se clausuró *se cerró*

desmedirse *excederse*

santiaguinas *referring to Santiago, capital of Chile*

veinte escudos por actuación *about $7 for a performance*
empecinado *terco*

mecenas *protectores*

cofradía *fraternidad*

Luis Humberto Campos
Revista Ercilla, Santiago, Chile

Campito es tímido, y no le gusta estar rodeado de mucha gente:
—La primera vez que fui invitado a payar a Valparaíso, para sentirme importante, me instalé en el tren que viaja de La Calera al puerto. Elegí el último vagón, donde no había pasajeros, para que no me molestara la gente. Pasó el rato y yo leyendo el diario. Cuando terminé de leer, me asomé a la ventanilla: ni luces de la locomotora. Era un vagón que no estaba conectado al tren que ya había salido hacía mucho rato.

«El Sinatra»

Campito nació payando:
—Hacía mis payas desde que era niñito. Tengo diez canciones propias. Nunca estudié en colegio. Aprendí solito. En tres días sabía leer. Cuando quise sacar documentos para manejar, me dijeron que tenía que saber leer y escribir. Compré un silabario, y le pedí a un tío mío que me dijera el nombre de las letras y el sonido. Me las aprendí. Después mi tío me dijo como juntarlas, y al tercer día yo ya sabía leer correctamente. No le diré que leía rápido, pero leía.

silabario   *libro para enseñar a leer con sílabas sueltas*

189   Campito, payador de Pachacama

Críspulo Gándara
Revista Ercilla, Santiago, Chile

restar	*to subtract*
pilucho	*desnudo*
debutó	*trabajó por primera vez*
carroza fúnebre	*hearse*

Después aprendí, solo, también, a sumar, restar, dividir y multiplicar. Música sé solamente de oído. Yo improviso con mi guitarra. Cuando no la tengo conmigo, me siento como «pilucho», como que me faltara alguna cosa.

A los once años, Campito debutó como tractorista, y a los dieciséis, principió a manejar camiones. También fue conductor de carroza fúnebre. Es separado y padre de una hija. Se dice soltero. Sobre su fracaso matrimonial payó:

> El matrimonio es una estrella.
> La culpa la tuvo ella,
> porque ella misma me dejó.
> Su padre le aconsejó:
> le dijo que yo era pobre
> y que el otro tenía unos cobres,
> que ahora se le acabó.

porteño	sacó pecho *defendió*
	habitante del puerto de Valparaíso
pololear	*to flirt*
ponen el gorro	*molestan*
derrame cerebral	*cerebral hemorrhage*
doscientos cincuenta escudos	*about $85*

En sus presentaciones radiales lucha contra otro colega a paya limpia. Su contendor cantó en defensa de las mujeres de Valparaíso, y Campito «sacó pecho» por las capitalinas. El payador porteño aseguró que las santiaguinas eran poco serias, porque subían al San Cristóbal a pololear. Campito le respondió:

> Se suben al morro
> pero no ponen el gorro,
> como las mujeres del puerto.

Un día, Campito fue invitado a enfrentarse con un cantor:

—El se sabía versos por libro y de memoria. Yo improvisaba. Payamos una noche y un día, sin parar, hasta que el cantor comenzó a repetir los versos que se sabía. Lo mío es una cuestión interminable. Para quedarme callado, tiene que darme un derrame cerebal o una enfermedad a la garganta.

El arte popular en Chile está desapareciendo. La fabricación en serie de brillantes fantasías pretende opacar la platería indígena, que huele a historia y a esfuerzo humano. Los *disc jockeys* trabajan sin descanso, esforzándose a diario por asesinar el buen gusto del público con los *hits* del momento. Los avisos cantados pueblan las radioemisoras, tratando de vencer por cansancio la resistencia del auditor a la compra de un producto. Dentro de esta ofensiva, hombres como Campito, sus payas y cantos reviven lo auténtico y espontáneo de nuestro folklore.

Premio al payador

Por unanimidad, los regidores de la Municipalidad de Talcahuano acordaron la semana pasada otorgar el premio «Municipalidad de Arte» al payador Críspulo Gándara. El premio se confiere por primera vez, y consiste en una guitarra. Don Críspulo vino a Santiago para escogerla. Eligió una española de doscientos cincuenta escudos. Contó:

—Cumplí setenta y siete años. Hace cuarenta que vivo en Talcahuano trabajando. La Muncipalidad es clienta mía hace mucho tiempo, pero siempre me conocían sólo como industrial en hojalatería. Gracias a la entrevista que me publicó *Ercilla*, cuando me trajeron a la Feria, me conocieron como artista.

Don Críspulo improvisó una paya de agradecimiento a *Ercilla*, que cantará la próxima semana en la entrega del premio:

> Revista que hace furor,
> lo tengo que declarar,
> está ayudando a triunfar
> a un anciano payador.
> Ayudando a mi persona
> esta gran revista *Ercilla*
> en forma noble y sencilla
> me colocó las hormonas.

palomilla *common man*

Del magnate al palomilla,
el puerto de Talcahuano
me ha tendido la mano
para mi paya sencilla.
Mil gracias a esta revista,
lo declaro y muy sincero;

chorero *one who protests*

la gratitud de un chorero
mientras el cuero resista.

PARA LA COMPRENSIÓN

1. ¿Cómo se llamaba Campito?
2. ¿Cuántos años tenía?
3. ¿Cuándo lo invitaron a visitar al extranjero?
4. ¿Quiénes enviaron las invitaciones?
5. ¿Cuándo llegó a Santiago?
6. ¿Qué buscaban los directivos de la Feria de Arte popular?
7. ¿Cómo se llamaba el payador sureño?
8. ¿Cuándo apareció Campito?
9. ¿Quién lo traía entonces?
10. ¿Le gustó la vida capitalina a Campito?
11. ¿Cómo vivió allí?
12. ¿Por qué regresó Campito a la casa de su madre?
13. Al volver a su hogar materno, ¿qué hizo?
14. ¿Quién lo contrató cuando volvió a Santiago?
15. ¿Dónde ganaba más?
16. ¿Cuánto recibía por actuación?
17. ¿Le gustaba a Campito estar de ocioso?
18. Según él, ¿cuál era su profesión?
19. ¿Quién era uno de los mecenas de Campito?
20. ¿Cómo describe Lorenzo Berg a Campito?
21. ¿A quién lo encuentra parecido la gente?
22. ¿Le gusta a Campito estar rodeado de gente?
23. ¿Qué le pasó cuando fue a Valparaíso por primera vez?
24. ¿Desde cuándo comenzó a hacer payas?
25. ¿Cuánto tardó en aprender a leer?
26. ¿Cómo aprendió?
27. ¿Le gusta a Campito andar sin su guitarra?
28. ¿Cómo se siente sin ella?
29. Describa la lucha de Campito contra el payador de Valparaíso.
30. Describa su encuentro con el cantor.
31. ¿Cómo ayudan los hombres como Campito a la industria radial?
32. Relate lo de la entrega del «Premio al payador».
33. ¿Qué hizo don Críspulo para mostrar su gratitud a la revista *Ercilla*?
34. ¿En qué consiste el premio «Municipalidad de Arte»?
35. ¿Cómo le conocía la población a don Críspulo?

EJERCICIOS DE VOCABULARIO

A. Completen las siguientes oraciones con una palabra apropiada.

1. El chófer de un camión es _____.
2. Todo el mundo le había _____ después del programa.
3. Hace objetos de hojalata. Su profesión es la _____.
4. Aquél nunca trabaja porque es tan _____.
5. Después de trabajar tanto me llega el _____.
6. El no quiere _____ el camión.
7. Le querían _____ el gran premio.
8. El programa _____ empieza a las seis.
9. El no tiene mujer; es _____.
10. ¿Por qué no vamos en el último _____ del tren?

B. De cada grupo de palabras, escojan una que no convenga.
1. ternura, afección, aflicción, cariño
2. soltero, sobrino, solterona, mujer, esposo
3. fiesta, reunión, tertulia, concierto
4. manejar, conducir, mejorar, guiar
5. sueño, fatiga, casado, cansancio

C. Verdad o falso.
1. El programa se transmite de una radioemisora.
2. Le querían otorgar el premio porque salió tan mal.
3. Se resbaló porque el desierto estaba bien seco.
4. La madre trata con ternura al niño.
5. Se aburrió porque era tan interesante el programa.
6. Como no sabía que iba a actuar, tenía que improvisar.

EJERCICIOS CREATIVOS

1. Prepare una composición sobre Campito. Incluya detalles acerca de su vida, su educación, su oficio y por fin su éxito como payador.
2. Escriba un párrafo describiendo el arte del payador. ¿En qué consiste su talento?
3. Los santiaguinos le apodaron «el Sinatra del campo». ¿Cómo se diferencian los dos hombres?
4. Siga con esta conversación, basándola en la anécdota de la página 189.

   Empresario ¡Hola, Campito! Por fin has llegado. Creía que ibas a perder la función de esta noche. Dime, hombre, ¿qué te pasó?
   Campito Pues, me sucedió algo muy inesperado.
   Empresario ¿Qué sería? Mandé a Fulano a la estación para buscarte, pero no estabas.
   Campito ....

ESTRUCTURA

El Presente del Subjuntivo

VERBOS REGULARES

La primera persona singular del presente sirve de raíz para el presente del subjuntivo.

mirar	*miro*	
mire, mires, mire		miremos, miréis, miren
comer	*como*	
coma, comas, coma		comamos, comáis, coman
vivir	*vivo*	
viva, vivas, viva		vivamos, viváis, vivan

VERBOS CON RAÍZ IRREGULAR

caer	*caigo*	caiga
conducir	*conduzco*	conduzca
conocer	*conozco*	conozca
decir	*digo*	diga
escoger	*escojo*	escoja
hacer	*hago*	haga
oir	*oigo*	oiga

poner	***pongo***	ponga
salir	***salgo***	salga
tener	***tengo***	tenga
traer	***traigo***	traiga
vencer	***venzo***	venza
venir	***vengo***	venga
ver	***veo***	vea

VERBOS IRREGULARES

Los siguientes verbos son irregulares en el subjuntivo.

dar	dé
estar	esté
saber	sepa
ser	sea
ir	vaya
haber	haya

Usos del Presente del Subjuntivo

CLÁUSULAS NOMINALES:
EXPRESIONES DE VOLUNTAD

El subjuntivo se emplea después de los verbos o expresiones de deseo, voluntad, consejo, preferencia, esperanza, permiso y prohibición.

Quiero que te vayas.
Deseamos que estés bien.
Insisten en que trabajemos.
Mandan que salgamos.
Te aconsejamos que pienses más.
Permiten que nos quedemos.
Les pedimos que nos ayuden.

Se notará que cuando hay un solo sujeto en la oración, se emplea el infinitivo.

Quiero salir.
Insisto en terminar.

A. Sustituyan según el modelo.

> *Quiero que ellos vayan.*
> mando/
> *Mando que ellos vayan.*

1. Mando que ellos vayan.
   deseo/ no permito/ les aconsejo/ prefiero/ espero/ ruego/ suplico/

2. El profesor manda que escribamos el tema.
   permite/ insiste en/ dice/ pide/ aconseja/ hace/ quiere/ exige/

B. Sustituyan según el modelo.

> *El quiere que entremos en la casa.*
> los otros hombres/
> *El quiere que los otros hombres entren en la casa.*

1. El quiere que los otros hombres entren en la casa.
   tú/ su ayudante/ yo/ los peones/ nosotros/ Ud./

2. Manolo espera que lo admiren todos.
   el vizconde/ yo/ el empresario/ tú/ las mujeres bonitas/ nosotros/

3. Calíbar manda que sigan el rastro del ladrón.
   yo/el forastero/nosotros/tú/los hombres de su vecindad/Uds./

4. Le aconsejan que aprenda a manejar.
   me/nos/les/le/te/

5. Lorenzo prefiere que ellos se alojen en su casa.
   los payadores/tú/tú y yo/el artista/yo/Ud./

6. Ella permite que oigamos el programa en su radio.
   su hijita/nosotros/Uds./los directores/tú/yo/

7. El joven les pide a los espectadores que no hagan ruido.
   a nosotros/a las mujeres/a mí/a ti/al público/a Uds./

8. Nadie prohibe que volvamos.
   los soldados/yo/el pobrecillo/tú/nosotros/los demás/

9. ¡Ojalá que tenga suerte con esta empresa!
   los interesados/tú/yo/el recién llegado/Uds./nosotros/

C. Sigan los modelos.

¿Por qué no salen hoy?
Porque quiero que salgan mañana.

1. ¿Por qué no pagan hoy?
2. ¿Por qué no vuelven hoy?
3. ¿Por qué no continúan hoy?
4. ¿Por qué no vienen hoy?
5. ¿Por qué no juegan hoy?
6. ¿Por qué no trabajan hoy?
7. ¿Por qué no siguen hoy?
8. ¿Por qué no se despiden hoy?
9. ¿Por qué no van hoy?
10. ¿Por qué no escriben hoy?

Pepe no quiere ir.
Dígale que vaya.

1. Felipe no quiere contestar.
2. Anita no quiere cruzar la calle.
3. Olga no quiere traer la guitarra.
4. Oscar no quiere seguir las huellas.
5. Jacinto no quiere guiar al forastero.
6. Eduardo no quiere escoger un potro ahora.
7. Lola no quiere esperar el camión.
8. Humberto no quiere escuchar la paya.
9. Rafael no quiere aprender el verso.
10. Margarita no quiere limpiar la casa.

Voy a traer la guitarra.
No quiero que la traigas.

1. Voy a escribir la carta.
2. Voy a cerrar el portón.
3. Voy a tomar un examen.
4. Voy a escoger un regalo.
5. Voy a ayudar a la señora.
6. Voy a pagar la cuenta.
7. Voy a devolver la montera.
8. Voy a comprar la montura de gala.
9. Voy a vaciar la botella.
10. Voy a aplaudir al matador.

¿Por qué te lavas las manos?
El señor insiste en que me las lave.

1. ¿Por qué te quitas la montera?
2. ¿Por qué te pones el cinturón?
3. ¿Por qué te cortas el pelo?
4. ¿Por qué te secas las manos?
5. ¿Por qué te pintas la cara?
6. ¿Por qué te prendes la decoración?
7. ¿Por qué te lavas los pies?
8. ¿Por qué te arreglas el pelo?
9. ¿Por qué te mojas la camisa?
10. ¿Por qué te limpias los dientes?

EXPRESIONES DE EMOCIÓN

El subjuntivo se emplea con verbos o expresiones de emoción.

Temen que lo sepamos.
Nos alegramos de que estés aquí.

D. Sustituyan según el modelo.

    Temen que no vengas.
    sienten/
    Sienten que no vengas.

1. Sienten que no vengas.
les sorprende/tienen miedo de/se alegran de/¡lástima/se preocupan de/les extraña/
2. Tememos que haya perdido la elección.
sentimos/nos alegramos de/¡qué triste/tenemos miedo de/¡lástima/nos sorprendemos de/

E. Sigan el modelo.

    Juanito sale pronto. ¿Estás alegre?
    Sí, me alegro de que salga.

1. El rastreador se va mañana. ¿Lo sientes?
2. El ladrón se ha escapado. ¡Lástima! ¿no?
3. El caballo cae con el jinete. ¿Qué temes?
4. El no encuentra al empresario. ¿De qué tienes miedo?
5. El niño se despierta. ¿Te sorprendes de eso?
6. El payador tiene un buen sueldo. ¿De qué te alegras?
7. El torero hace bien la faena. ¿Estás contento?

EXPRESIONES DE DUDA

Se emplea el subjuntivo después de una expresión de duda. Cuando el verbo o expresión indica certidumbre, se emplea el indicativo.

    Creo que llegarán a tiempo.
    No creo que lleguen a tiempo.
    Dudo que estén aquí.
    No dudo que están aquí.

F. Sustituyan según el modelo.

    Dudamos que hayan visto las huellas.
    yo no creo/
    Yo no creo que hayan visto las huellas.

1. Yo no creo que hayan visto las huellas.
no creemos/negamos/¿crees/yo dudo/el joven niega/yo no creo/
2. ¿Crees que podamos alcanzarlos?
niegas/¿estás seguro/no crees que/yo dudo/creen los rastreadores/es cierto/
3. Yo creo que Campito está allí.
dudo/no dudo/niego/no niego/¿crees/yo creo/

G. Hagan la sustitución necesaria.

    Creemos que los conoces.

1. No creemos _____.
2. _____ las _____.
3. No niegan _____.
4. _____ lo _____.
5. No dudan _____.
6. _____ has visto.
7. ¿Creen _____?

EXPRESIONES IMPERSONALES

Se emplea el subjuntivo después de las expresiones impersonales que indican duda, necesidad, probabilidad, posibilidad, voluntad o cualquier otra opinión.

Es dudoso que vengan.
Es preciso que estés aquí.
Es probable que lo sepan.
Es posible que volvamos pronto.
Es mejor que se queden.

H. Sustituyan según el modelo.

*Es posible que cante en el concurso.
es verdad/
Es verdad que canta en el concurso.*

1. Es verdad que canta en el concurso.
   es necesario/ es probable/ es cierto/ es preciso/ es lástima/ es claro/ es dudoso/ es evidente/ no es cierto/

2. Es probable que se esconda en aquella casa.
   es imposible/ es verdad/ es curioso/ es obvio/ es ridículo/ es cierto/ es claro/ es improbable/ no es cierto/

I. Contesten a las siguientes preguntas según el modelo.

*Se aburre de la ciudad. ¿Es posible?
Sí, es posible que se aburra de la ciudad.*

1. Le pagan bien. ¿Es dudoso?
2. Le van a dar una guitarra. ¿Es verdad?
3. La invitan a fiestas elegantes. ¿No es cierto?
4. Se sienta en el último vagón. ¿Será mejor?
5. Se acerca al toro. ¿Es necesario?
6. Se luce en el nuevo traje. ¿Es obvio?
7. Le entra miedo. ¿Es probable?
8. Le pide mil pesetas más. ¿Es necesario?
9. Le hace mal en el tribunal. ¿Es cierto?
10. Le han robado la silla. ¿Es lástima?

CUADRO 10

La aventura

PREPARANDO LA ESCENA El espíritu de aventura de los hombres del siglo XV fue un factor decisivo en el descubrimiento y la colonización del Nuevo Mundo. Los españoles en particular demostraron un gran amor por la acción y la aventura. Las novelas de ese período están llenas de episodios, al parecer increíbles, pero muchas veces fundados en la realidad histórica. El amor por la aventura es lo que produce las grandes hazañas y fue lo que caracterizó al descubridor, al conquistador y al colonizador español. ¿Cómo se manifiesta este espíritu en los pueblos de habla española, y a qué aventuras lanzó a los héroes españoles?

Este cuadro nos presenta algunas selecciones que relatan lo que ocurrió a los exploradores en el mar y en la selva. Su vida siempre estaba llena de peligros y el éxito era coronado por la fama, mientras que la muerte esperaba al que fracasaba.

A la deriva

por Horacio Quiroga

INTRODUCCIÓN

El Mundo Nuevo regaló al colono una gran riqueza de frutos, plantas y animales desconocidos y benéficos. Entre las frutas están el plátano, el aguacate, el cacao y la piña. Entre las plantas, el maíz, las papas, el tabaco y el tomate. Entre los animales, la llama y la alpaca.

Pero no todo fue benéfico. La selva malsana estaba llena de riesgos para el hombre descuidado. La consecuencia de un descuido era la muerte, y los insectos y animales enemigos del hombre eran numerosos.

En este cuento, el uruguayo Horacio Quiroga (1878–1937), el Kipling de la América del Sur, relata el encuentro de un hombre y de una culebra, y describe su desenlace fatal y trágico.

GUÍA DE ESTUDIO

Note como el cuento comienza sin introducción y con la acción ya avanzada. Los nombres de los personajes y la información acerca de ellos se nos da conforme el cuento progresa.

Los hechos se desarrollan rápidamente hasta llegar a su desenlace y el autor nos hace sentir y vivir lo que el protagonista siente y vive.

Horacio Quiroga fue un cuentista consumado. Señale los detalles que crean el interés y examine si esto hubiera podido ocurrir en Norteamérica.

PALABRAS CLAVE

1. **arrollada (arrollar)** envuelta en un rollo (coiled)

   Cuando por fin encontramos la manguera, estaba arrollada detrás del portón del jardín. La víbora estaba _____ cerca del árbol.

2. **blanduzco** tierno, suave, maleable

   Después de las lluvias torrenciales, hallamos nuestro patio nuevo todo blanduzco. El plátano estaba demasiado _____.

3. **cuesta arriba** de subida (uphill)
   Los muchachos se cansaron de andar cuesta arriba.
   Para Juan, el más pequeño, es muy difícil andar _____.

4. **deriva** desvío; **a la deriva** desorientado, abandonado
   El vago anduvo a la deriva por las calles.
   Nuestro protagonista iba _____ por el río.

5. **encajonan (encajonar)** meten en una caja, encierran
   En ese mismo huerto encajonan las naranjas para exportarlas.
   Los vaqueros _____ a los caballos en el cañón cerca del lago.

6. **engrosaban (engrosarse)** se engrandecían, se hacían más gruesos
   Las gotas de agua se engrosaban según aumentaba la lluvia.
   Las gotas de sangre se _____ en la pierna.

7. **escalofrío** temblor, estremecimiento del cuerpo (chill)
   El agua fría le causó un escalofrío tremendo.
   A Jorge le dio un _____ cuando entró en la piscina de agua fría.

8. **hinchazón** inflamación, engrandecimiento (swelling)
   A causa de la hinchazón del pie no podía ponerse el zapato.
   El golpe le causó una _____ grandísima.

9. **hoya** concavidad, hondura
   En la hoya del río hay peces muy grandes.
   Todos trataban de evitar la _____ del río porque era muy peligrosa.

10. **hundió (hundir)** sumergió
    El animal se hundió en el río.
    El indio _____ la canoa para no dejar señas del robo.

11. **ligadura** atadura de una vena o arteria (bandage, where the knot is tied)
    El médico aplicó medicina a la herida cerca de la ligadura hecha con el pañuelo.
    La _____ del pañuelo le molestaba un poco.

12. **lúgubre** fúnebre, melancólico, sombrío
    El cañón de la montaña era un lugar lúgubre.
    El bosque solitario es un lugar _____.

13. **manchas** marcas
    A Luis le salieron manchas en la cara cuando se enfermó.
    Cuando Pepe terminó de pintar, traía _____ de pintura en la frente.

14. **morcilla** salchicha hecha de sangre cocida con otros ingredientes
    Las mujeres preparaban la morcilla en la cocina.
    En ciertos países la gente come _____.

15. **ojeada** mirada
    El señor dio una ojeada a la chica.
    ¿Por qué no das una _____ a este libro?

16. **pala** remo de canoa (paddle)
    La mamá no comprendía por qué había una pala en el comedor.
    Era imposible guiar la canoa con una sola _____.

17. **pesadamente** trabajosamente, con pesadez (heavily)
    El perro anciano se levantó muy pesadamente.
    Don Pedro levantó _____ la pierna herida.

18. **punzadas** dolores agudos (sharp pains)
    La herida le causaba unas punzadas dolorosas que le hacían llorar.
    Cuando le picó la víbora, don Policarpo sintió dolorosas _____.

19. **remolino** movimiento giratorio de agua (whirl, water spout)
    En medio del río había un remolino de agua dulce.
    A la orilla del río había un _____ de agua colorada.

20. **rocío** vapor que se condensa por la noche en gotitas
    Los jardines amanecen cubiertos de rocío.
    Donde hay _____ constante, no es necesario regar.

21. **sequedad** sed, falta de humedad

    Como no ha llovido, se nota la sequedad de la tierra.
    La _____ que sentía en la garganta lo forzó a descansar.

22. **somnolencia** pereza, sueño

    El cansancio le causó una somnolencia incontrolable.
    Después de un día largo en el desierto, una _____ pesada venció a Ricardo.

23. **tirante** tenso, rígido

    El ambiente en la clase fue patentemente tirante.
    Me echó una mirada muy _____.

24. **vientre** parte del cuerpo donde están los intestinos (abdomen)

    El dolor del pie le llegaba hasta el vientre.
    El _____ se encogió con la pasada de las semanas hambrientas.

"Founding of Tenochtitlán" Pan American Union, Washington

El hombre pisó algo blanduzco, y en seguida sintió la mordedura en el pie. Saltó adelante, y al volverse, con un juramento vio un yararacusú que, arrollada sobre sí misma, esperaba otro ataque.

El hombre echó una veloz ojeada a su pie, donde dos gotitas de sangre engrosaban dificultosamente, y sacó el machete de la cintura. La víbora vio la amenaza y hundió la cabeza en el centro mismo de su espiral; pero el machete cayó en el lomo, dislocándole las vértebras.

El hombre se bajó hasta la mordedura, quitó las gotitas de sangre y durante un instante contempló. Un dolor agudo nacía de los puntitos violeta y comenzaba a invadir todo el pie. Apresuradamente se ligó el tobillo con su pañuelo y siguió por la picada hacia su rancho.

El dolor en el pie aumentaba, con sensación de tirante abultamiento, y de pronto el hombre sintió dos o tres fulgurantes punzadas que, como relámpagos, habían irradiado desde la herida hasta la mitad de la pantorrilla. Movía la pierna con dificultad; una metálica sequedad de garganta, seguida de sed quemante, le arrancó un nuevo juramento.

Llegó por fin al rancho y se echó de brazos sobre la rueda de un trapiche. Los dos puntitos violeta desaparecían ahora en la monstruosa hinchazón del pie entero. La piel parecía adelgazada y a punto de ceder, de tensa. Quiso llamar a su mujer, y la voz se quebró en un ronco arrastre de garganta reseca. La sed lo devoraba.

—¡Dorotea!—alcanzó a lanzar en su estertor—. ¡Dame caña!

Su mujer corrió con un vaso lleno, que el hombre sorbió en tres tragos. Pero no había sentido gusto alguno.

—¡Te pedí caña, no agua!—rugió de nuevo—. ¡Dame caña!

—¡Pero es caña, Paulino!—protestó la mujer, espantada.

—¡No, me diste agua! ¡Quiero caña, te digo!

La mujer corrió otra vez, volviendo con la damajuana. El hombre tragó uno tras otro dos vasos, pero no sintió nada en la garganta.

—Bueno; esto se pone feo ... —murmuró entonces, mirando su pie, lívido y ya con lustre gangrenoso. Sobre la honda ligadura del pañuelo la carne desbordaba como una monstruosa morcilla.

Los dolores fulgurantes se sucedían en continuos relampagueos y llegaban ahora a la ingle. La atroz sequedad de garganta, que el aliento parecía caldear más, aumentaba a la par. Cuando pretendió incorporarse, un fulminante vómito lo mantuvo medio minuto con la frente apoyada en la rueda de palo.

Pero el hombre no quería morir, y descendiendo hasta la costa subió a su canoa. Sentóse en la popa y comenzó a palear hasta el centro del Paraná. Allí la corriente del río, que en las inmediaciones del Iguazú corre seis millas, lo llevaría antes de cinco horas a Tacurú-Pucú.

El hombre, con sombría energía, pudo efectivamente llegar hasta el medio del río; pero allí sus manos dormidas dejaron caer la pala en la canoa, y tras un nuevo vómito... de sangre esta vez... dirigió una mirada al sol, que ya trasponía el monte.

La pierna entera, hasta medio muslo, era ya un bloque deforme y durísimo que reventaba la ropa. El hombre cortó la ligadura y abrió el pantalón con su cuchillo: el bajo vientre desbordó hinchado, con grandes manchas lívidas y terriblemente dolorosas. El hombre pensó que no podría jamás llegar él solo a Tacurú-Pucú y se decidió pedir a su compadre Alves, aunque hacía mucho tiempo que estaban disgustados.

La corriente del río se precipitaba ahora hasta la costa brasileña, y el hombre pudo fácilmente atracar. Se arrastró por la picada en cuesta arriba; pero a los veinte metros, exhausto, quedó tendido de pecho.

—¡Alves!—gritó con cuanta fuerza pudo; y prestó oído en vano.

—¡Compadre Alves! ¡No me niegues este favor!—clamó de nuevo, alzando la cabeza del suelo. En el silencio de la selva no se oyó rumor. El hombre tuvo aún valor para llegar hasta su canoa, y la corriente, cogiéndola de nuevo, la llevó velozmente a la deriva.

El Paraná corre allí en el fondo de una inmensa hoya, cuyas paredes, altas de cien metros, encajonan fúnebremente el río. Desde las orillas, bordeadas de negros bloques de basalto, asciende el bosque, negro también. Adelante, a los costados, atrás, siempre la eterna muralla lúgubre, en cuyo fondo el río arremolinado se precipita en incesantes borbollones de agua fangosa. El paisaje es agresivo y reina en él un silencio de muerte. Al atardecer, sin embargo, su belleza sombría y calma cobra una majestad única.

El sol había caído ya cuando el hombre, semitendido en el fondo de la canoa, tuvo un violento escalofrío. Y de pronto, con asombro, enderezó pesadamente la cabeza: se sentía mejor. La pierna le dolía apenas, la sed disminuía y su pecho, libre ya, se abría en lenta inspiración.

El veneno comenzaba a irse, no había duda. Se hallaba casi bien, y aunque no tenía fuerzas para mover la mano, contaba con la caída del rocío para reponerse del todo. Calculó que antes de tres horas estaría en Tacurú-Pucú.

El bienestar avanzaba, y con él una somnolencia llena de recuerdos. No sentía ya nada ni en la pierna ni en el vientre. ¿Viviría aún su compadre Gaona en Tacurú-Pucú? Acaso vería también a su ex-patrón Míster Dougald y al recibidor del obraje.

pantalla	*canopy*
entenebrecida	*in darkness*
efluvios	*emisiones*
azahar	*flor del naranjo*
guacamayos	*tipo de pájaros*
justo	*exacto*

¿Llegaría pronto? El cielo, al poniente, se abría ahora en pantalla de oro, y el río se había coloreado también. Desde la costa paraguaya, ya entenebrecida, el monte dejaba caer sobre el río su frescura crepuscular en penetrantes efluvios de azahar y miel silvestre. Una pareja de guacamayos cruzó muy alto y en silencio hacia el Paraguay.

Allá abajo, sobre el río de oro, la canoa derivaba velozmente, girando a ratos sobre sí misma ante el borbollón de un remolino. El hombre que iba en ella se sentía cada vez mejor, y pensaba entretanto en el tiempo justo que había pasado sin ver a su ex-patrón Dougald. ¿Tres años? Tal vez no; no tanto. ¿Dos años y nueve meses? Acaso. ¿Ocho meses y medio? Eso sí, seguramente.

De pronto sintió que estaba helado hasta el pecho. ¿Qué sería? Y la respiración...

Al recibidor de maderas de Míster Dougald, Lorenzo Cubilla, lo había conocido en Puerto Esperanza un Viernes Santo... ¿Viernes? Sí, o jueves...

El hombre estiró lentamente los dedos de la mano.

—Un jueves...

Y cesó de respirar.

PARA LA COMPRENSIÓN

1. ¿Qué pisó el hombre?
2. ¿Qué sintió en seguida?
3. ¿Dónde lo hirió la víbora?
4. ¿Con qué amenazó a la víbora?
5. ¿La mató el hombre?
6. ¿Con qué se ligó el tobillo?
7. ¿Podía mover la pierna fácilmente?
8. ¿Qué otro efecto tenía la herida?
9. ¿Cómo era el pie?
10. ¿Qué hizo al llegar a su rancho?
11. ¿Cómo se llamaba su mujer?
12. ¿Qué le pidió al llegar?
13. ¿Qué efecto tuvo la caña en su garganta?
14. ¿Por qué decidió irse el hombre a Tacurú-Pucú?
15. ¿Cuál fue su medio de transportación?
16. ¿Hasta dónde llegó antes de dejar caer la pala?
17. ¿Qué le sucedió en seguida?
18. ¿Cómo traía la pierna a este punto?
19. Al cortar el pantalón con su cuchillo, ¿qué vio?
20. ¿Por qué decidió pedir ayuda a su compadre Alves?
21. ¿Qué le ayudó a atracar fácilmente?
22. ¿Encontró a su compadre Alves?
23. ¿En qué río andaba este hombre?
24. Describa el río en este lugar.
25. ¿Cómo iba el hombre al caer el sol?
26. Relate las diferentes sensaciones que siguieron al violento escalofrío.
27. ¿Qué esperanza tenía?
28. Al perder la sensación de la pierna, ¿de quién se acordó?
29. Describa esta última escena.
30. ¿Cuáles fueron sus últimos pensamientos?

EJERCICIOS DE VOCABULARIO

A. Completen las siguientes oraciones con una palabra apropiada.

1. El está cansado de andar _____.
2. El viento frío le causó un _____ por todo el cuerpo.
3. Tenía su ropa _____ descuidadamente en un saco.
4. La mordedura de la víbora causó una _____.
5. La herida le dolió más donde estuvo la _____ del pañuelo.
6. No puedo remar más porque se cayó al agua la _____.
7. Hubo _____ de sangre en su camisa.
8. No queríamos acercarnos al _____ de agua.
9. Por la mañana, el barco pequeño estaba cubierto de _____.
10. Por no haber comido en tantos días, tenía el _____ hinchado.
11. Tanto le dolía la herida que el pobre anciano se levantó _____.
12. El chico dio una _____ a la chica que pasaba.
13. Hace unos días que tenemos la _____. No debes comerla.
14. La herida le causó unas _____ dolorosas.

B. Den un sinónimo de las siguientes palabras.

1. concavidad
2. remo
3. dolor agudo
4. melancólico
5. mirada
6. sueño
7. engrandecer
8. inflamación
9. maleable
10. rígido

EJERCICIO CREATIVO

1. Escriba un resumen de *A la deriva*. Use las siguientes palabras y expresiones: **mordedura, machete, dolor agudo, sequedad, escalofrío, cesó de respirar.**

Héroes de una aventura que glorifica a España

INTRODUCCIÓN

Presentamos al señor Carlos Etayo, teniente de navío, quien por su voluntad y audacia ha introducido otra página gloriosa en la historia de España y merece consideración como héroe de nuestros días. El artículo que sigue apareció en *La Prensa,* periódico de Nueva York, martes, el veintinueve de enero de 1963.

GUÍA DE ESTUDIO

Tenemos muchas experiencias por los ojos de otras personas. Supongamos, sin embargo, que en realidad Ud. va a reconstruir un suceso tan singular como un viaje de Cristóbal Colón. Piense un poquito en la organización necesaria y lea como Etayo cumplió su empresa. ¡No es extraño que se le considere un héroe moderno!

PALABRAS CLAVE

1. **ahorrando (ahorrar)** usando menos tiempo, menos trabajo

   Ellos dijeron que querían ahorrar tiempo, y por eso no me llevaban.
   Tuvieron la ayuda de los otros, _____ muchas horas de trabajo sin mucha molestia.

2. **arroz** cereal blanco y harinoso (rice)

   Manuel siempre pide paella, ese plato español con arroz y mariscos.
   A mí me gusta comer _____ con pollo.

3. **bota** cuero pequeño para guardar el vino (small leather wine bag)

   Uno de los trucos más diabólicos es punzarle a uno la bota.
   Para apagar la sed, cada hombre llevaba una _____ de vino.

4. **búsqueda** busca (search)

   Emprendieron la búsqueda cuando el niño había estado ausente cuatro horas.
   Tras una _____ de cuatro horas, encontraron la bolsa perdida.

5. **faro** torre alta en las costas, con luz en la parte superior (lighthouse, beacon)

   El faro sirve de guía a los marineros.
   Durante la noche la luz del _____ ilumina el agua.

6. **garbanzos** frutos comestibles de la planta leguminosa del mismo nombre (chickpeas)

   Cuando nos trasladamos a Holanda, echamos de menos a los garbanzos.
   Esta sopa de _____ es riquísima.

7. **habas** legumbre, planta de la familia de las leguminosas, de semilla comestible (bean similar to the lima bean)

   A él le gustan las habas.
   Para la cena hay carne, papas fritas, _____ y ensalada.

8. **llevó (llevar) a cabo** concluyó, ejecutó (carried through)

   Piensan llevar a cabo un plan extraordinario dentro de ocho semanas.
   Difícilmente _____ el proyecto durante el tiempo que le quedaba.

9. **madera** sustancia dura de los árboles

   Construyeron una casa de madera y adobe.
   La calidad de la _____ que se usa para la construcción de un barco debe ser buena.

10. **naves** barcos

    Las naves de Cristóbal Colón no eran muy grandes cuando se las compara con los navíos modernos.
    Las _____ de Colón se llamaban la Niña, la Pinta y la Santa María.

11. **navíos** barcos grandes

    Es muy lujoso viajar en los elegantes navíos para pasajeros que tenemos hoy en día.
    Nunca he visto _____ de guerra.

12. **penosas** trabajosas, difíciles

    Entre las labores más penosas estaba la construcción de la nave.
    Un amigo ayudó en las labores más _____ de la navegación.

13. **pescó (pescar)** cogió peces con redes o cañas (fished, caught)

    Quiero ir a pescar.
    ¿_____ en el río o en el océano?

14. **pino** árbol de la familia de las coníferas, de follaje siempre verde

    En todos los lugares que se podía mirar había pinos.
    Nuestro árbol de Navidad será un _____ este año.

15. **por su cuenta** con sus propios recursos (on his own)

    Cuando su mamá no la permitió salir, se fue por su cuenta.
    Cada persona resolverá el problema _____.

16. **pormenores** detalles

    Yo no puedo escribir la orden sin saber los pormenores.
    ¿Quién me contará los _____ del viaje?

17. **riesgo** peligro, contingencia de un daño (risk)

    ¿Quién sufriría un riesgo tan grande?
    Los marineros se sometieron a un _____ muy grave.

18. **roble** árbol cupulífero (oak)

    Durante el otoño, en mi tierra, todas las hojas caen de los robles.
    La madera del _____ es muy dura.

19. **sacerdote** ministro, hombre ordenado para celebrar el sacrificio de la misa (priest)

    Vimos que un sacerdote estuvo entre los heridos.
    Los viajeros recibieron la bendición del _____.

20. **sencillez** calidad de sencillo (simplicity)

    Pensamos que la dama iba a ser altanera pero por lo contrario demostró bastante sencillez.
    El teniente narró su aventura con naturalidad y _____.

21. **temporal** tempestad (storm)

    Pensar en la posibilidad de un temporal les dio terror.
    No sabían si la nave podía aguantar un _____ fuerte.

22. **teniente** oficial de grado inmediatamente inferior al de capitán

    El teniente dio las órdenes del día.
    El capitán le había dado las instrucciones al _____.

23. **tiburón** animal acuático parecido al pez, pero sin agallas y con huesos de cartílago (shark)

    El tiburón vive en aguas dulces así como saladas.
    Ese _____ mide más de cuatro metros de largo.

24. **tortas** pasteles de masa que tienen varios ingredientes

    «A falta de pan, buenas son tortas» dice el refrán.
    Me gustan las _____ de maíz con sal y mantequilla.

25. **travesía** viaje por mar (sea crossing)

    Los hombres del Kon-Tiki tuvieron éxito en la travesía.
    La _____ del Atlántico en un barco moderno dura pocos días.

26. **tripulación** conjunto de los marineros que lleva una embarcación (crew)

    Toda la tripulación se preparaba para un viaje largo.
    Terminada la construcción de la nave, el teniente decidió contratar la _____.

Las grandes hazañas

Las grandes hazañas de los descubrimientos, conquistas y colonizaciones españolas fueron obras de unos señores que no les concedieron importancia alguna, de ahí que ni las escribieran ni las contaran. Esta reserva no nos la ha perdonado la historia. Ahora, otro español legendario, Carlos Etayo, teniente de navío, navarro, ha introducido otra página gloriosa en la historia de España, repitiendo con su «Niña II» la hazaña colombina. Su descripción, con naturalidad y sencillez, sin conceder mayor importancia a los riesgos ni a los peligros encontrados, que fueron muchos, ni a la trascendencia del viaje, nos deja admirados, inspirándonos un profundo respeto.

Este joven y apuesto pamplónico revela la correa de aquellos grandes navegantes de origen hispano que compusieron el Mapamundi. Claro que le hemos pedido que no se limite en su silencio, que escriba esta historia que para España sí tiene importancia.

Porque el proceso de este histórico viaje, desde que fue concebido hasta su terminación, es otra prueba del espíritu que anima a un pueblo al que se le consideraba viejo y cuya vitalidad quisieran otros más jóvenes y poderosos.

La idea nació en Etayo cuando se proyectó la construcción de las reproducciones de las tres naves colombinas que llegarían a Santo Domingo, para participar en las ceremonias de la inauguración del gran faro de Colón. El duque de Veragua mandaría la «Santa María» y Etayo la «Niña». El proyecto no se llevó a cabo pero al quedar clavado en el alma de nuestro teniente de navío, decidió éste realizarlo, aunque fuera en parte, todo por su cuenta.

Pasos iniciales

Durante dos años Etayo visitó archivos y bibliotecas, estudiando detenidamente los pormenores de los viajes de Colón y las características de las tres naves. Compró la mejor madera de roble de Oyarzún, de pino de Vizcaya y del abeto de Navarra para los palos y las arboladuras, y se puso a construir la réplica exacta de la «Niña» en Fuenterrabía.

Terminada la construcción en un año, Etayo decidió contratar la tripulación, todo lo cual no resultaba sin dificultades ya que las grandes aventuras despiertan recelos y escepticismo en las gentes.

recelos miedo

Tampoco en ésta podría faltar el buen padre y aunque sin experiencia marinera alguna, allá estaba don Antonio Sagaseta, amigo y paisano de Etayo, teniente de artillería, ingeniero industrial y finalmente, sacerdote, movido por las injusticias sociales. Como todos, él prestó su mano en las labores más penosas de la navegación y él fue quien pescó el primer tiburón cuyo lomo vino a reforzar la dieta de la tripulación ya bastante limitada.

Porque desde su salida de Las Palmas, la disciplina amistosa impuesta por el capitán se reflejaba también en el régimen comestible y bebestible de la nave, gracias a la cual no faltaron por completo no obstante haberse prolongado la travesía setenta y seis días desde su salida del puerto canario, cuarenta más que Colón, debido a las calmas prolongadas y a los vientos contrarios encontrados.

régimen comestible y bebestible reglas de comer y beber

Poca comida

Todos soportaron valientemente el régimen alimenticio aunque era extremadamente exiguo puesto que el desayuno individual consistía en dos tortas de harina cocidas con aceite y agua de mar, y queso, con una bota de vino para todos. Otras dos tortas y un plato de arroz con lentejas, habas o garbanzos con dos botas de vino para el almuerzo, y dos tortas con higos y pasas y sardinas, arenques o tajadas de tiburón, cuando la había, con otra bota de vino, para la cena. Además, un par de copas de ron servían para templar el cuerpo cuando el tiempo no era benigno, sobre todo durante los temporales que encontraron, frecuentemente al comienzo de la travesía.

exiguo escaso

lentejas lentils
higos y pasas figs and raisins
arenques o tajadas de tiburón herring or slices of shark meat
ron rum

A excepción de la de los timoneles que era de una hora, todos los tripulantes hacían guardia de dos horas, y hasta que a los cincuenta y un días les localizó el avión de la armada americana que salió en su búsqueda desde Puerto Rico, solamente vieron unos cuantos barcos al iniciar el viaje desde Las Palmas.

timoneles helmsmen

Se ha dicho erróneamente que cuando fue hallada por el avión pilotado por el comandante Anderson, la «Niña II» se encontraba perdida y, también, que se pasó del puerto de destino impensadamente por lo que tuvo que ser remolcada.

impensadamente unexpectedly
remolcada towed

La verdad es que si se encontraba distanciada de su ruta era debido a los procedimientos primitivos que utilizaban para orientarse, al extremo de que la velocidad de la nave la calculaban según el tiempo que tardaba en llegar a popa una tabla lanzada al mar desde la proa. El avión les permitió reorientarla, ahorrándoles así unos cuantos días.

en llegar a popa in reaching the stern

Y en cuanto a su llegada a San Salvador, refiere como llegaron a esta isla de noche y como el puerto de destino no tiene faro, Etayo

hasta lograr localizarlo por tanteo
until he succeeded in locating it by approximate calculation

se vio obligado a continuar navegando hasta lograr localizarlo por tanteo.

Regreso a Nueva York

Etayo regresará a Nueva York después de recibir la condecoración que le prenderá el Embajador de España en Wáshington, don Antonio Garrigues, porque está estudiando las ofertas de compra de la «Niña II» que recibe, y en espera de la publicación del reportaje que en exclusiva publicará *The Saturday Evening Post*. El es el héroe máximo de esta nueva y gran gesta española puesto que además de proyectarla y de capitanearla, la ha financiado íntegramente.

A excepción del norteamericano Robert Marx, los siete tripulantes restantes: el padre Sagaseta; Michelle Vialars, veterinario francés; José Valencia Salsamendi, de Pasajes, el vigía que dio el grito de «¡Tierra!»; Antonio Aguirre, de Fuenterrabía; Nicolás Bedoya, del Ferrol; José Ferrer y Manuel Darmande, de Huelva, saldrán próximamente de Nassau donde ahora se encuentran para regresar a España donde se les tributará el recibimiento que se reserva a los valientes que han sabido honrar a la Patria ante el mundo entero.

vigía lookout

PARA LA COMPRENSIÓN

1. ¿Quién es Carlos Etayo?
2. ¿En qué parte de España vive?
3. ¿Qué ha hecho?
4. ¿Cuándo nació la idea en Etayo?
5. ¿Cómo se llamaban las tres naves de Colón?
6. En el plan original, ¿quién iba a mandar la «Niña II»?
7. ¿Se llevó a cabo el proyecto original?
8. ¿Qué hizo Etayo primero?
9. ¿Cuánto tiempo pasó estudiando los pormenores de los viajes de Colón?
10. ¿Qué clase de madera compró Etayo?
11. ¿Dónde se puso a construir Etayo la réplica de la «Niña»?
12. ¿Cuánto tiempo pasó construyendo la nave?
13. ¿Qué hizo Etayo entonces?
14. ¿Fue fácil contratar una tripulación? ¿Por qué?
15. ¿Quién es don Antonio Sagaseta y por qué se puede decir que es un hombre de diversos talentos?
16. ¿De dónde salió la expedición?
17. ¿Cuánto tiempo se prolongó la travesía? ¿Cuánto tiempo se había prolongado el mismo viaje por Colón?
18. ¿Por qué tardó tanto Etayo?
19. ¿Qué comía la tripulación para el desayuno? ¿Para el almuerzo? ¿Para la cena?
20. ¿Qué bebían los hombres en cada comida?
21. ¿Qué reforzaba la dieta básica de la tripulación?
22. ¿Durante qué parte del viaje había muchos temporales?
23. ¿Cuánto tiempo duraba la guardia de los timoneles? ¿Las demás?
24. ¿Qué ocurrió a los cincuenta y un días?
25. ¿Cómo calculaban la velocidad de la nave?
26. ¿Adónde llegó por fin la nave?
27. Según el artículo, ¿qué recibirá Etayo del Embajador de España en Wáshington?
28. ¿En qué revista aparecerán los pormenores del viaje de la «Niña II»?
29. ¿Por qué es Etayo el héroe máximo de esta aventura?
30. ¿Quién dio el grito de «¡Tierra!»?

EJERCICIOS DE VOCABULARIO

A. Den la palabra cuya definición aparece.

1. Una torre alta con luz, cerca de la costa, que guía a los marineros.
2. Un producto harinoso que se emplea frecuentemente en la comida española.
3. Un acto que sea peligroso.
4. Un hombre que puede celebrar la misa.
5. El acto de cruzar el océano en barco.
6. Un barco grande.
7. Que sea difícil.
8. El conjunto de personas que trabajan en un barco, avión, etc.
9. Un árbol que mantiene su color verde durante todas las estaciones.
10. Una sustancia dura de los árboles.

B. Completen las siguientes oraciones con una palabra apropiada.

1. Vamos a cruzar el océano en un _____ moderno.
2. Tenemos que _____ aquel proyecto.
3. Construyeron una casa de _____.
4. El _____ es un deporte popular, sobre todo en el verano.
5. Nadie le ayudó; lo hizo _____.
6. Desde la playa podemos ver la luz del _____.
7. El _____ fuerte destruyó el barco.
8. Me gusta comer _____ y _____ pero me engordan mucho.
9. Remando en un bote tan pequeño, prefiero no encontrarme con ningún _____.
10. Como nos quedan pocos días, tenemos que _____ tiempo.

C. Contesten a las siguientes preguntas.

1. ¿Quién puede dar órdenes al teniente?
2. ¿Por qué se hundió el barco?
3. ¿De qué tomaron vino los marineros?
4. ¿Cuáles son tres árboles?
5. ¿Por qué tenían que ahorrar tiempo?

EJERCICIOS CREATIVOS

1. Escriba un breve párrafo resumiendo:
   a. Pasos iniciales de Etayo
   b. Alimentación de la tripulación

2. Imagine que Ud. es el Embajador de España en Wáshington. Prepare el discurso que va a hacer al entregar la condecoración mencionada.

3. Lea selecciones del libro *Kon-Tiki* por Thor Heyerdahl, y prepare una composición en español describiendo el viaje heroico que hizo él. Incluya datos sobre las preparaciones, las dificultades y la alimentación.

4. Imagine que Ud. es redactor de un periódico. Escoja un suceso heroico y prepare el artículo que va a publicar describiendo al héroe, su psicología y el ambiente.

5. Compare una exploración en los días de Colón con una de las aventuras exploradoras de un astronauta moderno. Vocabulario adicional: **cohete** rocket; **cohete de cuatro etapas** four-stage rocket; **el espacio** space; **el espacio exterior** outer space; **satélite** satellite; **proyectil** projectile; **nave espacial** space ship; **la plataforma de lanzamiento** launch pad; **cápsula** capsule; **en órbita** in orbit; **traje espacial** space suit.

AMERICA DEL SUR

La historia de Pedro Serrano

por Garcilaso de la Vega

INTRODUCCIÓN

La situación de Pedro Serrano que se relata en la siguiente crónica ocurrió, sin duda, muchas veces en la historia de la exploración del Nuevo Mundo. Forma la base del cuento de Robinson Crusoe escrito por Daniel Defoe. El autor de la historia es el inca, Garcilaso de la Vega (1539–1616). Nació en el Perú durante la época en que su patria era conquistada por los españoles. Su madre fue una princesa inca y su padre un capitán del ejército español. Por lo tanto conocía la cultura española y la cultura india. El episodio está tomado de su libro *Comentarios reales de los incas*.

GUÍA DE ESTUDIO

Muchas veces la historia resulta más increíble que la ficción. Tal es el caso con la historia de Pedro Serrano. Este relato es un hecho histórico. No era raro que el soldado también fuera autor. Cristóbal Colón y Hernán Cortés han dejado documentos que forman parte de la historia de la época. La gente de entonces reaccionaba a la exploración de tierras desconocidas como hoy reacciona a los viajes entre las estrellas.

Busque los detalles en que la historia de Pedro Serrano se parece al cuento de Robinson Crusoe. Note que el estilo y el vocabulario de las crónicas no son de la conversación.

PALABRAS CLAVE

1. **acertó (acertar) a** ocurrió algo por casualidad
   Un día acertó a pasar María por la casa de Juan, y se hicieron amigos.
   Ni un solo barco _____ pasar por la isla en dos años.

2. **ahogado (ahogar)** muerto por falta de respiración en el agua (drowned)
   Por no creer que era imposible escapar de la isla, el prisionero terminó ahogado.
   La gente creía que el niño se había _____ pero estaba inconsciente, nada más.

3. **amaneció (amanecer)** comenzó el día
   Cuando amaneció, se fue a su trabajo.
   Cleofas _____ temprano.

4. **asar** exponer al fuego comida cruda para cocinarla (to roast)
   A don Abel le gusta asar la carne al aire libre.
   Mañana vamos a _____ la carne al lado del río.

5. **camarón** pequeño crustáceo marino comestible (shrimp)
   ¿Quién comió el último camarón?
   En todo el platillo no quedaba ni un solo _____.

6. **cangrejo** crustáceo marino comestible (crab)
   Al lado del camarón estaba un cangrejo.
   A mí me gusta más el camarón que el _____.

7. **cebaba (cebar)** fomentaba, alimentaba
   El campero cebaba el fuego con carne gorda.
   La criada _____ el fuego para guardar la casa caliente.

8. **concha** parte dura que cubre el cuerpo de muchos crustáceos (shell)
   La tortuga tenía una concha muy grande.
   Hay algunos mariscos que no tienen _____.

9. **cruda** que no está cocida (raw)
   Algunos platos se preparan con carne cruda.
   Las personas no comen la carne _____.

10. **choza** barraca, casilla, cabaña, casa humilde
    El marinero hizo una choza de conchas y arena.
    La familia del indio pobre vive en una _____.

11. **degolló (degollar)** decapitó
    Durante la Inquisición Española, mandaron degollar a muchos bajo el título de «hereje».
    El marinero _____ la tortuga para poder comer.

12. **despoblada** inhabitada, deshabitada, desierta
    Caminamos millas para encontrar la villa despoblada.
    En la isla _____ no vivía nadie.

13. **disparate** locura, absurdo, imprudencia
    Lo que hicieron Trini y Lola es un disparate.
    Por un _____ perdió a su mejor amigo.

14. **espalda** parte posterior del cuerpo humano (back of a torso)
    En el sitio de la construcción, una barra de hierro le cayó en la espalda.
    La señorita modelo tenía la _____ muy hermosa.

15. **hilas** fibras, fragmentos (narrow strips, shreds)
    El viento hizo hilas las cortinas.
    Encontramos la bandera hecha _____.

16. **huesos** armazón del cuerpo (bones)
    Después del día de acción de gracias, sólo quedaron huesos del pavo.
    Encontramos unos _____ en la excavación.

17. **legua** medida de distancia (league)
    Juan vive a una legua de la escuela.
    Miguel del Codo Duro anda una _____ por no pagar cinco centavos.

18. **leña** madera combustible
    En la isla no había leña.
    Hay algo romántico en quemar _____ en una chimenea.

19. **maña** habilidad, destreza
    Ella tiene maña para preparar esas tortillas francesas.
    Joselito hace todo su trabajo con una _____ especial.

20. **mariscos** animales marinos comestibles (small shellfish)
    En el Café Jalisco sirven mariscos.
    Hay ocasiones en que el pueblo come muchos _____.

"Three Musicians" *por Pablo Picasso* (Philadelphia Museum of Art)

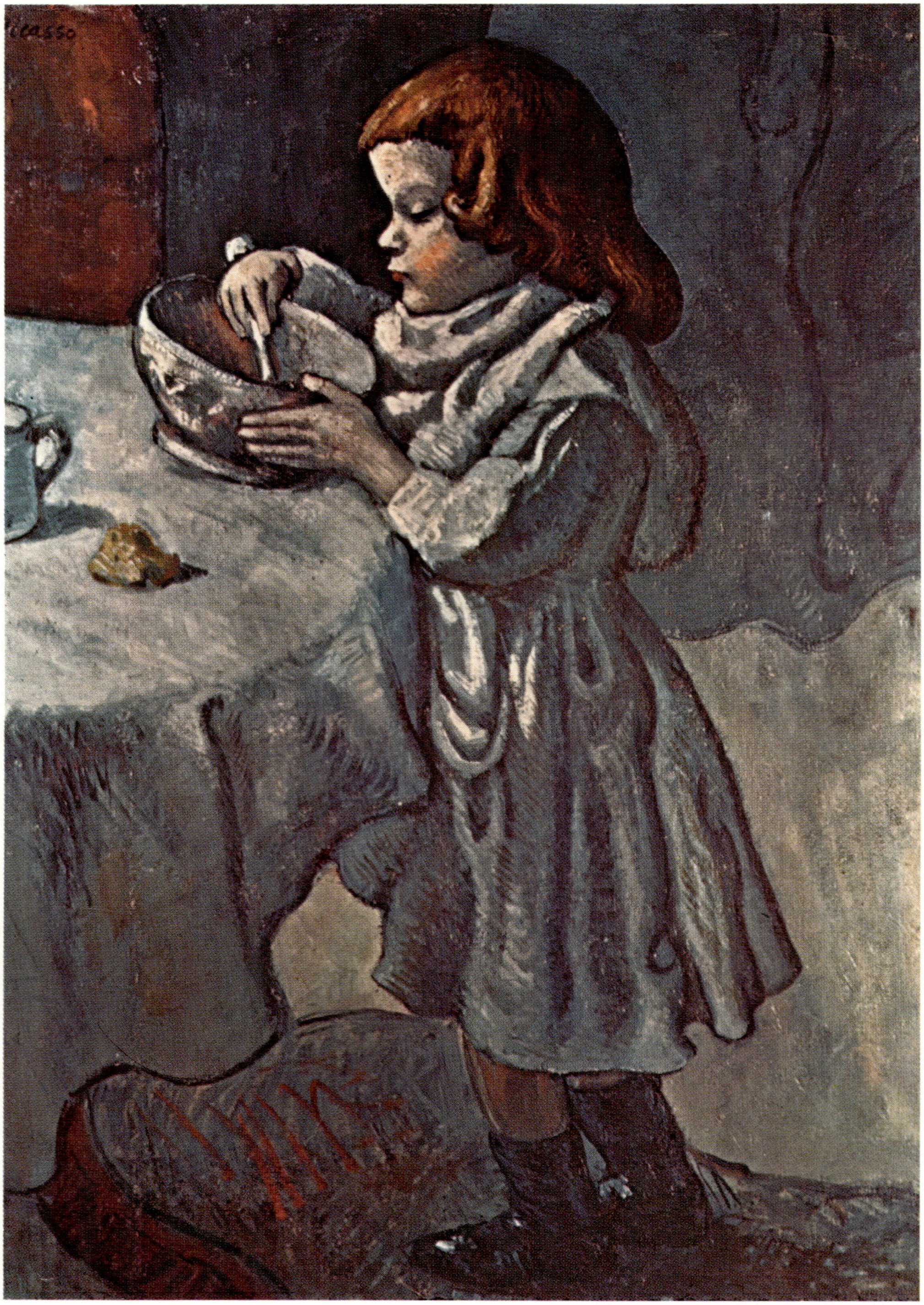

"The Gourmet" *por Pablo Picasso*
(National Gallery of Art, Washington, D.C., Chester Dale Collection)

"Apparition of a Face and Fruit Dish on a Beach" *por Salvador Dalí*
(Wordsworth-Atheneum, Hartford, Connecticut)

"Still Life with Siphon" *por Juan Gris* (Wuppertal City Art Museum)

La Risa por Rufino Tamayo (Private Collection)

"The Bullfight" *por Francisco de Goya* (The Metropolitan Museum of Art, Wolfe Fund, 1922)

"Starfish" *por Roberto Montenegro* (Private Collection)

Paisaje por David Alfaro Siqueiros (Private Collection)

"Sleeping Baby" *por Diego Rivera* (Private Collection)

"A City on a Rock," por Francisco de Goya (The Metropolitan Museum of Art, Bequest of Mrs. H. O. Havemeyer, 1929, The H. O. Havemeyer Collection)

"Cardinal Don Fernando Niño de Guevara" *por El Greco [Domenicos Theotocopoulos]* (The Metropolitan Museum of Art, Bequest of Mrs. H. O. Havemeyer, 1929, The H. O. Havemeyer Collection)

"View of Toledo" *por El Greco* [*Domenicos Theotocopoulos*] (The Metropolitan Museum of Art, Bequest of Mrs. H. O. Havemeyer, 1929, The H. O. Havemeyer Collection)

Albarracín por Ignacio Zuloaga (The Hispanic Society of America)

"Sevilla, Opening Salute at a Bullfight" *por Joaquín Sorolla y Bastida*
(The Hispanic Society of America)

"Portrait of a Little Girl" *por Diego Rodríguez de Silva y Velázquez*
(The Hispanic Society of America)

"The Battle with the Moors at Jerez" *por Francisco de Zurbarán*
(The Metropolitan Museum of Art, Kretschmar Fund, 1920)

21. **menesteres** ocupaciones, tareas, labores; **era menester** era necesario

    Era menester que Antonio siempre hiciera sus menesteres antes de mirar la televisión.
    María hacía los _____ de la casa.

22. **pelaje** pelo de animal

    El se cubrió de pelaje como un camello.
    Al hombre sin camisa le salió _____ como a las bestias.

23. **pretendía (pretender)** deseaba, aspiraba, andaba tras

    Ella siempre quiere pretender a puestos muy elevados.
    José no _____ lo que era difícil encontrar.

24. **pudrió (pudrir)** sufrió putrefacción, deterioró (rotted)

    La carne se pudrió porque no había refrigeración.

    La fruta se _____ por el calor, y no pudimos comerla.

25. **riñeron (reñir)** combatieron, contendieron, disputaron

    Los dos amigos riñeron por un error.
    Los padres _____ con los vecinos.

26. **tentó (tentar)** probó

    Ricardo tentó la máquina para ver si funcionaba bien.
    El tío Severiano nunca _____ hacer fuego con los palos.

27. **torpe** inhábil

    La tortuga es torpe para andar en las patas de atrás.
    El cangrejo es _____ para andar hacia adelante.

Una isla solitaria   George Holton

215   La historia de Pedro Serrano

La isla Serrana,

que está en el viaje de Cartagena a la Habana, se llamó así por un español, llamado Pedro Serrano, cuyo navío se perdió, que era grandísimo nadador y llegó a aquella isla, que es despoblada, inhabitable, sin agua ni leña, donde vivió siete años con industria y buena maña que tuvo para tener leña y agua y sacar fuego... de cuyo nombre llamaron la Serrana aquella isla, y Serranilla a otra que está cerca de ella, por diferenciar la una de la otra...

Pedro Serrano salió a nado a aquella isla desierta, que antes de él no tenía nombre; la cual, como él decía, tenía dos leguas en contorno; casi lo mismo dice la carta de marear, porque pinta tres islas muy pequeñas, con muchos bajíos a la redonda, y la misma figura se da la que llaman Serranilla, que son cinco isletas pequeñas, con muchos más bajíos que la Serrana; y en todo aquel paraje los hay, por lo cual huyen los navíos de ellos por no caer en peligro.

A Pedro Serrano le cupo en suerte perderse en ellos, y llegar nadando a la isla donde se halló desconsoladísimo, porque no halló en ella agua ni leña, ni aun yerba para poder pacer, ni otra cosa alguna con que entretener la vida mientras pasase algún navío que de allí lo sacase, para que no pereciese de hambre y de sed, que le parecía muerte más cruel que haber muerto ahogado, porque es más breve. Así pasó la primera noche llorando su desventura tan afligido como se puede imaginar que estaría un hombre puesto en tal extremo. Luego que amaneció volvió a pasear la isla, halló algún marisco que salía de la mar, como son cangrejos, camarones y otras sabandijas, de las cuales cogió las que pudo, y se las comió crudas, porque no había candela donde asarlas o cocerlas. Así se entretuvo hasta que vio salir tortugas viéndolas lejos de la mar, arremetió con una de ellas y la volvió de espaldas; lo mismo hizo de todas las que pudo; que para volverse a enderezar son torpes; y sacando un cuchillo que de ordinario solía traer en la cinta, que fue el medio para escapar de la muerte, la degolló y bebió la sangre en lugar de agua; lo mismo hizo de las demás; la carne puso al sol para comerla; hecha tasajos, y para desembarazar las conchas para coger agua en ellas de la llovediza, porque toda aquella región, como es notorio, es muy lluviosa. De esta manera se sustentó los primeros días, con matar todas las tortugas que podía...

Viéndose Pedro Serrano con bastante recaudo para comer y beber, le pareció que si pudiese sacar fuego para siquiera asar la comida y para hacer ahumadas cuando viese pasar algún navío, que no le faltaría nada. Con esta imaginación, como hombre que había andado por el mar, que cierto los tales en cualquier trabajo hacen mucha ventaja a los demás, dio en buscar un par de guijarros que le sirviesen de pedernal, porque del cuchillo pensaba hacer un eslabón; para lo cual no hallándolos en la isla, porque toda ella estaba

---

Cartagena *en la costa de Colombia*

a nado *nadando*

carta de marear *mapa del mar*
bajíos *lugares de poco fondo, bancos de arena*

le cupo en suerte *tuvo la mala fortuna de*
desconsoladísimo *triste, afligido*

entretener la vida *mantenerse*

sabandijas *small grublike animals from the sea*

arremetió *atacó*

cinta *cintura (belt)*

tasajos *pedazos de carne seca*

recaudo *seguridad, es decir, viéndose bien provisto*
ahumadas *smoke puffs*

guijarros *piedras*
pedernal *flint*
eslabón *pieza de hierro con la que se sacan chispas de un pedernal*

se sabullía	*zambullía, se sumergía*
desmenuzadas	*cortadas en partes pequeñas*
yesca	*tinder, fuel*
se dio por bien andante	*se consideró afortunado*
ovas marinas	*especie de planta de las aguas (sea lettuce)*
osaban	*dared*
vello	*fuzz, down*
jabalí	*wild boar*

cubierta de arena muerta, entraba en la mar nadando y se sabullía, y en suelo con gran diligencia buscaba ya en unas partes, ya en otras lo que pretendía; y tanto porfió en su trabajo, que halló guijarros, y se sacó los que pudo, y de ellos escogió los mejores, y quebrando los unos con los otros para que tuviesen esquinas donde dar con el cuchillo, tentó su artificio, y viendo que sacaba fuego, hizo hilas de un pedazo de la camisa muy desmenuzadas... que le sirvieron de yesca, y con su industria y buena maña, habiéndolo porfiado muchas veces, sacó fuego. Cuando se vio con él, se dio por bien andante, y para sustentarlo recogió las cosas que la mar echaba en tierra, y por horas las recogía, donde hallaba mucha yerba que llaman ovas marinas, y madera de navíos que por la mar se perdían, y conchas y huesos de pescados y otras cosas con que alimentaba el fuego. Y para que los aguaceros no se lo apagasen hizo una choza con las mayores conchas que tenía de las tortugas que había muerto, y con grandísima vigilancia cebaba el fuego, porque no se le fuese de las manos. Dentro de dos meses y aún antes se vio como nació, porque con las muchas aguas, calor y humedad de la región se le pudrió la poca ropa que tenía. El sol con su gran calor, le fatigaba mucho, porque ni tenía ropa con que defenderse, ni había sombra a que ponerse. Cuando se veía muy fatigado se entraba en el agua para cubrirse con ella. Con este trabajo y cuidado vivió tres años, y en este tiempo vio pasar algunos navíos; mas aunque él hacía su ahumada, que en la mar es señal de gente perdida, no echaban de ver en ella, o por el temor de los bajíos no osaban llegar donde él estaba y se pasaban de largo. De lo cual Pedro Serrano quedaba tan desconsolado, que tomara por partido el morirse y acabar ya. Con la inclemencia del cielo le creció vello de todo el cuerpo tan excesivamente, que parecía pellejo de animal, y no cualquiera, sino el de un jabalí; el cabello y la barba le pasaban de la cinta.

Al cabo de los tres años, una tarde sin pensarlo, vio Pedro Serrano un hombre en su isla, que la noche antes se había perdido en los bajíos de ella y se había sustentado en una tabla de navío; y como luego que amaneció viese el humo de fuego de Pedro Serrano, sospechando lo que fuese había ido a él, ayudado de la tabla de su buen nadar. Cuando se vieron ambos no se puede certificar cuál quedó más asombrado de cuál. Serrano imaginó que era el demonio que venía en figura de hombre para tentarle en alguna desesperación. El huésped entendió que Serrano era el demonio en su propia figura, según le vio cubierto de cabellos, barbas y pelaje. Cada uno huyó del otro, y Pedro Serrano fue diciendo: «Jesús, Jesús, líbrame, Señor, del demonio.» Oyendo esto se aseguró el otro, y volviendo a él le dijo: «No huyáis, hermano, de mí, que soy cristiano como vos»; y para que se certificase, porque todavía huía, dijo a voces el Credo; lo cual oído por Pedro Serrano volvió a él, y se abrazaron con grandísima ternura y muchas lágrimas y gemidos, viéndose ambos en una misma desventura sin esperanza de salir de ella. Cada uno de ellos brevemente contó al otro su vida pasada. Pero Serrano, sospechando la necesidad del huésped, le dio de comer y de beber de lo que tenía, con que quedó algún tanto consolado, y hablando de nuevo en su desventura. Acomodaron su vida como mejor supieron, repartiendo las horas del día y de la noche en sus menesteres de buscar mariscos para comer, y ovas y leña y huesos de pescado y cualquiera otra cosa que la mar echase para sustentar el fuego; y sobre todo la perpetua vigilia que sobre él habían de tener, velando por horas porque no se les apagase. Así vivieron algunos días; mas no pasaron muchos que no riñeron, y de manera que apartaron rancho, que no faltó sino llegar a las manos (porque se vea cuán grande es la miseria de nuestras pasiones). La causa de la pendencia fue decir el uno al otro que no cuidaba como convenía de lo que era menester; y este enojo y las palabras que con él se dijeron, los descompusieron y apartaron. Mas ellos mismos, cayendo en su disparate, se pidieron perdón, y se hicieron amigos y volvieron a su compañía, y en ella vivieron otros cuatro años. En este tiempo vieron pasar algunos navíos, y hacían sus ahumadas; mas no les aprovechaba, de que ellos quedaban tan desconsolados, que no les faltaba sino morir.

Al cabo de este largo tiempo acertó a pasar un navío tan cerca de ellos que vio la humada y les echó el batel para recogerlos. Pedro Serrano y su compañero, que se había puesto de su mismo pelaje, viendo el batel cerca porque los marineros que iban por ellos no entendiesen que eran demonios y huyesen de ellos, dieron en decir el Credo y llamar el nombre de nuestro Redentor a voces; y valióles el aviso, que de otra manera sin duda huyeran los marineros, porque no tenían figura de hombres humanos. Así los llevaron al navío, donde admiraron a cuantos los vieron y oyeron sus trabajos pasados. El compañero murió en la mar viniendo a España. Pedro Serrano llegó acá y pasó a Alemania, donde el emperador estaba entonces; llevó su pelaje como lo traía, para que fuese prueba de su naufragio, y de lo que en él había pasado. Por todos los pueblos que pasaba a la ida (si quisiera mostrarse) ganara muchos dineros. Algunos señores y caballeros principales, que gustaron de ver su figura, le dieron ayudas de costa para el camino, y la majestad imperial, habiéndole visto y oído, le hizo merced de cuatro mil pesos de renta, que son cuatro mil ochocientos ducados en el Perú. Yendo a gozarlos murió en Panamá, que no llegó a verlos. Todo este cuento, como se ha dicho, contaba un caballero que se decía García Sánchez de Figueroa, a quien yo se lo oí, que conoció a Pedro Serrano; y certificaba que se lo había oído a él mismo, y que después de haber visto al emperador se había quitado el cabello y la barba, y dejádola poco más corta que hasta la cinta, y para dormir de noche se la entrenzaba, porque no entrenzándola se tendía por toda la cama y le estorbaba el sueño.

pendencia *riña, disputa*

descompusieron *irritaron*

humada *ahumada*
batel *bote pequeño*

dejádola *la había dejado*
entrenzaba *braided*

PARA LA COMPRENSIÓN

1. ¿Dónde está la isla Serrana?
2. ¿Cómo recibió su nombre?
3. ¿Quién era Pedro Serrano?
4. Describa la isla, dando algunos detalles.
5. ¿Cuánto tiempo vivió allí Pedro Serrano?
6. ¿Había bajíos en la isla?
7. ¿Por qué no se acercan los navíos a esas islas?
8. ¿Por qué no estaba contento allí al principio?
9. ¿Qué hizo la primera noche en la isla?
10. ¿Qué encontró al día siguiente?
11. Relate el incidente de las tortugas.
12. ¿De qué le sirvieron las conchas?
13. ¿Cómo calmaba la sed?
14. ¿Cómo logró sacar fuego?
15. ¿De qué hizo las ahumadas al principio?
16. ¿De qué hizo la choza?
17. ¿Cuánto le duró la ropa que traía puesta?
18. ¿Qué hacía para cubrirse del sol?
19. ¿Cómo se sentía Pedro Serrano cuando los navíos no pasaban por la isla?
20. ¿Cuándo se cortaba el pelo?
21. ¿Cuándo vio al primer hombre en la isla?
22. ¿Cómo se convenció el huésped que Serrano no era el demonio?
23. ¿Cómo organizaron su vida?
24. ¿Por qué se pelearon?
25. ¿Cuánto tiempo vivieron juntos?
26. ¿Quién los rescató de la isla?
27. ¿Adónde se fue Pedro cuando llegó a España?
28. ¿Qué pruebas llevaba Pedro de su naufragio?
29. ¿Cómo ganaba dinero los primeros días de su regreso?
30. ¿Dónde murió Pedro?

EJERCICIOS DE VOCABULARIO

A. Contesten a las siguientes preguntas según la indicación.

1. ¿Cómo murió el aventurero? **ahogado**
2. ¿Qué sacó del agua? **cangrejo**
3. ¿Por qué no lo pudo hacer? **torpe**
4. ¿Por qué no comiste la fruta? **podrida**
5. ¿Con qué vamos a hacer fuego? **leña**
6. ¿De qué está cubierto aquel animal? **pelaje**
7. ¿Por qué se hicieron enemigos? **reñir**
8. ¿En qué vivía el marinero perdido? **choza**

B. Den un sinónimo de las palabras en letra negrita.

1. El **alimentaba** el fuego con leña.
2. No me gusta la carne **que no está cocida**.
3. Eso es **una locura**.
4. Los mariscos tienen **cáscara**.
5. El siempre **aspira** a puestos imposibles de conseguir.
6. **Decapitó** la tortuga y la comió.
7. Es una isla **inhabitada**.
8. Tiene mucha **habilidad** por esas cosas.
9. Vive en una **casucha** miserable.
10. Ellos **disputaron** ayer.
11. Cuando **se levantó el sol**, salió a buscar provisiones.
12. Es **necesario** hacerlo.

La historia de Pedro Serrano

C. Completen las siguientes oraciones con una palabra apropiada.

1. Si quieres _____ la carne, tienes que ponerla sobre el fuego.
2. Si no hay _____, no puedo hacer un fuego.
3. Son los _____ que sostienen el cuerpo.
4. El es tan _____ que no puede hacer nada.
5. Quisiera comer un coctel de _____.
6. Está a dos _____ de aquí.
7. Todavía sale sangre de la carne; está _____.
8. Siempre está ocupado; tiene muchos _____.
9. El _____ el motor pero no se puso en marcha.
10. Ella tiene _____ para cocinar bien.

D. Preparen una lista de comestibles que aparecen en el cuento.

E. Preparen una lista de términos que se puede usar para preparar la comida.

EJERCICIOS CREATIVOS

1. Vamos a suponer que Ud. es Pedro Serrano. Acaba de regresar de esa aventura, y naturalmente, todo el mundo está interesadísimo en saber cómo sobrevivió los años duros en aquella isla. Le van a entrevistar en la televisión. Use las ideas siguientes como guía y siga con la entrevista.

    Anunciador Amable público, he aquí al señor Pedro Serrano que regresó la semana pasada de una aventura fantástica y a la vez horrorosa. Todavía está muy débil y los médicos prohiben que hablemos con él por más de cinco minutos. Por eso, vamos directamente al asunto. Señor, ¿dónde pasó Ud. los últimos siete años?
    Pedro Serrano _____
    Anunciador ¿Quiere Ud. explicarnos cómo llegó a aquella isla?
    Pedro Serrano _____
    Anunciador Ya sabemos que la isla estaba deshabitada, pero Ud. encontró agua sin dificultades, ¿verdad?
    Pedro Serrano _____
    Anunciador Increíble. Y díganos, ¿cómo se alimentaba?
    Pedro Serrano _____
    Anunciador ¿Y Ud. tenía que comer los mariscos y moluscos crudos?
    Pedro Serrano _____
    Anunciador A propósito, ¿qué hizo Ud., amigo Serrano, al verse perdido y en tales condiciones?
    Pedro Serrano _____
    Anunciador ¿Nunca vio pasar ningún otro navío o barco?
    Pedro Serrano _____
    Anunciador ¿Cree Ud. que no vieron las ahumadas?
    Pedro Serrano _____
    Anunciador Y así Ud. pasó siete años solo . . . sin ver a otro ser humano . . .
    Pedro Serrano _____
    Anunciador Y naturalmente, se hicieron buenos amigos.
    Pedro Serrano _____
    Anunciador Después de ser rescatados, ¿qué le pasó a su compañero?
    Pedro Serrano _____
    Anunciador Se nos pasa rápidamente el tiempo, pero antes de poner fin a esta entrevista interesante, háganos el favor de decirnos a qué atribuye Ud. el sobrevivir tantos obstáculos y penas.
    Pedro Serrano _____
    Anunciador Lo siento mucho, pero tenemos que terminar esto. Muchísimas gracias, señor Serrano, por estar con nosotros y por relatarnos su gran aventura . . . un testimonio admirable al espíritu indomable del hombre.

2. Compare la aventura de Pedro Serrano con la de Robinson Crusoe en cuanto a estos puntos: vivienda, agua, alimentos, municiones, ropa, su compañero, cómo pasaron el tiempo, el escape.

MÉXICO

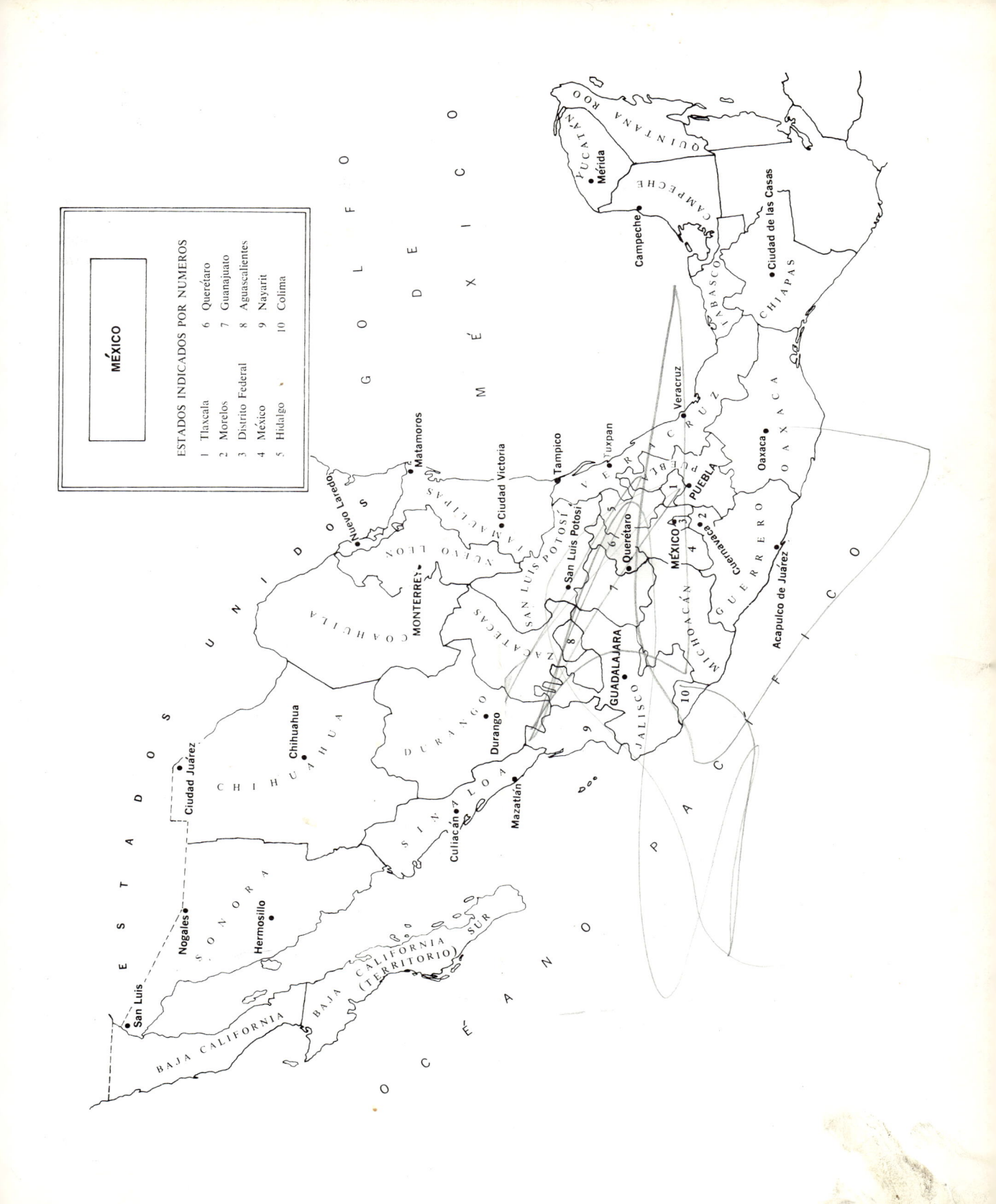

ESTADOS INDICADOS POR NÚMEROS

1 Tlaxcala   6 Querétaro
2 Morelos   7 Guanajuato
3 Distrito Federal 8 Aguascalientes
4 México   9 Nayarit
5 Hidalgo   10 Colima

ESTRUCTURA

Usos del Presente del Subjuntivo

CLÁUSULAS ADVERBIALES

En cláusulas adverbiales introducidas por una expresión temporal, se emplea el subjuntivo si el verbo indica lo que puede suceder. Si el verbo indica lo que ya sucedió, se emplea el indicativo. Las conjunciones temporales son: *luego que, cuando, en cuanto, tan pronto como, hasta que, después de que.*

Me quedaré aquí hasta que regresen.
Me quedé aquí hasta que regresaron.
En cuanto llegue, la señora le servirá la comida.
En cuanto llegó, la señora le sirvió la comida.

Con las siguientes conjunciones, se emplea siempre el subjuntivo: *antes de que, a menos que, para que, con tal que, sin que, en caso de que.*

Nosotros saldremos antes de que ellos vuelvan.
Lo diré para que tú lo sepas.

Con las siguientes conjunciones se emplea el subjuntivo si el verbo indica incertidumbre, duda o estado indefinido; si el verbo indica una acción realizada se emplea el indicativo: *así que, aunque.*

Aunque llueve, saldremos.   (Está lloviendo)
Aunque llueva, saldremos.   (No sabemos si va a llover).

A. Sustituyan según el ejemplo.

> *Dormirán hasta que los despertemos.*
> tú/
> *Dormirán hasta que los despiertes.*

1. Dormirán hasta que los despertemos.
   tú/yo/el patrón/nosotros/Ud./los tripulantes/

2. Etayo estudiará en la biblioteca con tal que Ud. vaya por él.
   su compañero/tú/los interesados/nosotros/yo/Uds./

3. Se quedarán en la isla a menos que los encuentre un navío.
   los navegadores/yo/el piloto/tú/la tripulación/nosotros/

4. Consiguen muchos alimentos para que tenga suficiente la tripulación.
   nosotros/los marineros/yo/tú/todos/el ingeniero/

5. Saldrá para la ciudad cuando le pague el patrón.
   yo/el embajador/nosotros/los interesados/tú/el teniente/

6. No morirá con tal que le ayude la señora.
   nosotros/los doctores/yo/su compañero/tú/la sirvienta/

B. Sigan los modelos.

> *Regresarán a España si alguien los rescata.*
> *Regresarán a España cuando alguien los rescate.*

1. No comerán mariscos si les traemos otra cosa.
2. Serán felices si alguien los encuentra.
3. Estará bien si llega al hospital.
4. Relatará sus aventuras si puede.
5. Recibirá el premio mañana si viene a Nueva York.

6. Irán a Nueva York si reciben los boletos.
7. Nos telefoneará si le dicen nuestro número.
8. Saldrán para España si el doctor les da permiso.
9. Le daré tu recado si lo veo.
10. Pasaré por tu casa si tengo tiempo.

Al regresar Pedro, iremos a la playa.
En cuanto regrese Pedro, iremos a la playa.

1. Al abandonar yo este sitio, Uds. tendrán que venir a verlo.
2. Al sentarse el hombre, empezaremos.
3. Al despertarse los niños, llámame por teléfono.
4. Al ver José la carta, dígale que suba.
5. Al comenzar Manuel el trabajo, consulte conmigo.
6. Al terminar Manuel la silla, una señora la quiere comprar.

Haremos otros arreglos. Lo sabe el capitán.
Haremos otros arreglos sin que lo sepa el capitán.

1. Llevaremos un machete. Nadie nos ve.
2. Iremos en avión. Papá nos da permiso.
3. Envía los regalos. Yo le pago.
4. Les da más dinero. Ellos se lo piden.
5. Saldremos mañana. El capitán se da cuenta.
6. Llegarán por la noche. Nadie los oye.
7. Descansaremos un rato. El patrón nos observa.
8. Me visitarás a menudo. Nadie se ofende.

Entra Lucía. Me voy.
Tan pronto como entre Lucía, me voy.

1. Los hermanos llegan. Voy a conocerlos.
2. José ve la tierra. Todos estarán contentos.
3. Se dan cuenta de sus disparates. Harán las paces.
4. Reconoce lo grave de la mordida. Regresará a su casa.
5. Comienza a sentirse mejor. Se morirá.
6. Suben abordo. Comenzarán a remar.

Le escribiré una carta. El está en España ahora.
Le escribiré una carta en caso de que esté en España ahora.

1. Voy a encender el fuego. Ellos regresan más tarde.
2. Ella le trae agua. Su marido tiene sed.
3. Pedro protege el fuego. Llueve de noche.
4. Prepara el fuego para hacer ahumadas. Pasa algún navío.
5. Deciden enviar un avión. Están desorientados.
6. Deciden comer lo que pescan. No hay bastante comida.

C. Completen las siguientes oraciones con la forma apropiada del verbo indicado.

1. No irá a menos que su mujer _____ también. *ir*
2. En caso de que Pedro _____ un navío hará ahumadas. *ver*
3. Irá a la casa luego que la víbora le _____ una mordida. *dar*
4. Llámame para que _____ si te consiguen el premio. *saber*
5. Le va a pagar después de que _____ el artículo. *terminar*
6. Yo haré mis quehaceres con tal que no me _____. *reñir*
7. Seguirá sobreviviendo hasta que alguien _____ con ayuda. *venir*
8. Tan pronto como _____ a Pedro comenzará a decir el Credo para no asustarlo. *ver*
9. Comenzará a construir la Niña II en cuanto _____ el dinero necesario. *tener*
10. No serán remolcadas a San Salvador aunque algunos no lo _____. *creer*
11. Se hundirá en el agua cuando _____ el sol. *salir*
12. No se cortará el pelo antes de que el emperador lo _____. *ver*

CLÁUSULAS RELATIVAS

Si la cláusula relativa modifica un sustantivo o pronombre que sea indefinido o negativo, el verbo de la cláusula se expresa en el subjuntivo. Si el antecedente es definido, se emplea el indicativo.

Busco una secretaria que sepa español.
Conozco a una secretaria que sabe español.
Aquí hay alguien que puede encargarse del faro.
Aquí no hay nadie que pueda encargarse del faro.

D. Sustituyan según el modelo.

Compraré algo que te guste.
leeré/
Leeré algo que te guste.

1. Leeré algo que te guste.
   demostraré/ regalaré/ prepararé/ utilizaré/ tendré/ conseguiré/

2. Busca algún navío que le pueda ayudar.
   algún cura/ alguna mujer/ algún marinero/ alguna medicina/ algún plan/ algún alivio/

3. ¿Hay aquí una novela que José no haya leído?
   Ud./ tú/ yo/ Uds./ nosotros/ ellas/

E. Sigan el modelo.

Quiere comprar el coche que no cuesta mucho.
Quiere comprar un coche que no cueste mucho.

1. Busca el camino que conduce al rancho.
2. Necesita el billete que vale veinte pesos.
3. Quiere comprar la casa que tiene vista hacia el mar.
4. Quiere leer la novela que lleva descripciones de Pedro Serrano.
5. Use Ud. la receta que explica bien la preparación.
6. Evite Ud. la biblioteca que tiene los archivos en desorden.

F. Sigan el modelo.

Hay una selva que no podemos penetrar.
No hay selva que no podamos penetrar.

1. Hay un guía que conoce bien esa selva.
2. Hay una víbora cuya mordida le mata en seguida.
3. Hay un amigo que le ayuda en la costa brasileña.
4. Hay islas despobladas que no tienen nombre.
5. Hay un huésped que come y bebe todo.
6. Hay un teniente de navío que merece nuestra consideración.

G. Sigan el modelo.

Tengo uno que escribe bien.
No tengo ninguno que escriba bien.

1. Tengo uno que anda bien.
2. Tengo uno que está bien.
3. Tengo uno que corre bien.
4. Tengo uno que tira bien.
5. Tengo uno que registra bien.
6. Tengo uno que trabaja bien.

H. Sigan el modelo.

Nadie come los cangrejos crudos.
No hay nadie que coma los cangrejos crudos.

1. Nadie quiere vivir en esa selva.
2. Nadie sabe lo que le pasa al pobre.
3. Nadie sale a nadar donde hay tiburones.
4. Nadie está de guardia por más de dos horas.
5. Nadie pesca en los bajíos.
6. Nadie trae agua.
7. Nadie es más trabajador que el teniente.
8. Nadie ve las ventajas de esa expedición.
9. Nadie cabe en esa cabina tan pequeña.

CUADRO 11

El amor

PREPARANDO LA ESCENA De todos los sentimientos humanos, el amor, tal vez, es el más interesante. Está por todas partes pero es intangible; tiene muchas formas pero resiste la definición; llega al niño, al adolescente y a las personas mayores. Puede ser tierno, delicado, dulce y compasivo, o puede ser apasionado, impetuoso, ardiente. Lo prodigamos a las personas, los objetos y los ideales. En fin, el amor hace girar al mundo y siempre ha sido un tema favorito de los escritores.

Las selecciones que va a leer tratan de los varios efectos del amor, un amor declarado, un amor descubierto.

Varios efectos del amor

por Lope de Vega Carpio

INTRODUCCIÓN

Lope de Vega (1562–1635) conocido en la literatura como «el monstruo de la naturaleza» y «el fénix de los ingenios» es un luminario del Siglo de Oro. Aunque se conoce principalmente por el gran número de obras teatrales que ha escrito, también le atribuimos varias poesías. *Varios efectos del amor* es un soneto, poema de catorce versos, en el cual el autor nos revela los síntomas y las emociones variables del amor. ¡Quien lo probó lo sabe!

GUÍA DE ESTUDIO

Se dice que un poema es un amigo potencial ... el que Ud. conoce enteramente en dos o tres minutos apenas es un amigo íntimo. Hay que leer y leer de nuevo la poesía cuidadosamente.

Primera lectura: para obtener la idea central del poema; la poesía nos recompensa sólo cuando comprendemos las ideas obvias y las escondidas.

Segunda lectura: para notar la forma mecánica del poema (métrica y rima).

Tercera lectura: para fijarse en la selección de palabras (en el soneto que sigue, el autor ha empleado la técnica de contraste).

Cuarta lectura: para comparar los pensamientos del poeta con sus propias experiencias.

Considere el vocabulario de esta selección como un vocabulario de contrastes o antónimos. Lope de Vega ha empleado esta manera de indicarnos los altibajos del amor con síntomas positivos y síntomas negativos.

PALABRAS CLAVE

1. **alentado** animoso
   A pesar de estar enfermo, parece muy alentado.
   _____ por la buena noticia, empezó a trabajar.

2. **altivo** orgulloso (proud, haughty)
   Ni un rey podía ser tan altivo.
   No comprendo por qué ese señor es tan _____.

3. **cabe (caber)** puede entrar una cosa dentro de otra (fits)
   Esta pluma no puede caber en el tintero.
   El libro no _____ en mi bolsillo.

4. **desengaño** desilusión
   ¿Has llevado algún desengaño en la vida?
   El pobre había sufrido un _____ tras otro.

5. **desmayarse** perder el sentido (to faint)
   Al ver la sangre, se sentó para no desmayarse.
   Se sentó para no _____ a consecuencia de la herida.

6. **esquivo** desdeñoso, áspero, indiferente, frío (disdainful, contemptuous)
   El patrón era tan esquivo que los peones no querían complacerle.
   El rico habló al pobre en un tono _____.

7. **infierno** lugar destinado para el tormento de los réprobos, situación terrible (hell)
   Los pecadores van al infierno.
   Nadie quiere ir al _____.

8. **provecho** beneficio
   Empezaron un negocio de mucho provecho.
   Al terminar de comer y dejar la mesa, es costumbre decir a los demás: «¡Buen _____!»

9. **veneno** una sustancia que destruye o altera las funciones vitales (poison)
   El veneno puede matar aun a los más fuertes.
   Sócrates murió por haber tomado un _____ fatal.

"The Lovers" por Pablo Picasso
National Gallery of Art, Washington; Chester Dale Collection

Varios efectos del amor

Desmayarse, atreverse, estar furioso,
áspero, tierno, liberal, esquivo,
alentado, mortal, difunto, vivo,
leal, traidor, cobarde, animoso.

No hallar, fuera del bien, centro y reposo,
mostrarse alegre, triste, humilde, altivo,
enojado, valiente, fugitivo,
satisfecho, ofendido, receloso.

Huir el rostro al claro desengaño,
beber veneno por licor suave,
olvidar el provecho, amar el daño:

creer que un cielo en un infierno cabe;
dar la vida y el alma a un desengaño;
esto es amor. ¡Quien lo probó lo sabe!

---

fuera del bien *outside of the supreme goodness*
centro y reposo *stability and peace*

receloso *distrustful*

huir el rostro al claro desengaño *to be blind to a clear case of faithlessness*

PARA LA COMPRENSIÓN

1. ¿Cuál es la idea principal de este poema?
2. Mencione algunos efectos del amor que son *positivos,* es decir, efectos que contribuyen a la alegría del enamorado.
3. Mencione algunos efectos del amor que son *negativos,* es decir, efectos que contribuyen a la tristeza del enamorado.
4. Busque en el poema una palabra que tenga sentido contrario de cada una de las siguientes: **tierno, vivo, leal, animoso, alegre, humilde, cielo, provecho, satisfecho, valiente.**
5. ¿Qué síntomas, sean positivos o negativos, puede Ud. añadir a la lista indicada por el autor?

EJERCICIOS DE VOCABULARIO

A. Completen las siguientes oraciones con una palabra apropiada.

1. Hay tanta gente que todos no pueden _____ en el coche.
2. Es un señor _____ que no tiene simpatía.
3. Es tan _____ que se considera mejor que nadie.
4. Si no vamos al paraíso, iremos al _____.
5. Al recibir las malas noticias, ella se _____.
6. A veces el amor trae mucha felicidad; otras veces puede resultar en un _____.

B. Den un sinónimo de las siguientes palabras.

1. desengaño
2. esquivo
3. altivo
4. beneficio
5. animoso

C. En el poema, busquen sinónimos de las siguientes palabras.

1. muerto
2. descanso
3. feliz
4. enfadado
5. tomar

D. En el poema, busquen antónimos de las siguientes palabras.

1. agradecido
2. vivo
3. contento
4. feliz
5. altivo
6. áspero

EJERCICIOS CREATIVOS

1. Escriba una breve composición titulada: «El amor hace girar al mundo».
2. Según el poema de Lope de Vega, el amor puede tener varios efectos. Escoja uno y desarrolle un párrafo explicando cómo el amor puede producir este efecto.
3. Explique en sus propias palabras el significado de la frase: «... beber veneno por licor suave».
4. Hay varias clases de amor: amor entre novios, amor por la patria y amor maternal. Haga una lista de los diversos tipos de amor. Escoja dos para comparar y contrastar.
5. Escriba en español un poema que trata de algún aspecto del amor. Puede ser dos o cuatro versos que expresan una idea o un sentimiento suyo.

El sombrero de tres picos

por Pedro Antonio de Alarcón

INTRODUCCIÓN

La novela *El sombrero de tres picos* escrita por Pedro Antonio de Alarcón (1833–1891) trata de la vida provincial de una época pasada del más grande absolutismo cuando el que gobernaba era el corregidor, símbolo de autoridad con su capa de grana y su sombrero de tres picos.

Tres personajes muy interesantes dominan la escena: el tío Lucas, un molinero listo; la señá Frasquita, su mujer encantadora y provocativa; y don Eugenio de Zúñiga y Ponce de León, un corregidor corrompido. Entre las demás trampas que piensa llevar a cabo el corregidor (a pesar de estar ya casado) es la conquista amorosa de la señá Frasquita. Llega un día al molino, y bajo la parra (donde está escondido el molinero) declara su amor a la hermosa y provocativa molinera.

GUÍA DE ESTUDIO

Los corregidores tenían gran poder y podían repartir favores entre sus amigos predilectos. Por eso, la señá Frasquita, con motivo especial, sigue coqueteando con el corregidor. Para ella, la entrevista con el corregidor es un juego.

PALABRAS CLAVE

1. **a más no poder** todo lo posible

   Juan y yo oímos el chiste y reímos a más no poder.
   La cena era tan buena que comí _____.

2. **actual** presente, que existe en el tiempo presente

   La condición actual del paciente es muy grave.
   La moda _____ que tienen las mujeres de vestirse me hace reir.

3. **al cabo** al final

   Al cabo del juicio decidieron que el muchacho había cometido un error, no un crimen.
   Volvió a casa _____ de dos años.

4. **alcoba** dormitorio, aposento destinado para dormir

   Construyeron la casa con cuatro alcobas y dos cuartos de baño.
   Cuatro niños duermen en esta _____.

5. **amargura** disgusto, sabor amargo (bitterness)

   La niña hizo una mueca cuando sintió la amargura del limón.
   El hombre había sufrido tantas penas que miraba la vida con _____.

6. **apoyó (apoyar)** hizo que una cosa descansara sobre otra

   La etiqueta dicta que no se debe apoyar los codos en la mesa.
   El partido dio su aprobación y _____ al candidato.

7. **borracho** ebrio, que ha bebido mucho

   El borracho sufría de pesadillas.
   Beber es una cosa; estar _____ es otra.

8. **clavada (clavar)** sujeta con clavo, sin movimiento (nailed, firmly fixed)

   Durante el huracán, la niñita se mantuvo clavada al pecho de su mamá.
   La maestra tenía la mirada _____ en la cara del alumno.

9. **codo** parte exterior de la articulación del brazo con el antebrazo (elbow)

   Pedro se cayó jugando al fútbol y se rompió el codo.
   El joven apoyó un _____ en el pupitre.

10. **gratis** de balde (free of charge)

    Yo le sospeché de trampa cuando me ofreció los boletos gratis.
    La entrada a la exhibición es _____.

11. **joroba** corcova, giba (hump)

    La ancianita se tapaba la joroba con un chaleco de lana.
    La _____ en la espalda le hizo parecer viejo.

12. **labios** parte exterior de la boca que cubre la dentadura (lips)

    Mi hermana quiere pintarse los labios.
    Se usan los _____ para formar los sonidos *b, p, m.*

13. **manga** parte del vestido que cubre el brazo

    El distinguido señor llevaba una banda negra en la manga, lo que demuestra el luto.
    La _____ larga protegerá el brazo del sol.

14. **molinera** mujer del molinero (miller's wife)

    La molinera llevaba un traje andaluz.
    La _____ ayudaba a su esposo a moler el trigo.

15. **parra** vid, viña trepadora (grapevine)

    Hay sombra bajo la parra.
    Desde lo alto de la _____ voy a cortar los mejores racimos.

16. **por lo visto** evidentemente, al parecer

    Ella se delató, por lo visto, cuando mencionó el paquete.
    _____, ha ganado el premio.

17. **sobrino** hijo del hermano o de la hermana (nephew)

    Compré un regalo para el cumpleaños de mi sobrino.
    Mi _____ tiene once años.

¿**Y Lucas?** ¿Duerme?—preguntó el corregidor al cabo de un rato.

Debemos advertir aquí que el corregidor, lo mismo que todos los que no tienen dientes, hablaba con una pronunciación floja y silbante, como si estuviese comiendo sus propios labios.

—¡De seguro!—contestó la señá Frasquita—en llegando estas horas se queda dormido donde primero le coge, aunque sea en el borde de un precipicio.

—Pues, mira . . . ¡déjalo dormir!—exclamó el viejo corregidor, poniéndose más pálido de lo que ya era—. Y tú, mi querida Frasquita, escúchame, oye, ven acá. ¡Siéntate aquí a mi lado! Tengo muchas cosas que decirte.

—Ya estoy sentada—respondió la molinera, agarrando una silla baja y plantándola delante del corregidor, a cortísima distancia de la suya.

Una vez sentada, Frasquita echó una pierna sobre la otra, inclinó el cuerpo hacia adelante, apoyó un codo sobre la rodilla cabalgadora y la fresca y hermosa cara en una de sus manos; y así, con la cabeza un poco ladeada, la sonrisa en los labios, los cinco hoyos en actividad y las serenas pupilas clavadas en el corregidor, aguardó la declaración de su señoría. Hubiera podido comparársela con Pamplona esperando un bombardeo.

El pobre hombre fue a hablar, y se quedó con la boca abierta, embelesado ante aquella grandiosa hermosura, ante aquella esplendidez de gracias, ante aquella formidable mujer de alabastrino color, de lujosas carnes, de limpia y riente boca, de azules e insondables ojos que parecía creada por el pincel de Rubens.

—¡Frasquita!—murmuró al fin el delegado del rey, mientras que su rostro cubierto de sudor, destacándose sobre su joroba, expresaba una inmensa angustia—. ¡Frasquita! . . .

—¡Me llamo!—contestó la hija de los Pirineos—. ¿Y qué?

—Lo que tú quieras—repuso el viejo con una ternura sin límites.

—Pues lo que yo quiero—dijo la molinera—ya lo sabe usía. Lo que yo quiero es que usía nombre secretario del Ayuntamiento de la ciudad a un sobrino mío que tengo en Estella, y que así podrá venirse de aquellas montañas, donde está pasando muchas dificultades.

—Te he dicho, Frasquita, que eso es imposible. El secretario actual . . .

—¡Es un ladrón, un borracho y un bestia!

—Ya lo sé. Pero tiene mucha influencia entre los regidores perpetuos, y yo no puedo nombrar otro sin acuerdo del cabildo. De lo contrario, me expongo . . .

—¡Me expongo! ¡Me expongo! ¿A qué no nos expondríamos por vuestra señoría hasta los gatos de esta casa?

—¿Me querrías a ese precio?—tartamudeó el corregidor.

—No, señor; que lo quiero a usía gratis.

—¡Mujer, no me hables de una manera tan formal! Háblame de Ud. o como se te antoje. ¿Conque vas a quererme? Di.

—¿No le digo a Ud. que lo quiero ya?

—Pero . . .

—No hay pero que valga. ¡Verá Ud. qué guapo y qué hombre de bien es mi sobrino!

—¡Tú sí que eres guapa, Frasquita!

—¿Le gusto a Ud.?

—¡Que si me gustas! ¡No hay mujer como tú!

—Pues mire Ud. . . . Aquí no hay nada artificial—contestó la señá Frasquita, acabando de arrollar la manga de su jubón, y mostrando al corregidor el resto de su brazo, digno de una cariátide y más blanco que una azucena.

—¡Que si me gustas!—prosiguió el corregidor—. De día, de noche, a todas horas, en todas partes, sólo pienso en ti.

—¿No le gusta a Ud. la señora corregidora?—preguntó Frasquita—. ¡Qué lástima! Mi Lucas me ha dicho que tuvo el gusto de verla y de hablarle cuando fue a componerle a Ud. el reloj de la alcoba y que es muy guapa, muy buena y muy cariñosa.

—¡No tanto! ¡No tanto!—murmuró el corregidor con cierta amargura.

—En cambio, otros me han dicho—prosiguió la molinera—que tiene muy mal genio, que es muy celosa y que Ud. le tiembla más que a una vara verde.

—¡No tanto, mujer!—repitió don Eugenio de Zúñiga y Ponce de León, poniéndose colorado—. ¡Ni tanto ni tan poco! La señora tiene sus manías, es cierto; mas de ello a hacerme temblar, hay mucha diferencia. ¡Yo soy el corregidor!

—Pero, en fin, ¿la quiere Ud., o no la quiere?

—Te diré . . . Yo la quiero mucho . . . o, por mejor decir, la quería antes de conocerte. Pero desde que te vi, no sé lo que me pasa, y ella misma conoce que me pasa algo. Básteme saber que hoy, tomarle, por ejemplo, la cara a mi mujer me hace la misma operación que si me la tomara a mí propio. ¡Ya ves, que no puedo quererla más ni sentir menos! Mientras que por coger esa mano, ese brazo, esa cara, esa cintura, daría lo que no tengo.

233   El sombrero de tres picos

refregando ... los ojos *practically rubbing on his eyes*
con la pacífica ... un elefante *with the quiet force or irresistible firmness of an elephant's trunk*
lo tiró de espaldas *tipped him over backward*

Y, hablando así, el corregidor trató de apoderarse del brazo desnudo que la señá Frasquita le estaba refregando materialmente por los ojos; pero ésta extendió la mano, tocó el pecho de su señoría con la pacífica violencia o incontrastable rigidez de la trompa de un elefante y lo tiró de espaldas con silla y todo.

—¡Ave María Purísima!—exclamó entonces la navarra, riéndose a más no poder—. Por lo visto, esa silla estaba rota.

—¿Qué pasa ahí?—exclamó en este momento el tío Lucas, asomando su feo rostro entre los pámpanos de la parra ...

PARA LA COMPRENSIÓN

1. ¿Cómo hablaba el corregidor?
2. ¿Por qué hablaba así?
3. Según la señá Frasquita, ¿qué hacía Lucas?
4. ¿Dónde se sentó la señá Frasquita?
5. ¿Por qué podía compararse la señá Frasquita con la ciudad de Pamplona?
6. ¿Quién era Rubens?
7. ¿Qué quería la señá Frasquita?
8. ¿Por qué no quería hacer el corregidor lo que le pidió Frasquita?
9. ¿Qué título usaba la señá Frasquita al hablar con el corregidor?
10. ¿Cómo quería él que ella le hablara?
11. ¿Cuándo había visto a la corregidora el tío Lucas?
12. ¿Qué dijo el corregidor de su esposa?
13. ¿Qué dijo el corregidor de Frasquita?
14. ¿Qué hizo la señá Frasquita cuando el corregidor trató de apoderarse de su brazo?
15. ¿Quién interrumpió la escena en aquel momento?
16. ¿Dónde estaba el tío Lucas?

EJERCICIOS DE VOCABULARIO

A. Contesten a las siguientes preguntas según la indicación.
1. ¿Dónde duerme el niño? **alcoba pequeña**
2. ¿Cómo volvió a casa el corregidor? **borracho**
3. ¿Dónde apoyó los codos? **en la rodilla**
4. ¿Dónde se sentó el sobrino que tenía joroba? **parra**
5. ¿Qué tenía la molinera en la manga de la blusa? **mancha**

B. Completen las siguientes oraciones con una palabra apropiada.
1. No tuvieron que pagar por los boletos. Los recibieron _____.
2. Se rompió el _____ esquiando.
3. Las uvas crecen en la _____.
4. El brazo sale por la _____ de la camisa.
5. Para sonreir, hay que mover los _____.
6. Ve a dormir en la _____.
7. _____ de tres días, volvió a casa.
8. Lo tuvo _____ en la puerta y no lo pude quitar.

C. Reemplacen la expresión **todo lo posible** por **a más no poder**.
1. Trabajó todo lo posible.
2. Estudió todo lo posible.
3. Trató todo lo posible.
4. Comió todo lo posible.

EJERCICIOS CREATIVOS

1. Escriba un párrafo dando sus opiniones de la actitud y las acciones de la señá Frasquita. ¿Qué esperaba ganar ella con su coquetería?

2. Escriba otro párrafo acerca del corregidor. ¿Creyó que Frasquita era seria en sus declaraciones amorosas hacia él?

3. Describa a la señá Frasquita. Compárela con alguna actriz de la pantalla muy conocida. Si se pensara en filmar esta escena, ¿a quién escogería Ud. para hacer el papel de Frasquita? Justifique su respuesta.

4. Exprese su opinión. ¿Cree Ud. que el corregidor trató de aprovechar su autoridad o qué razón tendría para portarse con tanta imprudencia?

5. Imaginemos que una vecina chismosa presenció esta escena. Ella trata de relatar lo que ha visto a su marido quien es amigo fiel de Frasquita y el molinero. El rehusa hablar de ellos. Siga con esta conversación.

   Mujer Quiero decirte lo que he visto en el patio de nuestros vecinos. ¡Es un escándalo! ¿Vi al corregidor con Frasquita y ... ¡ay! No sé cómo decírtelo.
   Marido Entonces, mejor que no digas nada. Yo conozco bien a Frasquita. Ella adora a Lucas y no es capaz de ser infiel.
   Mujer Pero, tú no la has visto. Estaba ...
   Marido Estoy convencido que es una broma. Todos conocemos al corregidor y que tiene buen ojo para las mujeres atractivas.
   Mujer ....

El abanico

por Vicente Riva Palacio

INTRODUCCIÓN

Vicente Riva Palacio, mexicano (1832–1896), fue periodista, político, general, novelista y, sobre todo, historiador. Pasó mucho tiempo en los archivos estudiando la historia y por eso, conocía muy bien la época colonial. Entrelazados en sus tradiciones y leyendas de aquel entonces hay una ironía ligera y cierto sentido de humor característicos de sus obras.

El abanico es parte integrante de la dama española. Usa este accesorio, no sólo para abanicarse y como adorno, sino para puntuar su conversación y para coquetear. Sencillamente, la española habla con su abanico. Hay un verdadero lenguaje del abanico.

Entre las costumbres traídas al Nuevo Mundo por los colonizadores españoles, el uso del abanico es una costumbre que todavía existe. En el cuento que va a leer Palacio nos habla del papel importante que desempeñó un abanico al seleccionar a una esposa.

GUÍA DE ESTUDIO

Este cuento trata de la alta sociedad. El Marqués, uno de los personajes principales, piensa casarse. Hay varias señoritas elegibles, pero cada una tiene sus defectos. El Marqués tiene sus propios medios para medir a la gente. ¿Son suyos también?

PALABRAS CLAVE

1. **abanico** instrumento para mover el aire

    El abanico se usa para refrescarse.
    Cuando hace calor, mi madre usa el _____ que le compré en España.

2. **aborrecer** odiar

    El aborrece el invierno porque no le gusta el frío.
    Llegará a _____ a la persona que pone en peligro su posición.

3. **apuestos** gallardos

    Muchos apuestos caballeros asistían a la tertulia del Mayor.
    El salón estaba lleno de _____ caballeros y elegantes damas.

4. **avisó (avisar)** dio noticia de una cosa, advirtió

    El profesor avisó a las alumnas que el examen principiaría la semana que viene.
    _____ a los alumnos que la reunión sería a las nueve.

5. **bandeja** platillo que sirve para diversos usos

    La bandeja llena de refrescos está sobre la mesa.
    El criado servía los platos de una _____.

6. **bodas** casamiento y fiesta que lo acompaña

    Celebramos las bodas de nuestros amigos.
    Vamos a invitar a mucha gente a las _____ de mi hermana.

7. **cuidará (cuidar)** pondrá cuidado en, estará preocupado por

    Hay que cuidar a los niños porque ellos no pueden cuidarse.
    No podrá salir porque _____ a su hermano menor.

8. **chocar**   dar violentamente una cosa con otra

   Ese automóvil va a chocar con el otro.
   No sabe conducir bien y la primera vez que salió solo en el automóvil fue a _____ con otro.

9. **daba (dar) con**   encontraba

   El Marqués no podía dar con su ideal.
   Buscaba y buscaba pero nunca _____ una chica tan encantadora como aquélla.

10. **desplegó (desplegar)**   desdobló lo que estaba doblado, abrió

    Al desplegar el abanico, la muchacha lo rompió.
    El señor _____ la bandera para que todos la vieran.

11. **desposados**   recién casados

    Hay una celebración en casa de los desposados.
    Habrá fiesta en casa de los _____ el domingo que viene.

12. **embajada**   casa en que reside el embajador

    Juan trabaja en la Embajada del Brasil.
    La _____ de los Estados Unidos está en aquella avenida.

13. **estorbando (estorbar)**   poniendo obstáculo

    El auto estorbó el paso hacia la casa.
    No vamos a estacionar el auto aquí, _____ el paso a los demás.

14. **hechos**   acciones, sucesos

    Me habló de los hechos de su padre.
    Me gusta leer sobre los _____ de las legiones romanas.

15. **mundanal**   mundano, relativo o perteneciente al mundo

    El se retiró del mundanal ruido.
    A causa de su experiencia _____, mi amigo siempre podía acompañar sus discursos con anécdotas.

16. **pintura**   obra que hace un pintor

    La pintura en este abanico es una maravilla.
    ¡Qué _____ tan realista! El artista debe ser muy bueno.

17. **primor**   hermosura, perfección

    Ese bordado es un primor.
    Esa pintura es un _____. ¡Cuántas horas de trabajo!

18. **rasgó (rasgar)**   desgarró, rompió una cosa

    El chico rasgó sus pantalones.
    _____ el abanico usándolo así.

19. **relámpago**   rayo de luz producido por la electricidad durante una tormenta

    Muchos chicos tienen miedo de los relámpagos.
    La noticia de las bodas corrió por la ciudad como un _____.

20. **soñaba (soñar)**   se representaba en la fantasía algún objeto durante el sueño (dreamed)

    La niña gasta sus días en soñar.
    Como comió demasiado antes de acostarse, _____ con los demonios.

21. **tela**   tejido de lana, seda, lino, etc.

    La tela del abrigo de Juan es mejor que la del abrigo de Felipe.
    Le gustó la _____ del vestido pero no el color.

22. **tengo (tener) ganas**   tengo deseos

    No tengo ganas de ir al cine.
    Hace mucho calor, y por eso _____ de bañarme.

23. **vacilaría (vacilar)**   dudaría, estaría indeciso

    De tanto vacilar se quedó sin hacer nada.
    No _____; era importante llegar a una decisión en seguida.

24. **vergüenza**   turbación causada por el miedo a la deshonra, al ridículo

    Ricardo tiene vergüenza de haber pegado a su hermano pequeño.
    Tengo _____ de haber olvidado la fecha de su cumpleaños.

"Julia Wainright Robbins" por Ignacio Zuloaga

The Metropolitan Museum of Art, New York; Gift of Julia Giles

El Marqués estaba resuelto a casarse, y había comunicado aquella noticia a sus amigos. La noticia corrió con la velocidad del relámpago por toda la alta sociedad como toque de alarma a todas las madres que tenían hijas casaderas, y a todas las chicas que estaban en condiciones y con deseos de contraer matrimonio, que no eran pocas.

Porque, eso sí, el Marqués era un gran partido, como se decía entre la gente de mundo. Tenía treinta y nueve años, un gran título, mucho dinero, era muy guapo y estaba cansado de correr el mundo, haciendo siempre el primer papel entre los hombres de su edad dentro y fuera del país.

Pero se había cansado de aquella vida de disipación. Algunos hilos de plata comenzaban a aparecer en su negra barba y entre su sedosa cabellera; y como era hombre de buena inteligencia y no de escasa lectura, determinó sentar sus reales definitivamente, buscando una mujer como él la soñaba para darle su nombre y partir con ella las penas o las alegrías del hogar en los muchos años que estaba determinado a vivir todavía sobre la tierra.

Con la noticia de aquella resolución no le faltaron seducciones ni de maternal cariño ni de románticas o alegres bellezas; pero él no daba todavía con su ideal, y pasaban los días, y las semanas y los meses, sin haber hecho la elección.

—Pero, hombre—le decían sus amigos—, ¿hasta cuándo no vas a decidirte?

—Es que no encuentro todavía la mujer que busco.

—Será porque tienes pocas ganas de casarte que muchachas sobran. ¿No es muy guapa la Condesita de Mina de Oro?

—Se ocupa demasiado de sus joyas y de sus trajes; cuidará más de un collar de perlas que de su marido, y será capaz de olvidar a su hijo por un traje de la casa de Worth.

—¿Y la Baronesa del Iris?

—Muy guapa y muy buena; es una figura escultórica, pero lo sabe demasiado; el matrimonio sería para ella el peligro de perder su belleza, y llegaría a aborrecer a su marido si llegaba a suponer que su nuevo estado marchitaba su hermosura.

—¿Y la Duquesa de Luz Clara?

—Soberbia belleza; pero sólo piensa en divertirse; me dejaría moribundo en la casa por no perder una función del Real, y no vacilaría en abandonar a su hijo enfermo toda una noche por asistir al baile de una embajada.

—¿Y la Marquesa de Cumbre-Nevada, no es guapísima y un modelo de virtud?

—Ciertamente; pero es más religiosa de lo que un marido necesita: ningún cuidado, ninguna pena, ninguna enfermedad de la familia le impediría pasarse toda la mañana en la iglesia, y no vacilaría entre un sermón de cuaresma y la alcobita de su hijo.

—Vamos; tú quieres una mujer imposible.

—No, nada de imposible; ya veréis cómo la encuentro, aunque no sea una completa belleza; porque la hermosura para el matrimonio no es más que el aperitivo para el almuerzo; la busca sólo el que no lleva apetito, que quien tiene hambre no necesita aperitivos, y el que quiere casarse no exige el atractivo de la completa hermosura.

* * *

Tenía el Marqués como un axioma, fruto de sus lecturas y de su mundanal experiencia, que a los hombres, y quien dice a los hombres también dice a las mujeres, no debe medírseles para formar juicio acerca de ellos por las grandes acciones, sino por las acciones insignificantes y familiares; porque los grandes hechos, como tienen siempre muchos testigos presentes o de referencia, son resultado más del cálculo que de las propias inspiraciones, y no traducen con fidelidad las dotes del corazón o del cerebro; al paso que las acciones insignificantes hijas son del espontáneo movimiento de la inteligencia y de los sentimientos, y forman ese botón que, como dice el refrán antiguo, basta para servir de muestra.

* * *

Una noche se daba un gran baile en la Embajada de Inglaterra. Los salones estaban literalmente cuajados de hermosas damas y apuestos caballeros, todos flor y nata de las clases más aristocráticas de la sociedad. El Marqués estaba en el comedor, adonde había llevado a la joven Condesita de Valle de Oro, una muchacha de veinte años, inteligente, simpática y distinguida, pero que no llamaba, ni con mucho, la atención por su belleza, ni era una de esas hermosuras cuyo nombre viene a la memoria cada vez que se emprende conversación acerca de mujeres encantadoras.

La joven Condesa era huérfana de madre, y vivía sola con su padre, noble caballero, estimado por todos cuantos le conocían.

La Condesita, después de tomar una taza de té, conversaba con algunas amigas antes de volver a los salones.

—Pero, ¿cómo no estuviste anoche en el Real? Cantaron admirablemente el *Tannhauser*—le decía una de ellas.

—Pues mira: me quedé vestida, porque tenía deseos, muchos deseos, de oir el *Tannhauser;* es una ópera que me encanta.

—¿Y qué pasó?

Pues que ya tenía el abrigo puesto, cuando la doncella me avisó que Leonor estaba muy grave. Entré a verla, y ya no me atreví a separarme de su lado.

—Y esa Leonor—dijo el Marqués terciando en la conversación—, ¿es alguna señora de la familia de Ud.?

—Casi, Marqués; es el aya que tuvo mi mamá; y como nunca se ha separado de nosotros y me ha querido tanto, yo la veo como de mi familia.

—¡Qué abanico tan precioso traes!—dijo a la Condesita una de las jóvenes que hablaba con ella.

—No me digas, que estoy encantada con él y lo cuido como a las niñas de mis ojos; es un regalo que me hizo mi padre el día de mi santo, y son un primor la pintura y las varillas y todo él; me lo compró en París.

—A ver, a ver—dijeron todas, y se agruparon en derredor de la Condesita, que, con una especie de infantil satisfacción, desplegó a sus ojos el abanico, que realmente era una maravilla del arte.

En este momento, uno de los criados que penosamente cruzaba entre las señoras llevando en las manos una enorme bandeja con helados, tropezó, vaciló y, sin poderse valer, vino a chocar contra el abanico, abierto en aquellos momentos, haciéndolo pedazos. Crujieron las varillas, rasgóse en pedazos la tela y poco faltó para que los fragmentos hirieran la mano de la Condesita.

—¡Qué bruto!—dijo una señora mayor.

—¡Qué animal tan grande!—exclamó un caballero.

—¡Parece que no tiene ojos!—dijo una chiquilla.

Y el pobre criado, rojo de vergüenza y sudando de pena, podía apenas balbucir una disculpa inteligible.

—No se apure Ud., no se mortifique—dijo la Condesita con la mayor tranquilidad—; no tiene Ud. la culpa; nosotras, que estamos aquí estorbando el paso.

Y reuniendo con la mano izquierda los restos del abanico, tomó con la derecha el brazo del Marqués, diciéndole con la mayor naturalidad:

—Están tocando un vals, y yo lo tengo comprometido con Ud.; ¿me lleva Ud. al salón de baile?

—Sí, Condesa; pero no bailaré con Ud. este vals.

—¿Por qué?

—Porque en este momento voy a buscar a su padre para decirle que mañana iré a pedirle a Ud. por esposa, y dentro de ocho días, tiempo suficiente para que Uds. se informen, iré a saber la resolución.

---

doncella *criada*

terciando *forming the third party*

aya *governess*

varillas *ribs of a fan*

en derredor *alrededor de*

crujieron *se rompieron*

podía apenas balbucir una disculpa *could scarcely stammer out an apology*
no se apure *no se preocupe*

iré a saber la resolución *I shall come to find out what you have decided*

puñalada de pícaro *a roguish thrust, i.e., a joke*
estocada de caballero *a gentleman's thrust, i.e., I am serious*

moldura *showcase*

—Pero, Marqués—dijo la Condesita trémula—, ¿es esto puñalada de pícaro?

—No, señora; será cuando más, una estocada de caballero.

* * *

Tres meses después se celebraban aquellas bodas; y en una rica moldura bajo cristal, se ostentaba en uno de los salones del palacio de los nuevos desposados el abanico roto.

PARA LA COMPRENSIÓN

1. ¿Quién es el personaje principal de este cuento?
2. ¿Qué había resuelto?
3. ¿Cómo recibió esta noticia la alta sociedad?
4. ¿Por qué era el Marqués un gran partido?
5. Describa al Marqués.
6. ¿Por qué no había hecho la elección?
7. ¿Quiénes eran las señoritas elegibles?
8. ¿Cómo era la Condesita de Mina de Oro?
9. ¿Cómo era la Baronesa del Iris?
10. ¿Cómo era la Duquesa de Luz Clara?
11. ¿Cómo era la Marquesa de Cumbre-Nevada?
12. ¿Cómo era la mujer ideal que buscaba el Marqués?
13. ¿Qué dijo el Marqués de la hermosura para el matrimonio?
14. Según el axioma del Marqués, ¿cómo se debe medir a la gente?
15. ¿Dónde hubo un gran baile una noche?
16. ¿Cómo estaban los salones?
17. ¿Cómo era la joven Condesita de Valle de Oro?
18. ¿Quién era Leonor?
19. ¿Qué quiere decir «terciando» en la conversación?
20. ¿Cómo era el abanico que llevaba la Condesita?
21. ¿Quién se lo había regalado?
22. ¿Qué hizo la Condesita para mejor mostrar el abanico?
23. ¿Quién cruzó entre las señoras?
24. ¿Qué pasó?
25. ¿Qué pasó al abanico?
26. ¿Cómo reaccionaron las personas que presenciaron el accidente?
27. ¿Cómo reaccionó la Condesita?
28. ¿Qué tocaba la orquesta en aquel momento?
29. ¿Por qué no lo bailó el Marqués?
30. ¿Dónde encontramos el abanico al final?

EJERCICIOS DE VOCABULARIO

A. Completen las siguientes oraciones con una palabra apropiada.

1. Le tenemos que _____ para que sepa lo que va a pasar.
2. Es necesario _____ al niño que está enfermo.
3. Mira la _____ que hizo aquel artista.
4. Se veían muchos _____ en el cielo oscuro durante la tempestad.
5. No debes _____ tanto. Hay que hacer una decisión.
6. No sé con qué _____ anoche. Me desperté asustado.
7. No lo debes _____. Déjalo en paz.
8. Un coche _____ con el otro.
9. Tenía los vasos en la _____.
10. Me gusta la _____ de que está hecha su vestido.

B. Den un sinónimo de la palabra en letra negrita.

1. No lo debes **odiar** tanto.
2. Muchos caballeros **elegantes** asistieron a la fiesta.
3. Los **recién casados** vinieron a visitarnos.
4. Es mejor no **estar indeciso**.

5. Asistimos **al casamiento** del Marqués.
6. Es **una perfección**.
7. ¿No le vas a **advertir**?
8. Fue una experiencia **mundana**.

C. Reemplacen la expresión **encontrar** con **dar con**.
1. No pudo encontrar novia.
2. El otro día encontró a un amigo viejo.
3. Algún día encontrará su ideal.

EJERCICIOS CREATIVOS

1. Prepare un informe sobre la vida colonial en México.
2. Prepare una lista de las cualidades que busca en un esposo o en una esposa. ¿Cómo las va a medir?
3. Busque información para una discusión sobre las costumbres de noviazgo en los Estados Unidos y en los países de habla española. Sugerencias: la dueña, la serenata, pelando la pava.
4. Hay ciertas expresiones y sentimientos que se pueden comunicar con el abanico, es decir, la posición del abanico comunica ciertas ideas tales como: pienso en ti, quiero hablarte, te quiero mucho, dame un beso, tengo vergüenza, no hay oportunidad, alguien viene, etc. Prepare una lista de expresiones que se pueden comunicar haciendo gestos pero sin hablar.
5. ¿Cree Ud. que los hombres de hoy busquen las mismas cualidades en una mujer que buscaba el Marqués? Defienda su respuesta.

243 El abanico

ESTRUCTURA

El Imperfecto del Subjuntivo

El imperfecto del subjuntivo tiene su raíz en la tercera persona plural del pretérito, del cual se omite —*ron*. A la raíz se agregan las terminaciones apropiadas. Hay dos formas distintas del imperfecto del subjuntivo. Generalmente pueden intercambiarse.

*leye*ron
leyera	leyese
leyeras	leyeses
leyera	leyese
leyéramos	leyésemos
leyerais	leyeseis
leyeran	leyesen

VERBOS REGULARES

amar   *ama*ron
  amara, amaras, amara   amáramos, amaran
comer   *comie*ron
  comiera, comieras, comiera   comiéramos, comieran
recibir *recibie*ron
  recibiera, recibieras, recibiera   recibiéramos, recibieran

VERBOS IRREGULARES

andar   *anduvie*ron
  anduviera, anduvieras, anduviera   anduviéramos, anduvieran
caber   *cupie*ron
  cupiera, cupieras, cupiera   cupiéramos, cupieran
caer   *caye*ron
  cayera, cayeras, cayera   cayéramos, cayeran
dar   *die*ron
  diera, dieras, diera   diéramos, dieran
decir   *dije*ron
  dijera, dijeras, dijera   dijéramos, dijeran
estar   *estuvie*ron
  estuviera, estuvieras, estuviera   estuviéramos, estuvieran
haber   *hubie*ron
  hubiera, hubieras, hubiera   hubiéramos, hubieran
hacer   *hicie*ron
  hiciera, hicieras, hiciera   hiciéramos, hicieran
huir   *huye*ron
  huyera, huyeras, huyera   huyéramos, huyeran
ir   *fue*ron
  fuera, fueras, fuera   fuéramos, fueran
leer   *leye*ron
  leyera, leyeras, leyera   leyéramos, leyeran
oir   *oye*ron
  oyera, oyeras, oyera   oyéramos, oyeran

poder   ***pudie*ron**
  pudiera, pudieras, pudiera   pudiéramos, pudieran
poner   ***pusie*ron**
  pusiera, pusieras, pusiera   pusiéramos, pusieran
producir   ***produje*ron**
  produjera, produjeras, produjera   produjéramos, produjeran
salir   ***salie*ron**
  saliera, salieras, saliera   saliéramos, salieran
ser   ***fue*ron**
  fuera, fueras, fuera   fuéramos, fueran
tener   ***tuvie*ron**
  tuviera, tuvieras, tuviera   tuviéramos, tuvieran
traer   ***traje*ron**
  trajera, trajeras, trajera   trajéramos, trajeran
venir   ***vinie*ron**
  viniera, vinieras, viniera   viniéramos, vinieran

VERBOS DE CAMBIO RADICAL

sentir   ***sintie*ron**
  sintiera, sintieras, sintiera   sintiéramos, sintieran
dormir   ***durmie*ron**
  durmiera, durmieras, durmiera   durmiéramos, durmieran
pedir   ***pidie*ron**
  pidiera, pidieras, pidiera   pidiéramos, pidieran

Usos del Imperfecto del Subjuntivo

CLÁUSULAS NOMINALES

El imperfecto del subjuntivo se usa en las cláusulas nominales bajo las mismas condiciones que gobiernan el uso del presente del subjuntivo. Si el verbo de la cláusula principal se expresa en el pretérito, el imperfecto o el condicional, el imperfecto del subjuntivo se emplea en la cláusula subordinada.

Fue necesario
Era necesario
Quería
Preferiría
} que salieran.

A. Sustituyan según el modelo.

   La joven quería que le leyeras el poema.
   ellos/

   La joven quería que ellos le leyeran el poema.

1. La joven quería que le leyeras el poema.
   nosotros/Lope/yo/su amante/el soltero/

2. La coqueta pidió que todos la amaran.
   tú/el rico/yo/nosotros/Uds./

3. Fue importante que el corregidor le hiciera una pregunta.
   su marido/los matadores/tú/tú y yo/yo/

4. Se alegraban de que pudiéramos comprender el soneto.
   yo/los jóvenes/tú/la bailarina/tú y yo/

B. Sustituyan según el modelo.

> *Temía que viniéramos a su casa.*
> *dudaba/*
> *Dudaba que viniéramos a su casa.*

1. Temía que viniéramos a su casa.
   no esperaba/no quería/tenía miedo de/fue necesario/prohibió/
2. Mandaron que estuvieses en la recepción.
   prefirieron/te aconsejaron/rogaron/insistieron en/te dijeron/
3. Fue lástima que el pobre se cayera.
   era inevitable/me sorprendió/sentimos/no creía/era probable/

C. Sigan los modelos.

> *¿Por qué volvieron?*
> *El corregidor les dijo que volvieran.*

1. ¿Por qué se arrollaron la manga?
2. ¿Por qué respondieron?
3. ¿Por qué compusieron el reloj?
4. ¿Por qué no se enojaron?
5. ¿Por qué le extendieron la mano?
6. ¿Por qué se asomaron a la puerta?
7. ¿Por qué se sentaron a su lado?
8. ¿Por qué anduvieron a la molina?

> *¿Y nunca regresaste?*
> *El no quería que yo regresara.*

1. ¿Y nunca saliste?
2. ¿Y nunca lo supiste?
3. ¿Y nunca se lo dijiste?
4. ¿Y nunca te lo pusiste?
5. ¿Y nunca dormiste?
6. ¿Y nunca oíste la conclusión?
7. ¿Y nunca lo trajiste?
8. ¿Y nunca te divertiste?

D. Cambien el tiempo según el modelo.

> *La madre espera que él escoja a su hija.*
> *esperaba*
>
> *La madre esperaba que él escogiera a su hija.*

1. Todos le recomiendan que se case.
   recomendaron
2. Me sorprende que esté cansado de ser soltero.
   sorprendió
3. Es lástima que no la haya encontrado.
   Fue lástima
4. Siente que la Duquesa no quiera perder una función teatral.
   Sintió
5. No le agrada que la Marquesa sea demasiado religiosa.
   No le agradaba
6. Es interesante que él forme tal opinión.
   Era interesante
7. Dígale que venga a ver a Leonor.
   Le dije
8. Todas desean que les muestre el abanico.
   deseaban
9. Ella siente que el criado esté avergonzado.
   sentiría
10. Le recomienda que no se mortifique.
    recomendó

CLÁUSULAS ADVERBIALES

En oraciones en que la cláusula adverbial se subordina a un verbo en el pretérito, el imperfecto o el condicional, el verbo de la cláusula adverbial se expresa en el imperfecto del subjuntivo.

> Lucas se durmió
> Lucas se dormía   } con tal que todos se callaran.
> Lucas se dormiría

Noten que ya hemos aprendido en la lección anterior que las cláusulas adverbiales de tiempo exigen el indicativo cuando la acción está en el pasado.

> El me lo dijo cuando lo vi.
> Ellos me saludaron en cuanto llegué.
> Esperé hasta que todos volvieron.

La única excepción es la conjunción *antes de que* que siempre exige el subjuntivo.

> Saldré antes de que vuelvan.
> Salí antes de que volvieran.

E. Sustituyan según el modelo.

> *Quería hablar antes de que le pagaran.*
> con tal que/
> *Quería hablar con tal que le pagaran.*

1. Quería hablar con tal que le pagaran.
   en caso de que/sin que/con tal que/a pesar de que/para que/
2. No iría a menos que le prestáramos el coche.
   en caso de que/a pesar de que/sin que/de manera que/hasta que/
3. Lupita se desmayó antes de que llegara el doctor.
   tú/el novio/nosotros/las niñas/yo/
4. Frasquita se sentó cerca para que la viera bien.
   tú/el corregidor/nosotros/sus maridos/yo/
5. Ella rió sin que Lucas se diera cuenta de ello.
   yo/las autoridades/nosotros/su marido/tú/

UN SOLO SUJETO EN LA ORACIÓN

Cuando hay un solo sujeto en la oración, se emplea el infinitivo en vez de una cláusula.

> Abrí la puerta para entrar.
> Abrí la puerta para que entraran.

F. Sigan el modelo.

> *Telefonearon para saber los resultados.*
> para que nosotros
> *Telefonearon para que supiéramos los resultados.*

1. Abrí la puerta para entrar en la casa.
   para que ellos
2. Se sentaron sin hablar.
   sin que nadie
3. Ofrecieron ayudarme arreglar la boda.
   con tal que yo
4. Dormí bien hasta despertarme.
   hasta que tú
5. Trató de explicarlo sin entenderlo bien.
   sin que yo
6. Vinieron para ver al molinero.
   para que nosotros
7. Lo quería para lucirlo en la fiesta.
   para que ella
8. Llamó a pesar de tener sueño.
   a pesar de que tú
9. Leyó a los niños hasta dormirse.
   hasta que ellos

CON ADJETIVOS

Se emplea el subjuntivo con la construcción *por* + adjetivo + *que*. Tiene el significado de *however*.

> Por mucho frío que hiciera, no entraría en la casa.

G. Sigan los modelos.

Aunque saliera muy bueno el rojo, preferiría el verde.
Por bueno que saliera el rojo, preferiría el verde.

1. Aunque tuviera mucho sueño, no querría dormir.
2. Aunque fuera muy malo, lo compraría.
3. Aunque tomara mucha agua, no se me quitaría la sed.
4. Aunque lloviera mucho, tendríamos que salir.
5. Aunque estuviera cansado, acabaría el trabajo.
6. Aunque hiciera mucho frío, saldrían a jugar.

Por bueno que sea, no lo compraré.
Por bueno que fuera, no lo compraría.

1. Por difícil que sea, lo haré.
2. Por mucho dinero que tenga, no me casaré con ella.
3. Por caro que resulte, te lo conseguiré.
4. Por barato que salga, te gustará.
5. Por bonito que esté, no te quedará bien.
6. Por poco dinero que tenga, no me dará más para comer.
7. Por mucho calor que haga, no usaré abanico.
8. Por mucho que viaje, no me cansaré.
9. Por rápido que corra, no lo alcanzará.
10. Por mucho que ahorre, nunca tendré suficiente.

CLÁUSULAS RELATIVAS

Si la cláusula relativa se subordina a un verbo en el pretérito, el imperfecto o el condicional, el verbo de la cláusula se expresa en el imperfecto del subjuntivo.

Busqué un abanico
Buscaba un abanico } que fuera de París.
Buscaría un abanico

H. Sigan los modelos.

¿Qué buscabas?
Buscaba un libro que estuviera bien escrito.

1. ¿Qué preferías?
2. ¿Qué deseabas?
3. ¿Qué pedías?
4. ¿Qué buscabas?
5. ¿Qué necesitabas?
6. ¿Qué no tenías?
7. ¿Qué querías?
8. ¿Qué te hacía falta?

Ninguna señorita tenía las cualidades necesarias.
No había señorita que tuviera las cualidades necesarias.

1. Ningún hombre negaba eso.
2. Ningún abanico le gustó tanto.
3. Ninguna señorita le llamó la atención.
4. Ningún otro lo sabía como él.
5. Ningún abanico le valía tanto.
6. Ninguna mujer era perfecta.
7. Ningún criado podía complacerle.
8. Ninguna madre quería perder esa oportunidad.

I. Transformen según el modelo.

Buscaba un pueblo. Tenía que ser como Pamplona.
Buscaba un pueblo que fuera como Pamplona.

1. Buscaba alguien. Tenía que negar lo dicho.
2. Quería oír música. Tenía que llegar al corazón.
3. Deseaba un curso. Tenía que ser fácil.
4. Buscaba un libro. Tenía que dar las respuestas.
5. Necesitaba hallar un abanico. Tenía que lucir mucho.
6. Quería un cocinero. Tenía que ser francés.
7. Buscaba una esposa. Tenía que querer dedicarse a su hogar.

J. Transformen según el modelo.

> *Aceptaré cualquier libro si tú me lo das.*
> *Dije que aceptaría cualquier libro que me dieras.*

1. Cerraré cualquier puerta si tú la abres.
2. Me pondré cualquier sombrero si Uds. me lo compran.
3. Cantaremos cualquier canción si tú nos la enseñas.
4. Recitaré cualquier poema si lo escribe Juan.
5. Invitaremos a cualquier muchacho si lo quieres traer.
6. Se fijarán en cualquier vestido si tú lo llevas.
7. Se casará con cualquier mujer si ella es compasiva.

CLÁUSULAS CON SI

Una oración condicional frecuentemente se compone de dos cláusulas. Una expresa una condición contraria a la realidad. Esta cláusula se introduce con *si*. Cuando el verbo de la cláusula independiente está en el futuro, se emplea el presente del indicativo después de *si*. Cuando el verbo de la cláusula independiente está en el condicional, se emplea el imperfecto del subjuntivo después de *si*.

> Si tengo dinero, iré a España.
> Si tuviera dinero, iría a España.

K. Sigan el modelo.

> *Si tuviera el dinero, iría a España.*
> *si tuviera el tiempo/*
> *Si tuviera el tiempo, iría a España.*

1. Si tuviera el dinero, iría a España.
si me diera un mes libre/si yo pudiera dejar el negocio/si consiguiera un boleto/si me acompañaras/si pudiera vender mi coche/
2. Se casaría con ella, si no fuera tan presumida.
si no se preocupara tanto de sus trajes y joyas/si no tuviera miedo de perder su belleza/si no pensara tanto en divertirse/si se interesara por su familia/si fuera buena y compasiva/

L. Sigan el modelo.

> *Si me ayudas, acabaremos pronto.*
> *Si me ayudaras, acabaríamos pronto.*

1. Si buscan a María, la hallarán.
2. Si lo escuchamos con atención, entenderemos.
3. Si pido dulces, me los darán.
4. Si nos invitan a bailar, tendremos que ir.
5. Si te despiertas temprano, iremos al campo.
6. Si compro los zapatos, me los pondré para la fiesta.
7. Si nos avisan, vamos a esperar el tren.
8. Si miran el reloj, se darán cuenta de la hora.
9. Si se fijan en el precio, no escogerán este modelo.
10. Si nos desayunamos temprano, no comeremos.

CON COMO SI

Se emplea el imperfecto del subjuntivo después de la expresión *como si*.

> Habla como si fuera rico.

M. Sigan los modelos.

Son de España.
Hablaban como si fueran de España.

1. Tienen bastante dinero.
2. Saben el idioma.
3. Pueden pagar la cuenta.
4. Conocen al corregidor.
5. Asisten a la fiesta.
6. Vienen en seguida.
7. Se dan cuenta del problema.
8. Están solos.
9. Ven todo por la primera vez.
10. Están cansados.

Juan habla español. Parece que es mexicano.
Juan habla español como si fuera mexicano.

1. Comes mucho. Parece que tienes hambre.
2. El niño corre. Parece que quiere escapar.
3. María abre la boca. Parece que quiere cantar.
4. Compra mucho papel. Parece que escribe un libro.
5. Brincamos. Parece que sabemos bailar.
6. El cielo está nublado. Parece que empieza a llover.

CUADRO 12

Sentimientos y pasiones

PREPARANDO LA ESCENA Sea el tema principal o no, se expresa el sentimiento en cada trozo literario. No se encuentra la pasión, que es una emoción más profunda, con tanta frecuencia. Sin embargo, muchas obras incluyen el sentimiento y la pasión, y tales obras producen un efecto emocionante y, a veces, inolvidable sobre el lector.

El natural o descendiente de España muestra sus emociones fácilmente y sin vergüenza. Por lo general, no deja de mostrar cómo le afectan tales sentimientos como el amor maternal, paternal o filial, la alegría o tristeza, el temor, la desilusión o tales pasiones como el amor romántico, el odio, el deseo de vengarse, la ira, los celos, el valor y muchas otras.

Hemos leído de algunas de estas pasiones, sobre todo el valor y el amor romántico. Para mejor comprender el carácter español, es preciso ver cómo éstos y otros sentimientos afectan a la gente hispana . . . «la raza» que ha producido guerreros y conquistadores valientes e intrépidos, poetas tiernos y artistas vibrantes.

Mi padre

por Manuel del Toro

INTRODUCCIÓN

Cada hijo, como por instinto, es orgulloso de su padre. Le da gusto hablar de las hazañas atrevidas que ha hecho, de sus poderes físicos o de sus talentos. El hijo de la siguiente selección cree que su padre es cobarde. Así no tiene nada que contarles a sus amigos cuando se ponen a jactarse de sus padres. Sufre doblemente porque tiene vergüenza de esa «cobardía» y a la vez quiere mucho a su padre. ¡Imagínese el gozo del niño al descubrir que está equivocado!

GUÍA DE ESTUDIO

A veces por falta de madurez, uno no comprende lo que es obvio. Este padre tiene cualidades admirables que el niño no sabe apreciar. Identifíquelas mientras lee la historia.

Manuel del Toro es un escritor contemporáneo de Puerto Rico. Este cuento nos da una idea muy viva de cierta clase social. ¿Son semejantes los valores de esta gente a los nuestros?

Se puede decir que la historia es realista, es decir, que reproduce las cosas tales como son sin ninguna idealidad.

Fíjese bien en las acciones del niño que son tan naturales que sería imposible concebir que un niño típico hiciera otra cosa. Note también la escena de la taberna, cuyo realismo sostiene en suspenso al lector.

PALABRAS CLAVE

1. **baraja** conjunto de naipes que sirve para jugar (pack of cards, game of cards)

   La señora Gómez va al Club todos los martes a jugar a la baraja.
   En Las Vegas se pierde mucho dinero en la _____.

2. **barril** vasija de madera que sirve para conservar y transportar vinos, etc. (barrel)

   Del barril tomó una porción de aceitunas.
   El _____ contenía pescado seco.

3. **barrio** distrito residencial, vecindad (frecuentemente humilde)

   Siempre he vivido en este barrio.
   En el _____ donde yo vivo hay muchos árboles.

4. **camiseta** camisa corta de mangas anchas

   Ayer le compré a mi padre seis camisetas.
   Mi amigo siempre lleva una _____ blanca.

5. **cicatriz** señal que queda después de curada una herida (scar)

   Después de ser operado en la frente le quedó una cicatriz.
   Yo tengo una _____ en la punta de la nariz.

6. **comprobar** verificar, confirmar una cosa

   Para comprobar su nacionalidad necesitaba su certificado de nacimiento.
   Es fácil _____ que Abrahán Lincoln era americano.

Sentimientos y pasiones

7. **desarmada (desarmar)** haberle quitado a uno las armas

   Lo ideal sería desarmar a todas las naciones.
   El general había _____ al capitán.

8. **descalzo** sin zapatos

   El chico descalzo miraba con envidia los zapatos en el escaparate.
   Yo nunca voy _____ a la escuela.

9. **intentó (intentar)** trató de hacer algo

   Intentar salir de una condición mala es parte del éxito.
   _____ hacer la tarea, pero no pudo hacerla.

10. **macho** que no tiene miedo, valiente

    Quería que su padre fuera macho.
    Entre los hombres, el _____ es el que vale.

11. **pegado (pegar)** unido, juntado dos cosas con goma

    Tengo que pegar el cartel a la pared.
    He _____ las fotos en el cuaderno.

12. **puñal** arma que hiere con la punta, especie de cuchillo (dagger)

    Por falta de pistola, se defendió con el puñal.
    Prefería pelear sin el _____.

13. **voltear** poner una cosa al revés de como estaba (to turn over)

    Sin voltear la tierra, no crecen bien las plantas.
    La enfermera tenía que _____ al enfermo durante la noche.

Un burro solito
Spanish National Tourist Office

Mi padre

De niño siempre tuve el temor de que mi padre fuera un cobarde. No porque le viera correr seguido de cerca por un machete como vi tantas veces a Paco el Gallina y a Quino Pascual. ¡Pero era tan diferente a los papás de mis compañeros de clase! En aquella escuela de barrio donde el valor era la virtud suprema, yo bebía el acíbar de ser el hijo de un hombre que ni siquiera usaba cuchillo. ¡Cómo envidiaba a mis compañeros que relataban una y otra vez sin cansarse nunca de las hazañas de sus progenitores! Nolasco Rivera había desarmado a dos guardias insulares. A Perico Lugo le dejaron por muerto en un zanjón con veintitrés tajos de perrillo. Felipe Chaveta lucía una hermosa herida desde la sien hasta el mentón.

Mi padre, mi pobre padre, no tenía ni una sola cicatriz en el cuerpo. Acababa de comprobarlo con gran pena mientras nos bañábamos en el río aquella tarde sabatina en que como de costumbre veníamos de voltear las talas de tabaco. Ahora seguía yo sus pasos hundiendo mis pies descalzos en el tibio polvo del camino y haciendo sonar mi trompeta. Era ésta un tallo de amapola al que mi padre con aquella mansa habilidad para todas las cosas pequeñas había convertido en trompeta con sólo hacerle una incisión longitudinal.

Al pasar frente a La Aurora me dijo:

—Entremos aquí. No tengo cigarros para la noche.

Del asombro por poco me trago la trompeta. Porque papá nunca entraba a La Aurora, punto de reunión de todos los guapos del barrio. Allí se jugaba baraja, se bebía ron y casi siempre se daban

---

acíbar *bitterness*

progenitores *parents*
insulares *island, from the island*
zanjón *ditch*
tajos de perrillo *cuts made by a switchblade knife*
desde la sien hasta el mentón *from his temple to his chin*

sabatina *sábado*
talas de tabaco *tobacco leaves*

tallo de amapola *stem of a poppy plant*

por poco me trago *I almost swallowed*
guapos *bullies or tough guys (generally good looking)*

muñones	*stumps (of an amputated limb)*
fruición	*pleasure*
forrado	*covered or lined*
a hurtadillas	*furtively*
ventorrillo	*venta pequeña y humilde*
estiba	*bag*
salchichón	*sausage*
echándole los pellejitos ... que los atrapaba	*throwing the skins to the mangy dog who snapped at them*
tallaban	*jugaban a la baraja*
colorado	*Negro*
tablero	*card table*
dése un palo	*have a drink*
pelao	*pelado (lowbrow person)*
o ca ...	*an oath*
empellón	*push*
barril de macarelas	*barrel of mackerel*
desarmao	*desarmado*
raídos	*worn, ragged*
enlodadas	*muddy*
de jíbaro encastado	*profundo*
sevillana corva	*tipo de arma blanca*

tajos. Unos tajos de machete que convertían brazos nervudos en cortos muñones. Unos tajos largos de navaja que echaban afuera intestinos y se entraba la muerte.

Después de dar las buenas tardes, papá pidió cigarros. Los iba escogiendo uno a uno con fruición de fumador, palpándolos entre los dedos y llevándolos a la nariz para percibir su aroma. Yo, pegado al mostrador forrado de zinc, trataba de esconderme entre los pantalones de papá. Sin atreverme a tocar mi trompeta, pareciéndome que ofendía a los guapetones hasta con mi aliento, miraba a hurtadillas de una a otra esquina del ventorrillo. Acostado sobre la estiba de arroz veía a José el Tuerto comer pan y salchichón echándole los pellejitos al perro sarnoso que los atrapaba en el aire con un ruido seco de dientes. En la mesita del lado tallaban con una baraja sucia Nolasco Rivera, Perico Lugo, Chus Maurosa y un colorado que yo no conocía. En un tablero colocado sobre un barril se jugaba dominó. Un grupo de curiosos seguía de cerca las jugadas. Todos bebían ron.

Fue el colorado el de la provocación. Se acercó donde estaba papá alargándole la botella de la que ya todos habían bebido.

—Dése un palo, don.

—Muchas gracias, pero yo no puedo tomar.

—Ah, ¿conque me desprecia porque soy un pelao?

—No es eso, amigo. Es que no puedo tomar. Déselo Ud. en mi nombre.

—Este palo se lo da Ud. o ca ... se lo echo por la cabeza.

Lo intentó pero no pudo. El empellón de papá lo arrojó contra el barril de macarelas. Se levantó aturdido por el ron y por el golpe y palpándose el cinturón con ambas manos dijo:

—Está Ud. de suerte, viejito, porque ando desarmao.

—A ver, préstenle un cuchillo.— Yo no podía creer pero era papá el que hablaba.

Todavía al recordarlo un escalofrío me corre por el cuerpo. Veinte manos se hundieron en las camisetas sucias, en los pantalones raídos, en las botas enlodadas, en todos los sitios en que un hombre sabe guardar su arma. Veinte manos surgieron ofreciendo en silencio de jíbaro encastado el cuchillo casero, el puñal de tres filos, la sevillana corva ...

—Amigo, escoja el que más le guste.

—Mire, don, yo soy un hombre guapo pero usté es más que yo.— Así dijo el colorado y salió de la tienda con pasito lento.

Pagó papá sus cigarros, dio las buenas tardes y salimos. Al bajar el escaloncito escuché al Tuerto decir con admiración:

—Ahí va un macho completo.

Mi trompeta de amapola tocaba a triunfo. ¡Dios mío que llegue el lunes para contárselo a los muchachos!

PARA LA COMPRENSIÓN

1. ¿De qué tenía miedo el niño?
2. ¿Por qué sostenía esa opinión?
3. ¿Cuál era la virtud suprema en la escuela?
4. ¿Qué cosa nunca utilizó su padre?
5. ¿Por qué envidiaba a sus compañeros?
6. ¿Qué había hecho Nolasco Rivera?
7. ¿Por qué dejaron a Perico Lugo por muerto en un zanjón?
8. ¿Qué lucía Felipe Chaveta en la cara?
9. ¿Cuándo comprobó que su padre no tenía ni una cicatriz en el cuerpo?
10. ¿Por qué fueron al río ese día?
11. ¿Cómo andaba el niño?
12. ¿Qué le dijo su padre al pasar por la taberna?
13. Por poco, ¿qué hizo?
14. ¿Qué hacían los guapos en La Aurora?
15. ¿Qué hizo el papá al escoger los cigarros?
16. ¿Cómo mostró el niño su temor?
17. ¿Qué comía José el Tuerto?
18. ¿Qué hizo con los pellejitos de la carne?
19. ¿A qué jugaban los guapos?
20. ¿Qué hizo el colorado?
21. ¿Por qué no lo aceptó su papá?
22. ¿Cómo comprobó que su padre no era cobarde?
23. ¿Dónde guardaban los guapos sus armas?
24. ¿Qué oyó que le hizo admirar a su padre?
25. ¿Por qué está ansioso de que llegue el lunes?

EJERCICIOS DE VOCABULARIO

A. Completen las siguientes oraciones con una palabra apropiada.

1. Cuando se curó la herida, dejó _____.
2. Cuidado con el _____ o vas a cortarle a alguien.
3. El pobre siempre _____ hacer todo pero nunca tiene éxito.
4. Tendremos que _____ el saco para que salga el arroz.
5. ¿Tienes una _____? Podremos jugar a los naipes.
6. Aquel pobrecito siempre anda _____. No tienen para comprarle zapatos.
7. Nos mandaron el vino en un _____.
8. Aquel galán es bien _____.
9. En el _____ donde vivo yo hay mucha gente.
10. ¿Por qué no te quitas la _____ en la playa?

B. Den un sinónimo de las palabras en letra negrita.

1. Tengo que **juntar** el uno al otro.
2. No me gusta andar **sin zapatos**.
3. Lo tienen allí en **la vasija de madera**.
4. **Aquella vecindad** es bien pobre.
5. Tienes que **tratar**.
6. Lo vamos a **verificar**.
7. Tenemos que **quitarle las armas**.
8. Aquel **valiente guapo** anda como si fuera dueño del mundo.

EJERCICIOS CREATIVOS

1. Haga una lista de las varias emociones evidentes en *Mi padre*. Cite ejemplos.
2. Este tema fue escrito por Manuel del Toro, escritor contemporáneo de Puerto Rico. Describa la clase social que él representa aquí y por qué parece que son tan violentos.
3. Se puede decir que la historia es realista. Dé algunos ejemplos de las acciones del niño que son tan naturales que sería imposible concebir que un niño normal hiciera otra cosa.
4. Diga a la clase las cualidades de carácter que Ud. admira más en su papá.

La pared

por Vicente Blasco Ibáñez

INTRODUCCIÓN

El poeta norteamericano Robert Frost en su poema *Mending Wall* dice: «Hay algo que no quiere una pared, que quiere derribarla». Una pared o tapia entre dos casas debe de ser un símbolo de respeto mutuo. Cuando no representa tal respeto llega a ser un testimonio vivo de odio, mezclado con temor . . . como el infame muro de Berlín. Si un símbolo deja de representar lo decente debe de ser cambiado o destruido.

La pared nos muestra lo inútil que es vivir consumido por el odio y por deseos de venganza. Sólo cuando los principales fueron impulsados por la compasión humana decidieron salvar una vida en vez de matar. Cuando esto sucedió y fue restaurada la amistad de antaño fue preciso destruir el símbolo de su separación.

GUÍA DE ESTUDIO

Hoy día en nuestra sociedad no aprobamos la idea de vengarse por ningún motivo, pero en otros tiempos fue considerado un derecho natural conseguir una satisfacción por una cuestión de honor. ¿Por qué dejaron de buscar su venganza los hijos de los ofendidos? ¿Qué hacían cuando se encontraron? Note el simbolismo en este cuento. ¿Qué simboliza la pared? ¿El fuego? ¿El hecho de los Casporra? ¿El derribo de la pared?

PALABRAS CLAVE

1. **agudo**   delgado, sutil, penetrante (pointed, sharp)

    Sus agudas palabras me ofendieron.
    Su acento _____ nos irritó.

2. **aislarse**   retirarse completamente de los demás

    Tenía una enfermedad contagiosa y tenía que aislarse.
    A veces es necesario _____ para poder pensar bien.

3. **amasado (amasar)**   mezclado cemento, harina, etc., con un líquido

    Hay que amasar cemento con agua para sostener las piedras de la pared.
    Antes de hornear el pan, ha _____ la harina.

4. **aprovechar**   emplear útilmente (to take advantage of)

    Voy a aprovechar estos momentos libres para leer.
    Es necesario _____ el tiempo.

5. **arrancó (arrancar)**   sacó de raíz, sacó con violencia

    Quería arrancar las plantas del jardín.
    _____ las plantas secas.

6. **derribar**   echar abajo, tirar al suelo

    Para poder entrar tuvieron que derribar la puerta.
    No es necesario _____ la puerta para entrar en la clase.

7. **escopeta**   arma de fuego portátil (shotgun)

    Tomó su escopeta y le dio un balazo.
    Le dio un balazo con la _____.

8. **escopetazo**   tiro que sale de la escopeta, herida hecha con este tiro

    Murió de un escopetazo.
    El _____ le causó la muerte.

9. **esparció (esparcir)**   echó, diseminó (spread)

    Es más fácil esparcir una mentira que controlarla.
    La señora _____ la noticia.

10. **juraban (jurar)**   afirmaban o negaban una cosa, poniendo por testigo a Dios (swore, took an oath)

    Rehusó jurar fidelidad al enemigo.
    _____ fidelidad a la bandera de los Estados Unidos de América.

11. **mocetón**   muchacho joven y corpulento

    Su hijo era un mocetón de mal genio.
    Pídale a ese _____ que le ayude a llevar el equipaje.

12. **oprimían (oprimir)**   apretaban, estrechaban (squeezed)

    Al niño le gustaba oprimir el brazo de su papá.
    Las señoras _____ las manos de sus esposos.

13. **predicaban (predicar)**   pronunciaban un sermón, decían en público

    El deber del ministro es predicar sobre el amor de Dios.
    Esos ministros no _____ bien.

14. **redondo**   de figura circular

    Colón creía que el mundo era redondo.
    Hoy día todos saben que el mundo es _____.

15. **relampagueaban (relampaguear)**   hacían relámpagos, centelleaban (flashed like lightning)

    Podíamos ver sus ojos relampaguear en las sombras del jardín.
    Los ojos de las muchachas _____.

16. **rencor**   resentimiento (rancor, bitterness)

    Por medio de sus acciones mostró su rencor.
    El no tiene _____ a nadie.

17. **roto**   quebrado, fracturado

    Tiene el brazo roto.
    Con el dedo _____ es difícil escribir.

18. **salvador** el que salva (savior, rescuer)
   Su salvador le salvó la vida.
   Salvándole la vida al viejo, el muchacho se convirtió en su _____.

19. **tendió (tender)** extendió en el suelo
   Van a tender a los heridos en la calle.
   El ayudó al herido y lo _____ en la calle.

20. **venganza** revancha (revenge)
   Fue impulsado por sus deseos de venganza.
   La _____ es siempre mala.

21. **viuda** mujer cuyo marido ya no vive
   La viuda tiene que trabajar mucho para dar de comer a sus hijos.
   La _____ era una mujer muy alegre.

Calle de Mateo González, Cádiz — Spanish National Tourist Office

Siempre que los nietos del tío Rabosa se encontraban con los hijos de la viuda de Casporra en las sendas de la huerta o en las calles de Campanar, todo el vecindario comentaba el suceso. ¡Se habían mirado! ¡Se insultaban con el gesto! Aquello acabaría mal, y el día menos pensado el pueblo sufriría un nuevo disgusto.

El alcalde con los vecinos más notables predicaban paz a los mocetones de las dos familias enemigas, y allá iba el cura, un vejete de Dios, de una casa a otra, recomendando el olvido de las ofensas.

Treinta años que los odios de los Rabosas y Casporras traían alborotado a Campanar. Casi en las puertas de Valencia, en el risueño pueblecito que desde la orilla del río miraba a la ciudad con los redondos ventanales de su agudo campanario, repetían aquellos bárbaros, con un rencor africano, la historia de luchas y violencias de las grandes familias italianas en la Edad Media. Habían sido grandes amigos en otro tiempo; sus casas, aunque situadas en distinta calle, lindaban por los corrales, separadas únicamente por una tapia baja. Una noche, por cuestiones de riego, un Casporra tendió en la huerta de un escopetazo a un hijo del tío Rabosa, y el hijo menor de éste, para que no se dijera que en la familia no quedaban hombres, consiguió, después de un mes de acecho, colocarle una bala entre las cejas al matador. Desde entonces las dos familias vivieron para exterminarse, pensando más en aprovechar los descuidos del vecino que en el cultivo de las tierras. Escopetazos en medio de la calle; tiros que al anochecer relampagueaban desde el fondo de una acequia o tras los cañares o ribazos cuando el odiado enemigo regresaba del campo; alguna vez un Rabosa o un Casporra camino del cementerio con una onza de plomo dentro del pellejo, y la sed de venganza sin extinguirse, antes bien, extremándose con las nuevas generaciones, pues parecía que en las dos casas los chiquitines salían ya del vientre de sus madres tendiendo las manos a la escopeta para matar a los vecinos.

Después de treinta años de lucha, en casa de los Casporras sólo quedaban una viuda con tres hijos mocetones que parecían torres de músculos. En la otra estaba el tío Rabosa, con sus ochenta años, inmóvil en un sillón de esparto, con las piernas muertas por la parálisis, como un arrugado ídolo de la venganza, ante el cual juraban sus nietos defender el prestigio de la familia.

Pero los tiempos eran otros. Ya no era posible ir a tiros como sus padres en plena plaza a la salida de la misa mayor. La Guardia Civil no les perdía de vista; los vecinos les vigilaban, y bastaba que uno de ellos se detuviera algunos minutos en una senda o en una esquina, para verse al momento rodeado de gente que le aconsejaba la paz. Cansados de esta vigilancia que degeneraba en persecución y se interponía entre ellos como infranqueable obstáculo, Casporras y Rabosas acabaron por no buscarse, y hasta se huían cuando la casualidad les ponía frente a frente.

Tal fue su deseo de aislarse y no verse, que les pareció baja la pared que separaba sus corrales. Las gallinas de unos y otros, escalando los montones de leña, fraternizaban en lo alto de las bardas; las mujeres de las dos casas cambiaban desde las ventanas gestos de desprecio. Aquello no podía resistirse: era como vivir en familia; la viuda de Casporra hizo que sus hijos levantaran la pared una vara. Los vecinos se apresuraron a manifestar su desprecio con piedra y argamasa, y añadieron algunos palmos más a la pared. Y así, en esta muda y repetida manifestación de odio la pared fue subiendo y subiendo. Ya no se veían las ventanas; poco después no se veían los tejados; las pobres aves del corral estremecíanse en la lúgubre sombra de aquel paredón que les ocultaba parte del cielo, y sus cacareos sonaban tristes y apagados a través de aquel muro, monumento de odio, que parecía amasado con los huesos y la sangre de las víctimas.

Así transcurrió el tiempo para las dos familias, sin agredirse como en otra época, pero sin aproximarse: inmóviles y cristalizadas en su odio.

Una tarde sonaron a rebato las campanas del pueblo. Ardía la casa del tío Rabosa. Los nietos estaban en la huerta; la mujer de uno de éstos en el lavadero, y por las rendijas de puertas y ventanas salía un humo denso de paja quemada. Dentro, en aquel infierno que rugía buscando expansión, estaba el abuelo, el pobre tío Rabosa, inmóvil en su sillón. La nieta se mesaba los cabellos, acusándose como autora de todo por su descuido; la gente arremolinábase en la calle, asustada por la fuerza del incendio. Algunos, más valientes, abrieron la puerta, pero fue para retroceder ante la bocanada de denso humo cargada de chispas que se esparció por la calle. ¡El pobre agüelo!

—¡El agüelo!—gritaba la de los Rabosas volviendo en vano la mirada en busca de un salvador.

Los asustados vecinos experimentaron el mismo asombro que si hubieran visto el campanario marchando hacia ellos. Tres mocetones entraban corriendo en la casa incendiada. Eran los Casporras. Se habían mirado cambiando un guiño de inteligencia, y sin más palabras se arrojaron como salamandras en el enorme brasero. La multitud les aplaudió al verles reaparecer llevando en alto como a un santo en sus andas al tío Rabosa en su sillón de esparto. Abandonaron al viejo sin mirarle siquiera, y otra vez adentro.

—¡No, no!—gritaba la gente.

Pero ellos sonreían siguiendo adelante. Iban a salvar algo de los intereses de sus enemigos. Si los nietos del tío Rabosa estuvieran allí, ni se habrían movido ellos de casa. Pero sólo se trataba de un pobre viejo, al que debían proteger como hombres de corazón. Y la gente les veía tan pronto en la calle como dentro de la casa, buceando en el humo, sacudiéndose las chispas como inquietos demonios, arrojando muebles y sacos para volver a meterse entre las llamas.

Lanzó un grito la multitud al ver a los dos hermanos mayores sacando al menor en brazos. Un madero, al caer, le había roto una pierna.

—¡Pronto, una silla!

La gente, en su precipitación, arrancó al viejo Rabosa de su sillón de esparto para sentar al herido.

El muchacho, con el pelo chamuscado y la cara ahumada, sonreía, ocultando los agudos dolores que le hacían fruncir los labios. Sintió que unas manos trémulas, ásperas, con las escamas de la vejez, oprimían las suyas.

—¡Fill meu! ¡Fill meu!—gemía la voz del tío Rabosa, quien se arrastraba hacia él.

Y antes que el pobre muchacho pudiera evitarlo, el paralítico buscó con su boca desdentada y profunda las manos que tenía y las besó un sinnúmero de veces, bañándolas con lágrimas.

* * *

Ardió toda la casa. Y cuando los albañiles fueron llamados para construir otra, los nietos del tío Rabosa no les dejaron comenzar por la limpia del terreno, cubierto de negros escombros. Antes tenían que hacer un trabajo más urgente: derribar la pared **maldita**. Y empuñado el pico, ellos dieron los primeros golpes.

Glosses:
- hombres de corazón — good-hearted men (men of good will)
- buceando en el humo — plunging into the smoke
- llamas — flames
- madero — beam, plank
- pelo chamuscado — singed hair
- fruncir los labios — to pucker up his lips
- ¡fill meu! — ¡hijo mío! (my son!)
- boca desdentada y profunda — deep, toothless mouth
- escombros — rubble
- maldita — cursed

PARA LA COMPRENSIÓN

1. ¿Dónde tiene lugar este cuento?
2. ¿Cuántas personas quedan en la familia del tío Rabosa? ¿En la de los Casporra?
3. ¿De qué suceso comentaba el vecindario?
4. ¿Qué temía el pueblo?
5. ¿Quiénes predicaban la paz?
6. ¿Adónde iba el cura? ¿Qué hacía para evitar otra desgracia?
7. ¿Por cuántos años traían alborotado a Campanar?
8. ¿Qué repetían?
9. ¿Cuándo habían sido amigos?
10. ¿Estaban las casas en la misma calle?
11. ¿Qué las separaba?
12. ¿Por qué mató un Casporra a un hijo del tío Rabosa?
13. ¿Cuánto tiempo esperó el Casporra antes de tomar acción?
14. ¿Qué hizo éste?

15. Describa al tío Rabosa.
16. ¿Cómo son los tiempos ahora?
17. ¿Qué hacían para evitar enfrentarse el uno con el otro?
18. ¿Por qué levantaron más la pared?
19. ¿Qué oyeron una tarde?
20. ¿Qué hacía la gente enfrente de la casa incendiada?
21. ¿Qué hacía la nieta?
22. ¿Cómo fue salvado el tío?
23. Después de llevarlo afuera de la casa, ¿qué hicieron?
24. ¿Qué le pasó a uno de los Casporra?
25. ¿Qué le llamó el tío Rabosa?
26. ¿Qué hicieron los nietos del tío Rabosa antes de reconstruir la casa?

EJERCICIOS DE VOCABULARIO

A. Contesten a las siguientes preguntas según la indicación.

1. ¿Qué hiciste con la planta? **arrancarla de la tierra**
2. ¿Quién es aquel chico fuerte? **mocetón del barrio**
3. ¿Qué van a hacer con los heridos? **tenderlos en el suelo**
4. ¿Quién es aquella señora que anda descalza? **una viuda pobre**
5. ¿Por qué luchan tanto? **quieren venganza**
6. ¿De qué murió? **escopetazo**
7. ¿Quién va a predicar el sermón? **el cura**
8. ¿Cómo son los cuchillos? **agudos**
9. ¿Qué hiciste con la pared? **derribarla**
10. ¿Por qué te trata tan mal? **me tiene rencor**

B. Completen las siguientes oraciones con una palabra apropiada.

1. El señor murió y dejó a la _____ con cuatro niños.
2. Tenemos que _____ la buena noticia por todo el pueblo.
3. Ellos quieren _____ y no hablar con nadie.
4. Es mejor _____ el amor y no el rencor.
5. La máquina no funciona; está _____.
6. La pelota es _____.
7. Tenemos que _____ el poco tiempo que nos queda.
8. El ladrón tenía una _____.
9. Aquel _____ lucha con todo el mundo.
10. Tenemos que _____ el cemento.

C. Den el sinónimo de las siguientes palabras.

1. mezclar con líquido
2. pronunciar un sermón
3. retirarse
4. revancha
5. resentimiento
6. circular
7. echar abajo
8. quebrado
9. diseminar

EJERCICIOS CREATIVOS

1. Haga una lista de las varias pasiones evidentes en la historia. Cite ejemplos.
2. Cite ejemplos de otras riñas ficticias o de verdad que terminaron con la extinción entera o parcial de las familias.
3. Escriba un sumario de este cuento y prepárese bien para relatarlo a la clase.
4. Prepare una escena para el noticiero de televisión y entreviste a un nieto del tío y a un hijo de la viuda después del incendio.

ESPAÑA
PORTUGAL

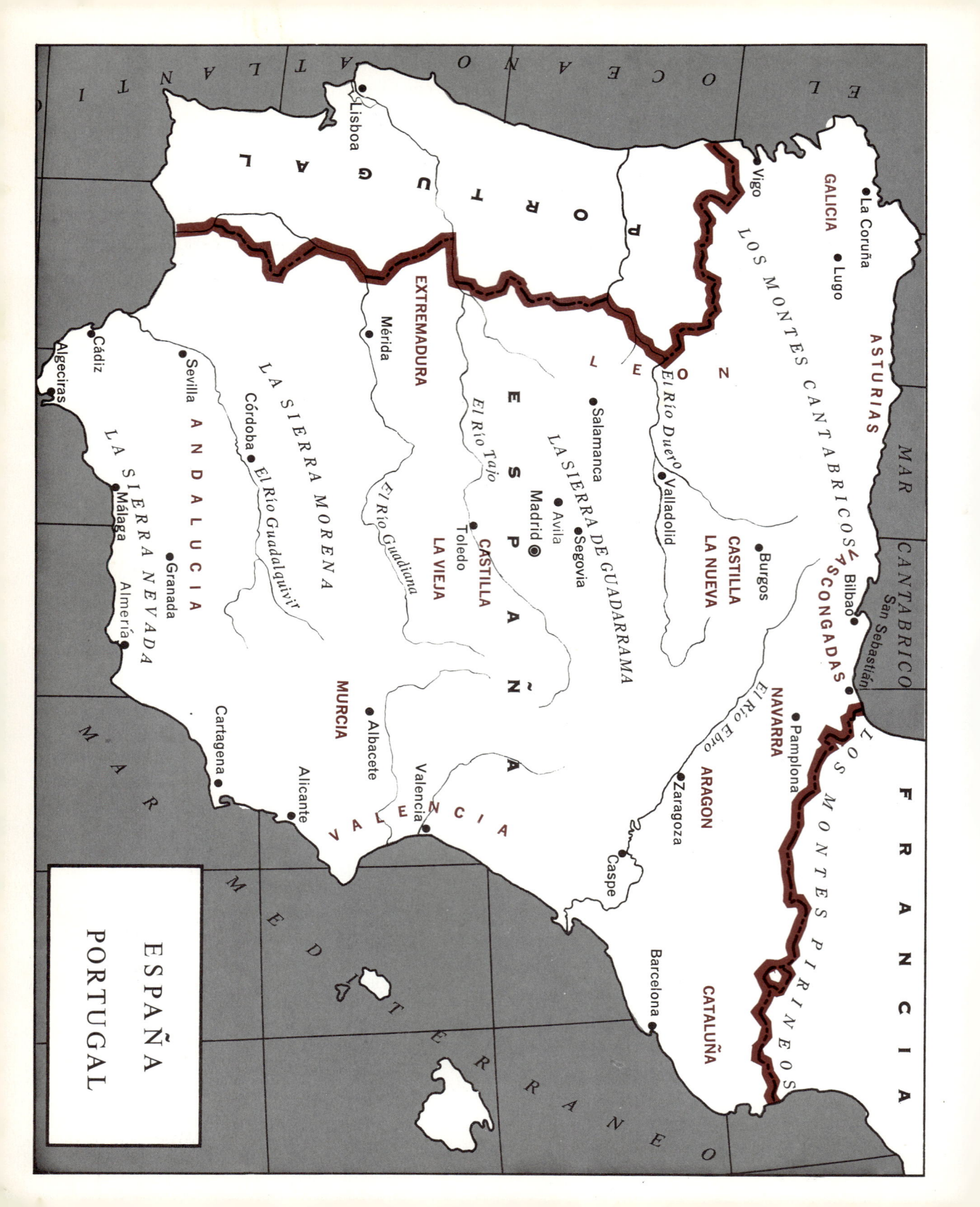

El potrillo roano

por Benito Lynch

INTRODUCCIÓN

Cada niño posee algo que tiene gran importancia. Esto no está mal porque así puede desarrollar un sentido de responsabilidad mezclado con el orgullo de tener algo propiamente suyo. Es natural que los padres lo usen como instrumento para la disciplina, pero algunas veces pueden ser demasiado severos en su empeño de enseñar y se olvidan de su cariño por el niño.

La universalidad de este cuento les gusta a todos. Podemos comprender las emociones de Mario y los deseos de los padres. Sufrimos la angustia del chico al verse obligado a obedecer a sus padres y la de éstos cuando por poco pierden al hijo.

GUÍA DE ESTUDIO

Al leer este cuento considere e identifique los varios sentimientos y pasiones. ¿Cuáles se destacan más? Si se eliminara el elemento sentimental, ¿sería tan bella e impresionante la historia?

PALABRAS CLAVE

1. **alza (alzar)**   levanta

    La profesora dice que es necesario alzar la mano antes de hablar.
    _____ la plataforma para que puedan bajar los bultos.

2. **apodar**   poner un sobrenombre a alguien o a algo (to nickname)

    ¿Quién va a apodar al perro?
    ¡Imagínese! Van a _____ «Tigre» a un animal tan dócil.

3. **arrodillado (arrodillar)**   de rodillas, hincado (kneeling)

    El padre, arrodillado sobre la tierra, plantaba las flores.
    Pedro está en la catedral _____ delante del altar.

4. **atar**   unir, enlazar con cuerda, cinta o soga (to tie, to bind)

    El veterinario dijo: —Hay que atar al caballo para que pueda cerrar la herida.
    Hay que _____ al potro al cerco para que no se escape.

5. **avergonzado (avergonzar)**   turbado, tiene vergüenza (ashamed, embarrassed)

    Al ver que había enojado a su padre, el hijo se sintió avergonzado.
    El niño está _____ por su error.

6. **confeccionando (confeccionar)**   haciendo, fabricando, preparando

    La fábrica del señor Velarde confecciona magníficos productos.
    Mi abuela le está _____ unos pantalones de vaquero.

7. **descolgar**   quitar algo, desenganchar (to unhook, to unfasten)

    Trató de descolgar la cuerda del cuello del animal.
    No puedo _____ esta cuerda.

8. **destroza (destrozar)**   destruye, hace daño irreparable

    El niño lloraba al ver a su hermano destrozar el juguete.
    Aunque son viejos, ella no _____ los libros.

9. **empeñado (empeñar)**   determinado, insistente

    Parece empeñado en oponerse al propósito.
    Estaba _____ en que comiéramos con él.

10. **enfrenta (enfrentar)**   hace frente o cara a una cosa, pone enfrente

    No podía enfrentar la verdad.
    El hombre _____ los obstáculos con coraje.

11. **estancia**   hacienda o finca de campo (farm, ranch)

    Su padre le permitía tener un potrillo en la estancia.
    No podía tener el animal en la ciudad, pero en la _____ sí.

12. **índice**   dedo segundo de la mano

    María tiene la mala costumbre de señalar con el índice.
    Me señaló con el _____.

13. **inunda (inundar)**   cubre el agua los terrenos (floods)

    Después de tres días de lluvia, todos creían que el río iba a inundar el pueblo.
    Cuando el nivel del río aumenta, _____ el pueblo entero.

14. **jinete**   hombre o persona montado a caballo

    Su gran deseo era llegar a ser buen jinete.
    Es buen _____, y ganó la carrera.

15. **leve**   ligero, lo que no es pesado (light, slight)

    Rodolfo tuvo la leve sospecha que iba a ser invitado por sus compañeros.
    Tuve la _____ sospecha de que no decía todo lo que sabía.

16. **luminoso**   brillante

    La luminosa estrella brillaba en el firmamento.
    Tengo un plan _____.

17. **porvenir** futuro

 Todos esperamos ver un porvenir de paz mundial.
 Estudia ahora para gozar de un _____ brillante.

18. **potrillo** caballo de menos de tres años

 El potrillo hacía mucho daño en el patio, lo cual enojaba al padre.
 Tener un _____ fue su locura.

19. **quinta** casa de campo que sirve generalmente de recreo

 Le gustaba a Juan invitar a sus amigos a pasar un rato en su quinta.

 No viven dentro de los límites de la ciudad sino en una _____ en las afueras.

20. **suelto (soltar)** libre, lo que no está atado (loose)

 No le gustaba al padre que el potrillo anduviese suelto.
 En la estancia el potrillo andaba _____.

21. **vereda** senda, camino muy angosto

 Los trabajadores caminaban por la vereda.
 Se encaminó por la _____ que conduce al río.

Un patio

Mexican National Tourist Council

Cansado de jugar

Cansado de jugar a «el tigre», un juego de su exclusiva invención que consiste en perseguir por las copas de los árboles a su hermano Leo, que se defiende bravamente usando los higos verdes a guisa de proyectiles, Mario se ha salido al portón del fondo de la quinta y allí, bajo el sol meridiano y apoyado en uno de los viejos pilares, mira la calle, esperando pacientemente que el otro, encaramado aún en la rama más alta de una higuera y deseoso de continuar la lucha, se canse de gritarle «¡zanahoria!» y «¡mulita!» cuando un espectáculo inesperado le llena de agradable sorpresa.

Volviendo la esquina de la quinta un hombre, jinete en una yegua panzona a la que sigue un potrillo, acaba de enfilar la calle y se acerca despacio.

—¡Oya!...

Y Mario, con los ojos muy abiertos y la cara muy encendida, se pone al borde de la vereda para contemplar mejor el desfile.

¡Un potrillo!... ¡Habría que saber lo que significa para Mario, a la sazón, un potrillo, llegar a tener un potrillo suyo, es decir, un caballo proporcionado a su tamaño!...

Es su «chifladura», su pasión, su eterno sueño... Pero, desgraciadamente... y bien lo sabe por experiencia... sus padres no quieren animales en la quinta, porque se comen las plantas y descortezan los troncos de los árboles.

Allá en «La Estancia», todo lo que quieran... es decir, un petiso mañero, bocado y cabezón... pero allí, en la quinta, ¡nada de «bichos»!

Por eso, Mario va a conformarse como otras veces, contemplando platónicamente el paso de la pequeña maravilla, cuando se produce un hecho extraordinario.

En el instante mismo en que se le enfrenta, sin dejar de trotar y casi sin volver el rostro, el hombre aquel, que monta la yegua y que es un mocetón de cara adusta y boina colorada, suelta a Mario esta proposición estupenda:

—¡Che, chiquilín!... ¡Si quieres el potrillo ese, te lo doy! ¡Lo llevo al campo para matarlo!...

Mario siente al oírle que el suelo se estremece bajo sus pies, que sus ojos se nublan, que toda la sangre afluye a su cerebro, pero

Sentimientos y pasiones

¡ay!... conoce tan a fondo las leyes de la casa que no vacila ni un segundo y, rojo como un tomate, deniega avergonzado:

—¡No!... ¡gracias!... ¡no!

El mocetón se alza ligeramente de hombros y, sin agregar palabra, sigue de largo, bajo el sol que inunda la calle y llevándose, en pos del tranco cansino de su yegua, a aquel prodigio de potrillo roano, que trota airosamente y que, con su colita esponjada y rubia, hace por espantarse las moscas como si fuera un caballo grande...

—¡Mamá!...

Y desbocado como un potro y sin tiempo para decir nada a su hermano, que ajeno a todo y siempre en lo alto de su higuera, aprovecha su fugaz pasaje para dispararle unos cuantos higos, Mario se presenta bajo el emparrado, llevándose las cosas por delante:

—¡Ay, mamá! ¡Ay, mamá!

La madre, que cose en su sillón a la sombra de los pámpanos, se alza con sobresalto:

—¡Virgen del Carmen! ¿Qué, hijo, qué te pasa?

—¡Nada, mamá, nada... que un hombre!...

—¿Qué, hijo, qué?

—¡Que un hombre que llevaba un potrillito precioso, me lo ha querido dar!

—¡Vaya qué susto me has dado!—sonríe la madre entonces; pero él, excitado, prosigue sin oírla:

—¡Un potrillo precioso, mamá, un potrillito roano, así, chiquito... y el hombre lo iba a matar, mamá!

Y aquí ocurre otra cosa estupenda, porque contra toda previsión y toda lógica, Mario oye a la madre que le dice con un tono de sincera pena:

—¿Sí?... ¡Caramba!... ¿Por qué no lo aceptaste? ¡Tonto! ¡Mira, ahora que nos vamos a «La Estancia»!...

Ante aquel comentario tan insólito, tan injustificado y tan sorprendente, el niño abre una boca de a palmo, pero está «tan loco de potrillo» que no se detiene a inquirir nada y con un: «¡Yo lo llamo entonces!...» vibrante y agudo como un relincho, echa a correr hacia la puerta.

—¡Cuidado, hijito!—grita la madre.

¡Qué cuidado!... Mario corre tan veloz que su hermano a la pasada no alcanza a dispararle ni un higo.

Al salir a la calle el resplandor del sol le deslumbra. ¡Ni potrillo, ni yegua, ni hombre alguno por ninguna parte!... Mas, bien pronto, sus ojos ansiosos descubren allá a lo lejos, la boina encarnada bailoteando al compás del trote entre una nube de polvo.

Y en vano los caballones de barro seco le hacen tropezar y caer varias veces, en vano la emoción trata de estrangularle, en vano le salen al encuentro los cuzcos odiosos de la lavandera; nada ni nadie puede detener a Mario en su carrera.

269 El potrillo roano

---

en pos del tranco cansino *following the tiring gait*
airosamente *proudly*
su colita esponjada y rubia *his fluffy little blond tail*
desbocado *dashing headlong*
ajeno a todo *unaware of what was going on*
su fugaz pasaje *his swift flight*
emparrado *arbor*
llevándose las cosas por delante *stumbling over everything in his path*

contra toda previsión *against all expectations*

insólito *unexpected*
abre una boca de a palmo *his jaw dropped a foot*
relincho *neigh*

resplandor *glare*
encarnada *roja*
bailoteando *bobbing up and down*
caballones de barro seco *dried mud ridges*
cuzcos odiosos *yapping curs*

árbitro	*master of one's fate*
mohino	*sullen*
barrigona	*potbellied*
cabalgadura	*mount*
cejas	*eyebrows*
hace una mueca ambigua	*makes a somewhat unclear expression*
torna a ponerse rojo	*blushes*
cabestros	*halters*
yuyos	*weeds*
trozo de alambre	*piece of wire*
cerco de cina-cina	*fence made of cina-cina (a plant)*
conmovido	*filled with emotion*
cocea	*kicks*
le arrancó... de la cabellera	*tore out a lock of his hair with one bite*
pasto	*grass*
norte	*guiding star*
domeñar	*to tame*
encarrilar	*dirigir*
lábaro	*standard*
manso	*calmo*
mañero	*clever*
domador	*trainer*
trenzador	*braider, one who braids*
bozalito	*mouthpiece, headstall*
prendas	*articles of clothing*
aperito	*little riding outfit*
parejero	*race horse*

Antes de dos cuadras, ya ha puesto su voz al alcance de los oídos de aquel árbitro supremo de su felicidad, que va trotando mohino sobre una humilde yegua barrigona.

—¡Pst! ¡Pst! ... ¡Hombre! ¡Hombre! ...

El mocetón al oirle detiene su cabalgadura y aguarda a Mario, contrayendo mucho las cejas:

—¿Qué quieres, che?

—¡El potrillo! ... ¡Quiero el potrillo!—exhala Mario entonces sofocado y a la vez que tiende sus dos brazos hacia el animal, como si pensara recibirlo en ellos, a la manera de un paquete de almacén.

El hombre hace una mueca ambigua:

—Bueno—dice—agárralo, entonces— ... Y agrega en seguida mirándole las manos:

—¿Trajiste con qué?

Mario torna a ponerse rojo una vez más.

—No... yo no...

Y mira embarazado en torno suyo, como si esperase que pudiera haber por allí cabestros escondidos entre los yuyos.

Y el hombre, desmontando, va entonces a descolgar un trozo de alambre que por casualidad pende del cerco de cina-cina, mientras el niño le aguarda conmovido.

* * *

¡Tan solo Mario sabe lo que significa para él ese potrillo roano que destroza las plantas, que muerde, que cocea, que se niega a caminar cuando se le antoja; que cierta vez le arrancó de un mordisco un mechón de la cabellera, creyendo sin duda que era pasto; pero que come azúcar en su mano y relincha en cuanto le descubre a la distancia! ...

Es su amor, su preocupación, su norte, su luz espiritual... Tanto es así que sus padres se han acostumbrado a usar del potrillo aquel como un instrumento para domeñar y encarrilar al chicuelo.

—Si no estudias, no saldrás esta tarde en el potrillo... Si te portas mal, te quitaremos el potrillo... Si haces esto o dejas de hacer aquello...

¡Siempre el potrillo alzándose contra las rebeliones de Mario como el extravagante lábaro de una legión invencible, en medio de la batalla! ¡Y es que es también un encanto aquel potrillo roano tan manso, tan cariñoso y tan mañero...

El domador de «La Estancia»... hábil trenzador... le ha hecho un bozalito que es una maravilla y, poco a poco, los demás peones, y por cariño a Mario o por emulación del otro, han ido confeccionando todas las demás prendas hasta completar un aperito que provoca la admiración de «todo el mundo».

Para Mario es el mejor de todos los potrillos y la más hermosa promesa de parejero que haya florecido en el mundo; y es tan firme su convicción a este respecto que las burlas de su hermano Leo, que da en apodar al potrillo roano «burrito» y *otras lindezas por el estilo*, le hacen el efecto de verdaderas blasfemias.

En cambio, cuando el *capataz* de «La Estancia» dice, después de mirar al potrillo *por entre sus párpados entornados*:

—Pa' mi gusto va a ser un animal de mucha presencia éste— ... a Mario le resulta el capataz, el hombre más simpático y el más inteligente ...

* * *

El padre de Mario quiere hacer un jardín en el patio de «La Estancia», y como resulta que el «potrillo odioso» ... que así le llaman ahora algunos, entre ellos la mamá del niño, tal vez porque le pisó unos pollitos recién nacidos ... parece empeñado en oponerse al propósito, a juzgar por la decisión con que ataca las tiernas plantitas cada vez que se queda suelto, se ha recomendado a Mario desde un principio, que no deje de atarlo por las noches; pero resulta también que Mario se olvida, que se ha olvidado ya tantas veces y al fin una mañana su padre, exasperado, le dice, levantando mucho el índice y marcando con él el compás de sus palabras:

—El primer día que el potrillo vuelva a destrozar alguna planta, ese mismo día se lo echo al campo ...

—¡Ah, ah! ... «¡Al campo!» «¡Echar al campo!» ¿Sabe el padre de Mario, por ventura, lo que significa para el niño eso de «echar al campo»?

... Sería necesario tener ocho años como él, pensar como él piensa y querer como él quiere a su potrillo roano, para apreciar toda la enormidad de la *amenaza* ...

«¡El campo! ... ¡Echar al campo! ...» El campo es para Mario algo infinito, abismal; y echar el potrillo allí, tan atroz e inhumano como arrojar al mar a un recién nacido ...

No es de extrañar, pues, que no haya vuelto a descuidarse y que toda una larga semana haya transcurrido sin que el potrillo roano *infiera* la más leve ofensa a la más insignificante florecilla.

* * *

Despunta una radiosa mañana de febrero y Mario, *acostado a través en la cama* y con los pies sobre el muro, está «confiando» a su hermano Leo algunos de sus proyectos sobre el porvenir luminoso del potrillo roano, cuando su mamá se presenta inesperadamente en la alcoba:

—¡Ahí tienes!—dice muy agitada—. ¡Ahí tienes! ... ¿Has visto tu potrillo? ...

Mario se pone rojo y después pálido.

—¿Qué? ¿El qué, mamá?

—¡Qué ahí anda otra vez tu potrillo suelto en el patio y ha destrozado una porción de cosas! ...

atina a decir	*he manages to say*
prevenido hasta el cansancio	*warned you until I am worn out*
a escape	*quickly*
turbias	*blurred*
ha pisoteado	*has stepped on*
travesura	*mischief, prank*
escarbando con el vaso	*digging with his hoof*
losange	*arrangement*
febrilmente	*feverishly*
hociquera del bozal zafada	*muzzle of his headstall loose*
como si pisase sobre un mullido colchón de lana	*as if he were stepping on a soft wool mattress*
álamos	*poplar trees*
tranquera	*palisade, cliff*
bruto	*uncultivated*
martilla	*pounds*
conminación	*amenaza*
vórtice	*whirlpool*
no puede más	*can't stand it any more*
delantal de brin	*canvas apron*

A Mario le parece que el universo se le cae encima.
—Pero... ¿cómo?—atina a decir—. Pero, ¿cómo?
—¡Ah, no sé cómo—replica entonces la madre—pero no dirás que no te lo había prevenido hasta el cansancio! Ahora tu padre...
—¡Pero si yo lo até!... ¡Pero si yo lo até!...
Y mientras con manos trémulas se viste a escape Mario ve todas las cosas turbias, como si la pieza aquella se estuviese llenando de humo...

* * *

Un verdadero desastre. Jamás el potrillo se atrevió a tanto. No solamente ha pisoteado esta vez el césped sino que ha llevado su travesura hasta arrancar de raíz, escarbando con el vaso, varias matas de claveles raros que había por allí, dispuestas en elegante losange...
—¡Qué has hecho! ¡Qué has hecho, «Nene»!...
Y como en un sueño y casi sin saber lo que hace, Mario, arrodillado sobre la húmeda tierra, se pone a replantar febrilmente los claveles mientras «el nene», «el miserable», se queda allí, inmóvil, con la cabeza baja, la hociquera del bozal zafada y un «no se sabe qué» de cínica despreocupación en toda «su persona»...
Como sonámbulo, como si pisase sobre un mullido colchón de lana, Mario camina con el potrillo del cabestro por medio de la ancha avenida bordeada de altísimos álamos, que termina allá en la tranquera de palos blanquizcos que se abre sobre la inmensidad desolada del campo bruto...
¡Cómo martilla la sangre en el cerebro del niño, cómo ve las cosas semiborradas a través de una neblina y cómo resuena aún en sus oídos la tremenda conminación de su padre!
—¡Agarre ese potrillo y échelo al campo!...
Mario no llora porque no puede llorar, pero camina como un autómata, camina de un modo tan raro, que sólo la madre advierte desde el patio...
Y es que para Mario, del otro lado de los palos de aquella tranquera la conclusión de todo, está el vórtice en el cual dentro de algunos segundos se van a hundir fatalmente, detrás del potrillo roano, él y la existencia entera...
Cuando Mario llega a la mitad de su camino la madre no puede más y gime, oprimiendo nerviosamente el brazo del padre que está a su lado:
—¡Bueno, Juan!... ¡Bueno!...
—¡Vaya!... ¡llámelo!...
Pero en el momento en que Leo se arranca velozmente, la madre lanza un grito agudo y el padre echa a correr desesperado.
Allá, junto a la tranquera, Mario, con su delantal de brin, acaba de desplomarse sobre el pasto como un pájaro alcanzado por el plomo.

* * *

272 Sentimientos y pasiones

... Algunos días después y cuando Mario puede sentarse por fin en la cama, sus padres, riendo, pero con los párpados enrojecidos y las caras pálidas por las largas vigilias, hacen entrar en la alcoba al potrillo roano, tirándole del cabestro y empujándolo por el anca.

anca *rump*

PARA LA COMPRENSIÓN

1. ¿Qué es «el tigre»? ¿En qué consiste? ¿Quién lo inventó?
2. Después de cansarse del juego, ¿adónde fue Mario?
3. ¿Qué vio Mario?
4. Para ver mejor, ¿dónde se puso?
5. ¿Cuál es la «chifladura» de Mario?
6. ¿Por qué no quieren sus padres animales en la quinta?
7. ¿Dónde pueden tener todo lo que quieran?
8. ¿Qué le dijo el jinete que le sorprendió tanto a Mario?
9. ¿Por qué lo lleva al campo?
10. ¿Cómo se porta el potrillo?
11. Después de denegarlo, ¿qué hizo Mario?
12. ¿Cuál fue la segunda sorpresa del día?
13. ¿Cómo alcanzó Mario al jinete?
14. ¿Qué quiere hacer el padre de Mario en el patio?
15. Ahora, ¿cómo le llaman al potrillo?
16. ¿Por qué le llaman así?
17. ¿Qué se ha recomendado a Mario desde un principio?
18. ¿Qué le dice un día su papá exasperado?
19. ¿Con qué marcaba el compás de sus palabras?
20. ¿Cómo es el campo para Mario?
21. ¿En qué postura estaba un día confiando a Leo sus proyectos?
22. ¿Cómo se presenta la mamá en la alcoba?
23. ¿Cómo se puso Mario al oir que el potrillo andaba suelto?
24. ¿Qué había pisoteado el caballito?
25. ¿Qué había arrancado?
26. ¿Qué se puso Mario a hacer?
27. Después del desastre, ¿qué le dijo el padre?
28. ¿Cómo camina Mario hacia la tranquera?
29. ¿Qué le pasó a Mario junto a la tranquera?
30. ¿Qué hicieron los padres cuando por fin Mario pudo sentarse en la cama?

EJERCICIOS DE VOCABULARIO

A. Den un sinónimo de la palabra en letra negrita.

1. ¿No sabes que vas a **destruir** la cerca?
2. Tenemos que **enlazarlo**.
3. El está **determinado** en tener éxito.
4. ¿Por qué no vamos a la **hacienda** de los Gómez?
5. Habrá problemas también en el **futuro**.
6. Se nota lo **brillante** que está el cielo.
7. Tienes que **levantar** la mano.
8. Aquel **caballo joven** es mío.
9. Puede ir **libre**.
10. Cuando lo vi, estuvo **de rodillas**.
11. Aquel **señor montado a caballo** sabe lo que hace.
12. Llegó muy **turbado** por lo que había hecho.

B. Contesten a las siguientes preguntas.

1. ¿Qué vas a apodar al potro?
2. ¿Cómo anda el jinete?
3. ¿Está en el centro de la ciudad la estancia?
4. ¿Qué dedo se rompió?
5. ¿Qué hizo la lluvia a los campos?
6. ¿Cómo vamos a llegar al final del bosque?
7. ¿Cómo se sintió él después de cometer tal error?
8. ¿Cómo se puso el niño delante del altar?

C. Den el antónimo de las siguientes palabras.
1. reparar   5. pasado
2. oscuro   6. pesado
3. atado   7. rocín
4. de pie

EJERCICIOS CREATIVOS

1. Describa unos juegos infantiles que Ud. jugaba cuando era niño.
2. Escriba un breve párrafo sobre un incidente muy inesperado que le sucedió. ¿Cómo le afectó?
3. Relate la primera escena como si Ud. fuera Mario; como si fuera Leo.
4. Haga una lista de todos los sentimientos y pasiones evidentes en el cuento. Dé ejemplos de cada uno.

    a. ¿Cuál de los sentimientos en su opinión se destaca más? Justifique su opinión en la respuesta.
    b. ¿Cree Ud. que eran demasiado severos los padres?
    c. ¿Qué aprendieron los padres de lo que pasó a su hijo?

5. Escriba un sumario breve de este cuento, dando énfasis a lo más importante y omitiendo menores detalles.

ESTRUCTURA

Ser y Estar

Los verbos *ser* y *estar* se traducen *to be* en inglés, pero no son intercambiables. Cada uno tiene sus aplicaciones designadas.

USOS DEL VERBO SER

Ser expresa lo que es el sujeto. Une al sujeto a las siguientes ideas.

Descripción o identificación, por medio de adjetivos o sustantivos predicados que expresan cualidades inherentes, características.

    El es alto.
    Marilú es hermosa.

Origen.

    El abanico es de París.
    Somos de los Estados Unidos.

Nacionalidad.

    Nosotros somos norteamericanos.

Profesión u oficio.

    Ese señor es médico.
    El joven es albañil.

Asociación religiosa o política.

    Mis padres son presbiterianos.

Posesión.

    El abanico es de Estela.

Materia de construcción o de confección.

    La casa es de piedra.
    El reloj era de oro.

Se usa en expresiones impersonales.
>   Es necesario.
>   Es verdad.
>   Es lástima.

Expresa la hora y la fecha.
>   ¿Qué hora es? Son las diez de la noche.
>   ¿Qué día es hoy? Hoy es miércoles, el doce de diciembre.

La hora en el pasado sólo se expresa en el imperfecto.
>   Eran las diez y media.

La voz pasiva se expresa con *ser* más el participio pasado.
>   El libro fue escrito en el siglo XVI.
>   Las mujeres fueron llevadas al rey.

Si se expresa quien hizo la acción (el agente), se introduce con la preposición *por*.
>   El poema fue escrito por Lope.

Si el participio pasado expresa una emoción o estado mental en vez de una acción física, se introduce el agente con la preposición *de*.
>   El es admirado (respetado, querido) de todos.

A. Sustituyan según el modelo.

>   *Manuel es tímido.*
>   *muy pequeño/*
>   *Manuel es muy pequeño.*

1. Manuel es tímido.
   inteligente/ de Puerto Rico/ puertorriqueño/ alumno/ luterano/ muy querido de su padre/

2. Las fotos son hermosas.
   claras/ de Inglaterra/ tomadas en casa/ oscuras/ de mi familia/ buenas/ mías/

3. Los hermanos son malos.
   serios/ españoles/ de Barcelona/ idénticos/ liberales/ metodistas/ escritores/

B. Hagan la sustitución necesaria.

>   María es simpática.

1. Felipe _____.
2. _____ francés.
3. Las señoras _____.
4. Sus maridos _____.
5. _____ astutos.
6. La madre _____.
7. Las alumnas _____.
8. _____ de la Argentina.
9. _____ argentinas.
10. El abuelo _____.
11. _____ valenciano.
12. Sus nietos _____.
13. _____ conservadores.
14. Su nieta _____.
15. Este libro _____.
16. _____ vendido en muchas tiendas.
17. La medicina _____.
18. Las velas _____.
19. _____ de cera.
20. _____ baratas.
21. _____ de la señora Garza.

C. Contesten a las siguientes preguntas según la indicación.

> ¿De dónde es Ud.?   de Nueva York
> Soy de Nueva York.

1. ¿De dónde es Ud.?   *de los Estados Unidos*
2. ¿Quién es Ud.?   *Martín Villarreal*
3. ¿Qué es Ud.?   *alumno*
4. ¿De quién es este reloj?   *mío*
5. ¿Cuál es su nacionalidad?   *norteamericano*
6. ¿Cuál es su religión?   *bautista*
7. ¿Cómo es Ud.?   *moreno*
8. ¿Es Ud. del Canadá?   *no, de los Estados Unidos*

D. Contesten a las siguientes preguntas según la indicación.

> ¿Quiénes son Uds.?   sus nuevos vecinos
> Somos sus nuevos vecinos.

1. ¿Quiénes son Uds.?   *los rivales de Uds.*
2. ¿De dónde son Uds.?   *de España*
3. ¿Cuál es su nacionalidad?   *españoles*
4. ¿Cuál es su profesión?   *artistas*
5. ¿Son Uds. reaccionistas?   *no, muy pacíficos*
6. ¿Cuál es su religión?   *católicos*
7. ¿Cómo son Uds.?   *altos y rubios*
8. ¿Son Uds. amigos?   *sí*

E. Contesten según el modelo.

> ¿Qué es él, norteamericano o boliviano?
> Es norteamericano.

1. ¿Qué es ella, mexicana o española?
2. ¿Quién es él, tu padre o tu tío?
3. ¿Qué son ellos, judíos o cristianos?
4. ¿De qué son las castañuelas, de madera o de plástico?
5. ¿Qué hora es, las dos y veinte o las dos y media?
6. ¿De quién es el potrillo, de Mario o de Leo?
7. ¿Son ellos demócratas o republicanos?
8. ¿Qué día es hoy, martes o miércoles?
9. ¿Cuál es su profesión, profesor o ingeniero?
10. ¿Cuál es su oficio, albañil o carpintero?
11. ¿Dónde fue dejado primero, en el patio o en el campo?
12. Mira este cuadro. ¿Fue pintado por Picasso o por Dalí?
13. ¿Es estimado de todos o de muy pocos?

USOS DEL VERBO ESTAR

El verbo *estar* se emplea para expresar un estado o condición.

Colocación; puede ser permanente o no.

> Buenos Aires está en la Argentina.
> Leo estaba en el árbol.

Condición o estado temporal.

> El hijo está enfermo.
> Los cuartos estaban limpios.

Se usa *estar* para formar el tiempo progresivo con el gerundio.

> Está jugando con el potrillo.
> Leo le estaba tirando higos verdes.

F. Sustituyan según el modelo.

> Mario está sorprendido.
> triste/
> Mario está triste.

1. Mario está triste.
   alegre/de buen humor/bien/confuso/listo/malo/

2. La casa está en el campo.
   en Buenos Aires/muy cerca/bastante lejos/entre unos árboles/delante del parque/

3. El niño está entusiasmado.
   agradecido/equivocado/interesado en los caballos/parado en el portón/preocupado por el caballito/ocupado con las flores/

G. Sigan los modelos.

> *Cierra el portón.*
> *Está cerrando el portón.*

1. Mira al jinete sobre la yegua.
2. Vuelve adonde está su mamá.
3. Juega en el jardín.
4. Grita con alegría.
5. Pide otra oportunidad.
6. Repite lo que le dice su papá.
7. Divierte a su hermano.
8. Dice que va a arreglarlo.
9. Leo ríe de verlo trabajar.
10. Se despide de su amigo traicionero.

> *Luchaban en las calles.*
> *Estaban luchando en las calles.*

1. Andaban por la orilla del río.
2. Nadaban en el río.
3. Volteaban las hojas de tabaco.
4. Hacían trompetas de los tallos.
5. Ponían monedas sobre el mostrador.
6. Aprendían lo que es un macho.
7. Lo veían por primera vez.
8. Ayudaban al niño asustado.
9. Algunos jugaban a las cartas.
10. Salían de la taberna muy orgullosos.

H. Contesten a las siguientes preguntas según la indicación.

> *¿Dónde está Valencia?* en España
> *Valencia está en España.*

1. ¿Cómo estás hoy? *muy bien*
2. ¿Qué estás leyendo? *una historia interesante*
3. ¿Por qué no miras la televisión? *descompuesta*
4. ¿Por qué estás leyendo? *interesado en la historia*
5. ¿Están ansiosos los hijos de continuar la lucha? *no*
6. ¿De qué están determinados? *de no matar a nadie*
7. ¿Qué está ardiendo? *la casa del tío Rabosa*
8. ¿Quién está dentro de la casa? *el abuelo*
9. ¿Quién está lastimado? *uno de los hijos de la viuda*
10. ¿Qué están derribando? *la pared*

> *¿Cómo estaba el padre?* furioso
> *El padre estaba furioso.*

1. ¿De qué estaba enterado Mario? *tenía que cuidar al caballo*
2. ¿Dónde estaba el animal? *en el jardín*
3. ¿Qué estaba haciendo? *comiendo las flores*
4. ¿Cómo estaba Mario? *nervioso y preocupado*
5. ¿De qué estaba preocupado el niño? *de haber perdido el potrillo*
6. ¿De qué estaban seguros los peones? *era un caballo fino*
7. ¿Por dónde estaba caminando? *por la senda que conducía al campo*
8. ¿Qué estaba haciendo la madre? *llorando*
9. ¿Cómo parecía que estaba el chico? *muriendo*
10. ¿Dónde estaba el potro? *en el cuarto de Mario*

CONTRASTES

Muchas veces el significado de una oración puede cambiar según el uso de *ser* o *estar*. Estudien los siguientes ejemplos.

> María está triste. (Condición causada por una desgracia.)
> El abuelo es triste. (Característica o rasgo de personalidad.)

> Mario estaba malo. (Condición física.)
> El tuerto era malo. (Característica o cualidad moral.)

> Están listos para salir. (Condición de estar arreglados.)
> Ese niño es listo. (Característica.)

> Está pálido. (Condición física.)
> Es pálido. (Descripción o identificación.)

Mario está vivo. (Condición o estado temporal.)
El potro es muy vivo. (Característica de ser animado.)
Está alegre. (Estado temporal.)
Es feliz. (Característica; siempre se usa *ser* con el adjetivo *feliz*.)

I. Sustituyan según el modelo.

> *Mr. Brown es de los Estados Unidos y ahora está en España.*
>
> *los Uribe/*
>
> *Los Uribe son de los Estados Unidos y ahora están en España.*

1. Los Uribe son de los Estados Unidos y ahora están en España.
   mis primos/ nosotros/ tú/ yo/ Samuel/
2. Los nietos son fuertes, pero en este momento están débiles.
   el guapo/ nosotros/ tú/ los peones/ yo/
3. Eduardo es nuevo aquí y está en la clase avanzada.
   yo/ mis vecinos/ tú/ nosotros/ Uds./
4. El cura es aficionado a la música. Está escuchando el concierto.
   la duquesa/ Manolo y yo/ mis padres/ tú/ esas alumnas/

Un trabajador

Mexican National Tourist Council

278 Sentimientos y pasiones

J. Completen las siguientes oraciones con la forma apropiada del presente de *ser* o *estar*.

1. Los niños están en la copa del árbol.
2. _____ los hermanos de Mario.
3. _____ jugando «el tigre».
4. _____ muy traviesos.
5. _____ cansados.
6. Mario _____.
7. _____ en el jardín.
8. _____ feliz.
9. _____ contento.
10. _____ en la calle.
11. El potrillo _____.
12. _____ trotando airosamente.
13. _____ la «chifladura» de Mario.
14. _____ descortezando los troncos de los árboles.
15. _____ de Mario.
16. _____ atado a un poste.
17. _____ el orgullo de los peones.
18. La estancia _____.
19. _____ lejos de Buenos Aires.
20. _____ buen lugar para los niños.

K. Completen las siguientes oraciones con la forma apropiada del imperfecto de *ser* o *estar*.

1. Mi padre era cobarde.
2. _____ diferente a los otros padres.
3. El _____.
4. _____ haciéndome una trompeta.
5. _____ hábil con las manos.
6. _____ puertorriqueño.
7. _____ en la taberna.
8. _____ fuerte y robusto.
9. _____ declarado un macho completo.
10. _____ admirado de todos.
11. Ese cuento _____.
12. _____ bueno e interesante.
13. _____ bien escrito.
14. _____ de Manuel del Toro.
15. _____ escrito por Manuel del Toro.
16. _____ en la página 265.
17. _____ corto y dramático.
18. _____ una buena lección.

L. Hagan Uds. una oración sencilla según los modelos.

El abre la puerta.
La puerta está abierta.

Ven a las muchachas rubias.
Las muchachas son rubias.

1. Ella cierra la ventana.
2. ¿Conoces al señor simpático?
3. Sirva los camarones cocidos.
4. Quiero ir en el barco grande.
5. Visitan a su madre en Bogotá.
6. Tengo la foto del joven guapo.
7. El doctor atiende al niño enfermo desde ayer.
8. No quiero el café frío.
9. Le mató al bandido malo.
10. Sólo esa niña lista sabía resolverlo.
11. ¡Ya llegan, a las seis de la tarde!
12. ¡Listas por fin! Ya podemos salir.
13. Vienen hoy, lunes.
14. Me gusta la cerámica hecha en Dolores Hidalgo.

CUADRO 13

Los días de fiesta

PREPARANDO LA ESCENA A través de los tiempos cada país ha tenido sus días especiales y la manera de celebrarlos. Casi siempre estos días feriados tienen sus raíces en la religión. Por eso, tienen universalidad. Sin embargo, cada país los celebra según sus costumbres y tradiciones particulares. Por eso, también su individualismo.

Entre la gente de habla española las dos estaciones de mayor importancia son las de la Navidad y la Pascua Florida.

México: regocijo de Navidad

INTRODUCCIÓN

Durante la estación navideña en nuestro país, hay muchas festividades con las cuales contamos. Hay misas y funciones especiales en las iglesias; hay grandes preparaciones festivas en las casas; hay mucha actividad en las tiendas. También hay villancicos, comidas especiales, visitas de amigos y parientes, regalos, decoraciones y tarjetas navideñas... regocijo de Navidad. Y sobre todo, un espíritu de paz y de buena voluntad. Así sucede también en los países de habla española. Además, hay variedades... posadas, piñatas, sorteos de lotería y, a veces, ¡aun una corrida de toros!

El artículo que sigue apareció en la revista *Visión* el veintisiete de diciembre de 1963.

GUÍA DE ESTUDIO

Antes de leer la selección, repase las siguientes palabras y aprenda las definiciones. No se puede hablar de la Navidad sin el vocabulario apropiado.

Un villancico es una canción popular de asunto religioso que se suele cantar en las iglesias por Navidad.

Una posada es una ronda santa que se inicia en el atardecer del dieciséis de diciembre y dura hasta Nochebuena, nueve noches consecutivas, en las que se recuerda el peregrinar de la Virgen María y San José por las calles de Belén, en busca de hospedaje.

Un nacimiento es una reproducción de cartón con figurillas de barro que pretende reproducir en cada detalle el nacimiento del Niño Jesús.

Los Reyes Magos son los tres reyes, Melchor, Gaspar y Baltasar, que siguieron la estrella y llegaron a Belén con regalos para el Niño. El *Día de los Reyes* es el seis de enero cuando los niños reciben sus regalos. Estos ponen zapatos en los balcones para que los llenen de regalos los Reyes Magos al pasar montados en camellos.

La Nochebuena es la noche del veinticuatro de diciembre.

La misa de gallo es la misa que se celebra a las doce de la noche entrando la Navidad.

Un aguinaldo es un regalo que se da a los criados, los familiares, la lavandera, el sereno, etc., por Navidad.

Un portal es una escena que representa el campo alrededor de Belén y la Natividad (*nacimiento*).

La piñata es una olla llena de dulces que, en días de fiesta, suele colgarse del techo para que procuren los concurrentes, con los ojos vendados, romperla con un palo.

Feliz Navidad y *Felices Pascuas* son saludos de la estación navideña.

PALABRAS CLAVE

1. **albergar**   hospedar (to lodge)

   San José y la Virgen se tuvieron que albergar en un pesebre.
   José no halló lugar en donde _____ a la Virgen María.

2. **alfarero**   fabricante de ollas, vasijas y otras cosas de barro

   Jorge Padilla es el mejor alfarero del pueblo de San Juan de los Lagos.
   A Miguel, un _____ de Toluca, no le gusta hacer dos ollas iguales.

3. **carrozas**   coches

   Los aldeanos siempre adornan las carrozas de Navidad con flores.
   Los jóvenes adornaron las _____ con flores.

4. **cojín**   almohada (pillow)

   En la procesión llevaban a la Virgen en un cojín de seda.
   Doña Amelia hizo un _____ de seda.

5. **cortejo**   acompañamiento

   El cura de la parroquia dirigía el cortejo de la procesión.
   El _____ fúnebre era muy grande.

6. **desfilan (desfilar)**   caminan en fila (pass in review, file past, parade)

   En el concurso de belleza las muchachas desfilan delante del juez.
   El cuatro de julio todas las bandas _____ orgullosamente por la avenida principal del pueblo.

7. **expansiona (expansionarse)**   desarrolla

   Si el baile se expansiona en una fiesta de toda la vecindad, nos divertiremos mucho.
   Lo que comienza a veces como un disgusto entre dos personas se _____ en una revolución.

8. **farolillos**   flores grandes en forma de campana, o lámparas para alumbrar las calles, linternas

   Los farolillos que adornaban la carroza eran muy bonitos.
   La carroza del cura iba adornada de _____ de papel rojo.

9. **hilera** línea, fila, procesión

De la carretera se veía una hilera de gente que caminaba hacia la iglesia.
La _____ de peregrinos se extendía por tres millas del camino.

10. **hospedaje** alojamiento (lodging)

Durante su hospedaje en ese hotel se divirtió mucho.
No creo que vayan a encontrar _____ en esta ciudad durante las fiestas.

11. **lidia** corrida

Raúl y Fernando fueron a la lidia de toros.
Presentaron una _____ especial en la cual torearon hombres y mujeres.

12. **menudos** niños, pequeños, chicos

Para entrar en el teatro todos tuvieron que pagar, mayores y menudos igualmente.
Mayores y _____, todos esperaron hasta que llegó la procesión.

13. **panzuda** que tiene mucha barriga (big-bellied)

La gata antes de tener gaticos estaba muy panzuda.
La piñata de Alicia estaba más _____ que la de su hermano.

14. **papel de China** papel muy fino y opaco (tissue paper)

Recibí el regalo envuelto en papel de China.
En México se usa mucho el _____ para adornar las carrozas de las fiestas.

15. **peregrinar** andar viajando por tierras extrañas, viajar para visitar algún santuario

Quiero ir a peregrinar por la Tierra Santa.
El _____ a Santiago de Compostela va cada año aumentando en popularidad.

16. **platillos** instrumentos metálicos de percusión en forma de platos (cymbals)

Los platillos son una parte muy importante de la banda.
¿Quién toca los _____ en la banda del pueblo?

17. **plomo** metal muy pesado de color gris (lead)

Por el cansancio me sentía el cuerpo como un plomo.
El _____ se usa en la fabricación de balas.

18. **polvorientas** llenas de polvo (dusty)

No me gusta andar por regiones polvorientas.
Las calles estaban _____ pero bien alumbradas.

19. **rábanos** plantas comestibles de raíz carnosa, blanca y roja (radishes)

Yo sembré unos rábanos en el jardín de mi casa.
Los _____ son muy buenos en la ensalada.

20. **renglón** línea (line, business line)

Los aztecas gastan más dinero en el renglón de artefactos eléctricos que en cualquier otro.
En el _____ de artículos de seda es mejor comprar los colores más brillantes.

21. **reses** toros

Don Francisco Soltero regaló todas las reses para la corrida del domingo.
Del rancho de mi tío siempre traen buenas _____ a las corridas.

22. **travesuras** acciones traviesas (pranks, frolic, capers)

Al padre no le gustaban las travesuras de su niño.
Los gritos y las _____ de los niños siempre son parte de las mejores fiestas.

23. **vocablos** palabras, lenguaje

La tía María se expresó en vocablos completamente desconocidos por todos los del pueblo.
Al fin de la procesión habló el cura, usando _____ sencillos.

La Navidad en

La Navidad en México hace surgir a flor de boca vocablos conocidos en casi todos los países de habla española, pero que en tierra azteca evocan tradiciones y sentimientos muy particulares: grandes y chicos aguardan ansiosos las posadas, piñatas, nacimientos, la misa de gallo y los Reyes Magos.

De la región andaluza, en la lejana España, llegó a México, donde se ha mimado con gran cariño, la tradición de las posadas, una ronda santa que se inicia en el atardecer del dieciséis de diciembre y dura hasta Nochebuena, nueve noches consecutivas, en las que se recuerda el peregrinar de la Virgen María y San José por las calles de Belén, en busca de hospedaje. Por un itinerario, poco más o menos planeado, a través de las calles de pueblos y barriadas mexicanos, camina una procesión de personas ... ricos y pobres, mayores y menudos ... representando los papeles de aquellos hebreos aldeanos de hace 1970 años. Entonando letanías y villancicos desfilan solemnemente de portal a portal, en alegre contraste con los gritos y travesuras de los niños. Con frases de ritual e improvisadas piden a los «posaderos» un lugar para albergar a la Virgen, que será la madre de Dios. Al pronto, éstos los rechazan con palabras bruscas, para acudir acto seguido a recibir al cortejo. En la ciudad de Querétaro, los semáforos se apagan y en cada esquina coros de voces cantan:

> En Belén tocan a fuego,
> del portal sale la llama;
> una estrella del cielo
> que ha caído entre la paja.

Querétaro, como muchas otras poblaciones mexicanas, conserva toda la esencia y el sabor de las posadas, pues prefiere que desfilen en los carretones de sus procesiones, no las imágenes de la Virgen María y San José llevadas en andas, sino quienes los encarnan. En el carro principal se ve el portal humilde con María y José adorando al Niño, que sonríe, acostado entre la paja, mientras a su vera, simulando que lo calientan con su aliento, van un buey y una mula. En el arco del portal, una gran estrella de hojalata se destaca por su tamaño. También pasean por las calles ... adornadas de farolillos de papel coloreado, flores de Nochebuena, heno y festones

mimado copied

acudir asistir, ir a
semáforos traffic lights

andas platforms used to carry statues in holiday processions
encarnan representan
a su vera alongside of it

hojalata tin

heno ... coníferas hay and festoons made with evergreen boughs

284 Los días de fiesta

hechos con ramas de coníferas y «papel de China» ... muchas carrozas más. Entre éstas la de los Reyes Magos, Melchor, Gaspar y Baltasar, cuya presencia es un festejado anticipo para la chiquillería de Querétaro, que se expansiona en griterías, mientras corren detrás de los camellos de cartón llevados por los pajes negros, muchachos de alguna escuela, con la cara tiznada a propósito y tocados con ricos turbantes de seda en colores deslumbrantes.

En procesión

En las haciendas del campo mexicano se ven largas hileras blancas, que son los peones indios en procesión por las dependencias, caminando lenta e impasiblemente, aunque cada cual embargado con su emoción individual, iluminados por centelleante pirotécnica y marchando al compás de tambores, platillos y guitarras que irrumpen en rancheras, poco más o menos profanas, mientras las baterías de cohetes plasman la escena.

Como quiera que en casi todo México las fiestas cristianas suelen tener resabios paganos y precolombinos, la ciudad de Oaxaca tiene una que le es propia: la Fiesta de los Rábanos, celebrada el veintitrés de diciembre; en aras de una antigua tradición mixteca de conmemorar la fertilidad de la tierra se celebran concursos de esculturas hechas de rábanos, principal cosecha de la época y la comarca.

Algazara

Los niños aprovechan el ceremonial de las posadas para entrar a tropel en el patio del posadero ... ¡venga a la piñata! Esta es una olla de barro, de buen tamaño, suspendida en alto, cual horripilante gárgola, pues está moldeada en forma de monstruos o en versiones originales y primitivas de elefantes, garzas, patos, peces y demás bicharracos, aunque para dar una nota de actualidad y hacer reir a los muchachos, se suelen adornar con la careta de algún rostro inconfundible, como lo es para los mexicanos el del popular cómico Mario Moreno, «Cantinflas». Como quiera que dentro de la panzuda piñata se hallan un sinfín de confites, trozos de caña de azúcar, naranjas, cacahuates, limones y demás golosinas, alguien tiene que derribarla. ¡Ahí va; ya está! Encaramándose un poquito para atinar mejor, un muchachito con los ojos vendados dio en el blanco con un porrazo de su mano inocente (inocente, el pobre, porque va a ser el último en hincar el dientecito).

Los demás ya se han precipitado para formar un voraz montón, todo piernas y brazos. Hay para todos, aunque sólo sea una desportilladura de barro.

No se concibe una Navidad mexicana sin un «nacimiento». Desde las más humildes casas de campo (que es quizá donde se encuentran mejor ambientados) hasta los más lujosos escaparates de la engalanada capital, que han hecho comentar a más de uno que «la misma ciudad de México parece un nacimiento», la antigua tradición de

---

chiquillería *crowd of youngsters, small fry*

la cara tiznada a propósito *their faces stained appropriately*

centelleante pirotécnica *sparkling fireworks*
que irrumpen en rancheras *that burst into ranch songs*
cohetes *firecrackers*

resabios *unpleasant aftertastes; translate as "overtones"*
en aras de *en los altares de*
mixteca *of the Mixtecan Indians*

horripilante gárgola *hair-raising gargoyle*

garzas *herons*
bicharracos *hideous animals*

golosinas *dulces*
encaramándose *elevándose*
atinar *to hit the target*
porrazo *golpe*
hincar el dientecito *to sink his tooth*

desportilladura de barro *chipped off piece of clay*

confeccionar figurillas de barro que representan a la Virgen María y San José adorando al Niño Jesús mantiene vivo todo su simbolismo y cobra mayor actualidad con los años. Los hay sencillos, con sólo la Santa Familia, el pesebre y cañitas de paja, y los hay fastuosísimos, que pretenden reproducir en cada detalle aquel momento histórico: en torno del establo divino, se ve todo el pueblo de Belén, los pastores humildes, los Reyes Magos de Oriente, legionarios romanos, las murallas de Jerusalén, el palacio de Herodes; todo esto en una profusión de figurillas de barro y de plomo, estructuras de cartón, arena, palmeras, riachuelos de verdad y musgo fresco.

Concursos

Si bien en las iglesias la tendencia actual es hacia una escenificación sencilla, los alfareros tienen trabajo asegurado y los *amateurs* entretenimiento de sobra, pues en la capital y otras ciudades se hacen concursos de nacimientos. Aunque el árbol de Navidad, el lustroso abeto con todas sus bolitas y adornos, está de moda y se impone por doquier, sigue ocupando un lugar secundario en México.

Mientras el destino de las figurillas, elaboradas en su mayoría por alfareros de un lugar llamado San Pedro Tlaquepaque, en el estado de Jalisco, es casi exclusivamente la propia nación mexicana, muchas piñatas, confeccionadas por artesanos de todo el país, llegan a los escaparates de tiendas de juguetes de los vecinos Estados Unidos e incluso de Europa.

Llegada la Nochebuena, todo México se expansiona. En el pueblecito de Ahuatepec, entre Cuernavaca y Tepoztlán, la gente empieza a reunirse desde las diez y media frente a una casa: la de la «madrina» del Niño Jesús. Nada más tocar las once, ésta sale, vestida de celeste (en otros pueblos viste de blanco), llevando en brazos una pequeña imagen del Niño Dios acurrucado en gran cojín de terciopelo. Una orquesta empieza a tocar y la gente a cantar: «A la ru-ru-ru niño, a la ru-ru-ru. Has venido al mundo sólo por mi amor.»

La procesión se desplaza por las calles polvorientas pero alumbradas con farolillos, hasta llegar a la iglesia en donde el presbítero los espera en la puerta. El sacerdote, obedeciendo a una costumbre cuyo origen preciso nadie recuerda, toma el cojín con su pequeña imagen y penetra, entre la valla de gente cantando por la nave central, hasta el altar, donde deposita al Niño en un pesebre que forma una especie de altar por separado.

El Recién Nacido permanece acostado hasta la fiesta de la Epifanía, el seis de enero, cuando se le levanta para encabezar la procesión que conmemora el día en que los Reyes Magos de Oriente, que desfilan a su lado, le colmaron de ricos obsequios y que es también la fecha en que todos los niños mexicanos reciben sus regalos, aunque muchos ya han sido visitados por Papá Noel en Nochebuena y les toca «repetir». El Día de Reyes, los niños aguardan ilusionados el comerse la rosca, un pastel en forma de anillo, en cuya masa se halla oculta una diminuta figura de porcelana del «Niño». Pero no es tan pequeña que se la pueda tragar el muchacho al que le haya tocado, que resulta ser el «compadre», el que tiene la obligación de invitar a todos los concurrentes a su casa, a comer tamales, el dos de febrero, día de la Virgen de la Candelaria, cuando se pone punto final a las fiestas navideñas mexicanas.

Misa de gallo

Mediada la Nochebuena, en todo México se celebra con gran solemnidad la misa de gallo y el clero mexicano *ha hecho hincapié entre sus feligreses* en que ésta consta en realidad de tres misas, según la liturgia: la primera, en que se celebra el nacimiento humano del Redentor, Su advenimiento al mundo; la segunda, «Su advenimiento espiritual a nuestras almas»; y, por último, la tercera, que es «Su eterno advenimiento en Dios Padre». Muchos mexicanos se trasladan especialmente a la Basílica de Guadalupe, santuario nacional de la Virgen Patrona de México, para asistir a la misa de gallo, que allí se oficia con gran esplendor y devoción, mientras el coro entona himnos y cánticos con acentos de gran individualidad, en un templo que durante la época precolombina fue lugar de adoración a la diosa madre azteca Tonantzín.

Corrida tradicional

Si bien en la ciudad de México, durante los mejores tiempos de la fiesta taurina, se celebró alguna que otra corrida de Navidad, lo cierto es que en Querétaro ese día se ha hecho tradicional la lidia de reses bravas. Es el ex-matador de toros, Paco Gorráez, quien suele organizar lo que los queretanos llaman «la corrida tradicional». También es tradicional la corrida del veintiséis de diciembre, programada en los carteles de Celaya, Guanajuato, como lo son las de Guadalajara, Jalisco y Puruándiro, en el estado de Michoacán.

Crédito

«Lleve todo, *sin enganche*, pague después». Este es el *lema* de los comerciantes mexicanos en días navideños, quienes calculan que el importe total de sus ventas durante la época aumenta en un promedio de setenta por ciento a ochenta por ciento sobre el resto del año, debido al impulso que se viene dando al crédito en todas las compras, con especiales facilidades para la *gama* de artefactos eléctricos, renglón en que, juguetes aparte, los aztecas gastan más dinero. Todos los indicios señalan un nuevo *record* en el volumen de ventas para las fiestas, lo cual ha sido calificado de «sicosis de gastar dinero» por Eusebio Blasco, gerente de la Cámara Nacional de Comercio de la ciudad de México, que habla con más austeridad que la mayoría de sus compatriotas. Por un lado, tiene razones para ello, pues se ha visto obligado a formar un archivo de más de 400.000 fichas, correspondientes a otros tantos solicitantes de crédito. Esta relación la facilita Blasco a los agradecidos comerciantes. Pero éstos no se libran de censuras en la prensa, la cual alega que «el crédito está al alcance de todos, pero el obtenerlo resulta muchas veces bastante gravoso». En los mismos círculos se citan ejemplos de «cargar la mano» por parte de comerciantes, «que llegan a cobrar el 100 por ciento más de lo que costaría determinado artículo si se adquiriese al contado».

Los papás están viendo en los escaparates de las tiendas de juguetes una gran variedad de todo lo que puede ilusionar a los niños, desde el pequeño cochecito de madera o de plástico y la modesta muñeca de trapo, hasta el más caro entretenimiento infantil de importación. Estos son muy solicitados por los que se los pueden comprar, aunque el gobierno mexicano procura evitar la salida de divisas por este concepto.

muñeca de trapo   *rag doll*

PARA LA COMPRENSIÓN

1. Nombre cinco elementos que contribuyen al regocijo de la Navidad en México.
2. ¿De dónde llegó a México la tradición de las posadas?
3. Describa «las posadas».
4. ¿Qué contrasta con el desfile solemne de portal a portal?
5. ¿A quiénes les piden albergue para la Virgen?
6. ¿Cómo celebra Querétaro las posadas?
7. ¿Qué cosa distingue «las posadas» de Querétaro a las de otros pueblos?
8. ¿Qué va en el carro principal de la procesión?
9. ¿Dónde colocan una gran estrella de hojalata?
10. Describa las otras carrozas del desfile.
11. ¿Cuál es la carroza que más emociona a la chiquillería de Querétaro?
12. ¿Cómo celebran los indios peones esta tradición?
13. ¿Qué instrumentos musicales llevan?
14. ¿Cómo se distingue la ciudad de Oaxaca de los otros pueblos mexicanos durante la Navidad?
15. ¿Qué día se celebra la Fiesta de los Rábanos?
16. Describa esta fiesta.
17. ¿Qué es una piñata?
18. Diga todo lo que pueda de la piñata y sus efectos en los niños.
19. Describa un «nacimiento».
20. ¿Qué efecto tienen los concursos en la fabricación de «nacimientos»?
21. Relate lo que sucede en Nochebuena en Ahuatepec.
22. En Nochebuena el sacerdote deposita al Niño en un pesebre cerca del altar. ¿Hasta cuándo permanece allí?
23. Diga algo acerca del Día de los Reyes Magos.
24. ¿Por qué les gusta a los niños el Día de los Reyes?
25. Describa la «misa de gallo».
26. ¿Por qué van muchos a la Basílica de Guadalupe?
27. ¿Qué sabe Ud. de la «corrida tradicional» de Querétaro?
28. ¿Cuál es el lema de los comerciantes mexicanos en días navideños?
29. ¿Qué efecto tiene el «crédito» en las ventas de Navidad?
30. ¿Cómo se compara la venta de juguetes hechos en México con los importados?

EJERCICIOS DE VOCABULARIO

A. Verdad o falso.

1. *Albergar* quiere decir *hospedar*.
2. Un alfarero fabrica ollas.
3. Un cojín es una sábana.
4. Un farolillo es una lámpara.
5. Una hilera es una profesión.
6. Los niños menudos son pequeños.
7. El papel de China es muy grueso.
8. El plomo es un metal ligero.
9. Los rábanos son árboles grandes.
10. Las travesuras son *pranks*.

B. Escojan la definición.

1. **alfarero**   flor grande, fabricante de coches, fabricante de ollas, metal pesado
2. **carroza**   vasija, lámpara, confite, coche
3. **cojín**   raíz carnosa, metal pesado, barriga, almohada
4. **farolillos**   lámparas, filas, corridas, platillos
5. **golosinas**   papel fino, carrozas, vasijas, dulces
6. **hilera**   instrumento metálico, raíz carnosa, fila, lámpara
7. **lidia**   línea, corrida, procesión, metal pesado
8. **menudos**   pequeños, grandes, panzudos, pesados
9. **peregrinar**   hospedar, fabricar ollas, dar porrazos, hacer un viaje religioso
10. **plomo**   metal amarillo, cojín pesado, metal pesado, olla gris

C. Completen las siguientes oraciones con una palabra apropiada.

1. Los soldados ____ por la calle en conmemoración de la victoria.
2. Las carrozas en la procesión están condecoradas de ____.
3. La Virgen y San José no pudieron encontrar ____ en ninguna venta.
4. Me gustan los adornos hechos de ____.
5. Aquel ____ fabrica las mejores ollas.
6. Las ____ de aquel niño no son divertidas.
7. La ____ de toros va a ser algo.
8. No me gusta el ruido de los ____.
9. Los mayores y los ____ toman parte en la procesión.
10. El ____ acaba de llegar al cementerio.

EJERCICIOS CREATIVOS

1. Escriba una composición describiendo cómo se celebra la Navidad en las varias partes de los Estados Unidos.
2. Describa a la clase según las instrucciones de su maestro los siguientes aspectos de la Navidad en los países hispanos.

   a. El espíritu de la Navidad
   b. La posada
   c. El nacimiento
   d. La piñata
   e. La música navideña
   f. El Día de los Reyes
   g. Celebraciones o ceremonias especiales que acompañan la Navidad
   h. Concursos navideños

Semana Santa bajo la Giralda

por Raúl de la Cruz

INTRODUCCIÓN

La Semana Santa en España empieza con el Domingo de Ramos y sigue hasta el Domingo de Resurrección (o Pascua Florida). Se caracteriza por la devoción solemne de la gente y por las procesiones religiosas que pasan por las calles, llevando estatuas de Jesús, de la Virgen María y de los Santos.

En todas partes de España se celebra esta Semana Santa, pero en Sevilla, bajo la Giralda, la procesión es una vista inolvidable para el que tenga la buena fortuna de verla.

Esta selección apareció en la revista *Hoy,* el trece de abril de 1963.

GUÍA DE ESTUDIO

En los pueblos pequeños de las provincias, los que todavía evocan los días de la Edad Media, la Semana Santa todavía guarda su honda y solemne significación. Lo que pasa a veces en las ciudades grandes es que algo del espíritu verdadero de la Semana Santa se pierde en los grandes espectáculos y en la preocupación de complacer al turismo.

Repase las siguientes palabras y las explicaciones para poder mejor discutir la Semana Santa:

Viernes Santo es el día aniversario de la muerte de Jesucristo.

Un paso es un suceso de la Pasión de Jesucristo representado durante la Semana Santa. Sobre los lujosos «pasos» de plata cincelada, adornan a la Virgen con ricas joyas, colocándola después bajo palio entre flores y grandes cirios.

Una saeta es una especie de canción que se canta en las iglesias y en las procesiones.

Una cofradía es una congregación o hermandad de personas devotas. Muchas cofradías desfilan durante la Semana Santa.

Los penitentes encapuchados son personas en las procesiones que visten túnica y llevan capucha en señal de penitencia.

Las andas son plataformas en las cuales se llevan las estatuas representativas.

PALABRAS CLAVE

1. **acompasado** rítmico
   El acompasado bailarín era el centro de atención.
   El marchar _____ de los soldados era un espectáculo digno de admiración.

2. **alumbrar** poner luz en algún lugar
   Para alumbrar bien ese cuarto se necesita una luz fuerte.
   Van a _____ el parque para la fiesta.

3. **amargo** penoso, triste, doloroso
   La crucifixión es un recuerdo amargo de la pasión de la Semana Santa.
   No es fácil olvidar un suceso tan _____.

4. **brota (brotar)** nace; se dice de hojas, flores (buds, blooms, bursts forth)
   Cuando la naturaleza brota con todo su esplendor, no hay nada igual.
   El canto de la saeta _____ como del alma.

5. **cera** sustancia que sirve para la fabricación de velas y cirios
   La cera se derrite fácilmente con el calor.
   Gotas de _____ caliente caían de los cirios encendidos.

6. **claveles** clase de flores (carnations)
   Cuando voy al mercado, siempre compro claveles para la casa.
   Me gustan los _____ rojos.

7. **enmarcada** bordada (embroidered)
   La manta de la Virgen estaba toda enmarcada de oro y plata.
   Juanita llevaba una blusa blanca _____ en el cuello y en la cintura.

8. **escalonados** situados, distribuidos
   Los niños cantantes estaban escalonados cerca del altar mayor.
   Los cirios estaban _____ en la candilería según su tamaño.

9. **evocación** recuerdo
   La crucifixión es una evocación triste de la pasión de la Semana Santa.
   La piñata es una _____ alegre de la fiesta de Navidad.

10. **guardiana** vigilante
    Con su mirada guardiana la maestra inspiraba respeto a los alumnos.
    En el puerto de Nueva York, la Estatua de la Libertad cuida el puerto con una mirada _____.

11. **lacerante** cortador, agudo, como punta
    Tu manera lacerante de hablar me molesta.
    El clamor _____ de la niña rompió el silencio de la procesión.

12. **piropo** adulación, alabanza (flattery, compliment)
    El piropo amoroso de Sevilla hace sonreír a la Macarena.
    Según los españoles una mujer guapa merece un buen _____.

13. **redoble** toque de tambor vivo y rápido (drum roll)
    Julio toca el redoble en su tambor cuando marcha en la procesión.
    A lo lejos se oye el _____ de los tambores que se acercan.

14. **respirar** exhalar e inhalar el aire (breathing, to breathe)
    Me gusta respirar el aire puro de las montañas.
    Anita abrió la ventana porque no podía _____ bien sin ventilación.

15. **retablo** adorno de piedra o de madera en el que se pone un altar (retable, altarpiece)
    El retablo de la catedral de Sevilla es una maravilla.
    El _____ de la misión de Dolores es un objeto histórico.

16. **selva** lugar frondoso donde hay muchos árboles, bosque
    La selva de Oaxaca es un lugar extenso de mucha vegetación.
    Después de la Semana Santa se fue a la _____ a descansar unos días.

La Giralda, Sevilla

Spanish National Tourist Office

hachones oscilantes *large wavering torches or candles*

penumbra *penumbra; the partly lighted area around any area of full shadow*

Allá van por las calles, selva de luz y devoción; delante el Cristo, en la oscuridad; sin más que cuatro hachones oscilantes o cuatro candelabras, uno en cada extremo del «paso», con sus brazos de ligero metal vibrante que da a la luz misterio y unción, como caricias tristes que se filtran en oración, temblores ligeros de relámpagos sobre los agonizantes; allá van, con su túnica lisa sin bordados; crucificados en penumbra que sólo llevan claveles rojos, evocación amarga de la sangre viva, huellas doloridas y descalzas; no hay ornato para los Cristos en Sevilla; sólo parece escucharse un redoble seco como eco de tambores romanos hacia el monte Calvario . . .

Los días de fiesta

palio	*canopy*
candilería	*candelabra*
macizo de nardos apretados	*flower bed of tight tuberoses*
la Giralda	*famous landmark in Sevilla, a tower with a weathervane at its top*
gorjeo	*warble or trill*
mana	*out flows (from* manar*)*

In singing, as well as in speech, syllables are very often slurred. In this saeta, toíto *stands for* todito *or* todo; confesao *is* confesado; bronceao *is* bronceado; tós *is* todos; costaos *is* costados.

cal	*lime*
costaleros	*porters (who are carrying the statues)*
Cachorro	*young one, a term used sentimentally referring to Jesus, the Son*
estertor de la agonía	*death rattle*
plegaria	*fervent prayer*

Ahí viene detrás la Virgen, estampa del dolor; y Sevilla no sabe qué hacer para consolarla. ¡Que traigan claveles blancos! ¡Que traigan plata y le hagan un palio bordado de joyas para que no vea llorar las estrellas! ... y cirios, muchos cirios, y que se los pongan delante para alumbrarla, que su reflejo le impida ver al Hijo que va muerto. Porque es una madre que llora y hay que consolarla. Macarena, Virgen de la Esperanza, la única que llora y que ríe al mismo tiempo: la que llora por su hijo y la que sonríe del piropo amoroso de Sevilla. Dolor y gozo, espejo de la risa y del llanto; por eso la Macarena quiere decir única. Ella va en el centro del «paso»; le precede la candilería de plata con sus cirios escalonados en filas armoniosas; desde aquel que llega a la altura de sus manos, hasta el último, el más pequeño, que besa los claveles; es un bosque de cera de ciento cincuenta cirios, como un macizo de nardos apretados. Cirios de Sevilla, flores de luz; arriba llora la Virgen; abajo, los cirios derraman lágrimas ...

De pronto, al doblar de la esquina, un gemido se escucha, lacerante como punta aguda que penetra en el alma, luego viene la «saeta», el canto gregoriano barroco de Sevilla, expresión e imagen de retablo. Cuando en la estrecha calleja o la plaza sevillana el silencio de la noche dibuja la Giralda con su sombra de tristeza y color de pena, cuando los naranjales se abren en azahares, un gorjeo se hace cuerpo en los balcones, y el cante de la «saeta» brota de la garganta enmarcada en blanca camisa, y mana una especie de hilo de oro, voz quebrada y ojos lavados con lágrimas que se vuelve lamento al paso de la Macarena:

> Toíto el mundo ha confesao
> que tú eres la más bonita,
> la del color bronceao, gitana
> pura y bendita por tós los
> cuatro costaos ...

El «paso» del palio en la procesión es una claridad como de incendio movible que avanza por el aire y entre paredes de cal; visión que se repite todos los años, todos los días de la Semana Santa en las calles de Sevilla, con la mirada guardiana de la torre de la Giralda que en esos días es una prolongación de la fe, porque sus Vírgenes y Cristos, celosamente custodiados, van en antorcha de cirios por plazas y barrios, escuchándose un respirar acompasado de los «costaleros» que llevan sobre sus hombros el peso de la gloria sevillana: la cruz gigantesca del «Cachorro», con caminar lento y movimiento oscilante que es ritmo de muerte y eriza la piel como si el estertor de la agonía estuviera presente, y el «paso» que se detiene para que la gente pueda ver a la Macarena y le cante una saeta ... Sevilla es plegaria, luz de cirio y claveles de Semana Santa; es una oración que se eleva al infinito, rumbo a las estrellas ...

PARA LA COMPRENSIÓN

1. ¿Quién va al frente de la procesión de la Semana Santa?
2. ¿Cómo alumbran la calle?
3. ¿Hay ornato para los Cristos de Sevilla?
4. ¿Quién va detrás de la procesión?
5. ¿Por qué ponen muchos cirios en frente de la Virgen?
6. ¿Cómo va el Hijo?
7. ¿Quién es la única que llora y ríe a la vez?
8. ¿Por qué llora?
9. ¿Por qué ríe?
10. Describa la procesión de la Macarena.
11. ¿Qué se escucha al doblar la esquina?
12. ¿Qué sigue después?
13. ¿Qué sucede cuando el silencio de la noche dibuja la Giralda?
14. Relate algo del cantar de la saeta a la Macarena.
15. ¿Qué es el «paso» de palio en la procesión?
16. ¿Cada cuándo se repite esta visión?
17. ¿Qué hacen las Vírgenes y los Cristos de Sevilla durante la Semana Santa?
18. ¿Quiénes llevan las Vírgenes y los Cristos durante la Semana Santa?
19. Describa el efecto que produce ver la cruz del «Cachorro» caminar tan lento y con movimiento ondulante.
20. ¿Qué hace la gente cuando ve a la Macarena?
21. Según el autor, ¿qué es Sevilla?
22. ¿Hacia dónde se eleva la oración de Sevilla?

EJERCICIOS DE VOCABULARIO

A. Completen las siguientes oraciones con una palabra apropiada.

1. Me gustan más las rosas que los _____.
2. Las velas están hechas de _____.
3. Como será de noche, van a _____ la plaza.
4. Las velas están _____ cerca del altar mayor.
5. Hay mucha vegetación tropical en las _____ de Honduras.
6. Su blusa estaba _____ de oro.
7. Daba gusto el marchar _____ de la procesión.
8. Las flores _____ en la primavera.
9. El caballero dio un _____ a la bella sevillana.
10. El _____ del tambor animó a todo el mundo.

B. Den un sinónimo de la palabra en letra negrita.

1. **El bosque** tiene muchos árboles.
2. Está **enmarcado** de diamantes.
3. Es **un recuerdo** triste.
4. Las flores **nacen** bajo el sol andaluz.
5. Es algo **penoso**.
6. Para una señorita, el piropo es una **adulación**.
7. El que dirige el desfile tiene una mirada **guardiana**.
8. Las flores están **distribuidas** por las calles.

C. Contesten a las siguientes preguntas según la indicación.

1. ¿Qué escuchaban todos? **el redoble del tambor**
2. ¿Por qué quiere ir al aire libre? **respirar mejor**
3. ¿Por qué se derrite la cera? **hace mucho calor**
4. ¿Por qué alumbran la plaza? **habrá una procesión**
5. ¿De qué está enmarcado el vestido? **perlas**
6. ¿Qué vende la vieja durante la fiesta? **claveles**
7. ¿Por qué está tan contenta la chica? **recibió un piropo**
8. ¿Por qué está tan afligida la señora? **le ha sucedido algo doloroso**

EJERCICIOS CREATIVOS

1. Describa en sus propias palabras la Semana Santa en Sevilla.
2. Prepare un artículo para un periódico o revista española en el cual Ud. describe cómo se observa la Pascua Florida en los Estados Unidos.
3. ¿Le gustaría visitar a Sevilla durante la Semana Santa? ¿Por qué?

El Carnaval en Latinoamérica

INTRODUCCIÓN

Carnaval es el nombre que se da a los tres días antes del Miércoles de Ceniza, día que inicia la estación de Cuaresma. Durante esta fiesta las calles y las plazas se llenan de parrandistas que se divierten paseándose, cantando y bailando. Muchas veces, llevan disfraces y máscaras; tocan instrumentos; tiran confeti y serpentinas. Tratan de condensar en estos tres días toda la diversión y la alegría que pueden porque saben que los días que siguen van a ser días de ayuno, de seriedad y de abstinencia.

GUÍA DE ESTUDIO

La descripción en este artículo indica que el Carnaval es una combinación del Mardi Gras de Nueva Orleans, el Torneo de las Rosas de Pasadena, la Procesión de los Momeros de Filadelfia y la víspera del Año Nuevo por todas partes.

Muchas veces, hay concursos en los pueblos, las universidades o las cámaras de comercio para elegir reinas de belleza, princesas y toda una corte para reinar durante las ceremonias oficiales del Carnaval.

PALABRAS CLAVE

1. **brío** ánimo, espíritu, ímpetu

   En Mazatlán el pueblo celebra el Carnaval con un brío contagioso.
   Los latinos celebran el Carnaval con un _____ inconfundible.

2. **clavos** piececillas de hierro con cabeza y punta (nails)

   El carpintero no pudo trabajar porque había olvidado traer los clavos.
   Necesito martillo y _____ para colgar el cuadro en la pared.

3. **corriente** ordinario, usual

   La gente del pueblo se abstiene de hacer cosas en la vida corriente que en el Carnaval hace sin ninguna pena.
   En los pueblos pequeños la vida _____ es muy aburrida.

4. **desvían (desviar)** cambian de vía (reroute, change the route of)

   En las ciudades grandes desvían el tránsito de los automóviles para no estorbar el Carnaval.
   Los días de Carnaval _____ todo el tránsito de vehículos para que la gente pueda caminar por las calles.

5. **focos** luces eléctricas

   En los días de Carnaval encienden muchos focos en todas las calles para iluminar el pueblo.
   En la plaza principal de la ciudad encienden miles de _____ los sábados y los domingos.

6. **gana** voluntad, deseo

   No tengo ganas de hacer esta lección.
   Cada uno hace lo que le da la _____ hacer, siempre que no ofenda a otro.

7. **martillo** instrumento que sirve para golpear (hammer)

   El carpintero no trajo ni clavos ni martillo.
   El carpintero vino pero se le olvidó el _____.

8. **mítico** relativo a los mitos (mythical)

   El ambiente mítico del Carnaval es lo que les atrae a muchas personas.
   El mohán es un ser _____.

9. **muchedumbre** multitud, gran cantidad

   En *Times Square* la muchedumbre que vi era increíble.
   Una _____ de personas alegres llenaron la plaza durante la fiesta.

10. **serpentinas** cintas de papel arrollado que se arrojan en ciertas ocasiones

    El barco, al despedirse, estaba lleno de serpentinas.
    Arrojaron confeti, arroz y _____ a los desposados.

La Virgen de la Macarena

Spanish National Tourist Office

Los días de fiesta

Los norteamericanos que han tenido ocasión de presenciar la celebración del Mardi Gras de Nueva Orleans conocen el encanto de las fiestas carnavalescas. En cuanto al espíritu de la fiesta, el Carnaval latinoamericano se parece al Mardi Gras de Nueva Orleans. Para poderlo apreciar en su verdadero significado hay que ver más allá de las máscaras. Hay que asociarse al espíritu que anima a los que las llevan.

El Carnaval, que se celebra durante los tres o cuatro días antes del Miércoles de Ceniza, o sea el comienzo de la Cuaresma, representa una evasión de la vida cotidiana. Es ocasión para actuar, dentro de cierto límite, como a uno le dé la gana, de hacer las cosas que no se pensarían hacer en la vida corriente. Se olvidan los asuntos urgentes de la vida, se rechazan los desengaños y la seriedad, se entierra el mal humor. Un médico añadiría: se evitan los trastornos nerviosos.

Aunque el Carnaval se celebra por toda Latinoamérica, desde las aldeas indias de los Andes hasta las ciudades de playa del Atlántico y Pacífico y desde Panamá hasta el estrecho de Magallanes, hay algunas ciudades que se distinguen por el brío y colorido de su Carnaval, tales como Río de Janeiro, Montevideo y la Habana. Estas son las ciudades que atraen a los fotógrafos de las revistas norteamericanas y a los turistas de Norteamérica que huyen del frío de su tierra.

En todas estas ciudades se abre la temporada de Carnaval con la llegada triunfal de Momo, mítico rey del Carnaval. El rey Momo, por supuesto, no es nada más que un fantoche gigantesco sentado en un trono de oro. En la carroza real que desfila por las calles de la ciudad le acompañan los miembros de la corte, otros fantoches fantásticos que pasan haciendo reverencias a Su Majestad. En las carrozas menores le siguen grupos abigarrados de acompañantes que incluyen a tipos tradicionales, tales como Lucifer, esqueletos que bailan, don Condorito con la cabeza de cóndor, don Burro con la cabeza de asno y otros colegas extraños.

Al llegar a una de las plazas principales el rey Momo recibe las llaves de la ciudad. Por decreto real Momo proclama la caída del gobierno viejo y el establecimiento del reino de la alegría y de la insensatez. ¡Viva el rey Momo! Desde aquel momento empiezan las mascaradas, los confeti, las serpentinas, el bullicio y los bailes.

En Río de Janeiro se podría decir que es una ciudad entera la que se desmonta para recibir al Carnaval: miles de obreros de todos los oficios se afanan para hacer los preparativos. Desvían los cables de la luz, del teléfono, de los tranvías para no limitar la altura de

Cuaresma Lent

trastornos nerviosos nervous breakdowns

fantoche puppet

abigarrados motley

insensatez folly

se afanan tienen prisa

297 El Carnaval en Latinoamérica

cruzeiros	*moneda del Brasil*

las carrozas; encienden miles de focos por donde han de pasar las carrozas; limpian, lavan, barren y pintan. En Río se gastan millones de cruzeiros. Los premios que se ofrecen son valiosísimos y dan motivo de prestigio y de orgullo.

El aspecto popular del Carnaval de Río es lo más imponente de todo. En las calles se mezclan todas las clases sociales de la ciudad: el dueño de la farmacia vestido de pirata con el carpintero vestido

cruzado	*Crusader*
inverosímil	*improbable*

de cruzado; la profesora de música vestida de policía con la cocinera vestida de amazona. Todos se divierten juntos en el mundo inverosímil del Carnaval.

En Montevideo después de la coronación del rey Momo tiene lugar un entierro. Cuatro hombres llevan una caja de muerto en el hombro. El muerto es el Mal Humor. La muchedumbre que acompaña la caja al cementerio está delirante de alegría. Para

resucite	*come back to life*

prevenir la posibilidad de que el Mal Humor resucite e intente escapar, sobre la caja se instala uno de los hombres con un martillo en una mano y un saco de clavos en la otra, los que el hombre usa

misericordia	*pity*

sin misericordia.

La Habana también celebra un famoso Carnaval. Las góndolas iluminadas con farolillos que flotan por la bahía en las noches de Carnaval ofrecen un espectáculo parecido al que se veía en Venecia durante la Edad Media. La colonia china de la capital cubana celebra el Carnaval de una manera espectacular, acentuando, por supuesto, los motivos orientales.

Por la América Latina muchos son los Pierrots que cantan a la luna en las noches de Carnaval. Hay algunos que cantan por amor

alivio	*relief*

al canto, otros que buscan en la pálida luz lunar algún alivio a los dolores que los oprimen.

¡El Carnaval es así porque así es la vida!

PARA LA COMPRENSIÓN

1. ¿Qué norteamericanos conocen el encanto de las fiestas de Carnaval?
2. ¿En qué se parece el Carnaval latinoamericano al Mardi Gras de Nueva Orleans?
3. ¿Qué hay que hacer para poder apreciar bien el Carnaval?
4. ¿Cuándo se celebra el Carnaval?
5. ¿Cómo se compara con la vida cotidiana?
6. ¿Qué efecto produce en la gente del pueblo?
7. ¿Dónde se celebra el Carnaval?
8. Nombre algunas ciudades que se distinguen por el brío y colorido de su Carnaval.
9. ¿A quiénes atraen estas ciudades?
10. ¿Con qué se abre la temporada de Carnaval?
11. ¿Quién es Momo?
12. ¿Quiénes van en la carroza real?
13. Describa las otras carrozas.
14. ¿Qué hace el rey Momo cuando recibe las llaves de la ciudad?
15. Desde ese momento, ¿qué empieza?
16. Relate algo del Carnaval en Río de Janeiro.
17. ¿Qué es lo más imponente de todo el Carnaval de Río?
18. ¿Qué sucede en las calles?
19. Diga algo del Carnaval en Montevideo.

20. ¿En qué se distinguen el Carnaval de Montevideo y el de Río?
21. Relate las características sobresalientes del Carnaval de la Habana.
22. ¿A qué ciudad de la Edad Media se asemeja?
23. ¿Cómo celebra la colonia china de la Habana el Carnaval?
24. ¿Por qué es así el Carnaval?

EJERCICIOS DE VOCABULARIO

A. Completen las siguientes oraciones con una palabra apropiada.
1. Todo el mundo arrojó confeti y _____.
2. El Carnaval se celebra con mucho _____.
3. Tengo _____ de asistir al Carnaval.
4. El carpintero cerró la caja con _____.
5. Son los _____ que alumbran la plaza.
6. Es un cuento _____, no histórico.
7. Tienen que _____ el tráfico para que no entren los coches en la plaza.
8. Es algo _____; no es nada raro.
9. El carpintero metió los clavos con _____.
10. Había una _____ en la plaza. No pudiera caber una persona más.

B. Den las palabras cuyas definiciones siguen.
1. cintas de papel
2. relativo a los mitos
3. ánimo
4. voluntad, deseo
5. instrumento para clavar clavos
6. luces eléctricas
7. ordinario
8. cambiar de vía

C. Contesten a las siguientes preguntas.
1. ¿Por qué no hay tránsito en la Calle Mayor?
2. ¿Qué tiene todo el mundo durante el Carnaval?
3. ¿Qué emplea el carpintero para hacer una caja de madera?
4. ¿Qué encienden en todas las calles durante el Carnaval?
5. ¿Qué arrojan sobre los desposados?

EJERCICIOS CREATIVOS

1. ¿Por qué es tan popular el Carnaval?
2. De todas nuestras fiestas, ¿cuál, en su opinión, se aproxima más al Carnaval? Justifique su opinión.

Semana Santa
Spanish National Tourist Office

299   El Carnaval en Latinoamérica

ESTRUCTURA

Los Posesivos

Los adjetivos posesivos son:

mi, mis	nuestro, nuestra, nuestros, nuestras
tu, tus	vuestro, vuestra, vuestros, vuestras
su, sus	su, sus

También pueden emplearse las siguientes formas:

mío, mía, míos, mías	nuestro, nuestra, nuestros, nuestras
tuyo, tuya, tuyos, tuyas	vuestro, vuestra, vuestros, vuestras
suyo, suya, suyos, suyas	suyo, suya, suyos, suyas

Los adjetivos posesivos concuerdan con lo poseído, no con el que lo posee. La forma más larga suele tener un significado especial.

    mi amigo   my friend
    un amigo mío a friend of mine

Para formar el pronombre posesivo se emplea la forma larga del adjetivo más el artículo.

    Tengo el mío, no el tuyo.
    No sabe lo que ha hecho con las nuestras.

Es corriente omitir el artículo después del verbo *ser*.

    Es mío, no tuyo.

A. Contesten a las siguientes preguntas según la indicación.
1. ¿Dónde está tu piñata? *en la sala*
2. ¿Dónde dejaste tus claveles? *en casa*
3. ¿Quién tiene tu regalo? *mi madre*
4. ¿De quién compraste tus ollas? *del alfarero del pueblo*
5. ¿Cuándo hay procesión en su pueblo (de Uds.)? *el seis de enero*
6. ¿De qué está adornada su carroza? *claveles*
7. ¿Por qué no tocan Uds. sus platillos? *hacer mucho ruido*
8. ¿Le molestan sus travesuras? *sí*

B. Transformen según el modelo.

    Los farolillos de José son bonitos.
    Sus farolillos son bonitos.

1. La almohada de María es de seda.
2. Las reses de los Domecq son fantásticas.
3. El brío de las chicas es contagioso.
4. Los piropos de los chicos son divertidos.
5. Las travesuras del niño me enojan.
6. No sé dónde está el martillo del carpintero.

C. Transformen según el modelo.

    Es mi camello.
    Es mío.

1. Es su piñata.
2. Es mi martillo.
3. Son tus animalitos.
4. Es mi máscara.
5. Son sus figuritas.
6. Es nuestro dinero.

D. Contesten según el modelo.

    ¿Tienes tu máscara?
    Sí, tengo la mía.

1. ¿Quiere la niña su regalo?
2. ¿Tocas tu guitarra?
3. ¿Prefieren Uds. sus costumbres?
4. ¿Tienes mi libro?
5. ¿Buscan los señores sus billetes?
6. ¿Mira Juan sus figuritas?

Los Demostrativos

Los adjetivos demostrativos son:

    este, esta, estos, estas
    ese, esa, esos, esas
    aquel, aquella, aquellos, aquellas

Los pronombres demostrativos son los mismos que los adjetivos, pero llevan acento.

    éste, ésta, éstos, éstas
    ése, ésa, ésos, ésas
    aquél, aquélla, aquéllos, aquéllas

Se emplea *este* para indicar lo que está cerca del hablante.

    Este libro que tengo es interesante.

Se emplea *ese* para indicar lo que está cerca de la persona a quien se dirige el hablante.

    Ese libro que tiene Ud. es interesante.

Se emplea *aquel* para indicar lo que está lejos de los dos.

    Aquel libro (allí en la mesa) es interesante.

E. Transformen según el modelo.

    El libro que tengo es interesante.
    Este libro es interesante.

1. Las figuritas que Ud. tiene son bonitas.
2. Los farolillos que vemos allí lejos son pintorescos.
3. El cohete que tengo puede hacer daño.
4. La guitarra que tiene Ud. cuesta mucho.
5. Las blusas bordadas que están allí en el escaparate son caras.
6. La piñata que tengo tiene muchos colores.
7. Los claveles que están allí en el jardín son brillantes.
8. La figurilla que tengo representa a la Virgen María.

F. Contesten según el modelo.

    ¿Quieres esta figurilla?
    No, no quiero ninguna.
    Ni ésta, ni ésa, ni aquélla.

1. ¿Quieres este tambor?
2. ¿Quieres estas ollas?
3. ¿Quieres esta moneda?
4. ¿Quieres estos claveles?
5. ¿Quieres esta vela?
6. ¿Quieres estos platillos?

El de, la de, los de, las de

Suprimiendo el sustantivo, se puede convertir el sustantivo en pronombre. Estudien los siguientes ejemplos.

    El libro de Juan es interesante.   El de Juan es interesante.
    Las chicas de Río son las más bonitas.   Las de Río son las más bonitas.

G. Contesten según el modelo.

    ¿Recibiste las tarjetas de Juan?
    Sí, recibí las de Juan.

1. ¿Te gustan las piñatas de México?
2. ¿Es impresionante el Carnaval de Río?
3. ¿Es guapo el chico de la camisa azul?
4. ¿Quieres comprar las ollas de Gómez?
5. ¿Te impresionó la lidia del domingo?
6. ¿Son más pequeñas las figurillas de Querétaro?
7. ¿Son los mejores los alfareros de San Pedro?
8. ¿Es la más impresionante la procesión del seis de enero?

CUADRO 14

La revolución

PREPARANDO LA ESCENA La historia de la «revolución» en las naciones hispanas encierra muchas útiles lecciones en sus sangrientas páginas. Ella nos enseña que un pueblo oprimido no vacila en cambiar el bienestar temporal por todas las calamidades de la «guerra», con tal de ser dueño absoluto de sus destinos.

Tanto en España como en la América Latina, el espíritu de revolución en contra de las fuerzas opresoras ha sido el factor que ha ayudado a los pueblos a ascender. El alto y claro ejemplo de los revolucionarios ha infundido incontrastable ánimo en todo el pueblo hispano.

Algunas veces la lucha y sus ideales originales se extravían por culpa de líderes corrompidos que pierden de vista el bien del pueblo entero. Entonces sigue un período de oscuridad, cuando los revolucionarios sinceros tienen que analizar sus objetivos originales, recobrar la calma y poner manos a la obra nueva. Estos cuentos que siguen muestran cuantos sacrificios han hecho los hombres en aras de su ideal.

Una esperanza

por Amado Nervo

INTRODUCCIÓN

Este cuento trata de un joven que está en la cárcel esperando la muerte por haber participado en actos contra el gobierno de México durante la revolución. La familia por su reputación consigue la ayuda de los hombres encargados de la ejecución. Prometen ayudarle a salvar su vida. Hasta un sacerdote hace cosas que no debiera por salvar al joven.

Mientras está esperando su muerte piensa en lo que significa morir por la Patria ... cambiar su vida real y concreta por una noción abstracta de Patria y de partido. Es una cuestión filosófica sumamente interesante.

Amado Nervo es conocido en el mundo literario principalmente por su poesía, y un tema corriente en sus versos es la cuestión de la existencia de Dios y el significado de la muerte. Este cuento muestra claramente lo que quería decir el autor cuando escribió en una de sus poesías: «Oh, muerte, tú eres madre de la filosofía».

GUÍA DE ESTUDIO

Casi todos los alumnos de la escuela superior han leído cuentos de O. Henry. Muchas veces sus cuentos terminan con una sorpresa inesperada. Este cuento de Amado Nervo termina también con una sorpresa, pero a la vez muy diferente a las de los cuentos de O. Henry.

La ironía es un elemento fuerte en este cuento. Trate de notar cómo usa el autor esta técnica estilística para aumentar el conflicto trágico.

PALABRAS CLAVE

1. **abruma (abrumar)** causa gran molestia (annoys)
   El trabajo me abruma.
   Si _____ a sus amigos, sus padres le castigarán.

2. **afiliarse** asociarse
   Los pobres querían afiliarse a la revolución.
   El quiere _____ a un buen club, pero en esta ciudad no lo hay.

3. **aguardar** esperar
   Teresa llegó tarde a la clase por tener que aguardar el autobús.
   Tendrá que _____ mucho tiempo para hacerse rico.

4. **ajusticiado** reo a quien se ha aplicado la pena de muerte
   El ajusticiado sufre miles de muertes antes de morir.
   El _____ no estaba muerto todavía, porque se oían lamentos.

5. **apenas** luego que (scarcely, as soon as)
   Apenas llegó, se fue otra vez.
   _____ terminó la música, se acabó la fiesta.

6. **cuchicheo** murmullo, acción de hablar en voz baja (whisper, whispering)
   El cuchicheo no es cortés porque no lo pueden entender todos.
   En algunas clases hay demasiado _____.

7. **desigual** no igual
   El canto de los niños fue desigual.
   La descarga de los rifles fue _____.

8. **endulzar** hacer dulce, hacer soportable
   La presencia de su amigo sirvió para endulzar su sufrimiento.
   Algunos sufrimientos no se pueden _____.

9. **ensueño** sueño, ilusión
   Con el vestido blanco lucía como un ensueño.
   El _____ de su vida era casarse.

10. **erguida (erguir)** levantada, puesta derecha
    La mujer orgullosa anda con la cabeza erguida.
    El muchacho encaró su destino con la frente _____.

11. **friolenta** que da frío, muy sensible al frío
    Yo soy muy friolenta.
    Llegó a nuestra casa una mañana _____ de otoño.

12. **granuja** pícaro, vagabundo
    Siempre hay granujas en las ciudades grandes.
    Vimos a un _____ dormido en la calle.

13. **infamia** deshonra
    Haberlo puesto preso es una infamia.
    Fue una _____ el mal que hizo.

14. **pelotón** grupo pequeño de soldados
    Hay veinte soldados en este pelotón y todos son valientes.
    El _____ llegó temprano a la plaza.

15. **sien** parte lateral de la frente (temple)
    La sien está cerca de la oreja.
    Recibió un golpe en la _____.

16. **sobornar** corromper con regalos (to bribe)
    Es fácil sobornar a un reo.
    Trató de _____ al presidente del grupo.

17. **sublevaba (sublevar)** alzaba en rebelión
    Logró sublevar al pueblo contra el gobierno.
    _____ al pueblo contra el gobierno.

18. **tranquila** pacífica
    Ana María lleva una vida muy tranquila.
    La vida de la revolución no es una vida _____.

19. **turbación** confusión, desorden
    Cada revolución es una turbación para todos.
    La vida moderna es una _____ continua.

20. **yace (yacer)** está echado o tendido (is lying down, lies in the grave)
    Aquí yace el señor Fulano.
    En este sitio _____ el soldado desconocido.

"Agrarian Leader Zapata" por Diego Rivera

Collection, The Museum of Modern Art, New York; Commissioned by Mrs. John D. Rockefeller, Jr., for the Rivera exhibition

pieza *sala*

vuelta mujer *a young woman now*

En un ángulo de la pieza, Luis, el joven militar, abrumado por todo el peso de su mala fortuna, pensaba.

Pensaba en los viejos días de su niñez, en la amplia y tranquila casa de sus padres, uno de esos caserones de provincia, sólidos, vastos, con jardín y huerta, con ventanas que se abrían sobre la solitaria calle de una ciudad de segundo orden (no lejos por cierto de aquella donde iba a morir).

Recordaba su adolescencia, sus primeros ensueños, vagos como luz de estrellas, sus amores con la muchacha de falda corta.

Luego desarrollábase ante sus ojos el claro paisaje de su juventud. Recordaba sus camaradas alegres y sus relaciones, ya serias, con la rubia, vuelta mujer y que ahora, porque él volviese con bien, rezaba ¡ay! en vano, en vano ...

305   Una esperanza

Y, por último, llegaba a la época más reciente de su vida. Llegaba al período de entusiasmo patriótico que le hizo afiliarse al partido liberal. Se encuentra amenazado de muerte por la reacción a la cual ayudaba en esta vez a un poder extranjero. Tornaba a ver el momento en que un maldito azar de la guerra le había llevado a aquel espantoso trance.

azar casualidad

Cogido con las armas en la mano fue hecho prisionero y ofrecido con otros compañeros a trueque de las vidas de algunos oficiales reaccionarios. Había visto desvanecerse su última esperanza, porque la proposición llegó tarde, cuando los liberales habían fusilado ya a los prisioneros conservadores.

a trueque de in exchange for

Iba, pues, a morir. Esta idea que había salido por un instante de la zona de su pensamiento, gracias a la excursión amable por los sonrientes recuerdos de su niñez y de la juventud, volvía de pronto, con todo su horror, estremeciéndole de pies a cabeza.

Iba a morir . . . ¡a morir! No podía creerlo, y, sin embargo la verdad tremenda se imponía. Bastaba mirar en rededor. Aquel altar improvisado, aquel Cristo viejo sobre cuyo cuerpo caía la luz amarillenta de las velas, y ahí cerca, visibles a través de la rejilla de la puerta, los centinelas . . . Iba a morir, así, fuerte, joven, rico, amado . . . ¿Y todo por qué? Por una abstracta noción de Patria y de partido . . . ¿Y qué cosa era la Patria? Algo muy impreciso, muy vago para él en aquellos momentos de turbación. En cambio la vida, la vida que iba a perder era algo real, realísimo, concreto, definido . . . ¡era su vida!

se imponía asserted itself

rejilla lattice

¡La Patria! ¡morir por la Patria! . . . pensaba. Pero es que ésta, en su augusta y divina inconciencia, no sabrá siquiera que he muerto por ella . . .

¡Y qué importa si tú lo sabes! . . . le replicaba allá dentro una voz misteriosa. La Patria lo sabrá por tu propio conocimiento, por tu pensamiento propio, que es un pedazo de su pensamiento y de su conciencia colectiva. Eso basta . . .

No, no bastaba eso . . . y, sobre todo, no quería morir. Su vida era muy suya y no se resignaba a que se la quitaran. Un formidable instinto de conservación se sublevaba en todo su ser y ascendía incontenible, torturador y lleno de protestas.

A veces, la fatiga de las prolongadas vigilias anteriores, la intensidad de aquella fermentación de pensamiento, el exceso mismo de la pena, le abrumaban y dormitaba un poco. El despertar brusco y la inmediata y clarísima noción de su fin eran un tormento horrible. El soldado, con las manos sobre el rostro, sollozaba con un sollozo que llegando al oído de los centinelas, hacíales asomar por la rejilla sus caras, en las que se leía la indiferencia del indio.

dormitaba dozed, napped

Se oyó en la puerta un breve cuchicheo y en seguida ésta se abrió dulcemente para dar entrada a un hombre. Era un sacerdote.

El joven militar, apenas lo vio, se puso en pie y extendió hacia él los brazos como para detenerlo, exclamando:

—¡Es inútil, no quiero confesarme!— Y sin aguardar a que la sombra aquella respondiera, continuó:

—No, no me confieso; es inútil que venga Ud. a molestarse. ¿Sabe Ud. lo que quiero? Quiero la vida, que no me quiten la vida: es mía, muy mía y no tienen derecho de arrebatármela...

—Si son cristianos, ¿por qué me matan? En vez de enviarle a Ud. a que me abra las puertas de la vida eterna, que empiecen por no cerrarme las de ésta... No quiero morir, ¿entiende Ud.? Me rebelo a morir. Soy joven, estoy sano, soy rico, tengo padres y una novia que me adora. La vida es bella, muy bella para mí... Morir en el campo de batalla, en medio del combate, al lado de los compañeros que luchan... ¡bueno, bueno! pero morir, oscura y tristemente en el rincón de una sucia plazuela, a las primeras luces del alba, sin que nadie sepa siquiera que ha muerto uno como los hombres... padre, padre, ¡eso es horrible! Y el infeliz se echó en el suelo, sollozando.

—Hijo mío—dijo el sacerdote cuando comprendió que podía ser oído—: Yo no vengo a traerle a Ud. los consuelos de la religión. En esta vez soy emisario de los hombres y no de Dios. Si Ud. me hubiese oído con calma desde el principio, hubiera Ud. evitado esa pena que le hace sollozar de tal manera. Yo vengo a traerle justamente la vida, ¿entiende Ud.? esa vida que Ud. pedía hace un instante con tales extremos de angustia... ¡la vida que es para Ud. tan preciosa! Óigame con atención, procurando dominar sus nervios y sus emociones, porque no tenemos tiempo que perder. He entrado con el pretexto de confesar a Ud. y es preciso que todos crean que Ud. se confiesa. Arrodíllese, pues y escúcheme. Tiene Ud. amigos poderosos que se interesan por su suerte. Su familia ha hecho hasta lo imposible por salvarlo. No pudiendo obtenerse del jefe de las armas la gracia a Ud., se ha logrado con graves dificultades y riesgos sobornar al jefe del pelotón encargado de fusilarle. Los fusiles estarán cargados sólo con pólvora y taco, al oir el disparo Ud. caerá como los otros y permanecerá inmóvil. La oscuridad de la hora le ayudará a representar esta comedia. Manos piadosas, las de los Hermanos de la Misericordia, ya de acuerdo, lo recogerán a Ud. del sitio en cuanto el pelotón se aleje. Lo ocultarán hasta llegada la noche, durante la cual sus amigos facilitarán su huida. Las tropas liberales avanzan sobre la ciudad, a la que pondrán sin duda cerco dentro de breves horas. Se unirá Ud. a ellas si gusta. Ya lo sabe Ud. todo. Ahora rece en voz alta, mientras pronuncio la fórmula de la absolución. Procure dominar su júbilo durante el tiempo que falta para la ejecución, a fin de que nadie sospeche la verdad.

—Padre—murmuró el oficial, a quien la invasión de una alegría loca permitía apenas el uso de la palabra—¡que Dios lo bendiga!

Y luego, una duda terrible: —Pero . . . ¿todo es verdad?—añadió temblando—. ¿No se trata de un engaño piadoso, destinado a endulzar mis últimas horas? ¡Oh, eso sería horrible, padre!

—Hijo mío: un engaño de tal naturaleza constituiría la mayor de las infamias, y yo soy incapaz de cometerla . . .

—Es cierto, padre; perdóneme, no sé lo que digo, ¡estoy loco de contento!

—Calma, hijo, mucha calma y hasta mañana; yo estaré con Ud. en el momento solemne.

Apuntaba apenas el alba, una alba friolenta de febrero, cuando los presos . . . cinco por todos . . . que debían ser ejecutados, fueron sacados de la prisión. Fueron conducidos, en compañía del sacerdote, que rezaba con ellos, a una plazuela donde era costumbre llevar a cabo las ejecuciones.

Nuestro Luis marchaba entre todos con paso firme, con erguida frente. Pero llevaba llena el alma de una emoción desconocida y de un deseo infinito de que acabase pronto aquella horrible farsa.

Al llegar a la plazuela, los cinco hombres fueron colocados en fila a cierta distancia. La tropa que los escoltaba se dividió en cinco grupos de a siete hombres según previa distribución hecha en el cuartel.

El coronel, que asistía a la ejecución, indicó al sacerdote que vendara a los reos y se alejase a cierta distancia. Así lo hizo el padre, y el jefe del pelotón dio las primeras órdenes con voz seca.

La leve sangre de la aurora empezaba a teñir las nubecillas del Oriente y estremecían el silencio de la madrugada los primeros toques de una campanita cercana que llamaba a misa.

De pronto, una espada en el aire y una detonación formidable y desigual llenó de ecos la plazuela, y los cinco cayeron trágicamente.

El jefe del pelotón hizo en seguida desfilar a sus hombres con la cara vuelta hacia los ajusticiados. Con breves órdenes organizó el regreso al cuartel, mientras que los Hermanos de la Misericordia comenzaban a recoger los cadáveres.

En aquel momento, un granuja de los muchos que asistían a la ejecución, gritó, señalando a Luis, que yacía al pie del muro: —¡Ese está vivo! ¡ése está vivo! Ha movido una pierna . . .

El jefe del pelotón se detuvo, vaciló un instante, quiso decir algo al granuja, pero sus ojos se encontraron con la mirada interrogativa y fría del coronel, y desnudando la gran pistola de Colt que llevaba ceñida, avanzó hacia Luis que preso del terror más espantoso, casi no respiraba, apoyó el cañón en su sien izquierda e hizo fuego.

PARA LA COMPRENSIÓN

1. ¿Dónde estaba Luis al principio del cuento?
2. ¿Por qué se encontraba allí?
3. ¿Iba Luis a morir por su Patria?
4. ¿Qué clase de patriota era Luis?
5. ¿Quería Luis morir por su Patria?
6. ¿Quién era el personaje que visitó a Luis en la cárcel?
7. ¿De quién era emisario?
8. ¿Qué mensaje trajo a Luis?
9. ¿Quiénes van a recoger los cuerpos después de la ejecución?
10. ¿Dónde va a tener lugar la ejecución?
11. Cuando se oyó la detonación, ¿por qué no murió Luis?
12. ¿Qué dijo el granuja?
13. ¿Cómo lo sabía él?
14. Describa el papel del coronel en la ejecución.
15. ¿Por qué murió Luis al fin?

EJERCICIOS DE VOCABULARIO

A. Completen las siguientes oraciones con una palabra apropiada.

1. El pobre ajusticiado tuvo que _____ el momento de la muerte en la cárcel.
2. Era un _____ del joven ver libre a su país.
3. Le tiraron en la _____.
4. Su mujer era muy _____. Siempre iba bien abrigada.
5. ¡Qué _____ matar a un joven inocente!
6. La revolución causa mucha _____ en la vida diaria de los ciudadanos.
7. El joven orgulloso siempre iba con la cabeza _____.
8. No se puede _____ la amargura del joven ajusticiado.
9. Es un hombre serio; no es ningún _____.
10. Allí _____ el cadáver del asesinato.

B. Reemplacen la palabra o expresión en letra negrita por un sinónimo.

1. Es un **pícaro**.
2. Van a **alzar en rebelión** contra el régimen.
3. Esto le **molesta** mucho.
4. Pudimos oir el **murmullo** de la muchedumbre.
5. No hay ningún viejo en aquel **grupo pequeño de soldados**.
6. No se puede **hacer más dulce** tal situación.
7. Es un señor **pacífico**.
8. Quería **asociarse** con los revolucionarios.
9. Apareció ante el juez con la cabeza **levantada**.
10. Tendrán que **esperar** a que venga el capitán.

C. Contesten a las siguientes preguntas según la indicación.

1. ¿Con quiénes se afilió el joven? **liberales**
2. ¿Por qué no hizo nada de valor? **granuja**
3. ¿Por qué lo visitó el cura? **endulzar su pena**
4. ¿Por qué hay tanta turbación? **sublevar los revolucionarios**
5. ¿Qué trataron de hacer al reo? **sobornar**
6. ¿Llegó salvo y sano? **apenas**
7. ¿Qué escucha el guardián? **cuchicheo del ajusticiado**
8. ¿Qué fue el acto que cometió? **infamia**

EJERCICIOS CREATIVOS

1. ¿Cuáles son los aspectos trágicos de la **muerte de Luis**?
2. Imagine que a Ud., como a Luis, le espera la muerte. ¿En qué pensaría?

AMÉRICA CENTRAL

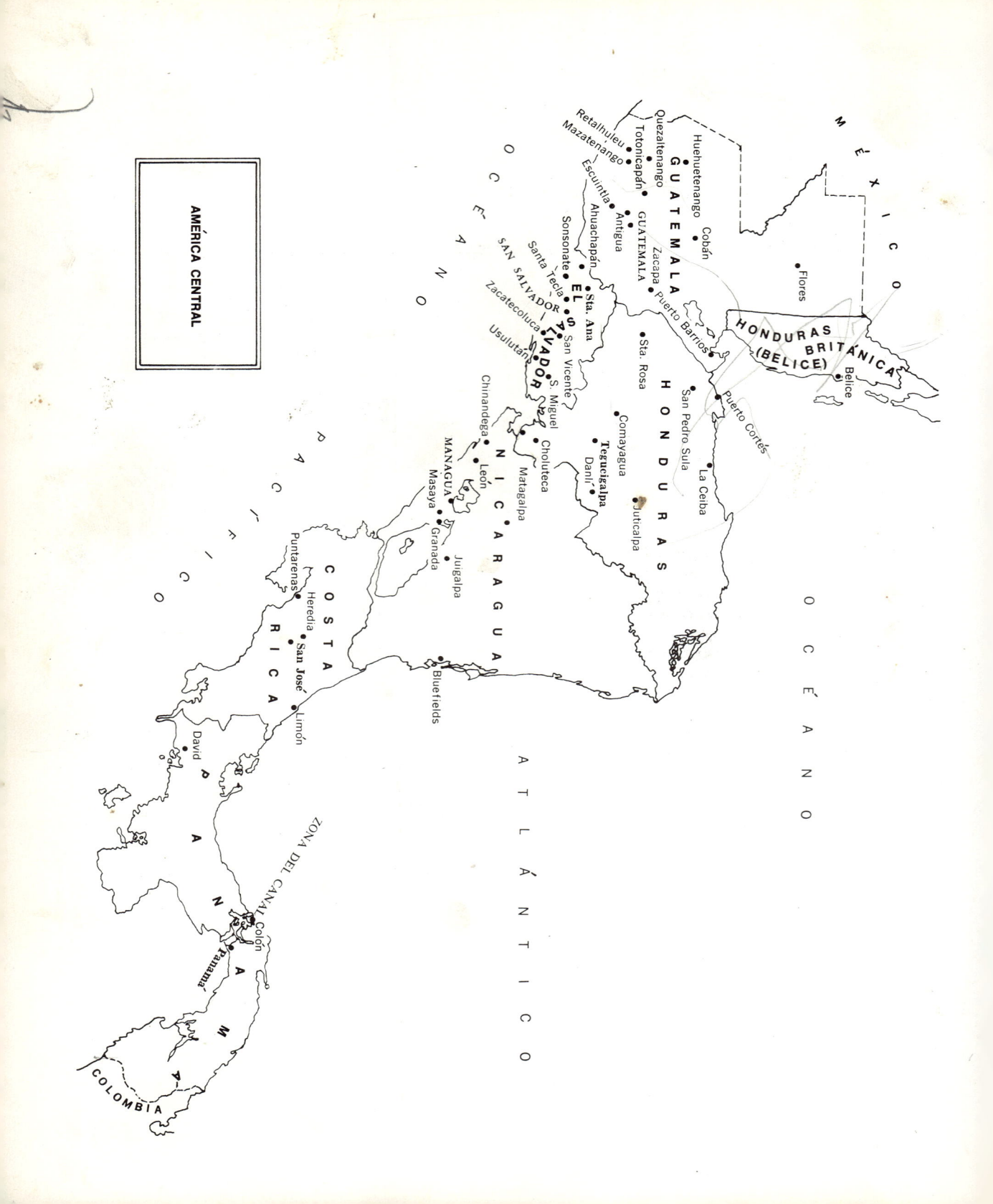

Memorias de Pancho Villa

por Martín Luis Guzmán

INTRODUCCIÓN

Entre las figuras más interesantes en la historia mexicana aparece la de Pancho Villa. Aquel bandido, fuerte, valiente y audaz, trató de ser presidente de la república mexicana cuando ésta ya tenía uno. Así se sometió a una vida bastante peligrosa... siempre perseguido, siempre oculto, siempre desconfiando de todos los hombres, siempre temiendo la sorpresa o la emboscada que pudiera resultar en la muerte. Rodeado de compañeros igualmente audaces, luchó ferozmente para realizar su ambición. Su valentía ha inspirado muchos cuentos, muchas leyendas y muchas canciones de la revolución.

GUÍA DE ESTUDIO

Chihuahua es un estado del norte de México. Durante la revolución en 1910 fue el centro de mucha actividad revolucionaria. Pancho Villa tenía una casa allí donde se reunían los conspiradores para organizar su campaña.

PALABRAS CLAVE

1. **ansia** deseo, inquietud

   Tengo ansia de que este año se termine para empezar otro.
   Esperaban con _____ la llegada de la novia.

2. **apuntó (apuntar)** dirigió una arma

   El soldado apuntó a su enemigo en el campo de batalla.
   El hombre _____ el rifle cuidadosamente.

3. **balas** proyectiles de las armas de fuego (bullets)

   Una lluvia de balas cayó contra la pared.
   Dos _____ le penetraron el corazón.

4. **cerca** barrera

   El caballo brincó la cerca y se escapó.
   Una _____ de adobe rodeaba la casa.

5. **coloqué (colocar)** puse a una persona o cosa en un lugar

   Coloqué al niño dormido en su cuna y no se despertó.
   _____ las sillas en el patio para la fiesta.

6. **conforme** que conviene con una cosa, con arreglo a

   Conforme avanzaba el día, los hombres trabajaban menos.
   El castigo no está _____ con el crimen.

7. **descanso** reposo

   Necesito un momento de descanso antes de continuar con el trabajo.
   Los revolucionarios lucharon sin _____.

8. **desconfiaba (desconfiar)** no se fiaba de, no tenía confianza en

   La madre desconfiaba de su hijo y por eso no le prestó dinero.
   El jefe _____ de sus soldados.

9. **emboscada** acción de esconderse para sorprender al enemigo

   Durante la emboscada los soldados tenían miedo.
   Los soldados fueron víctimas de una _____.

10. **fracaso** mal éxito

    El fracaso más grande que me pasó fue cuando me perdí.
    Mi último examen de español fue un _____ completo.

11. **pláticas** conversaciones, charlas

    Las pláticas entre las mujeres eran corrientes en la plaza.
    Lo conozco muy bien. Hemos tenido varias _____ interesantes.

12. **pleito** disputa entre dos personas

    El pleito de anoche en la calle fue algo espantoso.
    El juez trató de resolver el _____ sin ofender a nadie.

13. **pleno** lleno

    El salón estaba pleno de gente.
    Fue un día _____ de sol.

14. **preso** se dice del criminal cogido por la justicia

    El preso no se atrevió a tratar de escaparse.
    Quedó _____ en la cárcel dos semanas y media.

15. **puño** mano cerrada

    El puño del boxeador era enorme.
    Dio un golpe en la puerta con el _____.

16. **rurales** personas que viven en el campo

    Muchos rurales se juntaron al ejército revolucionario.
    En la ciudad hay muchas diversiones, pero los _____ pasan una vida monótona.

17. **tiros** disparos, acciones de tirar

    Oir tiros era algo común en esa época.
    En la distancia se oían los _____ de muchos cañones.

Yo peregrinaba sin descanso en compañía de José Sánchez y de mi compadre Eleuterio Soto. Ibamos de Chihuahua a San Andrés, y de allí a Ciénaga de Ortiz, para encaminarnos a San Andrés de nuevo, y para andar otra vez nuestro camino de Chihuahua. Viéndome siempre perseguido, manteniéndome siempre oculto, desconfiaba de todos los hombres y de todas las cosas. A cada instante temía una sorpresa... una emboscada.

En Chihuahua, que era donde parábamos más veces, empecé a tener por aquel entonces una casa habitación. La dicha casa no era más que un solar, aunque grande, situado en la calle que se nombra Calle 10ª, número 500, y en el cual había tres piezas de adobe, blanqueadas de cal, una cocina muy chiquita y un corral grande para mis caballos. Yo mismo había levantado las bardas. Yo había construido las caballerizas, y el abrevadero y el pesebre.

Aquella casa, que hoy es de mi propiedad y que he mandado edificar de nuevo, aunque modestamente, no la cambiaría yo por el más elegante de los palacios. Allí tuve mis primeras pláticas con don Abrahán González, ahora mártir de la democracia. Allí oí su voz invitándome a la revolución que debíamos hacer en beneficio de los derechos del pueblo, ultrajados por la tiranía y por los ricos. Allí comprendí una noche como el pleito que desde años atrás había yo entablado con todos los que explotaban a los pobres, contra los que nos perseguían, y nos deshonraban y amancillaban nuestras hermanas y nuestras hijas, podía servir para algo bueno en beneficio de los perseguidos y humillados como yo, y no sólo para andar echando balazos en defensa de la vida, y la libertad y la honra. Allí sentí de pronto que las zozobras y los odios amontonados en mi alma durante tantos años de luchar y sufrir se mudaban en la creencia de que aquel mal tan grande podía acabarse, y eran como una fuerza, como una voluntad para conseguir el remedio de nuestras penalidades, a cambio, si así lo gobernaba el destino, de la sangre y la vida. Allí entendí, sin que nadie me lo explicara, pues a nosotros los pobres nadie nos explicaba las cosas, como eso que nombran Patria, y que para mí no había sido hasta entonces más que un amargo cariño por los campos, las quebradas y los montes donde me ocultaba, y un fuerte rencor contra casi todo lo demás, porque casi todo lo demás estaba sólo para los perseguidores, podía trocarse en el constante motivo de nuestras mejores acciones y en el objeto amoroso de nuestros sentimientos. Allí escuché por vez primera el nombre de Francisco I. Madero. Allí aprendí a quererlo y reverenciarlo, pues venía él con su fe inquebrantable, y nos traía su luminoso Plan de San Luis, y nos mostraba su ansia de luchar, siendo él un rico, por nosotros los pobres y oprimidos.

Y sucedió, que viniendo yo una vez a concertarme con don Abrahán González en mi casa, y estando allí reunido con José Sánchez y Eleuterio Soto, nos vimos sitiados por una fuerza de veinticinco rurales al mando de Claro Reza.

Quién era aquel individuo lo voy a decir. Había pasado por amigo mío y compañero, y me debía favores de ayuda y consideración. Un día, preso él en la cárcel por el robo de unos burros, pensó que la manera más pronta para el logro de su libertad era poner carta a don Juan Creel diciéndole que se comprometía a entregar en manos de la justicia a Pancho Villa, el famoso criminal de Durango que tantos daños estaba causando al Estado, a condición de que por esa entrega suya, a él lo pusieran en libertad y lo dieran de alta en el cuerpo de rurales. Y no vaciló en consumar aquella negra traición. Pero como siempre he tenido amigos en el campo y en los poblados, no me faltó esta vez un rural, nombrado José (del apellido no me recuerdo), que me contara inmediatamente cómo llevaban muy buen camino las agencias de Claro Reza, y por eso pude librarme entonces de mis perseguidores.

Aun sabiendo aquello, no logré impedir que mi compadre Eleuterio Soto, José Sánchez y yo nos viéramos sitiados en mi casa por la gente de Reza, ese mal hombre, y que al mirarnos así me turbara yo en mi ánimo. Porque no era sólo que corriéramos grande peligro al ser atacados por un antiguo compañero, conocedor de todos nuestros pasos. Es que se nos revolvía la cólera en nuestro cuerpo, y nos sacudía la indignación, de ver cómo correspondía aquel canalla los servicios que le había yo hecho.

Toda la noche nos la pasamos en guardia; mas cuando a eso de las cuatro de la madrugada nos aprontábamos a combatir, propuestos a matar o a que nos mataran, descubrimos con sorpresa como nuestros sitiadores se retiraban mansos y quedos y nos dejaban en paz.

Dijo mi compadre Eleuterio Soto:

—Así nos paga este traidor lo que con él y por él hemos sufrido. Yo le pido, compadre, que nos deje ir a buscarlo y a matarlo.

Le contesté yo:

—Sí, compadre. Es muy justo su deseo. Si Ud. quiere, iremos a buscar a Claro Reza, mas ha de ser con la condición de que lo hemos de matar dondequiera que lo hallemos, mas que sea en el Palacio de Gobierno. ¿Le parece, compadre?

El me dijo:

—Sí, compadre. Me parece.

Convenidos en todo, nos fuimos a amanecer en la Presa de Chuvízcar. Luego, muy de mañana, y perfectamente montados, armados y municionados, según siempre andábamos, nos dedicamos a sólo buscar a Claro Reza, empezando nuestra exploración por la Avenida Zarco de la ciudad. Y es lo cierto que la buena suerte nos alumbraba. Porque fue en la dicha Avenida Zarco, en un expendio de carne situado frente a «Las Quince Letras», donde como si no viéramos a nadie, divisamos la persona de Claro Reza.

En viéndolo, una lluvia de balas le cayó en el cuerpo. A los disparos, en pleno día y en lugar de mucho movimiento, corrió la gente y empezaron a juntarse y arremolinarse los que querían ver el cadáver. Pero nosotros estábamos de ánimo para matar a todos los que se nos pusieran delante. Al paso fuimos saliendo por entre el gentío, que crecía a cada momento, y cuando así fuera, y aunque todos nos miraban, nadie se atrevía a detenernos. Y lo que sucedió fue que muy tranquilos nos alejamos nosotros por aquella avenida, sin que hombre alguno diera un paso para embarazarnos en nuestro camino.

Poco después, ya nosotros algo lejos, salieron a perseguirnos unos soldados, que, según yo creo, todos iban pidiendo a Dios el fracaso de su persecución, pues en verdad que ni un momento tuvimos que arrear nosotros el aire de nuestras cabalgaduras.

Subimos a la Sierra Azul, hasta un punto que nombran La Estacada. Allí empezamos a reclutar gente para la revolución maderista. Desde luego, sin grande esfuerzo, juntamos quince hombres de lo mejor.

Una tarde habló conmigo a solas Feliciano Domínguez, que era uno de los comprometidos. Me dijo él:

—Oiga Ud., jefe. Mi tío Pedro Domínguez acaba de volver de Chihuahua, adonde fue a pedir una autorización para recibirse de juez de acordada. Dice que nos va a perseguir sin descanso, y a mí me parece muy peligroso que se reciba de juez. Yo lo siento mucho, jefe, porque es mi tío, y muy buena persona, y muy valiente; pero creo, por el bien de nuestra causa, que hay que matarlo. Mi tío Pedro Domínguez vive en el rancho del Encino.

Le respondí yo:

—Está Ud. en lo justo. Tenemos que acabar con todos esos hombres que sin oir la voz del pueblo ni la de su conciencia sostienen la tiranía y son origen de los muchos sufrimientos de los pobres. Ahora mismo, amiguito, tomamos ocho hombres y nos vamos al rancho del Encino para quitarle a su tío todas esas ideas.

Así fue. Dejamos el resto de la gente en el campo de la Estacada, y yo y aquellos nueve hombres nos fuimos al rancho del Encino.

Cuando Pedro Domínguez nos vio bajar en dirección del dicho rancho, cogió su rifle y sus cartucheras y se aprontó a la defensa.

Nosotros caímos derecho sobre la casa; pero Pedro, que era muy buen tirador, se parapetó detrás de una cerca y nos mató dos caballos. A uno de los nuestros, conforme lo vio salir por la puerta de la cocina, le puso una bala debajo de un ojo y lo dejó muerto. Entonces mi compadre Eleuterio Soto y yo nos echamos sobre la cerca, y en el momento en que uno de los muchos tiros de Pedro Domínguez *vino a traspasarle* el sombrero a mi compadre, yo le coloqué a nuestro enemigo una bala en la *caja* de su cuerpo.

Sintiéndose herido él, salió del cercado a la carrera, y conforme corría, yo y mi compadre le pegamos otros dos tiros más. Pero todavía así tuvo alientos para brincar otra cerca, detrás de la cual cayó. Me acerqué yo entonces a quitarle el rifle, que él, ya sin fuerzas, *no conseguía palanquear*. Pero era de tanta ley aquel hombre, que tan pronto como me tuvo cerca *se me prendió a las mordidas*, y en aquel momento llegó mi compadre Eleuterio y lo remató con un tiro de pistola en la cabeza.

Conforme estábamos rematando a Pedro Domínguez, salió de la casa de la familia un viejecito. Corriendo hacia nosotros y amenazándonos con el puño, nos gritaba furioso sus palabras. Nos decía él:

—¡Bandidos! ¡Bandidos!

Hasta que uno de nuestros muchachos levantó el rifle, apuntó y lo dejó muerto del primer tiro.

Así terminó aquello.

---

vino a traspasarle pierced through
caja chest

no conseguía palanquear was not able to use as a weapon
se me prendió a las mordidas he bit me

PARA LA COMPRENSIÓN

1. ¿Adónde iba Pancho Villa?
2. ¿De qué desconfiaba?
3. ¿Qué temía a cada instante?
4. Describa la casa de Villa en Chihuahua.
5. ¿Con quién tuvo pláticas Pancho Villa en su casa?
6. Nombre varios temas que discutían los dos hombres.
7. ¿Qué sucedió un día mientras que Villa hablaba con don Abrahán González?
8. ¿Quién mandaba la fuerza de rurales que los sitiaron?
9. ¿Qué traición había propuesto Claro Reza?
10. ¿Cómo reaccionaron Villa y sus compañeros a tal traición?
11. ¿Cómo pasaron aquella noche?
12. ¿Qué pasó al amanecer?
13. ¿Dónde encontraron a Claro Reza por fin?

14. ¿Qué hicieron los revolucionarios al verlo?
15. ¿Qué hizo la gente al oir los tiros?
16. ¿Quiénes persiguieron a Villa y a sus compañeros después?
17. ¿Adónde subieron los revolucionarios entonces?
18. ¿Quién dijo que iba a perseguir a los revolucionarios sin descanso?
19. ¿Por qué tenían que matarle a él?
20. ¿Cómo se aprontó Pedro Domínguez a la defensa?
21. ¿Dónde se parapetó?
22. Haga un resumen oral de la muerte de Pedro Domínguez.
23. ¿Quién salió de la casa en aquel momento?
24. ¿Con qué amenazó a los revolucionarios?
25. ¿Qué gritaba el viejecito?
26. ¿Quién mató al viejecito?

EJERCICIOS DE VOCABULARIO

A. Verdad o falso.

1. *Ansia* quiere decir *inquietud*.
2. Las balas son proyectiles.
3. Descanso es trabajo.
4. El *fracaso* es un éxito.
5. Las pláticas son charlas.
6. *Pleno* quiere decir *vacío*.
7. El puño es la mano abierta.
8. Los rurales son los que viven en el campo.

B. Escojan la definición apropiada.

1. **descanso**   deseo, cansado, reposo, fatiga
2. **pláticas**   conferencias, platos pequeños, conversaciones, disparos
3. **cerca**   barrera, alrededor, adobe, disputa
4. **pleno**   mano cerrada, vacío, lleno, planta
5. **balas**   puños, bailes, proyectiles, pistolas
6. **pleito**   reo, deseo, disputa, cortés

C. Completen las siguientes oraciones con una palabra apropiada.

1. Está tan cansado el soldado que le hace falta un _____.
2. No le salió bien; fue un _____.
3. Los _____ van muy poco a la ciudad.
4. El está _____ con los planes de Pancho Villa.
5. Es el juez que tiene que decidir el _____.
6. El reo _____ la pistola en dirección del ajusticiado.
7. Tiene _____ de volver a ver a la familia.
8. Durante una revolución hay que _____ a muchos.
9. Le pegó con el _____.
10. Los soldados se escondían detrás de la _____ que rodeaba la casa.

EJERCICIOS CREATIVOS

1. Prepare un informe breve acerca de los siguientes hombres y el papel que hicieron en la revolución mexicana de 1910–1917:

    a. Porfirio Díaz
    b. Francisco Madero
    c. Victoriano Huerta
    d. Emiliano Zapata
    e. Pancho Villa

2. Cite ejemplos de:

    a. Lo triste de una revolución
    b. Lo inútil de una revolución
    c. Los triunfos y los éxitos que puedan resultar de una revolución

Mejor que perros

por José Mancisidor

INTRODUCCIÓN

Cuando tenía más o menos veinte años, José Mancisidor se juntó con las fuerzas revolucionarias de México luchando contra el dictador Victoriano Huerta. Este se había apoderado de las riendas del gobierno y había ordenado la supresión de los revolucionarios. Había numerosos encuentros entre las tropas federales (huertistas) y los rebeldes. Quizás una experiencia sufrida mientras servía en el ejército de los rebeldes haya dado origen a este cuento.

GUÍA DE ESTUDIO

Mancisidor es un autor que se interesa por los cambios sociales y las razones políticas y económicas que los influyen. Tiene gran simpatía por la clase social de la cual es producto. Es un escritor sensible, interesado, preocupado con la confraternidad de los hombres. En este cuento describe la compasión, el interés común que sienten dos adversarios.

PALABRAS CLAVE

1. **a través de**   por, entre

   Caminamos muchas horas a través de los campos.
   Mi voz, _____ murmullo del aire en los árboles, sonaba sincera y profunda.

2. **adivinaron (adivinar)**   descubrieron el pensamiento sin hablar (guessed)

   ¿Crees que puedo adivinar tu pensamiento?
   Los otros prisioneros _____ el contenido de nuestro diálogo sin oirlo.

3. **aullido**   voz triste y prolongada del lobo y del perro

   Se oyó en la noche el aullido de un lobo solitario.
   El triste _____ me hizo morder el cigarro entre los dientes.

4. **barranco**   precipicio causado por las corrientes de las aguas

   El caballo se cayó por el barranco y no pudimos salvarlo.
   En el fondo del _____ se oían disparos aislados de soldados dispersos.

5. **dorso**   la parte de atrás del cuerpo, de la mano, etc.

   Escribe una nota al dorso de la carta.
   Se limpió la boca con el _____ de la mano.

6. **hondo**   profundo

   El barranco era muy hondo.
   Mi voz brotaba suavemente y parecía expresar _____ sinceridad.

7. **párpados**   membranas que cubren los ojos para dormir y para protegerlos

   Cerré los párpados para meditar y me quedé dormido.
   El más joven de los prisioneros, ocultando los ojos tras los _____ cerrados, meditó en silencio.

8. **relámpago**   luz brillantísima producida en las nubes por una descarga eléctrica

   La luz de un relámpago iluminó las caras de los tres prisioneros.
   Siempre que hay tormenta, hay también _____.

9. **resbalar**   moverse con fricción suave sobre algo (to slide)

   Es fácil resbalar sobre la nieve.
   Si el niño no tiene cuidado, va a _____.

10. **roncaba (roncar)**   hacía ruido al respirar mientras dormía

    Las personas que roncan al dormir no lo quieren creer porque no lo oyen.
    Al poco rato, el Coronel _____ de cara al cielo.

11. **sacudió (sacudir)**   movió violentamente

    La explosión sacudió el edificio y rompió muchas ventanas.
    Un movimiento rápido de viento helado _____ mi cuerpo.

12. **serranía**   terreno compuesto de montañas y sierras

    Los caballos eran indispensables en la enorme serranía.
    El Coronel decidió pasar la noche en el pico más alto de la intrincada _____.

13. **tripas**   intestinos

    El automóvil pasó por encima del animal y lo dejó con las tripas afuera.
    Ahora seré algo peor; seré un perro muerto con las _____ al sol.

Porfirio Díaz   Pan American Union, Washington

hacer alto	*parar*
pernoctar	*pasar la noche*
picacho	*pico*
acosaban	*harassed*
arrebujados	*bundled*
tilmas	*cloaks*
extraviaban	*led astray*
insondables	*unfathomable*

La noche se nos había venido encima de golpe. El Coronel ordenó hacer alto y pernoctar sobre el elevado picacho de la intrincada serranía. Por valles y colinas y en el fondo del cercano barranco, disparos aislados acosaban a los dispersos. A mi lado, los prisioneros arrebujados en sus tilmas, dejaban al descubierto los ojos negros y expresivos que se extraviaban en insondables lejanías.

320   La revolución

racha	*gust*
crujir	*creak*

Una racha de viento helado sacudió mi cuerpo y un lúgubre aullido hizo crujir entre mis dientes la hoja del cigarro.

El Coronel, mirándome con fijeza, me preguntó:

—¿Cuántos muchachos le faltan?

subalterno	*inferior*
cúspide	*summit*

Llamé al oficial subalterno, le di órdenes de pasar lista y quedé nuevamente de pie, sobre la cúspide pronunciada de la sierra, como un punto luminoso en la impenetrable oscuridad de la noche.

El Coronel volvió a llamarme. Me hizo tomar un trago de alcohol y me ordenó:

—Mañana, a primera hora, fusile a los prisioneros ...

sordo	*deaf*

Luego, sordo al cansancio de la jornada, me recomendó:

—Examínelos primero. Vea qué descubre sobre los planes del enemigo.

Al poco rato, el Coronel roncaba de cara al cielo, en el que la luna pálida trataba de descubrirnos.

* * *

sumidos	*sunken*
hermetismo	*confused state*

Los prisioneros seguían allí, sin cerrar los ojos, sumidos en un hermetismo profundo que se ahogaba en el dramático silencio de la noche.

Encima de nuestras cabezas pasaba el cantar del viento y tenue, muy tenue, el susurrar de los montes que murmuraban algo que yo no podía comprender.

avivaron	*enlivened*
rescoldos	*embers*
fugaz	*fleeting*
brindándoles	*ofreciéndoles*

Se avivaron los rescoldos de la lumbre y los ojos de los prisioneros brillaron en un relámpago fugaz. Me senté junto a ellos y brindándoles hoja y tabaco, les hablé, con el tono fingido de un amigo, de cosas intrascendentes.

brotaba	*budded*
dotada	*endowed*

Mi voz, a través del murmullo de los montes, era un murmullo también. Brotaba suave, trémula por la fatiga y parecía dotada de honda sinceridad.

moles	*masses*
aristas	*edges*
aceradas	*of steel*

Los prisioneros me miraban sin verme. Fijaban su vista hacia donde yo estaba para resbalarla sobre mi cabeza y hundirla allá en las moles espesas de la abrupta serranía. De sus ojos, como aristas aceradas, brotaba una luz viva y penetrante.

—¿Por qué pelean?—aventuré sin obtener respuesta.

El silencio se hizo más grave aun, casi enojoso.

enderecé	*straightened out*
apoderándome	*seizing*

Me enderecé de un salto, llegué hasta el Coronel y apoderándome de la botella que antes me brindara, la pasé a los prisioneros, invitándoles a beber. Dos de ellos se negaron a hacerlo, pero el otro, temblándole el brazo, se apresuró a aceptar. Después se limpió la boca con el dorso de la mano y me dirigió un gesto amargo que quiso ser una sonrisa.

apresuró	*se dio prisa*

* * *

esfinges	*sphinx*

Volví a sentarme junto a los hombres como esfinges, y obedeciendo a un impulso inexplicable, les hablé de mí. De mi niñez, de mi juventud que se deslizaba en la lucha armada y de un sueño que en mis años infantiles había sido como mi compañero inseparable. A veces tenía la impresión de locura, de hablar conmigo mismo y de estar frente a mi propia sombra, descompuesto en múltiples sombras bajo la vaga luz de la luna que huía entre montañas de nubes. Y olvidado de mis oyentes continuaba hablando, más para mí que para ellos, de aquello que de niño tanto había amado.

De repente una voz melodiosa vibró a mi lado y callé sorprendido de escuchar otra que no fuera la mía.

El más joven de los prisioneros, aquel que había aceptado la botella con mano temblorosa, ocultando los ojos tras los párpados cerrados, meditaba:

—Es curiosa la vida . . . Como tú, yo también tuve sueños de niño. Y como tú . . . ¡qué coincidencia! . . . soñé en las mismas cosas de que has hablado. ¿Por qué será así la vida?

Tornó a soplar una racha helada que se hizo más lastimera y más impresionante.

El joven prisionero quedó pensativo para después continuar:

—Me sentí como tú, peor que perro . . . Acosado por todas partes. Comiendo mendrugos y bebiendo el agua negra de los caminos.

Calló y luego, quebrándose su voz en un gemido:

—Ahora seré algo peor—dijo—. Seré un perro muerto con las tripas al sol y a las aguas, devorado por los coyotes.

—¡Calla!—ordené con voz cuyo eco parecía tiritar sobre el filo de la noche.

Guardé silencio y me tendí junto a los prisioneros que pensaban tal vez en la oscuridad de otra noche más larga, eterna, de la que nunca habrían de volver.

* * *

Poco a poco me fui aproximando a ellos y al oído del que había hablado repetí:

—¿Por qué peleas tú?

—No te lo podría explicar . . . Pero es algo que sube a mi corazón y me ahoga a toda hora. Un intenso deseo de vivir entre hombres cuya vida no sea peor que la vida de los perros.

Saqué mi mano de la cobija que la envolvía y buscando la suya la apreté con emoción profunda. Y luego, acercando mi boca hasta rozar su oreja, le dije velando la voz:

—¿Quieres que busquemos nuestro sueño juntos?

Los otros prisioneros adivinaron nuestro diálogo. Nos miraron con interrogaciones en la mirada, y enterados de nuestros planes, se apresuraron a seguirnos.

Nos arrastramos trabajosamente. Cerca, el centinela parecía cristalizado por el frío de la hora, sobre la oscura montaña. Burlamos su vigilancia y nos hundimos en el misterio de la noche. La dando traspiés *stumbling* luna se había ocultado ya y mis nuevos compañeros y yo, dando traspiés, corríamos por montes y valles en busca de un mundo en que los hombres, como en nuestros sueños de niños, vivieran una vida mejor que la vida de los perros...

PARA LA COMPRENSIÓN

1. ¿Qué ordenó el Coronel?
2. ¿Qué molestaban a los dispersos?
3. ¿Qué sacudió el cuerpo de José?
4. ¿Qué le preguntó el Coronel?
5. ¿Quién tuvo que pasar lista?
6. ¿Quién le dio un trago?
7. ¿Qué ordenó el Coronel?
8. ¿Por qué debía examinar a los prisioneros?
9. Al poco rato, ¿qué hizo el Coronel?
10. ¿Dónde se sentó José y qué les ofreció a los prisioneros?
11. ¿Qué fingió ser?
12. ¿Qué pregunta les hizo José?
13. ¿Qué contestaron los prisioneros?
14. ¿De qué se apoderó José?
15. ¿A quiénes se la ofreció?
16. ¿Aceptaron ellos?
17. ¿De qué les habló José a los prisioneros?
18. ¿De quién fue la voz que oyó José?
19. ¿Por qué le sorprendió a José?
20. ¿Qué tenía también el joven?
21. ¿Cómo había sido el joven?
22. ¿Cómo será?
23. ¿Qué ordenó José?
24. ¿A quién repitió su pregunta?
25. ¿Qué contestó el joven?
26. ¿Qué le sugirió José al joven?
27. ¿Quiénes escaparon?
28. ¿Qué buscaban?

EJERCICIOS DE VOCABULARIO

A. Completen las siguientes oraciones con una palabra apropiada.
1. Durante la tempestad, podíamos ver _____ en el cielo.
2. Lo puedes escribir en el _____ del papel.
3. No lo pudo _____; así se lo tuve que decir.
4. Los _____ protegen a los ojos.
5. Pudimos oír el _____ triste del perro salvaje.
6. _____ sobre la nieve y se rompió la pierna.
7. El viento fuerte _____ las casuchas.
8. Corrieron _____ los campos en busca de los revolucionarios.
9. Se durmió y empezó a _____.
10. Era difícil cruzar la _____.

B. Contesten a las siguientes preguntas.
1. ¿Qué hacía mientras dormía?
2. ¿Cómo se cayó sobre la nieve?
3. Como no le dije nada, ¿cómo lo sabía él?
4. ¿Qué hubo en el cielo durante la tormenta?
5. ¿Qué causó la corriente feroz del agua?
6. ¿Qué sacudió los edificios?

EJERCICIOS CREATIVOS

1. Los protagonistas de este cuento «tenían un sueño». ¿Qué era? Nombre algunos personajes (de la historia o de la literatura, del pasado o contemporáneos) que buscaban un ideal parecido.
2. Analice el título del cuento. ¿Por qué ha escogido el autor este título? Haga una lista de otros títulos posibles.
3. Un mundo de filosofía existe en la pregunta: «¿Por qué será así la vida?» Prepare algún comentario.

ESTRUCTURA

Por y Para

Se emplea la preposición *para* en los siguientes casos:
Para indicar el destino o propósito de una cosa o persona.
> Esto es para escribir.
> La pistola es para el soldado.
> Salen para México.

Para indicar una comparación.
> Para un médico, es buen soldado.
> Para mexicano, habla bien el inglés.

Para indicar el término de un período de tiempo.
> Lo necesito para mañana.

Se emplea la preposición *por* en los siguientes casos:
Para indicar algo hecho en favor de otra persona.
> Lo hicieron por nosotros.
> Lo compró por María. (María no pudo comprarlo.)

Para indicar sustitución (en cambio de).
> Pagué veinte pesos por la chaqueta.

Para indicar medio.
> El paquete llegó por correo.

Para indicar un lugar aproximado.
> Anduvieron por el bosque.
> Pasaron por las serranías.

Para indicar un período de tiempo.
> Estuvo aquí por dos meses.

Para indicar lo que queda por hacer en el futuro.
> El edificio es por terminar.

Para indicar el agente de la voz pasiva.
> El cuento fue escrito por León.

Para indicar el bienestar.
> Luchó por su patria.

Para indicar «en busca de».
> Va por su amigo.
> Viene por agua.

A. Contesten a las siguientes preguntas según la indicación.
1. ¿Por dónde pasó Pancho Villa? *Chihuahua*
2. ¿Para dónde salieron los revolucionarios? *la capital*
3. ¿Para cuándo lo quieres? *mañana*
4. ¿Por cuánto tiempo están en la cárcel? *seis meses*

5. ¿Para quién compraste el saco? *Pablo*
6. ¿Por quién fuiste de compras? *mi mujer*
7. ¿Por qué no fue ella? *está enferma*
8. ¿Por quiénes fue matado el presidente? *los revolucionarios*
9. ¿Por qué luchó? *su ideal*
10. ¿Para dónde salió el ejército? *la frontera*

B. Completen las siguientes oraciones con *por* o *para*.

1. El joven iba a morir _____ la patria.
2. Salieron _____ el cementerio.
3. Está aquí _____ ganar dinero.
4. Le pagan poco _____ su trabajo.
5. _____ un experto, no ha hecho un buen trabajo.
6. No ha pasado _____ aquí.
7. Como su madre está enferma, él hace las compras _____ ella.
8. Los regalos son _____ sus familiares.
9. Los compra _____ poco dinero.
10. Lo tendré _____ mañana.
11. El poema fue escrito _____ Lope.
12. Estuvo tendido en el suelo _____ más de tres horas.
13. La luz de la luna entró _____ la ventana de su celda.
14. Extendió sus brazos _____ detener al prisionero.
15. Le queda mucho _____ hacer.
16. Su amigo fue _____ hablarle.
17. Esta pistola es _____ ti.
18. Caminaron _____ seis horas.
19. Cambiaron los caballos _____ municiones.
20. Fue _____ su amigo.

C. Reemplacen la expresión en letra bastardilla con *por* o *para*.

1. Vinieron *en busca de* armas.
2. El avión salió *con destino a* Madrid.
3. Lo compré *con el propósito de* dárselo a Roberto.
4. *Siendo* cubano, sabe mucho inglés.
5. Lo quiere *lo más tarde* mañana.
6. No quería salir *a causa del* miedo que tenía.

D. Completen las siguientes oraciones con *por* o *para*.

1. Pancho Villa salió de Chihuahua _____ San Andrés.
2. Allí construyó una casa _____ su familia.
3. Al lado de la casa había un corral _____ los caballos.
4. Allí vivió _____ muchos años.
5. Pancho Villa luchó _____ su patria.
6. Tenía una pistola _____ defenderse.
7. Con frecuencia salía _____ armas.
8. El daba dinero _____ las armas.

CUADRO 15

La muerte

PREPARANDO LA ESCENA La muerte ha sido siempre rodeada de misterio y acompañada de dudas y temores. Sólo pensar en la muerte evoca varias reacciones: el salvaje no puede explicarla; los viejos y los enfermos a veces le dan la bienvenida; los niños, si la consideran de alguna manera, la consideran como un sueño prolongado; los jóvenes creen que es algo que ocurre a los demás. Algunos la examinan desde el punto de vista de la religión o de la filosofía que tienen del más allá. Muchos la temen; otros se burlan de ella. Pero la muerte es todavía inevitable, y todos nosotros tendremos que prepararnos para el día que llegue.

Tránsito

por Luis Segundo de Silvestre

INTRODUCCIÓN

Tránsito, un cuadro de costumbres escrito por don Luis Segundo de Silvestre, es una novela de amor con un fin trágico.

La acción ocurre en las orillas del río Magdalena en la tierra caliente de Colombia.

Los personajes principales son: Tránsito, una chica colombiana, guapa y determinada, que se enamora locamente a primera vista, y Andrés, el objeto de sus atenciones.

Francamente confesando su amor Tránsito sigue a Andrés por todas partes, pero el desconcertado caballero la desprecia. Cuando la heroína es fatalmente herida, Andrés tiene que presenciar su muerte. Cuando es ya demasiado tarde, se da cuenta del amor que siente por ella.

En el trozo que sigue Andrés cuenta los trágicos detalles de la muerte de Tránsito.

GUÍA DE ESTUDIO

En un cuadro de costumbres el énfasis se da a la cultura y a las costumbres de la gente en una localidad. La acción se limita a la región. El interés principal gira en torno de los detalles, los incidentes y las personas de aquella región. En *Tránsito* el autor nos habla de las costumbres en la tierra caliente de Colombia.

Como muchos de los colombianos Tránsito es católica. Para los que aceptan la fe católica, hay varias costumbres y ciertos ritos establecidos al preparase para la muerte y la vida del más allá. Al leer esta selección podemos presenciar los íntimos y conmovedores detalles de los últimos momentos en la vida de Tránsito.

"The Sob" por David Alfaro Siqueiros
Collection, The Museum of Modern Art, New York

PALABRAS CLAVE

1. **ahogaba (ahogarse)** moría por falta de respiración

    Ya me ahogaba de tristeza.
    Por poco me _____ cuando me cubrieron la boca y la nariz.

2. **aposento** cuarto de una casa

    Mi madre no salió de su aposento porque se encontraba indispuesta.
    Todos estaban en el _____ de arriba.

3. **asiéndose (asirse)** cogiendo, agarrando

    Se incorporó asiéndose de su mano.
    Estaba _____ de su mano, cuando se acercaba la muerte.

4. **confesar** declarar los pecados

    Yo tengo que confesarme antes de morir.
    Tendré que _____ mis pecados ante el cura.

5. **desgraciada** infeliz

    Me sentí muy desgraciada cuando perdí mi pulsera de oro.
    Una persona sin fortuna es una persona _____.

6. **dibujarse** reproducir con un lápiz o una pluma la forma de los objetos

    Con un lápiz y un poquito de imaginación pueden dibujarse muchas cosas.
    El dolor puede _____ en la cara.

7. **enredadera** planta que sube por las varas, cuerdas, etc. (climbing plant)

    La enredadera de doña Mercedes está preciosa.
    En la pared de mi casa hay una _____.

8. **facciones** fisionomía, cara

    La muchacha tenía bonitas facciones.
    Sus _____ eran las de un ser divino.

9. **frente** parte superior del rostro (forehead)

    Ella tenía una frente hermosa.
    Dicen que la _____ indica la inteligencia de la persona.

10. **lecho** cama

    María estaba en su lecho.
    El enfermo estaba en un _____ cómodo.

11. **mejilla** carrillo, parte de la cara (cheek)

    Las mejillas de la niña eran como una rosa.
    Me dio un beso en la _____.

12. **nivelado (nivelar)** equilibrado (leveled)

    Tuvieron que nivelar el terreno antes de comenzar la construcción.
    Al llenar la tumba, quedó el suelo _____.

13. **oré (orar)** recé, dije las oraciones de la iglesia

    Yo oré en la iglesia.
    Yo _____ para pedir la ayuda de Dios.

14. **retratada (retratar)** descrita, dibujada

    A Juan le gustaba ver retratados a sus hijos.
    En la sonrisa de sus labios se veía _____ la felicidad.

15. **soltar** dejar, poner en libertad

    Ella no quería soltar a su novio.
    Es difícil _____ a la persona que uno quiere.

16. **tosca** cruda

    Patricia tenía una saya muy tosca.
    Le pusieron una _____ cruz en la tumba.

17. **vagar** andar, jugar

    A Juan y a Pepe les gustaba vagar por la noche.
    Cuando él dormía, una sonrisa parecía _____ en sus labios.

Llegó el médico quien examinó la herida y la declaró mortal por no ser posible la extracción del proyectil y prescribió lo que había que hacer.

En seguida fue llamado el señor cura, quien vino inmediatamente. Me acerqué a Tránsito con el cura y le dije:

—Aquí está el señor cura.

Me pareció que no había oído; mas, tras breve espacio abrió los ojos, me miró, miró al sacerdote y los volvió a cerrar.

—Hija mía—le dijo el cura—, hija mía, es necesario pensar en Dios.

Volvió a abrir ella los ojos y me miró fijamente. Comprendí que me interrogaba.

—Es preciso, amiga mía, hacer lo que desea el señor cura—le dije.

—No puedo confesarme.

—¿No puedes hablar?—le pregunté.

—Hablar sí puedo, pero . . .

Comprendí que no quería hablar delante del cura, y le supliqué que se saliera por un momento. Convino en ello el buen sacerdote.

Quedamos solos, me acerqué a la enferma nuevamente y le toqué la frente que ardía.

—¡Tránsito!

Se asió de mi mano y la cubrió de besos. Yo no sabía qué hacer. El tiempo pasaba, y aquella pobre se agravaba a ojos vistas.

—Te confesarás, ¿no es verdad?

—¡Si tú me lo mandas, sí!

—No te lo mando; te lo suplico; es preciso pensar en Dios, en la otra vida.

—¿Y podré confesarme?—dijo ella.

—¿Y por qué no?

—Pero si me confieso . . . no te volveré a ver más a ti . . . ¡Ah! no me confieso.

—Tránsito, amiga mía—le dije cayendo de rodillas delante del lecho—naciste cristiana. Dios te llama a gozar de su gloria. Has sido muy desgraciada. Puede decirse que no has vivido. Va a empezar la vida eterna para ti . . . Confiésate. ¿Qué importa separarnos ahora si nos hemos de separar mañana, quizá esta noche, tal vez dentro de una hora?

—Si he de morir, quiero morir sin soltar esta mano—me dijo asiéndose nuevamente de la mía, que no había soltado por completo.

Mi angustia era indecible. Gruesas gotas de sudor me caían de la frente, y me parecía que una mano de hierro me ahogaba la voz en la garganta.

convino en ello   agreed to it

se agravaba a ojos vistas   was getting worse before my very eyes

Collection, The Museum of Modern Art, New York

"Cavalier of Death" por Salvador Dalí

Largo rato continuó ella así, asida de mi mano, y veía yo dibujarse las sombras de la muerte en aquel rostro peregrino. Hice un esfuerzo. Volví a rogarle; mas permaneció inflexible. Llegué hasta amenazarla con irme y entonces se sonrió y me dijo:

—Aún tengo fuerzas y me iré detrás.

Aquella lucha no podía continuar, y ya iba yo a llamar en mi auxilio al señor cura, pero no quise provocar una sacudida violenta. Intenté el último esfuerzo y le dije:

aquel rostro peregrino *that rare face*

no quise provocar una sacudida violenta *I didn't want to cause a sudden shock*

—Dime: ¿no me contaste que cuando recibías la comunión en tu niñez, te ponías bonita...? ¿Quieres privarme del gusto de que te vea transformada en ángel?

Siguió un espacio de angustioso silencio. La pobre muchacha reflexionaba. En sus pálidas facciones se veía retratada la lucha entre el ángel bueno y el malo.

Al fin triunfó el ángel bueno. Dos lágrimas rodaron por las pálidas mejillas de la muchacha. Aquel recuerdo de su primera comunión la había vencido.

—Me confesaré—dijo—. Que entre el señor cura. Volvió a besar mi mano y me dijo al soltarla:

—¡Adiós, adiós, no me olvides nunca, nunca!

—¡Jamás!—le contesté.

No pude resistir. Tuve la debilidad de imprimir en su frente mi primero y último beso, y salí conmovido y con los ojos llenos de lágrimas.

Hice una señal al señor cura, sin decir una palabra, porque no podía. El buen sacerdote entró. Yo me puse de rodillas y oré con todo el fervor de mi alma.

Así pasó media hora, al cabo de la cual salió el señor cura y se acercó a mí y me dijo al oído:

—Le ruego que no entre más ni hable recio de manera que ella lo oiga. Lo mejor sería que Ud. se fuera de aquí.

—Irme, imposible, señor cura. No entraré; me estaré callado.

—¿Me lo promete Ud.?

—Sí, señor cura.

—Bien, muy bien. Voy a traerle el Santo Viático y la Extremaunción.

En ese momento llegaron la madre y las hermanas de Tránsito. No quise presenciar aquella escena de dolor y salí con el cura quien iba a traer el Santísimo.

A las siete de la noche volvió el cura y rezó las oraciones de los agonizantes. Encomendó el alma de aquella infeliz a Dios, y cuando salió, ya había exhalado el último suspiro. Al salir, me dijo el cura:

—Ya acabó, pero está en el Cielo. Mañana temprano la enterraremos. Será a las seis. Yo le enviaré la mortaja porque así se lo prometí.

Después de que salió el cura entré en el aposento. Jamás olvidaré aquella cara angelical en cuyas facciones se marcaba la señal del reposo absoluto. Tenía los ojos cerrados como si durmiese, y una sonrisa celestial parecía vagar en sus pálidos labios.

Todos los presentes nos arrodillamos, y empezó la señora dueña de la casa el rosario. Al terminar éste, entró el Sacristán de parte del cura con el sudario que había ofrecido. Lo recibí. Era un vestido blanco de desposada, una corona de blancas flores y una palma.

Entregué a la madre el vestido y salí al patio porque me ahogaba. Quería llorar y gritar donde nadie me viese ni oyese.

Al cabo de una hora volví al cuarto a pasar la noche velando el cadáver con los demás.

Jamás la olvidaré. Me parecía con su vestido blanco una estatua sepulcral de mármol. Aun después de tantos años, cuando cierro los ojos y pienso en ella, me parece que la veo.

Al día siguiente trajo un carpintero el cajón que yo le había pedido. La pusieron en él, y la llevamos a la iglesia a las siete de la mañana. El cura había dispuesto el entierro con sencillez cristiana. Después del Oficio de difuntos y de la misa rezada, el cura, con capa pluvial y precedido de la cruz y de los ciriales, acompañó el cadáver al cementerio. Diez o doce personas formábamos el fúnebre cortejo.

Cuando llegamos, ya la fosa estaba abierta. El cura rezó el salmo *De Profundis* y el ataúd fue clavado y puesto en el fondo de ella. A poco rato el suelo estaba nivelado. Clavamos allí una tosca cruz de madera, en cuyos brazos habíamos trazado, con un clavo ardiendo, lo siguiente:

TRÁNSITO
Post Tenebras, Lucem

y sembramos al pie de ella una enredadera que llaman en la comarca cundeamor.

---

estatua sepulcral de mármol *monumental statue of marble*

Oficio de difuntos *service for the dead*
capa pluvial *cope (a vestment)*
ciriales *candlesticks*
fúnebre cortejo *funeral procession*
fosa *grave*
De Profundis *"Out of the Depths" (Latin, 130th psalm, often sung or read at funerals)*
ataúd *coffin*

Post Tenebras, Lucem *después de la oscuridad, luz*

cundeamor *una viña*

PARA LA COMPRENSIÓN

1. ¿Quién examinó la herida?
2. ¿Qué declaró el médico cuando examinó la herida?
3. ¿A quién llamaron en seguida?
4. Cuando Tránsito supo que el cura había llegado, ¿qué hizo?
5. ¿Qué le dijo el cura a Tránsito?
6. ¿Por qué le trajeron al cura?
7. ¿Por qué salió el cura de donde estaba Tránsito?
8. ¿Qué hizo Tránsito cuando quedó sola con Andrés?
9. ¿Por qué querían que se confesara?
10. Tránsito temía confesarse: ¿por qué?
11. ¿Cómo quería morir Tránsito?
12. Describa la angustia de Andrés cuando Tránsito le habló de aquella manera.
13. Cuando Andrés amenazó irse, ¿qué le dijo ella?
14. ¿Cómo se ponía Tránsito cuando recibía la comunión en su niñez?

15. ¿Dónde se veían evidencias de la lucha entre el ángel bueno y el malo?
16. ¿Cuál ángel triunfó?
17. ¿Qué venció a Tránsito?
18. Cuando decidió confesarse, ¿qué dijo Tránsito?
19. ¿A quién se lo dijo?
20. ¿Qué hizo Andrés al salir?
21. ¿Cuánto más o menos duró la confesión?
22. ¿Aceptó Andrés el ruego del cura?
23. ¿A qué acuerdo llegaron?
24. ¿Cuándo llegaron la madre y las hermanas de Tránsito?
25. ¿A qué hora volvió el cura?
26. Describa los últimos acontecimientos de ese día.
27. ¿Cómo era el sudario?
28. ¿Qué hizo la gente durante la noche?
29. ¿Qué parecía Tránsito vestida de blanco?
30. Relate algunos detalles del entierro.

EJERCICIOS DE VOCABULARIO

A. Contesten a las siguientes preguntas según la indicación.

1. ¿Dónde le dio un beso? **la mejilla**
2. ¿Dónde murió ella? **lecho**
3. ¿Dónde está la enferma? **aposento de arriba**
4. ¿Qué pusieron encima de la sepultura? **una cruz tosca**
5. ¿Cómo murió el niño? **se ahogó en el lago**
6. ¿Qué hace el artista? **dibuja a la chica**
7. ¿Qué rezan ellos? **el rosario**
8. ¿De qué se asió ella? **la mano de su novio**

B. Completen las siguientes oraciones con una palabra apropiada.

1. Ella murió en el _____ del primer piso.
2. Parece una ángel con las _____ bonitas que tiene.
3. El le plantó un beso en la _____ rosada.
4. Se sintió enferma y quería _____ de la mano de su novio.
5. Sabiendo que iba a morir, no la quería _____.
6. Al tocarle la _____, sabía que tenía fiebre.
7. Como no tenía mucho tiempo, construyó una cruz _____.
8. Tenemos que _____ por las almas de los muertos.
9. Ella está tendida en el _____ donde morirá.
10. Si has pecado debes _____.

C. Reemplacen la palabra o expresión en letra negrita por un sinónimo.

1. Duerme en **una cama** grande.
2. Estaba **agarrando** su mano.
3. Tiene **la cara** de un ángel.
4. Todo está **equilibrado**.
5. Ella es una **infeliz**.
6. Me gustan las **plantas que suben la pared**.
7. El no quiere **dejar** a su novia enferma.
8. El quiere **andar** sin hacer nada.

EJERCICIOS CREATIVOS

1. En esta selección vemos la importancia de la religión en la vida de los personajes. Haga una lista de los pasajes que revelan esto.
2. Muchas costumbres concernientes a la muerte son diferentes de las nuestras. Anótelas.
3. Exprese en un párrafo quién, en su opinión, sufría más ... la que moría o el que nos relata la tragedia. Dé ejemplos.

Costumbres del día de los difuntos

INTRODUCCIÓN

Los ejemplos más clásicos del sentir latinoamericano con respecto a la muerte se pueden ver los días primero y dos de noviembre. El primero es el día de «todos los santos»; el segundo es el día de «los difuntos». En estas fechas los cementerios de varios países hispanoamericanos se visten de gala. Por las calles y en las tiendas se ven coronas, tarjetas de duelo, flores negras, cirios, panes y pasteles especiales, todo destinado a que la gente cumpla con las viejas costumbres de honrar a los muertos queridos.

Este artículo apareció en *El Comercio,* periódico de Quito, Ecuador, el dos de noviembre de 1962.

GUÍA DE ESTUDIO

Los indios salasacas habitan una región en la parte central del Ecuador. Durante los primeros días de noviembre, año tras año, honran a los difuntos con ritos especiales. ¡Beben y bailan en las tumbas!

PALABRAS CLAVE

1. **aumentaban (aumentar)** acrecentaban, amplificaban

   Los dueños aumentaban el sueldo de los criados cada tres meses.
   Trabajando día y noche ____ su pequeña fortuna.

2. **calzoncillos** pantalones

   Los calzoncillos de mi sobrino eran importados.
   Los indios llevan ____ bordados en días de fiesta.

3. **hueco** cavidad, agujero (hole, hollow)

   El hueco conducía a una mina escondida.
   Los pájaros construyeron el nido en un ____ del árbol.

4. **indómitos** se dice de las personas que no se pueden domar (unruly, untamed)

   Esos niños tan indómitos eran un problema para su madre.
   Los yaquis han sido siempre indios ____ y orgullosos.

5. **júbilo** alegría

   El júbilo de los niños no se compara con el de los grandes.
   El cuatro de julio es un día de ____ para todos los norteamericanos.

6. **manjares** comestibles, alimento

   Los manjares sobre la mesa eran deliciosos.
   Prepararon ____ de todas clases para la fiesta del domingo.

El arreglo de los nichos　　　　　　　　　　　　　　　　　　　　El Comercio, Quito, Ecuador

7. **minuciosamente** completamente, con atención a los detalles y las cosas insignificantes

   Cuando perdió el alfiler la mujer lo buscó minuciosamente.
   Examinaron el documento _____ para determinar si era auténtico.

8. **ofrenda** lo que se ofrece a Dios

   Mi ofrenda será ir a misa todos los días.
   Colocaron la _____ en el altar.

9. **partía (partir)** dividía en dos o más partes

   El partía el pan para dárselo a los niños.
   Mi madre _____ la torta para ofrecer un pedazo a cada persona.

10. **terremoto** temblor de tierra

    El terremoto los asustó tanto que se escaparon corriendo.
    El pueblo fue destruido por un _____.

11. **ubicarse** situarse, establecerse en cierto lugar

    Ella quería ubicarse cerca de la ciudad.
    En ese día, los indios van a _____ sobre las tumbas.

336　La muerte

El dos de noviembre no tiene para los salasacas el significado fúnebre y doloroso que para nosotros, que recordamos la memoria de nuestros muertos adornando su tumba con las flores del recuerdo y con la oración hondamente sentida.

Los indómitos indios salasacas que se asientan entre Ambato y Pelileo celebran de otra manera los finados. Para ellos es un día de júbilo porque se reúnen con sus difuntos, comen con ellos, con ellos conversan y hacen vida común, con una serie de ceremonias que son preparadas minuciosamente unos días antes del dos de noviembre.

Los salasacas se acercan a las tumbas de sus parientes, les llaman, les ofrecen manjares, vino y saludos y en su nombre, luego de la ofrenda, beben y bailan unos dos o tres días con honda satisfacción.

Unos días antes, especialmente cuando Pelileo aún no era borrado por el terremoto, numerosas personas del cantón dedicaban días y noches a la preparación del pan especial de los finados y del vino también especial, hecho con agua de panela, un poco de aguardiente y maíz.

El pan, compuesto de una masa compacta que formaba su cuerpo principal, tenía una corteza que dejaba entre ella y la migaja un espacio vacío. Es decir que ese pan era inflado como un globo. Tenía diferentes formas, las de tórtolas y soldaditos.

En canastas forradas de tela blanca, era exhibido de las puertas de diversas tiendas de la población.

Los indios salasacas bajaban a Pelileo a proveerse del pan de finados y del vino para su «ofrenda».

En «macanas» multicolores, portaban el pan y el vino a sus casas; en el centro de la choza, los velaban ceremoniosamente, sin dejar que persona alguna toque la ofrenda especial para los difuntos.

El día de finados, vestidos de sus mejores ponchos y calzoncillos bordados, los indios en tropel bajaban en las primeras horas de la mañana para ocupar su sitio en el cementerio, tratando de ubicarse sobre el lugar en donde fue enterrado su difunto.

Costumbres del día de los difuntos

Largas hileras de salasacas y de otros indios de los alrededores acudían al cementerio el dos de noviembre, apresurados y con la obsesión de la ofrenda.

Llegados al lugar, arreglaban con trozos de tejas una especie de urna bajo la que colocaban los cirios encendidos, protegiéndolos del viento y de las travesuras de los muchachos de la población. Junto a ellos, tendían sobre la tierra una macana limpia y sobre ella, en montones de acuerdo con el número de fallecidos, colocaban el pan de los difuntos. Hacían un hueco en la tierra desnuda y en él intermitentemente iban vaciando el vino. Mientras guardaban al comienzo un solemne silencio, hablaban, conforme avanzaba el día, de las costumbres, de la memoria de los fallecidos a los que recordaban.

De tiempo en tiempo, el indio que hacía de jefe del grupo tomaba un pan de alguno de los montones y lo partía. Si coincidía con alguno cuya parte hueca era considerable, el indio ceremoniosamente anunciaba a los demás: «El difunto está comiendo ya».

El vino que lentamente desaparecía absorbido por la tierra servía también para que los indios creyeran en la espantosa sed del muerto que, sin haber bebido un año entero, estaba pendiente de esta bebida.

Poco a poco, conforme avanzaba el día, los indios partían el pan y aumentaban la ración de vino en el agujero de la tierra. «El difunto tiene mucha hambre» decían solemnemente. «Al difunto se le ha secado la garganta» repetían al ver como el vino desaparecía en la tierra.

Algunos indios, especialmente las parcialidades de Pilahuín, a más del pan y del vino aumentaban su ofrenda con cuyes asados y con papas frías colocadas en montones, según el número de fallecidos en la familia.

Ellos, más considerados con sus muertos, creen que necesitan de un suculento almuerzo anual y por esta causa, aumentan su ofrenda.

Cuando había llegado la una o dos de la tarde, el indio jefe volvía a controlar el pan y el vino y, al encontrarlos ahuecado e inflado al uno y absorbido por la tierra al otro, exclamaba: «Los difuntos han comido y han bebido a su gusto. Dios sea bendito.»

De inmediato recogían el pan de la ofrenda en la misma macana y guardaban las sobras de vino. Después de besar ceremoniosamente la tierra de la tumba se levantaban y se dirigían al lugar señalado para la «recordación». Allí devoraban con ansia y con escándalo el pan y tomaban el vino ahora del «banquete de sus muertos». Luego venía la chicha hasta que los indios, ebrios, rodaban entre los restos de la ofrenda y del vino.

PARA LA COMPRENSIÓN

1. ¿Cómo recordamos la memoria de nuestros muertos?
2. ¿Dónde se asientan los indios salasacas?
3. ¿Por qué es para ellos un día de júbilo el dos de noviembre?
4. ¿Cómo son preparadas las ceremonias del dos de noviembre?
5. ¿Qué ofrecen los salasacas a los difuntos?
6. ¿Con qué se hace el vino especial?
7. ¿Cómo se llama la parte exterior del pan?
8. ¿Cómo se llama la parte interior del pan?
9. ¿Qué formas tenía el pan especial?
10. ¿En qué llevaban el pan y el vino a sus casas?
11. ¿Dónde los colocaban?
12. ¿Cómo se visten los indios en el día de finados?
13. ¿Dónde tratan de ubicarse en el cementerio?
14. ¿Cómo protegen del viento los cirios encendidos?
15. ¿De qué otra cosa los protegen?
16. ¿Qué hacían en la tierra?
17. ¿De qué hablaban los indios, conforme avanzaba el día?
18. ¿Quién partía el pan de vez en cuando?
19. ¿Para qué servía el vino absorbido por la tierra?
20. ¿Quiénes aumentaban su ofrenda con cuyes asados?
21. ¿Qué creen los indios de Pilahuín?
22. ¿Qué hacen los indios en el lugar señalado para la «recordación»?
23. Por último, ¿qué bebida toman?

EJERCICIOS DE VOCABULARIO

A. De la lista de abajo, escojan la palabra apropiada para completar cada una de las siguientes oraciones.
aumentaban, fallecidos, hueco, calzoncillos, júbilo, manjares, indómitos, terremoto, ofrenda, minuciosamente

1. _____ el dinero hasta completar la cantidad querida.
2. El _____ derrumbó las casas.
3. Llevaba _____ blancos.
4. Dieron una _____ a los pobres en la iglesia.
5. Enterraron a los _____ en el cementerio.
6. La policía examinó la evidencia _____.
7. Había un _____ en la pared.
8. Se comió los _____ con gusto.
9. No pudieron controlar a los _____.
10. Celebraron la fiesta con _____.

B. Completen las siguientes oraciones con una palabra apropiada.

1. Los tigres son animales _____.
2. Todo el mundo tiene miedo de los _____ y de los huracanes.
3. El lo _____ en dos partes iguales.
4. Estudió los detalles _____.
5. El prefiere _____ en la ciudad.
6. Sirvieron unos _____ deliciosos durante la fiesta.
7. ¡Qué _____ había durante la ceremonia!
8. La madre le compró unos _____ nuevos al niño.
9. Todo eso no puede caber en un _____ tan pequeño.
10. Quieren hacer una _____ por el alma del difunto.

C. Den un sinónimo de las siguientes palabras.
1. alegría
2. situarse
3. detalladamente
4. acrecentar
5. temblor de tierra
6. partir
7. pantalones
8. cavidad

EJERCICIOS CREATIVOS

1. Sigue una lista de adjetivos descriptivos. ¿Cuáles describen esta selección?

   absurda   **universal**   **seria**
   ridícula   **incomprensible**   **exclusiva**

mórbida	**indígena**	**aburrida**
interesante	**inesperada**	**humorosa**
grotesca	**expresiva**	**fea**
primorosa	**emocionante**	**pagana**
nativa	**inútil**	**religiosa**
desagradable	**necia**	**fúnebre**
típica	**alegre**	**triste**

2. Se observa el primero de noviembre en varias iglesias con misas o ceremonias especiales. Pero, ¿hay algún día en que nacionalmente honramos a los muertos?

Compra y venta de «guaguas»
El Comercio, Quito, Ecuador

La muerte

El niño prodigio

INTRODUCCIÓN

Un prodigio es algo que parece en contradicción con las leyes de la naturaleza; es algo extraordinario o inexplicable que sirve de presagio; es una cosa maravillosa y sorprendente. En el caso de este cuento, el prodigio es un niño... un niño muy extraño que acaba de nacer y tiene cara de saberlo todo. Sabe tanto que no pertenece a este mundo, y pasa pronto al más allá.

GUÍA DE ESTUDIO

Esta selección tiene algo evasivo. Cada lector tendrá que interpretarla según sus propias teorías y reacciones. El padre del recién nacido, el sacerdote quien lo bautizó, el médico, todos vieron algo raro y excepcional en la cara del niño, en los ojos muy abiertos, en la sonrisa misteriosa, en las muecas sorprendentes. ¿Qué ve Ud.? ¿Algo simbólico? ¿Místico? ¿Sobrenatural?

PALABRAS CLAVE

1. **amanecía (amanecer)**   comenzaba a parecer la luz del día

    El niño nació al amanecer del cinco de julio de 1951.
    _____ y se veían muchos colores en el horizonte.

2. **anochecía (anochecer)**   comenzaba a aparecer la noche

    Todo terminó al anochecer.
    El niño prodigio murió cuando _____.

3. **bautizar**   administrar el sacramento del bautismo

    Mi opinión es que le bauticen lo antes posible. Hay que _____ al niño inmediatamente.

4. **bombilla**   globo de cristal de luz eléctrica

    La bombilla llenó la alcoba de luz blanca.
    Las palabras rompieron el silencio como la luz de la _____ rompió la oscuridad.

5. **comadrona**   mujer experta que asiste a la que va a tener un niño

   Las comadronas de estudio son muy expertas y responsables.
   En aquel momento entró la _____ con el médico.

6. **chimenea**   conducto o tubo para que salga el humo

   La luz del fuego salía por la chimenea.
   En el cielo se vio una columna de estrellas formando como una _____ en la noche.

7. **emborracha (emborrachar)**   toma demasiada cantidad de bebidas alcohólicas y pierde el control normal de las acciones

   Hay personas que toman mucho y no se emborrachan.
   Ahora el hombre se _____ con más frecuencia.

8. **estallar**   explotar

   La bomba estalló en el aire.
   El padre temía _____ de ansiedad.

9. **grabar**   marcar profundamente en una superficie apropiada

   Van a grabar el nombre del niño en el mármol.
   El padre mandó _____ la inscripción, Jesús Pérez Martínez: Filósofo.

10. **lápida**   piedra plana en que se graba una inscripción

    En los cementerios hay muchas lápidas.
    El padre va al cementerio y contempla la pequeña _____ del niño prodigio.

11. **madrina**   mujer que presenta al niño que se va a bautizar

    La madrina contesta en nombre del niño y se hace responsable por su preparación espiritual.
    Hizo de _____ la hermana mayor.

12. **minero**   obrero que trabaja en las minas

    El trabajo de minero es difícil y peligroso.
    Mi niño no había nacido para ser _____.

13. **monaguillo**   niño que asiste al sacerdote en la misa

    Con la nueva liturgia es más fácil ser monaguillo.
    Al poco rato volvió con el sacerdote y un _____.

14. **mudo**   que no puede hablar

    Los niños que no oyen y no aprenden a hablar son mudos.
    El padre temía quedarse _____.

15. **mueca**   movimiento extraño de la expresión de la cara

    El niño hizo una mueca sorprendente, algo como una sonrisa.
    El padre va al cementerio y contempla con la misma _____ extraña la lápida del niño.

16. **padrino**   hombre que presenta en el sacramento del bautismo al que se va a bautizar

    El padrino contesta en nombre del niño y se hace responsable de su enseñanza espiritual si mueren los padres.
    El monaguillo tuvo que hacer de _____.

17. **surgió (surgir)**   apareció, salió

    Vimos surgir el humo de las chimeneas al anochecer.
    Una gran vía de estrellas _____ de donde se había puesto el sol.

18. **torcerse**   doblarse, cambiar de dirección

    Camina despacio como cuando está borracho, pero sin torcerse ni desviarse.
    Con la borrachera que tenía no pudo andar sin _____.

Collection, The Museum of Modern Art, New York

"Day of the Dead in the Country" por Diego Rivera

343   El niño prodigio

Acababa de nacer. Era un niño. Un niño rubio, de grandes ojos azules y blanquísima piel. Sólo lloró unos instantes. Luego, el niño hizo una mueca sorprendente, algo como una sonrisa, o como ese gesto que hacen los estudiantes cuando se les pregunta una cosa que saben bien. Su padre, al verle, tuvo la sensación de haberse enriquecido de repente. Por vez primera se sintió completamente feliz. Amanecía. La madre estaba tranquila.

enriquecido   enriched

—Estarás contento, es un niño, un niño igual que tú—la oyó murmurar.

—No hables, descansa—dijo el padre.

El padre era rubio y alto, y la madre pequeña y morena. Tenían tres niñas, y las tres eran morenas como la madre.

—Abre un poco la ventana—suplicó ella.

Abrió la ventana. El humo de las chimeneas ascendía lento y vertical sobre las fábricas del valle. El aire estaba quieto. Bajo los primeros rayos del sol, las redondas cimas de las montañas parecían cacerolas puestas al fuego.

cimas   summits
cacerolas   saucepans

—¿Tienes hambre?—preguntó él.

—No. No tengo hambre.

En aquel momento, sin avisar, entró la comadrona con el médico. No habían visto salir a la comadrona, no se habían dado cuenta del tiempo que había pasado. Habían estado contemplando al niño. Eso había sucedido.

El médico abrió el balcón y toda la alcoba se llenó de sol. Después examinó al recién nacido y dijo:

—Hay que bautizarle inmediatamente.

—¿Qué tiene mi hijo?—preguntó el padre, casi en un grito.

—Ya se lo diré—contestó el médico—. Mi consejo es que le bauticen cuanto antes. Mañana volveré por aquí.

El médico salió de la alcoba seguido por la comadrona. Ni una mirada a la madre. Ni una palabra más.

—¿Has oído?—preguntó el padre.

—Sí. ¿Qué hora es?

Miró el reloj:

—Las nueve... ¡Más de las nueve! ¿Cómo es posible que hayan pasado cuatro horas?

Los dos miraron al hijo. Tenía aquella especie de sonrisa, los ojos muy abiertos y las manecitas puestas una sobre otra.

—Llama a las niñas y vete a buscar al cura—dijo la madre.

—Ahora mismo, ahora mismo—repitió él.

Y salió gritando:

—¡Niñas! ¡Niñas!

Al poco rato volvió con el sacerdote y un monaguillo. Las niñas rodeaban la cama. Hizo de madrina la hermana mayor. El monaguillo hizo de padrino. El niño seguía igual. Con los ojos abiertos y aquella rara sonrisa.

logrará will pull through

—¿Cree Ud. que se logrará?—preguntó el padre al sacerdote.

—Es un niño extraño—contestó el sacerdote—. En mi vida he bautizado un niño igual. Acaba de nacer y tiene cara de saberlo todo. Si le oyera hablar, me sorprendería menos.

—¿Qué hora es?—preguntó la madre.

parpadeó blinked

El niño parpadeó y volvió la cabecita hacia ella.

—¿Ha visto Ud., señor cura? ¿¿Habéis visto??

empujón push

El sacerdote dio un empujón al monaguillo, y los dos salieron del cuarto. Las niñas intentaron seguirles.

—¡No os vayáis!—gritó el padre. Temía volverse loco, temía estallar de ansiedad.

—¿Qué hora es?—volvió a preguntar la madre.

El padre colocó el reloj de bolsillo entre las manos del hijo.

—Las once y media.

Temía que el sol incendiase la habitación, temía quedarse mudo. Y ocurrió algo extraordinario. Las niñas estaban quietas y silenciosas. La madre, quieta y silenciosa. Y él, mirando, mirando. Las agujas del reloj señalaban el paso de las horas. Las doce. Las tres. Las siete . . . Nadie se acordó de comer, nadie hablaba. El niño tenía la misma sonrisa. Las ocho . . . Las nueve . . . Anochecía. Una

hoyo hueco

gran chimenea de estrellas surgió del hoyo donde se había ocultado el sol.

—Enciende la luz—murmuró la madre.

rasgaron rompieron
fulgor luz fuerte y brillante

Aquellas palabras rasgaron el silencio con más violencia que el instantáneo fulgor de una bombilla al rasgar la oscuridad.

—¡Hijo mío! ¡Hijo mío—gritó el padre.

El niño había muerto.

* * *

suele acostumbra

Ahora el padre, cuando se emborracha (y se emborracha con más frecuencia que antes), suele decir:

—Era un niño demasiado listo. No podía lograrse. Tenía cara de sabio. Ya lo dijo el cura cuando le bautizó. ¡Un niño sin comparación posible! Murió porque sabía todo lo que hay que saber en este mundo. Mi niño no había nacido para ser minero. Nació para conocer a sus padres y a sus hermanas. ¡Lo demás ya lo sabía él! ¡Bien claro lo dijo el médico! Murió de eso, de saberlo todo. ¡Era un auténtico niño prodigio!

* * *

Y ahora el padre, cuando no se emborracha, suele ir al cementerio. Camina tan despacio como cuando está borracho, pero sin torcerse. Y con una mueca extraña, con algo como una sonrisa o como ese gesto que hacen los estudiantes cuando se les pregunta una cosa que saben bien, se queda contemplando una pequeña lápida de mármol en la que mandó grabar la siguiente inscripción, «Jesús Pérez Martínez: Filósofo. Nació al amanecer del cinco de julio de 1951. Murió al anochecer del mismo día.»

PARA LA COMPRENSIÓN

1. ¿Qué era el que acababa de nacer, niño o niña?
2. ¿Cómo era de pelo, ojos y piel?
3. ¿Qué cosa sorprendente hizo?
4. ¿Qué sensaciones tuvo el padre al ver por primera vez al niño?
5. ¿Cómo era el padre?
6. ¿Cómo era la madre?
7. ¿Con quién entró la comadrona?
8. ¿Por qué dijo el médico que había que bautizar al niño inmediatamente?
9. ¿Con quiénes volvió el padre al poco rato?
10. ¿De qué hizo la hermana mayor?
11. ¿Quién hizo de padrino?
12. ¿Era un niño normal o extraño?
13. ¿Qué señalaban las agujas del reloj?
14. ¿Quién se emborracha con más frecuencia ahora?
15. ¿Qué suele decir el padre cuando se emborracha?
16. Según el padre, ¿para qué nació el niño?
17. ¿Cuándo suele ir el padre al cementerio, cuando se emborracha o cuando no se emborracha?
18. ¿Qué hace el padre igual al hijo?
19. ¿Qué hace en el cementerio?
20. ¿Mandó grabar algo especial en la lápida? ¿Qué fue?

EJERCICIOS DE VOCABULARIO

A. Completen las siguientes oraciones con una palabra apropiada.

1. La _____ asistió al médico cuando nació el niño.
2. Toma demasiado y se _____.
3. Van a _____ al niño en la iglesia.
4. Pusieron una _____ encima de la sepultura.
5. Salía mucho humo de la _____.
6. El pobre _____ no puede hablar.
7. La _____ de la lámpara produce mucha luz.
8. Los _____ suben de las minas al anochecer.
9. El _____ y la _____ asistieron al bautizo.
10. El _____ asiste al sacerdote en la misa.

B. Reemplacen la palabra o expresión en letra negrita por un sinónimo.

1. **Apareció** del horizonte una luz fuerte.
2. Al **comenzar el día** nació el niño prodigio.
3. El **puso** una inscripción en la lápida.
4. La **expresión extraña** que hizo el niño les asustó a todos.
5. La bomba **explotó** con mucho ruido.

C. Den el contrario de las siguientes palabras.

1. el padrino
2. el amanecer
3. desaparecer
4. andar derecho
5. charlatán

346 La muerte

EJERCICIOS CREATIVOS

1. La muerte de una persona bien conocida y querida afecta profundamente al pueblo. A veces lo deja en un estado de *shock*. Escriba una composición describiendo cómo la muerte de tal persona ha entristecido una ciudad o una nación.

2. Los epitafios, es decir, las inscripciones grabadas en las piedras sepulcrales, son a veces raros e interesantes. Algunos aun tienen elementos cómicos o burladores. Por haberse burlado de la muerte, don Juan Tenorio, héroe romántico de la literatura española, también se conoce como «El Burlador de Sevilla». Haga uno de los siguientes proyectos:

   a. Resumen de la obra *Don Juan Tenorio* por José Zorrilla
   b. Resumen de la obra *El Burlador de Sevilla* por Tirso de Molina
   c. Leer y resumir las escenas de *Don Juan Tenorio* que tienen lugar en el cementerio

ESTRUCTURA

Los Tiempos Compuestos

INDICATIVO

Los tiempos compuestos se forman con el tiempo apropiado del auxiliar *haber* y el participio pasado. El participio pasado de los verbos de la primera conjugación termina en *–ado*; el de los verbos de las segunda y tercera conjugaciones termina en *–ido*.

hablar	hablado	*vender*	vendido
mirar	mirado	*vivir*	vivido
comer	comido	*salir*	salido

Los siguientes verbos tienen participio pasado irregular.

abrir	abierto	*morir*	muerto
cubrir	cubierto	*poner*	puesto
decir	dicho	*romper*	roto
escribir	escrito	*resolver*	resuelto
freir	frito	*ver*	visto
hacer	hecho	*volver*	vuelto

El presente perfecto se forma con el presente del verbo *haber* y el participio pasado. Se emplea para expresar una acción terminada en el pasado reciente.

he hablado	hemos hablado
has hablado	habéis hablado
ha hablado	han hablado

Lo he discutido con él esta mañana.
No sé si se han ido.

El pluscuamperfecto se forma con el imperfecto del verbo *haber* y el participio pasado. Se emplea para expresar una acción pasada terminada anteriormente a otra acción pasada.

había comido	habíamos comido
habías comido	habíais comido
había comido	habían comido

El había comido (a las doce) antes de que llegáramos (a la una).

Ellos habían terminado (el martes) cuando yo los vi (el miércoles).

El futuro perfecto se forma con el futuro del verbo *haber* y el participio pasado. Se emplea para expresar una acción futura terminada anteriormente a otra acción futura.

habré salido	habremos salido
habrás salido	habréis salido
habrá salido	habrán salido

Ellos habrán salido antes de que lleguemos.
Yo habré empezado cuando tú vengas.

El condicional perfecto se forma con el condicional del verbo *haber* y el participio pasado. Se emplea para expresar lo que habría ocurrido si no fuera por otra cosa que lo interrumpió o prohibió.

habría escrito	habríamos escrito
habrías escrito	habríais escrito
habría escrito	habrían escrito

El habría hecho el viaje pero no pudo porque no tuvo suficiente dinero.

A. Sustituyan según el modelo.

> *Nosotros hemos salido demasiado tarde.*
> *comido/*
> *Nosotros hemos comido demasiado tarde.*

1. Nosotros hemos salido demasiado tarde.
   llegado/ terminado/ ido/ concluido/ empezado/

2. Ellos han empezado las ceremonias.
   él/ los salasacas/ tú/ nosotros/ yo/

B. Contesten a las siguientes preguntas según el modelo.

> *¿Lo vio Ud.?*
> *No, todavía no he visto nada.*

1. ¿Lo renunció Andrés?
2. ¿Lo terminó María?
3. ¿Lo explicó el profesor?
4. ¿Lo leyeron Uds.?
5. ¿Lo confesó Tránsito?

C. Sustituyan según el modelo.

> *El chico había estropeado el coche.*
> *vendido/*
> *El chico había vendido el coche.*

1. El chico había estropeado el coche.
   arreglado/ empleado/ visto/ comprado/ chocado con/

2. El niño no había podido abrir los ojos.
   la pobre vieja/ Jorge y Palita/ yo/ Uds./ tú/

D. Contesten a las preguntas según el modelo.

> *¿Qué dijo Carlos?* verlo ayer
> *Carlos dijo que lo había visto ayer.*

1. ¿En qué insistió María? *llover ayer*
2. ¿Por qué pareció distinta la chica? *cortarse el pelo*
3. ¿Por qué no aprobó el examen el alumno? *no estudiar bastante*
4. ¿Por qué estaba Ud. cansado hoy? *no dormir bien anoche*
5. ¿Por qué castigó el padre al niño? *ser malo*

E. Sustituyan según el modelo.

Para mañana lo habré terminado.
hecho/
Para mañana lo habré hecho.

1. Para mañana lo habré terminado.
   conseguido/pedido/contestado/acabado/examinado/
2. Ellos ya habrán salido.
   Isidro/yo/Uds./mis padres/tú/nosotros/

F. Contesten a las siguientes preguntas según el modelo.

¿Terminarás la lección antes del lunes?
Sí, ya habré terminado la lección.

1. ¿Anunciarán el resultado de la elección antes de las ocho?
2. ¿Irás a Bogotá el año que viene?
3. ¿Vendrás a visitarme antes de la semana que viene?
4. ¿Comprarán un coche nuevo antes de las Navidades?
5. ¿Me llamarás por teléfono antes del lunes?

G. Sustituyan según el modelo.

Yo no lo habría pagado.
dicho/
Yo no lo habría dicho.

1. Yo no lo habría pagado.
   hecho/conseguido/llevado/comido/querido/puesto/
2. Ellos no habrían podido asistir.
   los actores/tú/nosotros/yo/Ud./

H. Contesten a las siguientes preguntas según el modelo.

¿Asistió Ud. a la escuela el sábado?
No, nunca habría asistido a la escuela el sábado.

1. ¿Te permitió tu madre ir al baile?
2. ¿Fue María al cine con Jorge?
3. ¿Empezaron las ceremonias a las ocho?
4. ¿Hablaron Uds. por teléfono por tanto tiempo?
5. ¿Terminaste tu trabajo para hoy?
6. ¿Tuvo significado fúnebre el dos de noviembre?

SUBJUNTIVO

El presente perfecto del subjuntivo se forma con el presente del subjuntivo del verbo *haber* y el participio pasado. Se emplea en una cláusula que requiere el subjuntivo cuando la acción de la cláusula está en el pasado.

haya descubierto	hayamos descubierto
hayas descubierto	hayáis descubierto
haya descubierto	hayan descubierto

Dudo que ellos hayan llegado.
Es posible que él lo haya hecho.

El pluscuamperfecto del subjuntivo se forma con el imperfecto del subjuntivo del verbo *haber* y el participio pasado. Se emplea en una cláusula que requiere el subjuntivo cuando el verbo de la cláusula principal está en el pasado o condicional y la acción de la cláusula se ha realizado antes de la de la cláusula principal.

hubiera vuelto	hubiéramos vuelto
hubieras vuelto	hubierais vuelto
hubiera vuelto	hubieran vuelto

Dudó que nosotros lo hubiéramos sabido.
Tuve miedo de que tú lo hubieras hecho.

I. Sustituyan según el modelo.

> Es lástima que el niño haya sufrido.
> muerto/
> Es lástima que el niño haya muerto.

1. Es lástima que el niño haya sufrido.
   desfallecido/roto la pierna/llorado/gritado/caído/
2. ¿Es posible que los padres le hayan bautizado?
   el médico/tú/los sacerdotes/el padrino/nosotros/

J. Contesten a las siguientes preguntas según la indicación.
1. ¿Han comprendido bien? *no, no creo*
2. ¿Ha tenido un significado fúnebre ese día? *no, no es posible*
3. Andrés se ha arrepentido. *es lástima*
4. Tránsito ha querido confesarse. *dudo*
5. ¿Ha durado mucho la confesión? *es imposible*

K. Sustituyan según el modelo.

> Temíamos que Tránsito hubiera muerto.
> llorado/
> Temíamos que Tránsito hubiera llorado.

1. Temíamos que Tránsito hubiera muerto.
   sufrido/llorado/recordado/vuelto/salido/
2. El padre se sintió completamente feliz como si se hubiera enriquecido de repente.
   nosotros/la madre/yo/Andrés y Tránsito/tú/

L. Sigan el modelo.

> Ocurrió algo extraordinario.
> Ojalá que hubiera ocurrido algo extraordinario.

1. El médico llegó para examinar la herida.
2. El cura rezó el salmo.
3. Los difuntos comieron y bebieron a gusto.
4. La madre estaba tranquila.
5. Nadie se acordó de comer.

Cláusulas con Si

Las cláusulas que empiezan con *si* se emplean para expresar una acción que sea contraria a la realidad. Estas cláusulas exigen una concordancia de tiempos especial.

cláusula principal	si
futuro	presente del indicativo
condicional	imperfecto del subjuntivo
condicional perfecto	pluscuamperfecto del subjuntivo

Si puedo, lo haré.
Si pudiera, lo haría.
Si hubiera podido, lo habría hecho.

M. Sustituyan según el modelo.

> Si quieres, lo confesaré.
> mandas/
> Si mandas, lo confesaré.

1. Si quieres, lo confesaré.
   deseas/escuchas/dejas de hablar/me haces caso/
2. Si prometo, lo haré.
   lo cumpliré/no lo negaré/te ayudaré/lo buscaré/
3. Si supiera la respuesta, te lo diría.
   quisiera ir/supiera la verdad/estuviera lloviendo/pudiera ir/quisiera confesarme/
4. Si no llegaran los salasacas, no habría fiesta.
   nosotros/los padrinos/el jefe/yo/el señor cura/

5. Si el niño no hubiera abierto los ojos, yo habría pensado que estaba muerto.
   llorado/ parpadeado/ hecho una mueca/ bostezado/ suspirado/
6. Si hubiéramos pensado que éramos culpables, nos habríamos confesado.
   yo/ Tránsito/ Uds./ el médico/ tú/

N. Transformen según el modelo.

> *Tiene significado fúnebre. Los salasacas no celebran la fiesta.*
> *Si hubiera tenido significado fúnebre, los salasacas no habrían celebrado la fiesta.*

1. No quiero hablar delante del cura. Le suplico que salga por un momento.
2. Prometo hacerlo. Lo hago.
3. Vemos la importancia de la religión en la vida. Comprendemos mejor la muerte de Tránsito.
4. El niño no muere. El padre se siente completamente feliz.
5. Le oigo hablar. Me sorprende menos.

O. Contesten a las siguientes preguntas según la indicación.

1. ¿Vas a la fiesta? *si Uds. me invitan*
2. ¿Confiesan Uds.? *si tú nos lo hubieras preguntado*
3. ¿Deja solo el niño a sus padres? *si el niño muriera*
4. ¿Lo dicen Uds.? *si hubiéramos sabido algo de él*
5. ¿El médico examina a Tránsito? *si tiene tiempo*

CUADRO 16

La furia española

PREPARANDO LA ESCENA Se explicará el título de esta unidad, si se piensa que la emoción es una de las formas de expresión con que la cultura de un pueblo se manifiesta y se transmite.

España es una tierra de fuego y de serenidad a la vez. Es la madre de muchos pueblos en todos los horizontes del mundo. En pleno desarrollo del renacimiento dio a Europa un nuevo mundo, descubriendo las Américas. La furia indomable del español lo llevó a modificar todo un hemisferio. Esa impetuosidad lo hizo fundador de un imperio nuevo para los reyes católicos.

De las naciones de este imperio extrajo grandes riquezas. De unas llevó oro y de otras llevó plata. Pero al extraer valores auríferos de unas y argentinos de otras, en todas dejó semillas de cultura hispánica destinadas a producir fruto permanente. A cambio de metales que perecen dejó el Cristianismo como base de su fe, el idioma castellano como base de su comunicación y la furia española como base psicológica de su progreso. Fue esta última la que por fin movió a estos mismos pueblos a separarse de la madre patria.

El hombre americano, el indio, como se ha convenido en llamarle impropiamente, aceptó esa furia y la fundió en un mestizaje inquebrantable. El fuego español y el bronce indio se unieron formando los hijos occidentales de la madre patria.

Pólvora en fiestas

por Francisco López Sanz

INTRODUCCIÓN

Para conocer al pamplonés es necesario penetrar sus emociones. Por eso Pamplona siempre será un enigma admirable. Tres explosiones iguales producen tres emociones distintas. ¿Por qué? Porque se oyen a diferentes tiempos. El tiempo es uno de los factores que determinan la emoción del pamplonés.

La serenidad del tranquilo y el furor del entusiasta se agitan por los eventos festivos. La pólvora quemada agita una especie de sensación, el ruido otra y la anticipación otra. El pamplonés es un complejo de furia, pasión, tranquilidad, serenidad y paz.

GUÍA DE ESTUDIO

En este cuento vemos como tres diferentes explosiones de pólvora producen tres diferentes emociones. Los tres cohetes hacen un ruido tremendo. Los tres se disparan del mismo sitio. Pero la anticipación que precede cada cohete determina la furia del pueblo al oirlo.

Un cohete da principio al festejo. Otro cohete da comienzo a los fuegos artificiales. Otro empieza el estampido matinal de los toros, los toros de Pamplona. Este último cohete llena los corazones de una emoción sin igual, porque es el que deja salir los toros por las calles. Los toros corren al lado de muchos locos que corren con ellos.

PALABRAS CLAVE

1. **acomodados** puestos en sitio conveniente

   Los muebles están bien acomodados en el cuarto.
   Los invitados fueron _____ primero, y entonces la familia se sentó.

2. **alocados** que tienen cosas de loco o que parecen locos

   Los muchachos estaban alocados con el juego.
   Todos estaban _____ después de cinco días de fiesta.

3. **anhelo** deseo vehemente

   Tengo anhelo de volver a mi tierra cuando las cosas mejoren.
   Los cohetes de Pamplona producen un gran _____ de fiestas.

4. **bullicio** ruido de la multitud

   El bullicio de la calle era un tumulto.
   Se podía oir el _____ por las ventanas cerradas.

5. **chispas** partículas encendidas que saltan de la lumbre (sparks)

   Por no tenerles miedo a las chispas se quemó.
   Los cohetes producen _____ luminosas.

6. **cohetes** artificios de pólvora que se lanzan a lo alto, donde estallan, produciendo luz y ruido

   Ese tipo de cohetes ha estado prohibido varios años.
   Los _____ anuncian varias fases de la fiesta.

7. **deslumbrador** que deslumbra u ofusca (dazzling, glaring)

   El vestido de la reina era tan deslumbrador que molestaba la vista.
   El cohete _____ alegró a todo el pueblo.

8. **en vilo** dícese de lo que está suspendido en el aire, en suspensión

   Los ánimos se ponen en vilo durante la fiesta de Pamplona.
   El no saber el resultado del concurso los tenía todos _____.

9. **esmero** sumo cuidado que se pone en hacer las cosas

   Los artistas trabajan con esmero.
   Para ese trabajo hay que buscar alguien que trabaje con _____.

10. **estampido** ruido fuerte producido por una detonación

    El estampido del cohete se oye por todo el pueblo.
    El cohete produjo un _____ que se oyó por toda la ciudad.

11. **giro** movimiento circular

    Durante la fiesta todo el mundo se mueve en un giro constante.
    El bailador dio un _____ muy natural.

12. **grato** placentero, agradable

    Es muy grato para las madres cuando los hijos son buenos.
    El recuerdo del festejo es muy _____.

13. **pirotécnico** relativo a explosivos

    El artista pirotécnico hace cohetes.
    El arte _____ es el arte de preparar fuegos artificiales y cohetes.

14. **pólvora** mezcla muy inflamable de salitre, carbón y azufre, que sirve para disparar proyectiles

    La pólvora se usa para hacer cohetes.
    Los chinos de tiempos antiguos usaban la _____ para los fuegos artificiales.

15. **presagio** señal que indica el porvenir

    Los cohetes son presagios de la fiesta.
    Ella consideró su sueño mal _____.

La Fiesta de San Fermín, Pamplona, España

Spanish National Tourist Office

chupinazo *explosión*

Hay en nuestras fiestas tres cohetes característicos disparados a diferentes horas y para advertir diversos motivos, que si son iguales en el ruido, en la detonación, producen emociones distintas. Porque los tres provocan su emoción correspondiente, en unos más, en otros menos. A éstos un cohete les emociona de una forma, y aquéllos de otra. Pero que los tres producen emoción, anhelo, ilusión, ansiedad, eso no hay quien lo discuta ni menos quien lo niegue. Con toda la pólvora que se quema en las fiestas, ningún chupinazo provoca ese movimiento de expectación con repercusión emocional como los tres cohetes de los que vamos a hablar a continuación y que podíamos calificarlos de cohetes anunciadores.

El de las doce

Pregunten Uds. a cualquiera, hombre o mujer, grande o chico, joven o viejo, a ver si se emociona cuando oye el estampido del primer cohete que se dispara el seis de julio desde el balcón del Ayuntamiento coincidiendo con las campanadas de las doce, y verán lo que les contestan. Es el cohete anunciador de las fiestas. Es el que rompe el fuego y tras el que comienza el ruido y el bullicio, las músicas y el *jaleo callejero*. Es el que pone en tensión a todos los que ya se sienten atraídos por el bullicio. Es el que paraliza el esfuerzo del trabajo y hace andar de cabeza, nerviosos y alocados, a los que no tienen más remedio que continuar junto al mostrador sirviendo, precisamente a quien acude de compras pensando en las fiestas. El cohete anunciador saca de sus casillas a todos los que han vivido los *Sanfermines* desde niños, por mayores que sean, a los que todavía no son más que niños y llevan solamente una ilusión infantil y a los jóvenes que esperan divertirse largamente porque para eso son las fiestas. A todos les *cosquillea* el gusano de la emoción desde que han escuchado el ruidoso cohete anunciador que da *rienda suelta* al bullicio y hace perder la cabeza para arrojarse alegremente en esa locura sanferminesca, que es la locura de la diversión, del regocijo y de la fortaleza.

El de los fuegos

«Vamos a ver si cenamos pronto, porque hemos de ver los fuegos artificiales. Eso sí que no nos lo perdemos.» Esa suele ser la frase de muchos en esa hora en que se queda mirando al reloj y *compaginando* el espacio de tiempo que pueda quedar para la cena. Porque aunque para unos los fuegos sean una cosa insustancial que se quema en seguida, artificio deslumbrador, pólvora, humo, nada, para muchos, sin embargo, es el espectáculo o uno de los espectáculos más gratos, y, desde luego, de los más económicos. Y los que no quieren perdérselo cenan de prisa. Salen precipitadamente de casa y van veloces por la calle, pero, con todo, muchas veces les sorprende antes de tiempo el cohete nocturno anunciador del festejo *polvorístico*. Este despierta en ellos esa emoción, ese temor de que van a llegar tarde, ese miedo que ya tenían de que iban a ser sorprendidos por el anuncio ruidoso antes de estar en su sitio. Y con esa emoción, la preocupación de que otros nuevos disparos acercarán más el momento de comenzar a ser devorado por el fuego lo que con tanto esmero preparó el artista pirotécnico. Los entusiasmados con ese espectáculo luminoso y detonador corren jadeantes hasta la Plaza del Castillo con su emoción y su anhelo de no perderse ni una chispa porque la pirotécnia les encanta, les enciende y les deja con la boca abierta. ¡Aaah!

El del encierro

encierro *round up of the bulls*

¡Ah! Este estampido matinal sí que no habrá quien niegue que produce una emoción subida. ¡Y qué emoción! Mientras llega la hora y todavía no es el momento de los sustos, esto es cuando el público marcha tranquilamente hacia la Plaza o a los numerosos balcones que siempre están reservados para los infinitos amigos, la cosa transcurre con naturalidad. Pero cuando cada uno está acomodado en su puesto, acomodado o incomodado, o incómodo, desde luego, y la hora se acerca, empieza el nerviosismo. Se consulta el reloj y como en los partidos de fútbol en los que se gana justamente, pero se puede perder y se desea su pronta terminación, se dice: «Pues, ya es la hora». Y en aquel momento resuena en el espacio la explosión que pone en vilo a todo el mundo tras un giro instintivo e irremediable. No es más que un simple cohete, pero lo que anuncia y significa lleva a los corazones un latir acelerado. En aquel momento lo invade todo de emoción ante el presagio de los toros corriendo sueltos por las calles junto a muchos locos que marchan entre las fieras y que debían estar atados. La explosión del cohete es el comunicado rápido de que ya en aquel instante ha empezado el espectáculo más fuerte. El que pone el alma en un hilo. El que en momentos produce escalofríos y paraliza la sangre. El que hace cambiar de color y a veces volver la vista a otro lado o echarse ingenuamente las manos a la cara para no ver la tragedia que se cree eminente. La tragedia que no es otra cosa que alarma y emoción. Esa emoción que sacude los nervios de miles y miles de almas cuando el estampido del cohete de la mañana avisa que ya corren los toros por las calles y al que no se retire lo retirarán ellos. ¡Sin embargo, tantos hay que no se retiran y son los toros que tienen que retirarse asustados . . . !

latir *beat, flutter*

escalofríos *chills*

En la pólvora que se gasta en nuestras fiestas, que suele ser bastante, he ahí esos tres cohetes que nunca faltan. Son necesarios, porque sin ellos, ¿cómo se anunciaría el principio de las fiestas, el principio de los fuegos y el comienzo del encierro? ¿Y cómo se produciría la expectación, el movimiento de nervios, las reacciones naturales que producen esos tres cohetes iguales con sus tres emociones diferentes?

PARA LA COMPRENSIÓN

1. ¿De cuántos cohetes habla el cuento?
2. ¿Qué producen los cohetes?
3. ¿Se disparan a la misma hora?
4. ¿Contienen pólvora los cohetes?
5. ¿Cuánta pólvora se quema en las fiestas de Pamplona?
6. ¿Qué día se dispara el cohete de las doce?
7. ¿De dónde se dispara?
8. ¿Qué función tiene el cohete de las doce?
9. ¿Cuál cohete comienza el jaleo callejero?
10. ¿Tienen estos cohetes el mismo efecto en todos los que los oyen?

Pólvora en fiestas

11. ¿Qué hacen los que no quieren perderse el cohete de los fuegos?
12. ¿Cómo corren los entusiasmados al espectáculo luminoso?
13. ¿En dónde se ven los fuegos artificiales?
14. ¿De dónde observan algunos el encierro de los toros?
15. ¿Cuál es el cohete que suelta los toros por las calles?
16. ¿Por qué se pone nerviosa la gente al esperar el cohete del encierro?
17. Describa el efecto que produce el cohete del encierro.
18. Compare el espectáculo que produce este cohete con el de los otros dos cohetes.
19. ¿Ocasiona muchas tragedias este cohete?
20. ¿Corren los toros solos por las calles?
21. ¿Son necesarios los tres cohetes? ¿Por qué?

EJERCICIOS DE VOCABULARIO

A. Verdad o falso.

1. Los alocados parecen locos.
2. Un anhelo es un deseo fuerte.
3. El bullicio es un silencio tranquilo.
4. Los cohetes son de agua.
5. Un estampido es un ruido fuerte.
6. Hacerlo con esmero es hacerlo con cuidado.
7. Nos es grato pasar un día agradable.
8. Las chispas salen de la tierra.

B. Completen las siguientes oraciones con una palabra apropiada.

1. Mira la muchedumbre y escucha el ruido en la calle. Hay mucho _____ en la calle.
2. Mira las chispas coloradas en el cielo. Son los _____ que las producen.
3. El lo hizo con mucho cuidado. Siempre trabaja con _____.
4. El toro hizo un movimiento circular. Dio un _____.
5. No me gusta tal señal. Es _____ de algo malo.
6. El los puso en un sitio conveniente. Están bien _____.
7. Están suspendidos en el aire. Sí, están _____.
8. Tiene un deseo fuerte de torear. Sí, tiene mucho _____ de ser torero.
9. ¿No oyes el ruido de los cohetes? Claro que sí. ¡Qué _____ producen!
10. ¡Qué cosa más agradable! Siempre es _____ recibir buenas noticias.

C. Contesten a las siguientes preguntas según la indicación.

1. ¿De qué tienes anhelo? **ver la fiesta en Pamplona**
2. ¿Por qué hay tanto bullicio? **es el siete de julio**
3. ¿Por qué trabaja con tanto esmero? **es perfeccionista**
4. ¿Qué produjo aquel estampido? **el cohete**
5. ¿Cuándo se cayó el bailarín? **al dar el giro**

EJERCICIOS CREATIVOS

1. Escriba unos párrafos sobre los motivos de usar cohetes durante la fiesta en Pamplona.
2. Describa una fiesta norteamericana durante la cual detonan cohetes.

San Fermín

por Alfredo Martín Masa

INTRODUCCIÓN

Con el disparo ritual de un cohete y un «Viva San Fermín» comienzan las fiestas pamplonesas. Con extraordinario éxito de concurrencia y de júbilo popular, a las doce horas del día seis de julio, se verifica el ritual que comienza las fiestas.

En el momento que se escucha el cohetazo, sólo se vive para los «Sanfermines». Animación por todas partes, que va en aumento conforme las horas pasan. La furia española da rienda suelta a todas sus pasiones.

Este cuento es el relato que un periodista hace de la Fiesta de San Fermín, celebrada en Pamplona. El espectáculo del cohete de las doce horas no es muy antiguo. Sin embargo ha impresionado al pueblo de tal modo que ocupa un lugar muy especial en los números del programa de los Sanfermines.

GUÍA DE ESTUDIO

El autor de este artículo nos hace sentir la conmoción y locura de esta fiesta por medio del contraste. Al principio vemos a Pamplona como aparece 357 días del año hasta el siete de julio cuando ... ¡Cuidado, hombre! ¡Todo el mundo se ha vuelto loco!

La descripción es tan detallada que se desarrolla delante de sus ojos como si estuviera viendo una película.

PALABRAS CLAVE

1. **acaricia (acariciar)**   trata con amor y ternura
   La madre acaricia a su niño.
   La niña _____ a su gatito.

2. **ampararse**   protegerse
   Los toros querían ampararse.
   El hombre abrió su paraguas para _____ de la lluvia.

3. **bombo**   tambor grande (large drum)
   El bombo en el desfile es el más grande que yo haya visto.
   En las fiestas de Pamplona tocan solos de _____.

4. **chillón**   de color demasiado subido, agudo, desagradable
   El pañuelo es de un rojo chillón.
   Las cortinas eran de un verde _____.

5. **gaitero**   uno que toca la gaita (bagpipe player)
   El gaitero escocés era el mejor de la región.
   El _____ toca en las fiestas de Pamplona.

6. **garrafón**   botella grande
   Los españoles llenan los garrafones de vino.
   Juan rompió el _____ sin saberlo.

7. **hirviente**   que hierve (boiling)
   Para hacer té se usa agua hirviente.
   Para hacer ese plato hay que comenzar con agua _____.

8. **mareo**   turbación de la cabeza y del estómago
   Los paseos en bote me dan mareo.
   El ruido a veces causa _____.

9. **pavor**   terror, gran miedo
   Miguel tenía pavor a los toros.
   Los relámpagos les causaron gran _____ a los niños.

10. **recoleta**   religiosa
    Pamplona es una ciudad recoleta.
    El monje lleva una vida _____.

11. **timbalero**   tocador del timbal (kettledrummer)
    El timbalero toca su timbal con mucho ritmo.
    Pasó dos horas escuchando al _____.

El siete de julio, Pamplona, España

Spanish National Tourist Office

La furia española

conjuro de un chupinazo	*(fig.) at the summons of a firecracker*
cenobítica	*rutinaria, casi monástica*
churros	*long fritters or doughnuts*
alarido	*griterío*
pitones	*parte superior de los cuernos*
jadeantes	*palpitantes*
desafío	*challenge*
rasga	*blares out*
trenzan	*prance, braid*
alpargatas	*rope sandals*
paja	*straw*
gigantes y... flamean las banderas	*carnival-like characters, bagpipe players and regional musicians wave their banners*
mole	*bulk, massiveness*
navarrico	*native of Navarra*
trepidar	*temblar*
ajos	*goings on*
corno inglés	*English horn*
ojuelos	*eyelet, lace*

Pamplona... una ciudad norteña, de algo más de cien mil habitantes, recoleta, silenciosa, mística, casi aburrida 357 días, y que al conjuro de un chupinazo que rasga el cielo a las doce horas del seis de julio de cada año, pierde la razón. Y aquella vida cenobítica se rompe para ampararse en un pañuelo de rojo subido y sumergirse durante ocho fechas, toda entera, en la vorágine del ruido. La ciudad se pierde entre el bullicio de la música, el estampido de los cohetes, el calor, el humo asfixiante unido al olor de aceite hirviente por el que pasan miles de kilómetros de churros. El alarido de las muchedumbres enloquece, igual que el pavor de los pitones de las fieras que acarician masas de cuerpos jóvenes, jadeantes, que huyen de la muerte y fijan ansiosos sus ojos en la salvación que puede encontrarse en la misma tierra, o en cualquier relieve que levante un metro sobre el nivel del suelo.

El único desafío de toro y hombre, en lucha noble, de igual a igual, apenas nacido el sol, dura instantes solamente. Más no soportarían corazones de carne. Se acaba cuando empieza el día, cuando alegre y retadora rasga una jota el circo taurino que trenzan en el suelo ibero miles de pies vestidos de alpargatas de cintas coloradas.

Se inicia el desfile, un desfile más de la victoria. Se escuchan pasodobles y marchas. Se elevan por brazos atletas, cual gigantes y romanas copas, garrafones protegidos por paja que dejan caer de sus anchas bocas, los mejores caldos de España.

Gigantes y cabezudos, gaiteros y chistularis flamean las banderas al viento que dora el trigo. Los caballitos suben y bajan, ruedan y ruedan y se pierde la clásica música de sus cimbalillos con la del siglo que propagan inarmónicos altavoces. En la paz de un jardincillo que contrasta con la pequeñez del banco y la mole de un hotel de once plantas, duerme un navarrico. Lo despierta el trepidar de la tierra que se resiente ante los veintiún cañonazos que anuncian que de San Lorenzo sale, solemne y señor... El Santo de rostro tostado, acompañado de autoridades.

Ritmo, colorido, mareo, polvo, sol, alcohol en sus múltiples preparados, feria del toro, que se confunde con los mejores ajos de la Ribera. Alegran los solos de bombo o de corno inglés, gracia y salero de ellos, belleza del mujerío en traje de casa con airosas faldas de múltiples ojuelos, atrayentes blusitas de percal. El aire agita el pañuelo chillón. Se sube el clavel hasta el pelo y canta el

cornupeto	*animal that attacks with horns, that butts*
chistera	*sombrero de copa alta*
tabloncillo	*last row of seats in bullring*
habano	*Havana cigar*
coso	*enclosure, main street*
chiquero	*corral*
primero de abono	*first bull*

himno de la juventud y el triunfo de una raza que cita al cornupeto y le quiebra con la elegancia de un antiguo rito. En la Presidencia, el alcalde que saluda, sonriente, chistera en mano: en el tabloncillo el timbalero de gala que estrena el oficio y en el tendido de sombra el pamplónica de siempre, retira el habano de la boca y suelta el grito de guerra que resuena en todo el coso ¡Viva San Fermín! a la par que se abre el chiquero y pisa la arena bravo y asombrado, cegado por la luz y el color, el primero de abono.

PARA LA COMPRENSIÓN

1. ¿En qué parte de España se encuentra Pamplona?
2. ¿Cómo vive Pamplona la mayor parte del año?
3. ¿Qué causa el cambio de actividad entre los habitantes?
4. ¿Cuánto duran las fiestas de Pamplona?
5. Describa la actividad del primer día.
6. ¿Cuál actividad produce más ruido?
7. ¿Cuánto dura el desafío entre toro y hombre? ¿Por qué?
8. ¿Cuándo se acaba este encuentro?
9. Describa la transición entre la lucha con los toros y el bailar de la jota.
10. Describa el desfile que sigue.
11. ¿Hay algo semejante a los caballitos que suben y bajan en los Estados Unidos?
12. Conforme a este escrito, ¿dónde está un navarrico dormido?
13. ¿Qué lo despierta?
14. Relate cómo afecta esta fiesta todos los sentidos del hombre.
15. ¿Dónde está el alcalde?
16. Descríbalo. ¿Qué hace?

EJERCICIOS DE VOCABULARIO

A. Contesten a las siguientes preguntas según la indicación.
1. ¿Por qué tiene que ampararse la chica? **los toros corren por las calles**
2. ¿De qué toma el vino el navarro? **garrafón**
3. ¿Con qué se hace el té? **agua hirviente**
4. ¿Por qué no te gusta el traje? **tiene un color chillón**
5. ¿Quiénes tocan la gaita? **los gaiteros**
6. ¿Cómo es la vida en aquella aldea? **recoleta**
7. ¿Qué le causó al joven el toro? **un gran pavor**
8. ¿Te gusta tocar el bombo? **sí, y el timbal también**
9. ¿Quién hace tanto ruido? **el timbalero**
10. ¿De qué sufre la niña? **el mareo**

B. Reemplacen la palabra en letra negrita por un sinónimo.
1. El está tocando el **tambor grande**.
2. El que toca ahora es el mejor **tocador de gaita**.
3. Tenía que **protegerse** detrás del barril.
4. ¿Dónde conseguiste **aquella botella grande**?
5. ¡Qué **terror** le causó!
6. Hay que usar agua **que está hervida**.
7. Prefiere la vida **religiosa**.
8. La madre **trata con cariño** al niño.

EJERCICIOS CREATIVOS

1. Escriba una composición describiendo la fiesta de Pamplona. Estas preguntas le servirán de guía:
   a. ¿Dónde se celebra la fiesta?
   b. ¿Cuándo?
   c. ¿Cómo es Pamplona por lo general?
   d. ¿Cómo se cambia durante la fiesta?
   e. ¿Qué produce grandes emociones?
   f. ¿Cuándo se oyen y cuál es el motivo de cada uno?
   g. ¿Cuál etapa es la más singular?

2. Compare las fiestas de Pamplona con otra fiesta que Ud. conozca.

3. Mencione una parte del mundo donde una fiesta como ésta no sería posible y por qué.

4. ¿Qué haría Ud. si le tocara estar en Pamplona el seis de julio? ¿Por qué?

5. Si Ud. tuviera máquina fotográfica, ¿qué escenas le gustaría sacar?

Cante flamenco en el Sacromonte, Granada　　　　　　　　　　　Ministerio de Información y Turismo

San Fermín

Manolo el intrépido

por Florinda Cavaldón

INTRODUCCIÓN

Manolo, torero valiente, vivió orgulloso de su arte. Tuvo valor para enfrentarse con la vida. Pidió y mereció aplausos del público. Su leyenda vive todavía en los países hispanos. Sabía que sólo el diablo podía causarle la muerte y lo decía a sus amigos después de las corridas. Un día en la arena, en frente de una gran multitud «El Diablo» lo mató.

GUÍA DE ESTUDIO

Note las cualidades de carácter necesarias para ser un gran matador. ¿Qué exige el público de sus héroes?

Lo que hace aun más dramática la descripción de la última corrida de Manolo es el elemento de ironía. Si cree Ud. que el destino de un hombre es predeterminado, le va a gustar muchísimo este relato.

PALABRAS CLAVE

1. **acabará (acabar) con**   exterminará, destruirá, matará

    Tenemos que acabar con ellas antes de que acaben con nosotros.
    Al matador le gusta creer que sólo el diablo ―――― él.

2. **amistades**   amigos, relaciones

    Mis mejores amistades viven en otra ciudad.
    Se consideró afortunado en tener tantas buenas ――――.

3. **atestigua (atestiguar)**   declara como testigo

    Su éxito como alumno atestigua su inteligencia.
    Ella es la única que vio el accidente y ―――― que Juan no tuvo la culpa.

4. **cornada**   golpe dado por el toro con el cuerno

    Al torero no le gustaba cuando el toro le daba una cornada.
    Su dolorosa muerte fue el resultado de una ――――.

5. **delirante** entusiasmada

   La multitud delirante siempre aplaude al héroe.
   La reacción _____ del público le agradó mucho.

6. **hombros** parte superior del cuerpo de una persona (shoulders)

   Los hombros de ese hombre eran grandes y fuertes.
   Salió del partido en _____ de sus amigos entusiasmados.

7. **intrépido** sin temor

   No es bueno ser demasiado intrépido.
   Su ataque _____ les causó a todos admiración.

8. **jactaba (jactarse)** se alababa (bragged)

   El hombre se jactaba de los muchos éxitos que había tenido.
   Se _____ de saber tantas cosas.

9. **jactancia** alabanza propia (bragging)

   La alabanza de otros es mejor que la jactancia.
   Habló de sus hazañas con _____.

10. **mocedades** época de la vida que va desde la infancia hasta la edad adulta

    Las mocedades de los alumnos son muy activas.
    Había conocido a don Octavio desde sus _____.

11. **novillero** torero que lidia novillos (bullfighter that fights young bulls)

    Manolo fue un gran novillero.
    Su coraje de _____ le ganó gran fama.

12. **rabo** cola (tail)

    Cuando un perro está contento mueve el rabo.
    Había toreado tan bien que le concedieron al torero las dos orejas y el _____.

Picos de Europa, Asturias   Ministerio de Información y Turismo

365   Manolo el intrépido

Era Manolo un magnífico torero. Lo había sido desde su época de espontáneo, cuando siendo apenas un mozalbete, se arrojaba a los ruedos cuando la ocasión le parecía propicia. Posteriormente de allí surgió un novillero, y su arrojo y coraje se tornaron en gracia y asimismo se tornaron en orgullo. Se jactaba de ser de los mejores en la fiesta brava, y hasta parecía creerse indestructible e impregnable.

«A mí nada me hace medroso ni pusilánime», decía, «solamente el diablo. Y seguiré siendo Manolo el atrevido, pues nadie acabará conmigo, solamente el diablo.» Y así continuó su vida de taurómaco, de triunfo en triunfo.

Y pasó de ser novillero a ser el gran matador, recibiendo su alternativa de manos de su padrino, el buen Paco, a quien había conocido desde sus mocedades.

Y no hubo corrida de donde no saliera en hombros de la delirante multitud. Salía llevando en sus manos, como los gladiadores romanos llevaban sus trofeos, un par de orejas o un rabo, atestiguando así a su maestría y su bravura.

Después de las corridas se reunían sus amistades y los aficionados a brindar con él. Siempre exclamaba con orgullo y seguro de sí mismo: «Nadie acabará conmigo, solamente el diablo», y todos se reunían a su alegría y algunos lo miraban con envidia y con admiración.

Empero la vida del torero lleva siempre sus amarguras a igual que otras vidas. Y en una tarde plena de sol, de claveles y de mujeres hermosas, Manolo recibió la cornada que pusiera fin a sus triunfos, a sus jactancias, a su orgullo.

Y al encontrarse tendido en la arena, sintiendo que la vida se le escapaba, sus ojos que miraban hacia la puerta del toril de donde había salido su enemigo, pudieron percibir el nombre con el cual se había marcado al toro que en suerte le tocara: «Diablo».

366   La furia española

PARA LA COMPRENSIÓN

1. ¿Qué clase de torero era Manolo?
2. ¿A qué edad ya se arrojaba a los ruedos?
3. ¿Era orgulloso o humilde Manolo? ¿Cómo lo sabe?
4. ¿Sólo quién podía asustar a Manolo?
5. Relate algo sobresaliente de su vida de torero.
6. ¿Cómo lo sacaba la multitud de la arena?
7. ¿Qué evidencias daba de su bravura y destreza?
8. ¿Adónde iba después de las corridas?
9. Cuando tomaba con sus amigos, ¿qué hacía?
10. Describa la muerte de Manolo.
11. ¿Cómo se llamaba el toro que por fin lo mató?

EJERCICIOS DE VOCABULARIO

A. Completen cada oración con la palabra apropiada de la lista de abajo.

amistades, atestigua, cornada, delirante, hombros, intrépido, novillero, rabo

1. Le cortaron el _____ al toro.
2. Tan simpático era que tenía muchas _____.
3. Era un joven _____ que toreaba bien.
4. El aplauso de la multitud _____ su bravura en la rueda.
5. La _____ que le dio el toro lo mandó al hospital.
6. El público quedó _____ al ver su bravura.
7. Manolo era un novillero _____; no le asustaba nada.
8. Sus amigos lo sacaron de la rueda en sus _____.

B. Den el sinónimo de las siguientes palabras.

1. entusiasmado
2. alabarse
3. sin miedo
4. destruir
5. cola
6. declarar
7. juventud
8. amigos

C. Verdad o falso.

1. Es tan intrépido que todo le da miedo.
2. A la mayoría de los viejos les gusta pensar en sus mocedades.
3. Escuchar al que se jacta siempre es aburrido.
4. Como él no vio el accidente puede atestiguar.
5. La multitud se puso delirante al ver lo bien que toreaba.
6. El que es antipático no tiene amistades.

EJERCICIOS CREATIVOS

1. Dé en sus propias palabras un resumen de este cuento dramático.
2. Describa la ironía del episodio.
3. Por lo general cuando hay corrida la plaza está llena, pero para los aficionados que no pueden ir, la televisión y la radio les llevan la emoción y la acción a sus hogares. Tome el papel de anunciador de radio y describa los últimos momentos emocionantes de Manolo.
4. Compare la multitud en una corrida con la multitud en un partido de fútbol. Diga en qué consisten las diferencias.
5. Compare la vida de un torero con la de un campeón de boxeo, incluyendo estas ideas: la preparación y el entrenamiento, las cualidades necesarias, las recompensas económicas, la admiración del público, el probable número de años que pueden trabajar.

ESTRUCTURA

Pronombres Relativos

masculino	femenino	neutro
que	que	lo que
quien, quienes	quien, quienes	
el que, los que	la que, las que	
el cual, los cuales	la cual, las cuales	lo cual
cuyo, cuyos	cuya, cuyas	

EL PRONOMBRE QUE

Un pronombre relativo une dos palabras o dos grupos de palabras que tienen algo en común. Pertenece al segundo y se refiere al primero, que se llama el antecedente. El relativo más común es *que*. Se refiere tanto a personas como a cosas. Se emplea como sujeto o complemento de la cláusula subordinada.

El hombre que acaba de entrar me trajo la llave que yo quería.

Si una preposición precede el relativo *que* puede referirse sólo a cosas.

Las ciencias a que me dedico son muy importantes.

A. Sustituyan según el modelo.

La explosión que oí a las seis me despertó.
el ruido/
El ruido que oí a las seis me despertó.

1. El ruido que oí a las seis me despertó.
   el cohete/el grito/el estampido/la música/la detonación/
2. Vimos una fiesta colorida que nos emocionó.
   un desfile bullicioso/una corrida de toros/la detonación de la pirotécnica/el jaleo callejero/la muchedumbre/

B. Transformen según los modelos.

La fiesta es emocionante. Se celebra en Pamplona.
La fiesta que se celebra en Pamplona es emocionante.

1. El señor es pamplonés. Me llevó a la fiesta.
2. El cohete da principio al festejo. Se dispara a las doce.
3. Los fuegos artificiales nos encantan. Iluminan el cielo.
4. Los toros entran en las calles. Corren sueltos.
5. Pamplona pierde la razón. Es una ciudad recoleta y mística.
6. Los jóvenes huyen de la muerte. Corren de los toros.

La ciudad mística es Pamplona. Me referí a ella.
La ciudad mística a que me referí es Pamplona.

1. El balcón daba a la calle. Me senté en él.
2. El circo taurino es la plaza de toros. Miles bailan la jota en él.
3. Me mostró su espada. Mató el toro con ella.
4. Las alpargatas resultaron cómodas. Hiciste burla de ellas.
5. La fiesta se celebra en Pamplona. Miles de turistas acuden a ella.

EL PRONOMBRE QUIEN

Quien se refiere sólo a personas y concuerda con su antecedente en número. Por lo general una preposición va delante: *a, de, con, por, para, sin, tras.*

Manolo es el torero de quien me habló.

368 La furia española

Cuando se usa impersonalmente, quiere decir *he who, the one who, those who, whoever.*

Quien estudia aprende.

C. Sigan el modelo.

La señora de quien hablé salió al balcón.
a quien saludaste/
La señora a quien saludaste salió al balcón.

1. La señora a quien saludaste salió al balcón. para quien compré el boleto/con quien fui al desfile/en quien confiaste/tras quien estábamos sentados/por quien preguntaron los estudiantes/

D. Transformen según el modelo.

La señora salió al balcón. La conociste ayer.
La señora a quien conociste ayer salió al balcón.

1. La señora se puso contenta. Le pagué el alquiler.
2. Manolo era un torero magnífico. Yo te presenté a él.
3. Mi compañero tocó la gaita. Lo conociste en la reunión.
4. El alcalde saludó a todos. Saqué varias fotos de él.
5. El autor cree que es una celebración singular. Estoy de acuerdo con él.
6. Mis amigos nos invitaron a bailar. Te quejaste de ellos.
7. Los artistas hicieron los fuegos artificiales. Trabajábamos con ellos.
8. Los atletas de Navarra ganaron el concurso. Hicimos los arreglos para ellos.

E. Sigan el modelo.

El que come bien, sano es.
Quien come bien, sano es.

1. El que estudia aprende.
2. El que no sabe eso es ignorante.
3. Los que creen eso van a ser felices.
4. Los que van a Pamplona se divertirán en la fiesta.
5. El que hace tal cosa es intrépido.

LOS PRONOMBRES EL QUE, EL CUAL

Se usan los relativos *el que, los que, la que, las que* o *el cual, los cuales, la cual, las cuales* con las siguientes preposiciones.

Después de preposiciones de dos sílabas o más: *acerca de, contra, detrás de, delante de,* etc. (Con las preposiciones *a* o *de* forman las contracciones *al que, al cual, del que, del cual.*)

Los toros, delante de los cuales corren los jóvenes atrevidos, son animales bravos.

Después de las preposiciones *por* y *para.*

El edificio, por el cual anduvimos, es el Cabildo.

F. Transformen según el modelo.

La plazuela tenía aspecto de abandono.
Detrás de la plazuela está el Gran Hotel.
La plazuela, detrás de la cual está el Gran Hotel, tenía aspecto de abandono.

1. Subí a la torre. Desde allí vi toda la ciudad.
2. La ciudad es bonita. Hay murallas alrededor de la ciudad.
3. Vi el Palacio del gobernador. Detrás del Palacio comí unos churros ricos.
4. El equipo de nuestra escuela es excelente. Uds. van a jugar contra él.
5. La casa es el domicilio del alcalde. Estamos cerca de ella ahora.

EL PRONOMBRE CUYO

El pronombre *cuyo* significa *whose*. Concuerda con lo poseído, no con el que lo posee.

El alcalde, cuya señora se quedó en casa, saluda a todos.

G. Transformen según el modelo.

Manolo era un torero extraordinario. Su muerte fue inesperada.
Manolo, cuya muerte fue inesperada, era un torero extraordinario.

1. Manolo murió tendido en la arena. Su enemigo fue «El Diablo».
2. Los turistas durmieron en las calles. Sus reservaciones fueron canceladas.
3. En la paz de un jardincillo duerme un navarrico. Su siesta fue terminada por los veintiún cañonazos.
4. Pamplona es una ciudad recoleta. Sus chupinazos rasgan el cielo.
5. Los gaiteros tocan bien. Su música clásica se oye ahora.
6. El niño espera divertirse. Su padre es de Navarra.
7. La señora sonríe felizmente. Sus hijos llegaron ayer.
8. Comienzan a bailar los jóvenes. Sus alpargatas coloradas parecen volar por el aire.

LOS PRONOMBRES LO QUE, LO CUAL

Lo que y *lo cual* son formas neutras que no se refieren a ninguna persona u objeto, sino a una idea o concepto.

Se dedicó a sus estudios, lo que (lo cual) nos agradó mucho.

H. Transformen según el modelo.

No dijo nada. Me sorprendió mucho.
No dijo nada, lo que me sorprendió mucho.
No dijo nada, lo cual me sorprendió mucho.

1. Manolo murió inesperadamente. Nos entristeció.
2. Se fue sin despedirse. Me parecía una falta de cortesía.
3. La llevó a ver el desfile. Le agradó mucho.
4. Les saludó cordialmente. Era propio.
5. Isabel llevaba alpargatas rojas. Produjo una risa burlona.
6. Manolo toreaba bien. Evocó los «olés» del público.

I. Completen las oraciones con el pronombre relativo apropiado.

1. El cielo era oscuro, _____ hizo lucir más los fuegos artificiales.
2. Tuve que pagar las entradas al cine, _____ eran baratas.
3. El autor de _____ hablo se llama Michener.
4. Las tradiciones de los pamploneses, _____ se vuelven locos en los Sanfermines, son interesantes.
5. _____ ve los fuegos se quedará contento.
6. Alquilé un cuarto en _____ pasé poco tiempo.
7. Me acerqué a una señorita _____ cara parecía familiar.
8. Los hoteles, algunos de _____ pueden acomodar a cientos de huéspedes, estaban llenos.
9. Yo quiero ver de nuevo la plazuela cerca de _____ me esperabas.
10. El tren _____ llegó tarde debe estar en el taller de reparaciones.
11. Los bailarines, _____ zapatos no dejaban de moverse, se cansaron por fin.
12. El alcalde de la ciudad, _____ es muy popular, inicia la celebración.
13. Yo sé _____ piensas.
14. _____ ha visto ese espectáculo te dirá lo mismo.

CUADRO 17

El alimento

PREPARANDO LA ESCENA «La comida sigue en la Edad de Piedra.» Así dice Joaquín de Entrambasaguas. «En la comida, como en la música, el secreto está en la instrumentación.» Así dice Juan Antonio de Zunzunegui. «La cocina española no admite el truco ni la alquimia.» Así dice Luis Antonio de Vega. «Los mejores freidores y los mejores toreros son casi siempre andaluces.» Así dice Antonio Díaz-Cañabate.

Las diversas opiniones expresadas por estos luminarios españoles son pruebas de que el alimento, en España como en cualquier país del mundo, es un asunto de mucha importancia y de constante consideración.

Las selecciones de este cuadro son una entrevista personal con un español que trata de la cocina española, versos sencillos que personifican «graciosos personajes de mi huerta» y un cuento que muestra la importancia de la comida en los negocios.

¡Seguramente este cuadro despertará el apetito!

Entrevista con Joaquín de Entrambasaguas

INTRODUCCIÓN

España es una gigantesca parrilla al sol donde se come bien y donde se sabe beber. Un reportero de la revista *Mundo Hispánico* convocó a varios artistas e ingenios para que hablasen de la cocina española. Entre los entrevistados estaba Joaquín de Entrambasaguas. Siguen las preguntas y las respuestas de la entrevista.

GUÍA DE ESTUDIO

Al considerar a los consumidores del alimento, hay que señalar a tres tipos distintos: los glotones, que comen cualquier cosa y con exceso; los indiferentes, que no reaccionan ni se preocupan mucho de la comida; y los gastrónomos, los expertos aficionados a comer muy bien. ¡Es evidente que don Joaquín de Entrambasaguas es un gastrónomo de primera clase!

Note el idioma de la gastronomía. Se parece mucho en su sensibilidad al lenguaje que se usa para describir una obra de arte.

Observe también qué tipo de hombre es el gastrónomo.

PALABRAS CLAVE

1. **anfitrión** invitante, invitador (host)

    El señor González fue el anfitrión.
    Alvaro Holguín, el solterón del barrio, es un _____ muy célebre.

2. **asado** carne expuesta al fuego seco para cocinarla (roast)

    El asado de carne de becerro es muy tierno.
    Del _____ que hicieron el domingo, tuvieron bastante carne para comer toda la semana.

3. **batir** golpear con fuerza alguna cosa (to beat)

    Para hacer un buen bizcocho hay que batir bien todos los ingredientes.
    Tienes que _____ los huevos para hacer una tortilla buena.

4. **cordero** oveja que no pasa de un año (lamb)

    Doña María hace un plato exquisito con carne de cordero.
    La familia Romero preparó un _____ para la fiesta.

5. **desdén** desprecio, indiferencia

    Alfredo y Rodolfo miran con desdén los platos orientales.
    Anita veía a su novio de otro tiempo con _____.

6. **fabada** potaje español de Asturias (a mixture of pork and beans)

    Todos los alumnos van al restorán Matador a comer fabada.
    La familia Elgorriaga introdujo la _____ al pueblo donde vive Jorge.

7. **gastronomía** arte de comer bien
   Voy a tomar un curso en gastronomía.
   Muchos hombres se interesan por la _____.

8. **granadas** especie de frutas (pomegranates)
   A la niña de don Ramón le gustan las granadas verdes.
   Los españoles trajeron las _____ a Norteamérica.

9. **grosería** descortesía, rudeza
   La abuela de Daniel cree que la gente de hoy es más dada a la grosería que la del siglo pasado.
   Desde que establecieron la escuela en el pueblo, se ve menos _____ en el trato de la gente.

10. **mahonesa** mayonesa, salsa que se sirve generalmente con las carnes frías
    Flavia come todas sus ensaladas con mahonesa.
    La _____ es una salsa de aceite y huevos muy batidos.

11. **matices** gradaciones, tonos de sabor
    Los cocineros dan diversos matices a las comidas, según su gusto personal.
    Los platillos regionales tienen todos los _____ que cada familia les da.

12. **nata** crema
    La nata es la parte mejor de la leche hervida.
    En el restorán Nayarit le ponen la _____ de la leche al arroz dulce.

13. **nevera** refrigeradora
    Hoy en día venden neveras de colores.
    No es costumbre poner los plátanos en la _____.

14. **olla podrida** plato que contiene jamón, aves, embutidos, etc.
    En el café de don Pancho sirven una olla podrida que no tiene igual.
    La _____ es uno de los platos españoles que se ha imitado más.

15. **paella** plato de arroz con carne, legumbres, mariscos, etc., de Valencia
    No todos los que dicen que saben hacer paella saben hacerla.
    Nadie hace la _____ como los valencianos.

16. **peinado** arreglo del pelo
    Judith se ve mucho mejor con su peinado sencillo.
    El _____ de Carolina era una obra de arte.

17. **pizquita** porción pequeña
    Al nene le dieron sólo una pizquita de carne porque estaba muy caliente.
    A los niños les dieron sólo una _____ del pastel para que no se enfermaran.

18. **pulir** dar lustre, hacer brillar
    Tengo que pulir toda la plata.
    El escultor labró la piedra pero no la pudo _____.

19. **queso** alimento obtenido haciendo fermentar la leche cuajada (cheese)
    Hay muchas clases de queso en el mundo.
    A los ratones les gusta mucho el _____.

20. **receta** nota que indica la manera de hacer algo, prescripción (recipe)
    Doña Luisa tiene una receta vieja para el cocido.
    ¿Tiene Ud. una _____ para paella valenciana?

21. **saborear** deleitarse con el sabor de algo, probar (to taste, to enjoy eating food)
    Ven a saborear el cocido, y dime si te gusta.
    Don Ramón prefiere comer despacio para _____ bien la comida.

22. **ternera** vaquilla, becerra (veal)
    El doctor le dijo a Carlos que sólo comiera carne de ternera.
    La señora Armenta sirvió carne de _____ a todos los invitados.

23. **truchas** especie de peces (trout)
    Emilio y Alvino trajeron un cesto lleno de truchas que sacaron del río.
    Todos los muchachos del colegio se fueron a pescar _____ en el río Medina.

REPORTERO

¿De qué persona o personaje le gustaría ser anfitrión?

JOAQUÍN

No quisiera sentar a mi mesa a ningún *personaje*. Casi todos, si tuvieron el gusto como es debido, lo perdieron en tanto banquete. Siento, en cambio, con gusto a una persona, sin distinción de clase ni condición, capaz de discernir y saborear una buena comida o un buen vino. Pero de ésas van quedando pocas, y de éstos menos.

REPORTERO

¿Dónde le llevaría a comer?

JOAQUÍN

A mi mesa, naturalmente. Me parecería del peor gusto pagarle la comida en un restorán (así, y no el restaurante, de espaldas al idioma), por bueno que fuera, aunque ahora, tan propicia la gente a la grosería, como poco hogareña, se estile. En mi casa puedo ordenar lo que deseo, sin fallo posible, y dispongo de mi pequeña y muy cuidada cave de vinos de mesa, de buenas reservas. Conste que el único premio literario que he recibido en mi vida ha sido por un estudio gastronómico de los vinos de la Rioja.

propicia *inclined to*
hogareña *domestic, home bound*
fallo *error*
cave *bodega (wine cellar)*

REPORTERO

Si tuviera que elegir una cocina regional española para siempre, ¿cuál escogería? ¿Por qué?

JOAQUÍN

La pregunta tiene muy poco de gastronomía y menos de *gourmet*, pero la contesto salvando lo posible de la catástrofe que significa. La cocina de Castilla la Vieja, porque su único plato que impone, el puchero, admite matices muy diferentes: desde la olla podrida o poderosa al cocidito, antiguo apaño de una casa y aún se puede traducir a *la petite marmite,* con cierto acento francés de la gran época (no de *la belle époque,* con muslos de *can-can* en vez de muslos de gallina), o al *bollito di manzo* italiano, o, si se me apura, a la *canja* portuguesa, etcétera. Y, en cambio, las materias gastronómicas que produce, sin obligar a una unilateral interpretación (como la paella valenciana, varia pero firme en sus leyes, o la fabada asturiana, o el pote gallego, de graduación distinta, pero característicos en sus leyes), son de primer orden: ternera o cordero castellanos, legumbres y verduras sabrosísimas, truchas y cangrejos sin par (aún no contando la salida al mar, con sus pescados y mariscos

gourmet *expert in food and wine*

puchero *stew*
apaño *knack*
la petite marmite *French dish*
la belle époque *period at end of the nineteenth century*
bollito di manzo *Italian dish*
canja *Portuguese dish*

pote *cocido*

Joaquín de Entrambasaguas

Mundo Hispánico, Madrid, Spain

riquísimos, y sus quesos y manteca deliciosos de Santander); su pan, de prestigio secular; sus vinos, pocos, pero selectos; su quesería de Burgos, Villalón, etc. ... Con todo ello, siguiendo las normas de la región, tan amplias y liberales, y haciendo un guiño a Francia, ¡qué cocina para siempre!

REPORTERO
 Dénos una definición literaria de la cocina española.

JOAQUÍN
 La cocina española, mucho mejor de lo que algunos idiotas creen, reblandecidos por los alimentos latosos y las colas y *tails* de todas clases (¡y qué manía ésta de menear el rabo, como los perros,

haciendo un guiño *overlooking, winking at*

reblandecidos *softened*
latosos *boring, from cans*
menear *to wag*

375   Entrevista con Joaquín de Entrambasaguas

cuando se les da de comer!), lo que no va es al compás del resto de la cultura. Mientras el Cantar del Cid ha llegado a Juan Ramón Jiménez, la cueva de Altamira a Picasso, la comida sigue en la Edad de Piedra muchas veces, pero, como la piedra, también, ¡qué honrada y firme es, con nobleza material para labrarla y pulirla!

el Cantar del Cid   poema épico de España

REPORTERO
¿Se atreve Ud. a facilitarnos una receta original?

JOAQUÍN
¿Por qué no, si estoy preparando un *Manual de Gastronomía,* para ver si se aprende a comer? Espero que sea el libro que más me consuele económicamente. Y ahí va una receta, inédita, aunque saboreada repetidas veces en casa, donde las ensaladas tienen cierto prestigio, en desacuerdo con el desdén que por ellas (paisaje de la comida) se siente entre nosotros.

Ensalada Navideña
(Para María Teresa Bosch de Lara,
por lo bien que se come en su casa)

tallos stalks
cogollitos hearts of lettuce
rellénese la hendidura fill the hollow of the celery stalk
salpíquense sprinkle, put a dash of
nueces mondadas shelled nuts

Prepárense a partes iguales tallos de apio tierno y blanco y cogollitos de lechuga que sean fresquísimos y estén muy limpios. En los tallos de apio, de dos dedos de largo, rellénese la hendidura con queso de tipo Gervais, mezclado con sal y pimienta inglesa; los cogollitos salpíquense, entre sus hojas, con nueces mondadas, picadísimas, y una pizquita (¡qué bien van los diminutivos a la cocina y qué mal a la literatura!) de pimentón dulce, muy reciente. Colóquense mezclados tallos y cogollos y cúbranse con una mahonesa (de Mahón, su origen, claro es) no muy espesa a la que se ha mezclado sal, bastante limón, una mitad de nata líquida, fresca y sin batir, y una cucharadita de mostaza francesa. Salpíquese por encima con granos recién mondados de una buena granada y déjese enfriar muy bien en la nevera. Al servirla, después de contemplada, para facilitar los jugos gástricos que han de digerirla, se revuelve reiteradamente y se come.

sorbete top hat
bouquet aroma, fragrance
chambré at room temperature
tatarabuelos great-great-grandparents

Va muy bien con los asados de ternera, cordero, aves (ignoro si de caballo, hoy de moda como los peinados, entre pirámide y sorbete), y con ello un buen vino tinto de poco cuerpo, pero de fino *bouquet* y bien *chambré*. Y perdóneseme el empleo inevitable del idioma de la gastronomía, ya que no me leen mis tatarabuelos de 1808.

PARA LA COMPRENSIÓN

1. ¿Quiénes son los protagonistas de esta entrevista?
2. ¿De cuáles personas van quedando pocas?
3. ¿Adónde llevaría don Joaquín a su invitado?
4. ¿Por qué no le pagaría la comida en un restorán?
5. ¿Por qué lo llevaría a su mesa?
6. ¿Cuántos premios literarios ha ganado don Joaquín?
7. ¿Qué clase de estudio hizo?
8. ¿Cuál fue la tercera pregunta del reportero?

9. Según don Joaquín, ¿qué carácter tenía esta pregunta?
10. ¿De dónde es el puchero?
11. ¿A cuántos otros platos se parece el puchero?
12. ¿Qué plato famoso viene de Valencia?
13. Relate algo de la confección de la paella.
14. ¿Camina la cocina española al compás del resto de la cultura?
15. ¿Dónde sigue la comida según don Joaquín?
16. ¿Qué clase de manual está preparando don Joaquín?
17. ¿Qué esperanzas tiene de ese libro?
18. Cuando el reportero le pidió una receta original a don Joaquín, ¿qué hizo?
19. ¿Cómo se llama la receta?
20. ¿Qué clase de receta es?
21. ¿A quién dedicó la receta?
22. ¿Por qué?
23. Relate lo que pueda del contenido de esa receta.
24. ¿Qué es lo último que se hace con la ensalada antes de servirla?
25. ¿Por qué se revuelve tanto?
26. ¿Con qué platos va esta ensalada?
27. ¿Qué vino recomienda don Joaquín?
28. ¿Es posible hablar de la comida sin el idioma gastronómico?

EJERCICIOS DE VOCABULARIO

A. Contesten a las siguientes preguntas según la indicación.
1. ¿Quién es el anfitrión de la fiesta? **el señor Morales**
2. ¿Por qué le trataba con desdén? **es antipático**
3. ¿Dónde pusiste la leche? **la nevera**
4. ¿Qué va a hacer la criada? **pulir los muebles**
5. ¿Qué le sirvió a la niña? **una pizquita de carne**
6. ¿Qué pones sobre el helado? **la nata**
7. ¿Qué lee la señora? **la receta para la paella**
8. ¿Te gusta la mahonesa? **sí, con las ensaladas**
9. ¿Cuál es una carne tierna? **la ternera**
10. ¿Cuál es su fruta favorita? **la granadina**

B. Completen las siguientes oraciones con una palabra apropiada.
1. Dos carnes son _____ y _____.
2. Me gusta la carne frita pero la _____ no.
3. El come despacio porque quiere _____ la comida.
4. No me des mucho; una _____, nada más.
5. Mi pescado favorito es la _____.
6. Si no lo sabes preparar, tienes que buscar la _____.
7. La _____ es un potaje asturiano.
8. El _____ Roquefort me encanta.
9. Si no quieres que se caliente, ponlo en la _____.

C. Den el sinónimo de la palabra en letra negrita.
1. Ella le habla con **desprecio**.
2. Me gusta el **estilo en que lleva el pelo**.
3. Me gusta la **crema**.
4. ¡Qué **rudeza**!
5. Quiere **dar lustre** a las ollas.

D. Describan los siguientes platos.
1. la paella
2. la fabada
3. la olla podrida

EJERCICIOS CREATIVOS

1. Dé una descripción de las cualidades que posee don Joaquín de Entrambasaguas que lo hacen un gastrónomo de primera clase.
2. Imagínese que es Ud. un experto en la cocina de los Estados Unidos. ¿Cómo respondería Ud. a las mismas preguntas que hizo el reportero a don Joaquín, con respecto a nuestra cocina nacional?
3. Trate de describir sin el uso de fotos ni dibujos algunos de nuestros platos más típicos. Se debe hablar en términos muy específicos y claros como si intentara convencer a un español de lo buenos que son.

Graciosos personajes de mi huerta

por Isabel Gordon
(traducido por Joaquín Méndez Rivas y Luis MacGregor)

INTRODUCCIÓN

Entre las escrituras más encantadoras del mundo moderno están las destinadas para los niños. Existe una literatura infantil muy sana y rica cuyo contenido sirve para aumentar los conocimientos, ejercitar la imaginación y enriquecer la vida... cuentos donde intervienen animales, historietas cómicas, relatos de miedo, hazañas de héroes, libros de viaje al extranjero, temas hogareños. Aunque con la edad los gustos varíen, todos están de acuerdo que esta literatura infantil es una delicia.

GUÍA DE ESTUDIO

Esta lectura incluye el preámbulo de la autora y una serie de pequeñas composiciones poéticas presentando frutas y legumbres como si fueran graciosos personajes de su jardín.

Esto de atribuir a las plantas la figura, los sentimientos y el lenguaje de una persona se llama «la personificación», una construcción muy popular en la literatura infantil.

PALABRAS CLAVE

1. **afán** ansia, gran deseo, anhelo
   Su afán es de dar gran placer a todos sus amigos.
   Los soldados lucharon con _____.

2. **alcachofas** especie de plantas comestibles (artichokes)
   Enrique come las alcachofas con mucha mantequilla.
   A Joselito no le gusta comer _____.

3. **amarrar** atar (to tie)
   A veces tengo ganas de amarrar a ese niño para que no se me escape.
   Voy a _____ el perro para que no se escape.

4. **carece (carecer)** no tiene algo, le falta algo
   El carece de razón y por eso no le tengo confianza.
   _____ de dinero y no puede hacer el viaje.

5. **castañas** fruto del castaño (chestnuts)

   Mi madre usa castañas para rellenar el pavo en Nochebuena.
   Las _____ tostadas son sabrosísimas.

6. **comportarse** portarse, conducirse

   Al comportarse bien el niño esperaba muchos regalos para las Navidades.
   Cada persona será pagada según la manera de _____.

7. **envanezco (envanecerse)** me pongo vanidoso (become vain)

   No me envanezco de lo que me dices ya que no es verdad.
   De mis notas en la clase de matemáticas no me _____.

8. **espárragos** plantas cuyos tallos tiernos son comestibles (asparagus)

   Los espárragos preparados con salsa holandesa son muy sabrosos.
   La criada prepara una ensalada de _____ fríos.

9. **picantes** que pican mucho (hot, highly seasoned)

   A veces los pimientos son muy picantes.
   Muchos platos mexicanos son muy _____.

10. **pradera** campo, tierra fértil (meadow)

    Flores bonitas crecen en la pradera.
    Las vacas pastaban en la _____.

11. **regaño (regañar)** gruño, doy muestras de enfado (grumble, growl)

    El niño por ser travieso recibió un regaño de su padre.
    Aunque tengo que trabajar durante las vacaciones, no _____ mucho.

12. **remolacha** planta de raíz grande y carnosa (beet)

    De la remolacha se extrae una gran cantidad de azúcar.
    La _____ tiene un color bonito.

Una bodega

Spanish National Tourist Office

379 Graciosos personajes de mi huerta

Una semillita, amiguitos míos, es en realidad una promesa de una planta o de un árbol, envuelta enteramente en una pequeña cubierta oscura. Si se le planta en el suelo, crecerá, y cuando tenga la edad suficiente, dará frutos, porque Dios lo ha dispuesto así.

Entre todas las criaturas de la Madre Naturaleza, las frutas y los vegetales son, probablemente, los más útiles para nosotros. Dondequiera que vayamos, nos encontramos frente a algunos de estos pequeños hijos de la Tierra, listos para ayudarnos, dándonos alimento y haciéndonos la vida más fácil y más alegre.

Yo los he visto en mi huerta, transformados en seres vivientes y graciosos, como pequeños amiguitos simpáticos, que mueven la cabeza, hacen señas y se dicen cosas unas veces amables y otras rezongonas. Quizás vosotros no podáis verlos nunca como yo los he visto. Por eso os quiero contar cómo son estos graciosos personajes que hay en mi huerta y que quizás también existan en la huerta de vuestros papás, en las de vuestros amigos o en los valles y praderas que alegremente crucéis durante los días felices de vacaciones.

rezongonas *grumbling*

desliz *falta*

Rábano es una criatura muy bella de la pradera,
que tiene su nacimiento junto con la primavera;
con las cebollas pequeñas, todos llenos de alegría,
juegan desde que se asoma hasta que se oculta el día.

Exclamó la Cebolla de España: —Yo no sé
por qué llora la gente cada vez que me ve;
soy una chica amable, amiga sin desliz,
dispuesta a hacer a todos y a cada uno feliz.

El cambiante Espárrago brota en primavera
al oir del ave la canción primera.
Su vestido es blanco, mas pronto lo pierde
porque el sol brillante lo convierte en verde.

Dijo la Espinaca: —Con mi verde traje
soy como una reina de noble linaje;
y también me siento llena de contento
porque de los niños soy grato alimento.

Las Damas Zanahorias marchan a la iglesia
todos los domingos, como en una hilera.
Lo mismo las altas que las bajas, llevan
una pluma verde en su cabellera.

—Todos saben—nos dice la Remolacha—,
que soy dulce y muy buena de condición;
y aunque de mi gordura no me envanezco,
mi color es muy mío, sin discusión.

La joven Alcachofa con cariño
exclamó: —Nunca deja de sorprenderme
por qué a todos les dicen, viejo o niño,
cómo han de comportarse para comerme.

La Dama Melón dijo alarmada:
—¿Cómo tendré en la cama a estas criaturas?
Antes que revolverlas o perderlas,
me las voy a amarrar a la cintura.

mostaza *mustard*

Los muchachos Mostaza crecen tan alto
que pasan de las tapias cual dando un salto;
pero son muy picantes a su manera;
por esta circunstancia se quedan fuera.

ajo *garlic*

Dijo el Ajo un día: —Mi hogar y familia
los tuve en el suelo sin par de Sicilia.
Hoy de todas partes soy la bendición
porque a la comida le doy la sazón.

El Plátano lleva siempre un fuerte abrigo
que al llegar al cuello muy bien se apretó,
y es que como nace en tierra caliente,
siente mucho el frío; más que tú y que yo.

La Caña de Azúcar es una damita
en verdad muy dulce al par que bonita.
Nos brinda su azúcar, sus mieles también,
con lo que las cosas nos saben más bien.

Este señor, Té Verde, del Japón vino
y es un hombre arrugado, pequeño y fino.
Nos dice: —Mi té es algo bajado del cielo;
¿lo quiere con azúcar, con leche o con hielo?

relleno *I stuff*

La Castaña nos dice: —Trabajo y no regaño
para vivir; relleno el pavo en Nochebuena;
y tostada soy muy sabrosa y tierna.
Podréis reconocerme por mi abrigo castaño.

381 Graciosos personajes de mi huerta

—Yo trabajo—nos dice la noble dama Trigo—
por darle de comer al mundo; ése es mi afán;
y estoy feliz y alegre y hasta el mundo bendigo
cuando no hay gente alguna que carece de pan.

nuez *nut*

añeja *vieja*

De todo un aristócrata la Nuez inglesa
tiene el andar y el tipo. Pomposa y gruesa,
viene de una familia noble y añeja
que surgió con la Biblia; así es de vieja.

PARA LA COMPRENSIÓN

1. ¿En qué estación del año nacen los Rábanos?
2. ¿Qué hace la gente cada vez que ve la Cebolla?
3. ¿Qué está dispuesta a hacer la Cebolla de España?
4. ¿De qué color es el Espárrago al principio?
5. ¿En qué color lo convierte el sol?
6. ¿Cómo luce la Espinaca con su traje verde?
7. ¿Cómo crecen las Damas Zanahorias?
8. ¿Qué llevan en su cabellera?
9. Describa la Remolacha.
10. ¿Cómo se come la Alcachofa?
11. ¿Qué va a hacer la Dama Melón para no perder a sus «nenes»?
12. ¿Cómo crecen los muchachos Mostaza?
13. ¿Por qué se quedan fuera los muchachos Mostaza?
14. ¿De dónde venía la familia del Ajo?
15. ¿Qué le da el Ajo a la comida?
16. ¿Qué lleva el Plátano?
17. ¿Por qué siente mucho frío el Plátano?
18. ¿Qué contribución hace la Caña de Azúcar al alimento?
19. ¿De qué país vino el Té Verde?
20. ¿Qué clase de hombre es?
21. ¿Qué hace la Castaña en Nochebuena?
22. ¿Cómo podemos reconocer la Castaña?
23. ¿Por qué trabaja la dama Trigo?
24. ¿Cuándo es feliz ella?
25. ¿Cómo es la Nuez inglesa?

EJERCICIOS DE VOCABULARIO

A. Den el sinónimo de la palabra en letra negrita.

1. Tengo que **atar** el perro al árbol.
2. Las flores brotan en **el campo**.
3. Tiene mucho **anhelo** de ser buen cocinero.
4. Le **falta** salsa picante.
5. Me **pongo vanidoso**.

B. Identifiquen.

1. un vegetal verde y largo
2. un vegetal rojo del cual se puede hacer azúcar
3. un vegetal verde–gris de forma redonda
4. fruto moreno de un árbol

C. Preparen una lista de frutas y vegetales encontrados en la lectura.

EJERCICIO CREATIVO

1. Todos conocemos las frutas comunes (como el plátano, la piña, la manzana) que podemos comprar en el mercado. No son tan bien conocidos los siguientes. Busque detalles para discutir en clase.

   mango   aguacate   granada
   papaya   tuna   guayaba
   chirimoya

La comida de negocios

por W. Fernández Flórez

INTRODUCCIÓN

La vida de hoy es negocio. Y el mundo de negocios puede ser duro e insensible. A veces, para llevar a cabo una idea utilitaria en dicho mundo se necesitan recursos, ayuda monetaria, socios capitalistas. Encontrar y persuadir tales «influencias» es un arte que no se desarrolla siempre en las oficinas sino en un café, una taberna o un lugar parecido donde se sestea. Allí, charlando al tomar una taza de café o una copa, se hacen las grandes decisiones, se firman los contratos, se sellan los pactos. Un ambiente laxante casi siempre influye las negociaciones favorables. ¡Tanto mejor si hay una comida sabrosa! ¿Pero si el convidado se enferma? ¡Eso ya es otra cosa!

GUÍA DE ESTUDIO

Este cuento trata de una comida de negocios. El plato que eligen tomar los negociadores es la paella. Este plato es una mezcla harmoniosa de distintos sabores, cada uno beneficiando al otro y el conjunto, una fórmula culinaria tan exquisita que la hace el plato nacional de España. ¡Qué comida tan apropiada a saborear mientras se arregla un pequeño negocio! Sin embargo, en este caso fracasa la comida, y es el mayordomo del restaurante que ofrece el por qué.

PALABRAS CLAVE

1. **ablandó (ablandar)** puso blanda una cosa o persona (softened)

   El agua ablandó el arroz de la paella.
   Le dije que estaba muy joven, y esto _____ al señor Tolosa.

2. **acontecimientos** sucesos importantes

   El descubrimiento de América fue un gran acontecimiento.
   No quiso oir nada de don Felipe II y me obligó a considerar los _____ del día.

3. **actuales** presentes, que existen en este momento

   Los tiempos actuales son de grandes cambios sociales.
   El director del periódico me exigió que tratase de problemas más _____.

4. **apelar** hacer uso de un medio o una persona de mayor fuerza (to appeal)

   Como las llamadas telefónicas no dan resultado, tenemos que apelar a otros medios.
   Si fuéramos amigos hablaríamos en cualquier momento, pero no lo somos, y entonces hay que _____ a la comida de negocios.

5. **azafrán** especia de color amarillo (saffron)

   Me gusta mucho el arroz amarillo preparado con azafrán.
   Empezamos a comer la paella en la que el color del _____ y el rojo de los pimientos formaban los colores de la bandera española.

6. **caja** oficina de pagos, tesorería (teller's window, office of the cashier)

   Puede pasar a cobrar el sueldo en la caja.
   En la _____ del diario me pagaban con puntualidad.

7. **comensales** personas que comen en la misma mesa

   ¿Cuántos comensales hay hoy en el comedor?
   Los _____ de la mesa de la izquierda querían enviar un representante a México.

8. **deslizarse** moverse un cuerpo en contacto con una superficie lisa o mojada (to slide)

   Intentó deslizarse por la nieve y no lo consiguió.
   Había muchas mesas ocupadas y muy próximas y era difícil _____ entre ellas.

9. **inagotable** que no se agota, no se termina

   Comprendí que el tema de los Reyes Católicos era inagotable.
   El agua de los ríos será la fuente _____ de energía eléctrica.

10. **lenguado** pez de cuerpo muy plano, boca y ojos de lado (sole)

    El lenguado es un pescado muy fino y de digestión fácil.
    A Ud. le hubiera convenido pedir un _____ y carne asada.

11. **negocios** ocupaciones de carácter comercial

    Ramírez es un hombre de negocios.
    Para hablar con él hay que apelar a la comida de _____.

12. **paladar** capacidad de sacar gusto y sabor a las buenas comidas

    El señor tenía un paladar refinado.
    Que no se suponga que uno no tiene _____.

13. **pimientos** frutos huecos verdes y después rojos (red peppers)

    Me gusta el arroz amarillo con carne y pimientos.
    En la paella los _____ dan color y sabor.

Spanish National Tourist Office

Me costó mucho tiempo conseguir que el señor Tolosa quisiera recibirme. Esto ocurrió poco después de haber hecho el espantoso descubrimiento de que se habían agotado en el mundo los temas para artículos de periódico.

Durante una larga temporada había venido escribiendo para *El*

385   La comida de negocios

alentador	*encouraging*
ahondaba	*went deep*
articulistas	*escritores de artículos*
succionaban	*absorbed*
panal	*honeycomb*
apurado	*accurate*
insignes	*renowned*
vaticinios	*predictions*
próvida	*provident*
ubre	*udder*
provecho	*benefit*
cavilar	*to brood over*
pese a	*a pesar de*
argüirle	*to argue with him*
crónicas	*chronicles*
plugo	*ask for*
hados	*fairies, fate*
injerirme	*introducirme*
salto de agua	*waterfall*
riachuelo	*río pequeño*
pasmosa	*astonishing*
papel	*function*
socios	*members, partners*
vivero	*seedbed*
secretaría	*secretary's office*
convinimos	*agreed*
ponderé	*exageré*
firmas	*signatures*

Día de Mañana densos comentarios acerca de los Reyes Católicos, recibidos por la opinión con un respetuoso silencio, que a mí me pareció alentador. En la caja del diario me pagaban con sabrosa puntualidad, y, por mi parte, a medida que ahondaba en el asunto, fui comprendiendo que era inagotable y que podíamos vivir de él abundantes años no sólo yo, sino los veinte o treinta articulistas más que succionaban inspiración en el mismo panal. Apurado el examen de cuanto hicieron los insignes monarcas, pasé a estudiar sus consecuencias hasta nuestros días y luego comencé la serie de los vaticinios, próvida ubre de la que me prometía un provecho sin límites. Pero fue entonces cuando el director de *El Día de Mañana* me exigió que tratase cuestiones más actuales.

—Bueno—dije después de cavilar un momento—; ahí hay un señor don Felipe II, que ...

No quiso oír nada de don Felipe II y me obligó a considerar los acontecimientos del día, pese a argüirle que los demás articulistas seguían el mismo camino que yo. Cuando hube escrito tres crónicas demostrativas de que el mundo está mal y otras tres que sostenían que está mal el mundo, adiviné que se había acabado mi carrera periodística. Plugo a los hados que, tras un encuentro fortuito, mi amigo Ramírez me convenciese de lo anacrónico de mis temas y de mi existencia, porque la vida es hoy negocio, negocio y negocio. Y me hizo el favor de injerirme en sus actividades.

Ramírez aspiraba a ser el propietario de un salto de agua. En uno de sus paseos por el campo había descubierto un riachuelo y, con esa pasmosa facultad de los hombres de negocios para las asociaciones de ideas utilitarias, allí donde cualquiera se limitaría a preguntarse si habría truchas, adivinó él magníficas posibilidades industriales. Mi papel consistía en buscar socios capitalistas y conseguir eso que se llama influencias y cuyo principal vivero era el poderosísimo señor Tolosa. Pero Tolosa siempre estaba ocupado y los dragones de su secretaría interceptaban visitas, cartas y comunicaciones telefónicas. Ramírez me dijo:

—Ese es un mal sistema. Debe Ud. invitarle a comer.

—No tenemos confianza—me dolí.

—Si tuviese Ud. confianza con él, no haría falta, hablarían en cualquier parte; pero así, hay que apelar a la comida de negocios.

Cuando Tolosa me recibió, dedicamos unos minutos a comentar nuestra salud. Como me confió que la suya era regular, afirmé que la mía estaba así, así. Luego convinimos en la decadencia del cine americano. Al fin le anuncié el asunto que motivaba la visita.

—Entonces—suspiró—, ¿se trata de un negocio importante?

—Muy importante—ponderé.

—Pues ... tendremos que elegir algún sitio para charlar. Aquí no, naturalmente. Este no es más que un despacho. Disponer de un despacho obliga a perder muchas horas. Visitas, firmas, tertulias ...

Propuse un almuerzo y lo aceptó como algo inevitable. Revisó su librito de notas.

—El lunes, la comida de la P.E.S.A.; el martes, la del presidente de los Tejidos Marrón; el miércoles, tengo invitado a un sujeto a quien he de pedir que me traiga de Estados Unidos un nuevo medicamento para el estómago; el jueves, almorzaré con un tipo que me quiere vender una aspiradora eléctrica... ¿Le conviene el sábado?

Y el sábado nos sentamos, frente a frente en un restorán que elegí tras muchas vacilaciones, porque nunca se puede estar seguro de las preferencias que se esconden tras el «a mí me da lo mismo» del invitado. Muchas mesas había, y todas ocupadas y tan próximas que resultaba difícil deslizarse entre ellas sin provocar derribos con los bordes de la americana. Nos bloqueaban grupos de clientes con cuyos codos tropezaban los nuestros cuando nos hubimos sentado. Añoré aquellos tiempos en los que, en Madrid, se admitía como legítima la necesidad de engullir y conversar sin testigos ni oyentes extraños, y se reservaban comedores para tal servicio. Clavados los ojos en el fuerte papel de las minutas, el señor Tolosa y yo tuvimos durante algunos instantes el aspecto de orfeonistas que esperasen la señal del director... el *maître,* de frac y con la batuta del lápiz en la mano... para romper a cantar.

Como ocurre siempre, mi invitado me dijo que eligiese yo, y yo que eligiese él; y él reiteró su incapacidad, y yo insistí en mi ruego, y después tornamos a meditar sobre la carta.

—¡Paella!—grité al fin, como si hubiese encontrado una pelucona—. ¿Qué le parece la paella?

—¡Hombre..., la paella...!—quiso rechazar Tolosa.

Pero cuando se ha expuesto una opinión en estos asuntos, no hay más remedio que defenderla, para que no se suponga que uno carece de paladar. Dediqué a la paella encendidos elogios. ¡Exquisito plato, fórmula culinaria que puede ser una fórmula social...! Embelesados con su suculencia, no acertamos a desentrañar el sentido de aquella reunión de arroz, aves, chorizo, alcachofas, pimientos, peces y mariscos... Separadamente, se trata de elementos que parecen inconciliables. El pollo se comería el arroz, un calamar se ahogaría en los arrozales, ninguna almeja soportaría el ambiente de las alcachofas... En la paellera, sin embargo, cada sabor beneficia al otro sabor, sin abdicar del suyo, y todos se asocian en esa maravillosa creación que es la paella, donde ningún grano se funde con otro grano y el conjunto viene a ser así como el pueblo en una nación feliz.

—¿Por qué no aprovechar esa lección?—exalté—. ¿Por qué los Estados no imitan tan provechosa armonía? Y nosotros mismos... Combinemos su importancia de Ud. y mi pequeñez en este asunto y...

—Es que—se evadió—mi aparato digestivo...

—Pero, ¡sí está Ud. muy joven! (Esto le ablandó.) ¡A ver! Que nos traigan cocteles. (Maulló: «El mío con ginebra inglesa».) Con mucha ginebra inglesa.

Los comensales de la izquierda discutían la necesidad de enviar un representante a México en avión. Los de la derecha regateaban el importe del traspaso de un tercer piso. Cuanto decían nos era perfectamente audible. Atacamos la paella, en la que el azafrán y los pimientos ponían tonalidades patrióticas. Tolosa indagó:

—Entonces, ¿qué asunto es ése?

Comprendí que me facilitaba ocasión de hablar para dedicar él su silencio a engullir la ración antes de que se enfriase. Me amargó su egoísmo, pero yo estaba allí para tratar del negocio.

—Se intenta—dije—construir una presa en el río Cuatrogotas.

—¿Qué caudal tiene?

—Ahora está seco—sonreí, para sugerir que era una travesura del río—; pero otras veces lleva agua.

—¿Cuánta agua?

—Cien mil acciones de mil pesetas.

Masticó sombríamente. Pedí otra botella.

—Olvidemos el agua—propuse—mientras existan vinos tan buenos en nuestra querida patria.

Tolosa se mostraba reservado. Le induje a tragar salmón y cambiamos el tinto por el blanco, momento en que pareció iniciarse un trueque en su actitud. Mientras tomábamos el café, nuestros ojos brillaban a través del humo de los habanos. A esta altura, los de la mesita de la derecha reían con alegría estentórea y los de la izquierda habían llegado a ese punto de dichosa excitación que impulsa a cada comensal a ser él quien pague la cuenta. Tolosa declaró:

—¡Electricidad! ¡Eso es lo que hace falta! Los ríos han de ponerse a trabajar. Se acabó para ellos la vida bucólica y perezosa. ¡A producir voltios y kilovotios y todo eso! ¡Lo mismo los grandes que los pequeños! ¡Pues, hombre! ¿No trabaja Ud.? ¿No trabajo yo?

—Ud. es el señor de más talento que he conocido, Tolosa—aseguré, dando un sorbo al coñac.

—Yo estaré siempre al lado de los domadores de ríos—casi gritó—; eso es lo que haré, ya que Ud. quiere saberlo. Y se lo diré también a los amigos que me hacen el honor de confiar en mí.

Brinqué de gozo.

—¿Es una promesa?

—Es una seguridad. ¡Por Cuatrogotas!

Y brindamos. Después me dijo: «Le llevo a Ud.»; nos metimos en su automóvil y, al apearme ante mi portal, nos abrazamos.

Le llamé por teléfono veinticuatro horas después. Estaba enfermo. Su secretario se interpuso al otro día, y al otro... Sospeché melancólicamente que... sin poder explicarme la causa... todo estaba perdido.

guardarropa	*checkroom*

En ese lapso, yo estuve separado de mi sombrero. En la prisa por seguir a Tolosa, lo había dejado en el guardarropa del restorán. Al fin, acudí a reclamarlo, y el *maître* me saludó.

—¿Se arregló aquel asunto?—inquirió amablemente.

Y cuando me vio mover la cabeza con desconsuelo, opinó:

—Si el señor lo permite, le diré que ya lo temía. Se trataba de una hidráulica, ¿verdad? y el señor incurrió en el yerro de pedir paella. El arroz se siembra con agua y exige agua en la digestión. Es indudable que el caballero que le acompañaba sufrió tanta sed que aborrecerá el agua durante mucho tiempo. Y, por contera, el salmón . . . A Ud. le hubiera convenido encargar un lenguado y un asadito. Pero no acertó . . . Sepa el señor que tengo el proyecto de organizar . . . lo que hasta hoy no existe: un restorán para comidas de negocios, exclusivamente con platos especiales, según la índole de lo que se haya de tratar. Ese sí que podría ser un gran negocio. Pero hace falta dinero. Si al señor le interesa, nos reuniremos un día para comer y . . .

yerro	*mistake*
aborrecerá	*will hate*
por contera	*to pinch it, as a finishing touch*

Llegó el del guardarropa, me pidió que dejase el sombrero como mascota porque parece ser que aquellos días les había dado buena suerte. Me encogí de hombros y marché, calle abajo . . .

Comida española — Spanish National Tourist Office

389 La comida de negocios

PARA LA COMPRENSIÓN

1. ¿Qué le exigió el director del periódico al protagonista, que escribiera sobre Felipe II, los Reyes Católicos u otra cosa?
2. ¿A qué aspiraba Ramírez, a ser propietario de un salto de agua o a ser periodista?
3. ¿Quién era el poderoso hombre que tenía el capital para la industria, el señor Tolosa o el señor Ramírez?
4. ¿Cómo podría el protagonista hablar con el señor Tolosa?
5. ¿Cómo nos hace ver el autor que el señor Tolosa no tenía buenas digestiones? ¿Qué iba a pedir de los Estados Unidos?
6. ¿Qué sensación nos da el autor del ambiente que había en el restorán? ¿Cómo lo consigue hacer?
7. ¿Qué plato eligió el protagonista?
8. ¿Cuáles son los alimentos típicos de la paella?
9. ¿Le parecen compatibles al escritor el pollo y el arroz, el calamar y los arrozales?
10. ¿Qué les pasa en la paella?
11. ¿Que hay de irónico en el nombre del río Cuatrogotas?
12. ¿Qué caudal tenía el río?
13. ¿Por qué pedía más vino el protagonista?
14. Al fin, ¿qué idea tuvo Tolosa para usar los ríos?
15. ¿Por qué se enfermó Tolosa?
16. ¿Qué resultó de los proyectos?
17. ¿Por qué no era buena la paella para esta comida de negocios?
18. Según el jefe de los camareros, ¿qué clase de restorán sería buen negocio?
19. ¿Por qué pidió el del guardarropa que dejase el sombrero allí?

EJERCICIOS DE VOCABULARIO

A. Completen las siguientes oraciones con una palabra apropiada.

1. Una especia que da el color amarillo al arroz es el _____.
2. La última decisión fue el _____ más importante de toda la reunión.
3. Los _____ siguieron hablando después de la comida.
4. Su energía es _____, puede trabajar veinticuatro horas al día.
5. Quiero echarle sal y _____.
6. El _____ es un pescado que a mí me gusta.
7. Lo puedes cobrar en la _____.
8. El _____ sobre el hielo.

B. Contesten a las siguientes preguntas según la indicación.

1. ¿Por qué recibió tanta publicidad? **fue un gran acontecimiento**
2. ¿Quiénes pidieron paella? **todos los comensales**
3. ¿Cuál es su profesión? **hombre de negocios**
4. ¿Cómo se cayó? **se deslizó**
5. Le encanta comer, ¿no? **tiene un paladar refinado**

EJERCICIOS CREATIVOS

1. De todos los platos españoles, el que ha ganado más fama universal es la paella. Es un plato sabrosísimo en el cual se combinan varios ingredientes. De una región a otra varía la preparación de este plato, sustituyéndose o añadiéndose los ingredientes accesibles. Haga una receta original para la paella y prepare para discutir en clase la variedad de ingredientes y preparaciones.

2. Cambie las palabras en letra negrita de la segunda persona (tú, te, tu y los verbos) a la tercera persona (Ud., le, su y los verbos).

Gonzalo ¿Qué suerte **encontrarte** en **tu** cuarto! Quería **invitarte** a comer conmigo.

Ramón Gracias, Gonzalo, por la invitación. ¿Me **puedes** esperar un momento o es que **tienes** mucha prisa?

Gonzalo No, nada de eso, pero sí tengo hambre. ¿**Tú** no?

Ramón Me muero de hambre. Sobre todo después de **oírte** hablar de la paella esta mañana.

Gonzalo Sí que es buena la paella. ¿No **te** parece?

Ramón No sé. Nunca la he probado.

Gonzalo ¡No me **digas**! **Tienes** dos meses de estar aquí y todavía no **has** comido el plato más típico. **¡Fíjate!** Entonces, voy a **llevarte** al mejor restorán para la paella. Quiero que **conozcas** todas las cosas buenas de mi país, y seguramente la paella valenciana es una de ellas.

Ramón Otra vez, gracias. **Te** lo agradezco mucho.

3. Escriba dos o tres párrafos indicando lo que hubiera hecho Ud. para impresionar al señor Tolosa. Incluya los siguientes:
   a. El lugar adonde lo hubiera llevado a comer
   b. El ambiente de tal sitio
   c. Los platos y las bebidas que Ud. hubiera elegido

ESTRUCTURA

La Voz Pasiva

CON SER

La voz pasiva, que se emplea con menos frecuencia que la voz activa, se forma con el verbo *ser* y el participio pasado. El participio concuerda en número y género con el sujeto.

El agente (el que ejecuta la acción) generalmente se introduce con la preposición *por*. Si el verbo indica sentimiento o emoción se emplea la preposición *de*.

El poema fue escrito por Bécquer.
El héroe es amado de todos.

A. Sustituyan según el modelo.

La paella fue preparada por el cocinero.
el puchero/
El puchero fue preparado por el cocinero.

1. El puchero fue preparado por el cocinero.
la fabada/las ensaladas/los mariscos/la olla podrida/la sopa/el cocido/
2. El maestro es admirado de sus alumnos.
amado/respetado/venerado/envidiado/odiado/temido/

B. Transformen según los modelos.

María preparó la ensalada navideña.
La ensalada navideña fue preparada por María.

1. Don Joaquín describió los platos nacionales.
2. Los niños no comieron las espinacas.
3. El mesero condujo a los comensales a su mesa.
4. El anfitrión escogió el menú.
5. El señor Villarreal pagó la cuenta.

6. El gastrónomo preparó un manual de recetas.
7. El cocinero empezó la colección de recetas.
8. El señor Tolosa me recibió.
9. Los hombres de negocios leyeron los periódicos.
10. La compañía mandó un representante a México.

Su secretaria ha escrito las cartas del jefe.
Las cartas del jefe han sido escritas por la secretaria.

1. El periodista ha guardado su sombrero en el guardarropa.
2. El sombrero ha traído la buena suerte.
3. El periodista ha exagerado el relato un poco.
4. El diario ha publicado sus artículos.
5. La secretaria ha interceptado todas mis comunicaciones.
6. He concluido mi trabajo.

CON SE

La voz pasiva se expresa también con la tercera persona singular o plural con el pronombre *se*, particularmente si no se expresa el agente. El verbo concuerda en número con el sujeto que suele seguir al verbo. Esta construcción es más frecuente que la fórmula con el verbo *ser*.

Se abre el restorán a las ocho.
Se consiguen los mariscos en Santander.

C. Sustituyan según el modelo.

Se escribe el artículo en español.
lee/
Se lee el artículo en español.

1. Se lee el artículo en español.
publica/ considera/ distingue/ aprecia/ distribuye/

D. Cambien del singular al plural.

Se cerró la tienda.
Se cerraron las tiendas.

1. Se ve el anuncio.
2. Se compra el periódico en el quiosco.
3. Se inicia la celebración.
4. Se probó el vino.
5. Se consideró la posibilidad.
6. Se termina la entrevista.

E. Transformen según el modelo.

Yo interrumpo la conversación.
Se interrumpe la conversación.

1. Hacemos un pan especial los sábados.
2. No pongo los plátanos en la nevera.
3. Hablan español en ese restorán.
4. Ud. llega al centro por esta calle.
5. No doblo aquí a la derecha.
6. Compramos la revista.
7. Oyeron un ruido desagradable.
8. Admiré su nuevo peinado.
9. Pediste las recetas.
10. La señora sirvió el asado a los invitados.

F. Transformen según el modelo.

Preparan el pote en aquel restorán.
Se prepara el pote en aquel restorán.

1. Cultivan excelentes alcachofas en España.
2. Exportan cantidades de aceitunas.
3. Guisan la fabada asturiana los jueves.
4. Celebran las fiestas de San Fermín en julio.
5. Sirven los asados en la región de Madrid.
6. Venden un buen queso manchego en aquella bodega.

CON ESTAR

La voz pasiva también se forma con la tercera persona singular o plural de *estar* y el participio pasado de otro verbo que concuerda en número y género con el sujeto. Esta construcción no expresa la acción sino el resultado de la acción.

La luz está prendida.

G. Transformen según el modelo.

Pulió los muebles.
Las muebles están pulidos.

1. Carlos abrió la ventana.
2. Cerraron las bodegas.
3. Sirvió la comida.
4. Escogieron el menú.
5. Publicaron las recetas.
6. Frieron la carne.
7. Pidió los refrescos.
8. Ellos se casaron.
9. Ella puso la mesa.
10. María se sentó.

Vocabulario

A

a to, at, by; personal *a* (do not translate)
abajo under, below
abandonar to abandon, to leave
abanico *m* fan
abarcar to include all in one look; to clasp, to embrace
abatir to knock down, to overthrow, to discourage
abecé *m* a–b–c's, alphabet
abertura *f* opening
abeto *m* fir tree
abierto open, clear
abigarrado motley
abismo *m* abyss, chasm
ablandar to soften
abogado *m* lawyer
aborrecer to hate
aborrecimiento *m* hate
abrazar to embrace
abrevadero *m* drinking trough
abrigar to shelter, to protect, to harbor
abrigo *m* overcoat
abrir to open, to unlock
abrumar to annoy
absolución *f* absolution, pardon
absorber to absorb
absorto absorbed in thought
absurdo absurd
— *m* absurdity, nonsense
abuelo *m* grandfather; *pl* grandparents
abultamiento *m* enlargement, swelling
abultar to enlarge
abundar to be abundant
aburrido boring, tiresome
aburrirse to become bored
abuso *m* abuse
acabar to finish
— **de** to have just
— **con** to exterminate, to destroy
acabo *m* end
acariciar to fondle, to caress
acaso perhaps
acaudalado wealthy
acaudillar to lead, to command
acceder to give in, to yield
accesible accessible
accesorio accessory, additional
acción *f* action, share of stock
acechar to lie in ambush for
acecho *m* act of lying in ambush
aceite *m* oil
aceituna *f* olive

aceptar to accept
acequia *f* canal, ditch
acerado of steel
acercarse to draw near, to approach
acero *m* steel
acertar (ie) to figure out correctly
— **a** to happen upon, to hit by chance
acíbar *m* bitterness, displeasure
acierto *m* ability, knack
aclamado acclaimed
aclarado explained, clarified
aclarar to make clear
acomodado arranged, accommodated; convenient
acomodar to arrange, to accommodate
acompañar to accompany
acompasado rhythmic, measured
aconsejable advisable
aconsejar to advise
acontecimiento *m* event
acordarse (ue) to remember
acorde coinciding in opinion, agreed
acosar to harass
acostarse (ue) to go to bed
acostumbrado accustomed, used to
acrecentar (ie) to increase
actividad *f* activity
acto *m* act; public function
actriz *f* actress
actuación *f* acting, performance
actual present, in the present time
actuar to act, to put into action
acudir to be present; to rush to the aid of
acuerdo *m* agreement, opinion, resolution
de — in agreement
acurrucar to huddle up
acusación *f* accusation
acusar to accuse; to acknowledge
achicharrado overcooked, burned
adaptar to adapt
adecuado adequate
adelantar to advance, to move forward
adelante ahead, farther on
en — in the future
adelgazar to thin down, to lose weight
ademán *m* gesture
además furthermore, besides, in addition to
adentro within, inside
m pl insides, entrails; innermost thoughts
aderezar to embellish, to season; to prepare food
adivinar to guess

administrar to manage
admitir to admit, to accept
adolecer to become ill
— **de** to suffer from
adolescente adolescent
adormecer to make one sleepy, to fall asleep
adorno *m* adornment, ornament
aduana *f* customhouse
adulación *f* fawning, adulation
adusto sullen
adversativo adversative, opposite
advertencia *f* warning
advertido noticed, observed
advertir (ie, i) to notice, to observe; to warn
aeropuerto *m* airport
afán *m* anxiety
afanar to rush
afecto *m* affection
afeitarse to shave
afianzarse to become engaged
aficionado *m* fan (of a sport, etc.)
— **a** fond of, having a taste for
afilado sharp, cutting
afilar to sharpen
afiliarse to join, to affiliate oneself with
afligido sad, afflicted
afligirse to grieve
afluir to flow
afortunado fortunate
afrancesar to give French qualities to
afrentar to affront
afuera outside, out
agachar to bend down, to stoop, to crouch
agalla *f* gill
agarrar to grasp, to grab, to seize
agente *m* agent
ágil agile, nimble
agitar to agitate, to move, to wave, to shake
— **se** to become excited
agonía *f* agony
agónico agonizing
agradar to be pleasing, to please
agradecer to thank for
agradecimiento *m* gratitude
agravarse to become worse
agraviar to offend, to wrong
agredirse to take the initiative in an assault
agregar to add, to join, to collect, to gather
agrícola agricultural
agrio sour, bitter

agua *f* water
aguacate *m* avocado
aguacero *m* heavy shower
aguarantar to endure
aguardar to wait
aguardiente *m* brandy
agudo sharp, pointed
agüero *m* sign, omen, forewarning
agujero *m* hole
ahogar to smother, to drown, to choke
ahondar to go deep into
ahora now
ahorcado hanged
ahorrar to save
ahuecado hollowed out
ahumada *f* smoke signal
ahumar to smoke (food), to cover with smoke and soot
aire *m* air
airecillo *m* breeze
airoso graceful, lively
aislarse to isolate oneself, to draw apart
ajeno ignorant
— **a** free from
ajo *m* garlic
ajusticiado *m* criminal sentenced to death
ajusticiar to put to death, to execute
ala *f* wing
alabanza *f* praise, glory
alabar to praise
alabastrino of alabaster
alamar *m* frog and braid trimming
alambre *m* wire
álamo *m* poplar tree
alargar to lengthen; to hand (something to another)
alarido *m* howl, outcry, shout
alarmar to alarm
alba *f* dawn
albañil *m* builder, mason
albergar to lodge
alborotado disturbed
alcachofa *f* artichoke
alcalde *m* mayor
alcance *m* overtaking
alcanzar to reach, to attain
alcaraván *m* bittern, a type of bird
alcázar *m* fortress
alcoba *f* bedroom
aldea *f* village
alegre happy
alegremente happily
alegría *f* gaiety, joy
alejar to move a distance, to separate
alentado spirited, courageous
alentador encouraging
aleta *f* small wing; fin of a fish
alfabeto *m* alphabet
alfarería *f* craft or shop of pottery
alfarero *m* potter
alfiler *m* pin
algazara *f* shout of a multitude, clamor

algo something, some
alguacil *m* bailiff, constable
alguien someone
alguno some, any, someone
alianza *f* alliance
aliento *m* breath
alimentar to feed
alimenticio nourishing
alimento *m* nourishment, food
alistar to enlist
alma *f* soul; ghost
almacén *m* store; warehouse
almeja *f* clam
almendra *f* almond
almohada *f* pillow
almuerzo *m* lunch
alocado wild, reckless
alojamiento *m* lodging
alojarse to lodge, to be lodged
alpargata *f* rope sandal
alquilar to rent
alquiler *m* rent
alquimia *f* alchemy
alrededor around
m pl environs
altanero arrogant, haughty
altas high; story above ground floor, upstairs
altavoz *m* loudspeaker
alterado disturbed
alternar to alternate
altibajos *m* ups and downs
altiplanicie *f* highlands, high plateau
altivez *f* pride
altivo proud, haughty
alto tall
m height, top
altura *f* height
alud *m* avalanche
alumbrar to light
alumno *m* student, pupil
alzar to raise
allá over there
allegar to collect
allende beyond, on the other side
allí there
ama *f* lady of the house
amable amiable, kind
amancillar to tarnish one's reputation
amanecer to dawn
m dawn
amante loving
m lover
amapola *f* poppy
amar to love
amargarse to become bitter
amargo bitter
amargura *f* bitterness
amarillento yellowish
amarillo yellow
amarrar to tie
amasar to knead
amazona *f* horsewoman

ambientado furnished with atmosphere
ambiente *m* environment, atmosphere
ambigüedad *f* ambiguity
ambos both
amenaza *f* threat
amenazar to threaten
americana *f* man's coat
amigo *m* friend
amistad *f* friendship
amistoso friendly
amo *m* master, boss
amontonamiento *m* pile, accumulation
amor *m* love
— **propio** self-love, pride
ampararse to defend oneself, to seek shelter, to claim protection
ampliarse to make larger
amplificar to amplify, to enlarge
amplio ample
anales *m* annals, historical records
anatomía *f* anatomy
anca *f* rump
anclar to anchor
ancho wide
m width
andaluz Andalusian
andanada *f* grandstand; broadside, naval salute, continuous discharge
andanza *f* wandering
andar to walk, to go
andas *f* litter; platform
anécdota *f* anecdote
anfitrión *m* host entertaining guests
angosto narrow
ángulo *m* corner
angustia *f* anguish
angustiado sorrowful
angustioso anguished, worried
anhelar to long for
anhelo *m* strong desire
anillo *m* ring
ánimo *m* courage
animoso brave, spirited
anoche last night
anochecer to grow dark (at night)
m nightfall
anonadado humbled
anónimo anonymous
anotar to make note
ansia *f* anxiety, eagerness
ansiar to long for
ansiedad *f* anxiety
ansioso anxious
ante before, in the presence of
anteayer day before yesterday
antecesor *m* ancestor
antemano with anticipation, beforehand
anteojos *m* eyeglasses
anterior anterior; former, preceding
antes before
anticipo *m* advance, advance payment
antigüedad *f* antiquity
antiguo old

antiquísimo ancient
antojarse to have a whim
antojo *m* whim, fancy
antónimo *m* antonym
antorcha *f* torchlight
anular to annul
anunciador *m* announcer
anunciar to announce
añadir to add
añejo old
año *m* year
añorar to suffer from nostalgia
apagar to put out
apaño *m* knack
aparato *m* apparatus
aparecer to appear
apartar to separate
apasionado passionate, emotional
apear to get out (of)
apelar to appeal
apellido *m* family name
apenar to cause pain
apenas scarcely, hardly
aperitivo *m* aperitif, drink before dinner
aperito *m* little riding outfit
apio *m* celery
aplacar to appease, to pacify, to calm
aplauso *m* praise
aplomo *m* poise
apodar to nickname
apoderado *m* representative, attorney, administrator
apoderarse to take possession
apogeo *m* peak (of a career)
aposento *m* room of a house
apostar (ue) to bet; to post (soldiers); to emulate
apote abundantly
apoyar to lean; to defend, to aid
apreciar to appreciate
aprecio *m* esteem, liking
apresuradamente hurriedly
apresurar to hasten
apretar (ie) to tighten, to squeeze; to hasten (the step)
apretón *m* pressure
 — **de manos** handshake
aprontarse to prepare quickly
apropiado appropriate
aprovechar to avail oneself of, to enjoy, to profit, to progress
apuesta *f* bet
apuesto elegant, refined
apuntar to aim; to point out, to mark
apurado accurate
apurarse to worry
aquel that
aquí here
ara *f* altar
 en —s de on the altars of
arado *m* plow

arañar to scratch
arañazo *m* scratch
árbitro *m* master of one's fate
árbol *m* tree
arboladura *f* spars
arbolera *f* grove
arco *m* arc, arch
 — iris rainbow
archivo *m* file
arder to burn
ardiente ardent, passionate
arena *f* sand
arenque *m* herring
argamasa *f* cement
argüir to argue
arista *f* edge
arma *f* weapon
armada *f* navy
armamento *m* armament
armazón *f* framework, skeleton
arrabal *m* district, suburb, slum
arrancada *f* sudden departure
arrancar to pull out, to root out
arrastrar to drag
arrastre *m* dragging; place through which dead bulls are dragged from the arena
arrear to spur on, to drive
arrebatar to carry off, to attract, to charm, to seize
arrebujado bundled
arreglar to arrange
arremeter to attack
arremolinado whirling
arremolinarse to mill around
arrepentido repentant
arrepentirse (ie, i) to repent
arrestar to arrest
arriba above, upstairs; hurrah
arriero *m* muleteer
arriesgado adventurous, risky
arriesgar to risk
arrimarse to get close; to seek protection or shelter
arrodillarse to kneel down
arrojar to throw, to throw out, to throw down
 —se to venture
arrojo *m* fearlessness, boldness
arrollar to roll up; to coil
arroyo *m* brook; ditch formed by a stream of water
arroz *m* rice
arrozal *m* rice field
arrugar to wrinkle
arruinar to ruin
artefacto *m* tool, appliance, gadget
artesa *f* trough; bowl for making bread
artesano artisan, skilled worker
articular to articulate
articulista *m* writer of articles
artículo *m* article

artificio *m* artifice
artillería *f* gunnery, artillery
asado *m* roast
asar to roast
ascender to rise
ascenso *m* climb
asediar to besiege, to attack
asedio *m* siege
asegurar to fasten, to make secure
 —se to be sure, to assure oneself
asemejarse to resemble
asentarse (ie) to be established, to reside
asesinar to murder
asesinato *m* assassination
asesino *m* assassin, murderer
aseveración *f* assertion
así thus, so
asiento *m* seat
asimismo exactly; so, too; in like manner
asir to seize, to take hold
asistente *m* one who is present
asistir to attend
asno *m* donkey
asomarse to put out, to look out, to peek
asombrado surprised, amazed
asombrar to surprise
asombro *m* amazement
aspecto *m* aspect, look
aspereza *f* roughness
áspero rough, uneven, harsh
aspiración *f* dream, desire, wish
aspiradora *f* vacuum cleaner
aspirar to aspire, to desire
astado with horns
astro *m* star; heavenly body
astucia *f* cunning, slyness
asturiano from Asturias
astuto astute, cunning
asunto *m* subject, affair
asustar to frighten
 —se to be frightened
atacar to attack
atadura *f* fastening, knot
ataque *m* attack
atar to tie, to bind
atardecer *m* nightfall, dusk, late afternoon
atareado busy
ataúd *m* coffin
atenacear to torture
atención *f* attention
atentamente attentively
atento attentive
aterrado terrified
atestar to stuff
atestiguar to witness, to give evidence
atinar to guess; to hit the target
 — a to succeed in
atormentar to torment

atracar to moor, to make the shore
atraer to attract
atrapar to catch, to overtake
atrás back, behind
atravesar (ie) to cross
atrayente attractive
atreverse to dare, to decide to, to venture
atrevido daring, bold
atrevimiento *m* boldness
atribuir to attribute
atrocidad *f* atrocity
atroz atrocious, horrible
aturdido giddy, stunned
audacia *f* daring, boldness
audaz bold, fearless
auditor *m* listener; judge
augusto august, majestic
aullar to howl
aullido *m* howl
aumentar to augment, to increase
aumento *m* increase
aun even
aún yet, still
aunque though, although
aureo golden
auricular *m* telephone receiver
aurífero containing or producing gold
aurora *f* dawn
ausencia *f* absence
auténtico real, true, authentic
autómata *m* automation
automáticamente automatically
automóvil *m* car
autor *m* author
autorizar to authorize, to give permission
auxiliar to aid, to help
auxilio *m* aid, help
avance *m* advance
avanzar to advance
avariento avaricious, greedy
ave *f* bird, fowl
avecinarse to get near
avergonzado ashamed, embarrassed
avergonzar (ue) to shame
  —se to feel ashamed
averiguación *f* investigation
averiguar to ascertain, to find out
ávidamente greedily
avío *m* preparation; *pl* equipment
avión *m* airplane
avisar to inform; to warn
aviso *m* warning
avistar to sight
avivar to enliven
axioma *m* axiom, maxim
aya *f* governess
ayer yesterday
ayuda *f* help
ayudante *m* assistant
ayudar to help

ayuno *m* fast, abstinence
azadón *m* hoe
azafrán *m* saffron
azahar *m* orange blossom
azar *m* chance
azotaina *f* whipping
azote *m* lash with a whip
azotea *f* flat roof
azucena *f* lily
azufre *m* sulfur
azul blue

B

bacalao *m* codfish
bahía *f* bay
bailador *m* dancer
bailar to dance
baile *m* dance
bailoteando dancing; bobbing up and down
bajar to descend, to fall, to lower
bajío *m* sand bank
bajo low; under; short
bala *f* bullet
balazo *m* shot; bullet wound
balbucear to stammer
balbuciente stuttering, stammering
balbucir to stutter, to stammer
balde: de — free
bambalina *f* fly
banco *m* bank
bandada *f* flock
bandeja *f* tray
bandera *f* flag
banderilla *f* decorative pick used to anger the bull
bañar to bathe, to wash; to coat
  —se to take a bath
baño *m* bath
baraja *f* pack of cards, game of cards
barba *f* beard
bárbaro *m* barbarian
barco *m* boat
barda *f* vine or plant that grows over a wall; thatch
barra *f* bar, rod; sandbar
barraca *f* hut, cabin
barranco *m* precipice
barrer to sweep
barrera *f* barricade, barrier
barriada *f* city district
barriga *f* belly
barrigono potbellied
barril *m* barrel
barrio *m* city district, section
barro *m* clay
basalto *m* basalt
base *f* base; basis
básicamente basically
bastante enough
bastar to suffice, to be enough
bastardilla *f* italics

batalla *f* battle
batel *m* small boat
batir to beat, to whip
batuta *f* baton
bautismo *m* baptism
bautizar to baptize
beber to drink
bebestible drinking
becerro *m* calf
béisbol *m* baseball
bellaco *m* villain, rogue
belleza *f* beauty
bello beautiful
bendecir to bless
bendición *f* benediction, blessing
bendito blessed
beneficio *m* good fortune, benefit, favor, profit
benigno benign, mild
bergantín *m* brig, brigantine, a kind of ship
besar to kiss
beso *m* kiss
bestia *f* beast
bestialidad *f* brutality
biblioteca *f* library
bicharraco *m* hideous animal
bicho *m* animal, beast
bienes *m* property, possessions
bienestar *m* well-being
bienvenido *m* welcome
billete *m* ticket; bill
bizcocho *m* biscuit
blanco white
  dar en el — to hit the mark
blando soft, pliant
blanduzco soft
blanquizco whitish
blasfemia *f* blasphemy
bloque *m* block
bloquear to block
blusa *f* blouse
bobo *m* fool
boca *f* mouth
bocado *m* bit
bocanada *f* huge puff
boda *f* wedding
bodega *f* cellar; warehouse
bofetada *f* slap
bohemio Bohemian
bohío *m* hut
boina *f* beret
boleto *m* ticket
bolita *f* little ball
bolsa *f* purse
bolsillo *m* pocket; purse
bombardillo *m* bombing
bombilla *f* light bulb
bombo *m* large drum
bondadoso kind, good
bonito pretty
borbollón *m* gush, spout of water

bordado embroidered
   m embroidery
borde *m* edge
borrachera *f* drunkenness
borracho drunk
borrar to erase
borroso clouded, blurred
bosque *m* forest
bostezar to yawn
bota *f* boot; leather sack for wine
bote *m* boat; jug, bucket
botella *f* bottle
botín *m* booty
botón *m* button
boxeador *m* boxer
bozalito *m* mouthpiece
bramar to roar, to bellow
brasero *m* hearth, brazier
brasileño Brazilian
bravío ferocious, wild
brazada *f* measure of distance, arm's length; armful
brazo *m* arm
breve brief
brin *m* canvas
brincar to leap, to jump
brindar to drink a toast; to offer
brío *m* vigor, spirit, enterprise
brisa *f* breeze
broma *f* joke, gaiety, jest
bromista *m* practical joker
bronce *m* bronze
bronco rough, harsh, coarse
brotar to bud, to bloom; to burst forth
bruja *f* witch, sorceress, hag
brujería *f* witchcraft, sorcery
brujo *m* sorcerer, wizard
bruñir to burnish
brusco rough, coarse
bruto uncultivated
bucear to dive
buen good
   — **mozo** good-looking
buey *m* ox
bufido *m* snorting
buho *m* owl
bulto *m* bulk, anything massive; package
bullicio *m* bustle, noise, uproar
buque *m* ship
burbuja *f* bubble
buriel *m* bull of dark reddish color
burla *f* jest, joke, fun, mockery; deceit
burlar to ridicule, to make fun of; to deceive
busca *f* search
buscar to look for
búsqueda *f* search
buzón *m* letter box

C

cabalgadura *f* riding horse, mule
cabalgar to mount or ride on horseback
caballeresco knightly, chivalrous
caballeriza *f* stable
caballero *m* gentleman
caballo *m* horse
caballón *m* ridge
cabaña *f* hut, cabin
cabecilla *m* chief, leader, ringleader
cabellera *f* hair
cabello *m* hair
caber to fit; to get in
cabestro *m* halter
cabeza *f* head
cabezón big-headed
   — *m* horse collar
cabildo *m* city hall, council
cabizbajo crestfallen, with head down
cabo *m* extreme; corporal
   al — de at the end of
   llevar a — to carry out (an order)
cacao *m* chocolate bean
cacareo *m* cackling
cacerola *f* saucepan
cacharro *m* coarse earthenware utensil
cada each, every
cadalso *m* gallows
cadáver *m* corpse
cadena *f* chain
caer to fall
   dejar — to drop
café *m* coffee
cafetal *m* coffee plantation
caja *f* box; cashier's office
cajón *m* large box; mailbox
cal *f* lime
calamar *m* squid
calamidad *f* misfortune, mishap, misery
calcetín *m* sock
calcomania *f* decalcomania, process of transferring pictures from specially prepared paper to glass
cálculo *m* calculation
caldear to scorch
caldo *m* broth
calentador *m* heater
calentar (ie) to heat
calentura *f* fever
calidad *f* quality
calificar to qualify; to rate, to class
calma *f* calm
calor *m* heat
calumniar to slander, to accuse falsely
calzón *m* trousers
calzoncillos *m* underwear (shorts)
callado silent, quiet
callar to be quiet, to stop talking
calle *f* street
callejero pertaining to the street
callejón *m* alley
callejuela *f* side street
cama *f* bed
cámara *f* chamber
camarada *m* partner, companion
camarón *m* shrimp
cambiar to change
cambio *m* change
   en — on the other hand
camello *m* camel
camilla *f* stretcher
caminante *m* traveler
caminar to walk
camino *m* road
camión *m* truck
camionero *m* truck driver
camisa *f* shirt
camiseta *f* undershirt, short shirt with wide sleeves
campamento *m* encampment, camp
campana *f* bell
campanada *f* sound of a bell
campanario *m* bell tower
campaña *f* campaign
campeón *m* champion
campesino *m* countryman, peasant, farmer
campo *m* field, countryside; camp
camposanto *m* cemetery
canalla *m* scoundrel
canasta *f* basket
canción *f* song
candela *f* candle
candil *m* oil lamp
candilejo *m* small oil lamp
candilería *f* candle holder
cangrejo *m* crab
canguelo *m* fear
canoa *f* canoe
cansado tired
cansancio *m* fatigue
cansar to tire
   —se to become tired
cansino tired
cantante *m* singer
cantar to sing
   m song
cantidad *f* quantity
canto *m* singing, chant
cantón *m* district
cantor *m* singer
caña *f* cane; rum; reed spear
   — **de azúcar** sugar cane
cañada *f* brook, small stream
cañar *m* cane field
caño *m* narrow canal, channel
cañon *m* cannon
cañonazo *m* cannon shot
capa *f* cloak, cape
capataz *m* foreman
capaz able, capable
capitalino pertaining to or from the capital
capote *m* cloak, cape
capricho *m* caprice, whim
caprichoso capricious, frivolous
capturar to capture
capucha *f* hood, cowl
capullo *m* flower bud

cara *f* face
carabina *f* rifle
carácter *m* character; temper
caracterizar to characterize
caravana *f* caravan
carcajada *f* outburst (of laughter)
cárcel *f* jail
carecer to lack
careta *f* mask
carga *f* load
cargadito a little heavy on the side of, leans toward; disposed to
cargado full
cargador *m* porter, expressman
cargamento *m* cargo
cargar to load, to burden, to carry
cariátide *f* caryatid, column in the form of a woman
caricia *f* caress
caridad *f* charity
cariño *m* love, fondness
cariñoso affectionate
carne *f* meat
carnoso pulpy
carpintero *m* carpenter
carrera *f* run, race; avenue; career
  a la — at full speed
carreta *f* cart, wagon
carretera *f* highway
carretero *m* cartman
carretón *m* float or platform (in a parade)
carrillera *f* cartridge belt
carrillo *m* cheek
carro *m* cart
carroza *f* large coach; parade float
carruaje *m* vehicle, carriage, car
carta *f* letter
  — de marear sea chart
cartel *m* poster, announcement
cartero *m* postman
cartílago *m* cartilage
cartón *m* cardboard
casa *f* house
  en — at home
casaca *f* cape
casamiento *m* marriage
casarse to get married
cascabel *f* rattlesnake
casco *m* helmet
casera *f* housekeeper
caserío *m* village
casero domestic
caserón *m* big house
casilla *f* small house
casita *f* small house
caso *m* case, matter, occurrence, event
  en — de in case
cáspita upon my word, heavens!
castaña *f* chestnut
castañetar to rattle castanets; to hit together; to cry (birds)
castellano Castilian

castigar to punish
castigo *m* punishment
castizo of noble descent, pure-blooded
casto chaste, pure
casualidad *f* chance
casucha *f* shack
catalán Catalonian, Catalan (language)
católico Catholic
caucho *m* elastic gum, India rubber
caudal *m* fortune, abundance
caudillo *m* chief, leader
cavar to dig
cave *m* wine cellar
cavidad *f* cavity
cavilar to brood over
caza *f* hunt, game
cazador *m* hunter
cazar to hunt
cebar to fatten (animals)
cebolla *f* onion
ceder to cede
cegar (ie) to make blind
ceja *f* eyebrow
celda *f* cell
célebre famous, renowned
celeste sky blue
celo *m* zeal
celosía *f* jealousy
cementerio *m* cemetery
cemento *m* cement
cena *f* dinner
cenar to dine
cenceño lean, thin
ceniza *f* ash
cenobítico cenobitic, monklike
centellar to sparkle
centelleante sparkling
centenar *m* hundred
centinela *f* sentinel, sentry
ceñido tied to the waist
cera *f* wax
cerca near
  f fence
cercado *m* enclosure
cerco *m* fence
  poner — to surround; to siege
cerdo *m* pig, pork
ceremonia *f* ceremony
cerezo *m* cherry tree
cerrado thick
cerrar (ie) to close
cerro *m* hill
cerrojo *m* bolt, lock
certera accurate, well-aimed
certidumbre *f* certainty
cerveza *f* beer
césped *m* grass
cesto *m* basket
cicatriz *f* scar
ciego blind
cielo *m* sky
ciencia *f* science
científico scientific

cierto certain
  por — certainly
ciervo *m* deer
cifra *f* figure, number; cipher, code
cigarro *m* cigar
cima *f* summit
cimbalillo *m* small cymbal
cimera *f* crest of a helmet
cincelado carved
cine *m* movie
cinta *f* ribbon; stripe
cintura *f* waist
cinturón *m* belt
circo *m* circus
circunspecto cautious, serious, considerate
circunstancia *f* circumstance
cirial *m* candlestick
cirio *m* candle, wax taper
cita *f* date, appointment
citar to quote; to make a date
ciudad *f* city
ciudadano *m* citizen
clamor *m* clamor; whine
clarete *m* claret wine
claridad *f* clarity, understanding
clarín *m* bugle
claro clear, of course
cláusula *f* clause
clausurar to close, to end
clavado nailed, firmly fixed
clavar to nail
clavel *m* carnation
clavo *m* nail
clero *m* clergy
cliente *m* client, customer
cobarde *m* coward
cobardemente cowardly
cobertor *m* covering
cobija *f* blanket
cobrar to collect, to charge; to cash
cobre *m* copper
cocear to kick
cocidito cooked slightly
cocido baked, cooked
  m dish of boiled meat and vegetables
cocina *f* kitchen
cocinar to cook
coctel *m* cocktail
codicia *f* greed
codo *m* elbow
cofradía *f* confraternity, brotherhood
coger to catch, to grasp; to collect; to gore
cogollito *m* lettuce heart
cohete *m* rocket
coincidir to coincide
cojín *m* pillow
cola *f* tail
colaborador *m* collaborator, coworker
colarse (ue) to filter
colchón *m* mattress
coleccionar to collect

colega *m* colleague, close friend
colegio *m* school
cólera *f* anger
colgar to hang
colina *f* hill
colita *f* little tail
colmado *m* general store
colmar to fill to the brim
colocar to locate; to put in place
colombino pertaining to Columbus, Columbian
colonia *f* colony
colono *m* colonist, settler; tenant farmer
coloquio *m* talk, speech, discussion
colorido colorful, colored
collar *m* necklace; dog collar
comadrona *f* midwife
comandante *m* commander
comarca *f* territory, region
combate *m* combat
combatir to combat, to fight
combativo aggressive, fighting
combinar to combine, to unite
comedia *f* comedy, play
comedor *m* dining room
comendador *m* commander
comensal *m* table companion
comenzar (ie) to begin
comer to eat
comerciante *m* trader, merchant
comestible eatable
 m pl provisions
cometer to commit, to perform
cómico comical
comida *f* meal, food, dinner
comité *m* committee
como as, like; how
 ¿cómo? how?
comodidad *f* comfort, convenience
compadre *m* pal, companion
compaginar to arrange in proper order, to put in order
compañero *m* friend, pal, companion
comparecer to appear before
compartir to share
compás *m* rhythm
compatriota *m* compatriot, fellow countryman
competir (i, i) to compete
compilador *m* compiler, collector
complacencia *f* complacency
complacer to please
completar to finish
completo complete
complicado complicated
componente component
componer to compose
comportamiento *m* behavior
comportarse to behave oneself
compra *f* purchase
comprar to buy

comprender to understand
comprensión *f* comprehension
comprobar (ue) to verify, to confirm, to prove
comprometer to compromise; to bind by contract; to expose to danger
 —se to become engaged
comprometido engaged; compromised; involved
compromiso *m* compromise
comunicado *m* communiqué to the press
comunicar to communicate
comunión *f* communion
con with
concavidad *f* concavity
concebir (i, i) to conceive, to imagine
conceder to give, to grant, to concede
concerniente concerning
conciencia *f* conscience
concreto real, concrete, specific
concurrencia *f* crowd, audience
concurrente *m* one who is present
concurso *m* contest
concha *f* shell
condado *m* county
condecoración *f* medal
condescendencia *f* compliance
cóndor *m* condor, large bird of the eagle family
conducir to guide, to drive
conectar to connect
conejo *m* rabbit
confeccionar to make, to prepare, to fabricate
conferir (ie, i) to confess
confesarse (ie) to confess
confianza *f* confidence
confiar to confide, to trust
confite *m* sweets
conformar to conform, to suit
conforme accordingly, agreed
confrontar to face
confundir to confuse
congregar to congregate, to gather
conífero coniferous
conjunción *f* joining, conjunction
conjunto *m* combination
conjuración *f* conspiracy
conjurado *m* conspirator
conjuro *m* entreaty, plea; conjuration
conmigo with me, with myself
conminación *f* threat
conmovedor touching, moving
conmover (ue) to move, to touch, to affect
conocer to know
conocimiento *m* knowledge, consciousness
conque so then, now then, and so, well then
conquista *f* conquest

conquistador *m* conqueror
conquistar to conquer
consecuencia *f* consequence
 por — consequently
consecutivo consecutive
conseguir (i, i) to attain, to succeed in
consejo *m* advice
consentir (ie, i) to permit
conservar to conserve, to keep
considerar to consider
consigo with himself, herself, themselves, yourself, yourselves
consiguiente consequent
 por — therefore
consistir to consist
consolar (ue) to console, to comfort
conspiración *f* conspiracy
constar to be clear, to be evident; to be composed of
consternado terrified
constituir to constitute; to make
construir to construct
consuelo *m* consolation, comfort; joy
consultar to consult
consumidor *m* consumer
consumir to consume
 —se de to be consumed by or with
contador *m* accountant
contar (ue) to count; to tell
contemplar to contemplate
contemporáneo contemporary
contemporización *f* compromising
contender (ie) to fight
contendor *m* contender
contener to contain
contestar to answer
contigo with you (familiar)
continente *m* countenance; continent
contingencia *f* contingency, possibility
contingente *m* contingent
continuar to continue
contorno *m* contour, outline
contra against
contráctil contractile, contractible
contraer to acquire; to contract for
contrahecho deformed
contrariado annoyed, opposed, contradicted
contrario contrary, opposite
contratar to contract for, to hire
contrato *m* contract
contribuir to contribute
convencer to convince
convencido convinced
convenio *m* agreement, pact
convenir to agree
convento *m* convent
convertir (ie, i) to convert
convocar to call together
conyugal conjugal, relating to marriage
copa *f* goblet, wine glass; drink (of wine); treetop

copiar to copy
copla *f* ballad, verse, popular song
coqueta *f* flirt
coquetear to flirt
coquetería *f* flirtation
coraje *m* courage, bravery, spirit
corazón *m* heart
corbata *f* necktie
corcel *m* horse, charger
corcova *f* hump
cordel *m* cord
cordero *m* lamb
cordillera *f* mountain range
cordón *m* cord, string; line of troops to prevent communication
cornada *f* thrust with the horns, a goring
cornupeto *m* animal that attacks with horns
coro *m* chorus
corona *f* crown
coronar to crown; to complete
corpulento corpulent, fleshy
correa *f* toughness, resistance, flexibility
correctamente correctly
corregidor *m* magistrate
correo *m* mail, post office
correr to run
correspondencia *f* correspondence
corresponder to correspond; to reciprocate
corrida *f* race; bullfight
corrido ashamed
corriente *f* current, trend, direction
corrompido corrupt
corsario *m* pirate
cortante biting, cutting
cortar to cut; to shut off, to turn off
cortejo *m* cortege; court; courtship
cortesía *f* courtesy
cortésmente courteously
corteza *f* outer shell, crust
cortina *f* curtain
cortísimo very short
cosa *f* thing
cosecha *f* harvest
coser to sew
coso *m* enclosure; main street
cosquillear to tickle
costa *f* cost; coast, riverbank
costado *m* side (anatomy)
costalero *m* porter
costar (ue) to cost
costumbre *f* custom, habit
cotidiano daily
cotizado quoted, listed; acclaimed
creado created
crear to create
crecer to grow, to raise
creencia *f* credence, belief; credit
creer to believe
crepuscular dim, pertaining to twilight

cría *f* rearing, breeding
criar to procreate, to rear, to bring up
  —se to grow up
criatura *f* creature; child
crimen *m* crime
criollo *m* native to America (Spaniard born in America)
cristal *m* crystal, glass, lens
crónica *f* chronicle
cronista *m* reporter
crotorar to cry (birds)
crucificado crucified
crudo raw
crujir to rustle; to splinter
crup *m* croup, chest congestion
crustáceo *m* crustacean
cruz *f* cross
cruzado *m* crusader
cruzar to cross
cruzeiro *m* monetary unit of Brazil
cuaderno *m* notebook
cuadra *f* block of houses
cuadrarse to stand at attention, to stay still
cuadrilla *f* group of four or more people who cooperate in some venture
cuadro *m* picture, painting, scene; square
cuadrúpedo quadruped, having four feet
cuajado full
cual which
  ¿cuál? what? which one?
cualidad *f* quality
cualquier any
cuando when
cuantioso abundant
cuanto as much as
  en — as soon as
  ¿cuánto? how much?
cuaresma *f* Lent, Lenten period
cuartel *m* barracks
cuarto fourth
  m room
cubrir to cover
cuchara *f* spoon
cucharadita *f* little spoon, teaspoon
cuchicheo *m* whisper, whispering
cuchillo *m* knife
cuello *m* neck
cuenta *f* count; bill, account
  darse — de to realize
  por su — on one's own
cuentista *m* storyteller, writer of stories
cuento *m* story
cuerda *f* cord, rope; whip
cuerdo wise
cuerno *m* horn
cuero *m* skins, rawhide; leather bag
cuerpo *m* body; matter; corporation
cuervo *m* crow

cuesta *f* hill, steep grade
  — arriba uphill
  a —s on one's shoulders or back
cueva *f* cave
cuidado *m* care, attention; caution
cuidadosamente carefully
cuidar to care, to look after
cuitado unfortunate
culebra *f* snake
culinario culinary, relating to the art of cooking
culminación *f* fulfillment
culminante culminating
culpa *f* fault, blame
culpable guilty
culto enlightened
  m cult; respect
cumbre *f* top, acme, greatest height
cumpleaños *m* birthday
cumplimiento *m* completion
cumplir to fulfill, to accomplish
cuna *f* cradle
cundeamor *m* vine
cuñado *m* brother-in-law
cupulífero cupuliferous, cup-shaped (acorn)
cura *m* priest
curaca *m* governor, chief; boss
curar to cure, to preserve
curso *m* course
curva *f* curve, bend
cushma *f* shirt worn by Indians
cúspide *f* peak
cuye *m* guinea pig
cuyo of which, whose, of whom
cuzco *m* cur

CH

chaleco *m* vest
chamuscado scorched, singed
chaquetilla *f* vest, jacket
charco *m* puddle, pool
charro *m* Mexican cowboy
chasqui *m* postboy, messenger
chica *f* girl
chico small
  m boy
chicha *f* alcoholic drink native to Indians of Ecuador
chifladura *f* mania; whimsical desire
chileno Chilean
chillido *m* screech, scream
chillón loud (colors), sharp
chimenea *f* chimney
chino Chinese
chipirón *m* kind of cuttlefish
chiquero *m* corral
chiquillería *f* crowd of youngsters
chiquillo *m* small boy
chiquitín *m* small boy
chirimoya *f* cherimoya, a tropical fruit
chirriar to hiss; to sizzle

chismoso gossiping
chispa f spark
chistar to mumble, to mutter; to answer back
chiste m joke
chistera f hat with a high crown, dress hat
chistoso funny
chocar to collide
cholo m half-breed; person of inferior social class
choque m collision
choquezuela f kneecap
chorero m one who protests
chorizo m pork sausage
choza f hut, cabin
chupar to suck
chupinazo m explosion
churro m long fritter or doughnut

D

dadivoso generous, liberal
damajuana f jug
daño m damage, hurt
  hacer — to cause harm, damage or injury
dar to give
  — con to find; to meet up with
  —se cuenta de to realize
  —se el gusto to take pleasure in, to have the pleasure of
de of, from
debajo beneath, underneath
deber to owe; must, to have to
  m duty, obligation
débil weak
debilidad f weakness
debutar to do or use for the first time
década f decade
decapitar to behead
decidir to decide
décima f type of poem
decir to say
declarar to declare, to explain
  —se to declare one's opinion, to make a declaration of love
declinar to decline
decretar to decree, to resolve, to decide
dedicar to dedicate
dedo m finger, toe
defender (ie) to defend, to protect
definir to define
degollar (üe) to decapitate, to behead
degradación f degradation, humiliation
dejar to leave, to let go
delantal m apron
delante before, ahead, in front
  — de in front of
delatar to give away, to inform against; to accuse, to denounce
delegado m delegate
deleitar to delight, to please

deletreo m spelling
delgado thin
delicia f delight
delincuente delinquent
delirante delirious
delito m offense, crime
demanda f demand, complaint, claim
demandar to demand
demás other
  lo — the rest
  los — others, the others
demasiado too much, excessive
demostración f demonstration
demostrar (ue) to demonstrate, to show
denodado brave, daring, intrepid
denominar to name, to call, to entitle
dentadura f teeth
dentro inside, within
denunciar to denounce
depender to depend
deponer to put aside
deporte m sport
deposición f assertion, testimony
depositar to deposit
depósito m store, warehouse
derecho right; straight
  m law; right
deriva f ship's course; drift
  a la — adrift
derivar to derive
derramar to spill
derrame m overflow
  — cerebral brain hemorrhage
derramiento m spilling
  — de sangre bloodshed
derredor m circumference
  en — around
derribar to knock down, to throw down
derribo m demolition
derrotar to defeat, to ruin
desacuerdo m disagreement
desafiar to challenge
desafío m challenge; duel
desagradecido ungrateful
desaliento m dismay, depression of spirits
desalmado inhuman
desalojar to dislodge, to oust
desaparecer to disappear
desarmado unarmed
desarmar to disarm
desarrollar to develop, to unfold
desarrollo m development
desastre m disaster
desatar to untie, to unfasten
desatinado extravagant; tactless
desayuno m breakfast
desbaratar to destroy, to smash; to rout, to force one to retreat
desbocado open-mouthed (as though breathless)
desborar to overflow

descalzo barefoot
descampado m open space, clear space without buildings
descanso m rest
descarga f discharge
descargar to strike, to hit
descender (ie) to descend, to go down
descendiente m descendant, offspring
descepar to uproot
descolgar (ue) to unhook, to unfasten; to take down what has been hung up; to come down
descomponer to upset, to put out of order
desconcertar (ie) to disturb, to bewilder
desconfiar to distrust
desconocer not to recognize, not to know
desconocido unknown, unrecognizable
desconsoladísimo disconsolate, very sad
desconsolado disconsolate, dejected
descontento discontented
descortés discourteous
descortezar to peel
descubridor m discoverer
descubrimiento m discovery
descubrir to discover, to expose
descuidar to relieve from care
  —se to be careless
descuido m carelessness
desde from, since
  — luego whereupon; of course
desdén m disdain, scorn
desdentado toothless
desdeñoso disdainful
desdicha f misery, unhappiness
desdoblar to unfold
desear to desire, to wish
desembarazar to free
desembocadura f mouth of a river
desempeñar to carry out, to fulfill; to redeem; to play a part; to perform a duty
desempleado m unemployed person
desencuadernado unruly, out of temper
desenfundar to take out of the holster or sheath, to unsheath
desenganchar to unhook
desengaño m discovery of an error
desenlace m conclusion, end solution
desenterrar (ie) to unearth, to dig up
desentrañar to solve
desenvolverse (ue) to unfold
desenvolvimiento m unfolding, development
deseoso desirous, eager
desesperación f despair
desfallecido dead; fainted
desfallecimiento m death; fainting
desfilar to pass in review, to file past, to parade

desfile *m* parade
desgarrar to tear
desgraciadamente unfortunately
desgraciado unfortunate
deshabitado uninhabited
deshacer to destroy, to undo
deshojar to strip off the leaves
deshonrar to disgrace; to scorn, to despise
desierto *m* desert
desigual unequal
desigualado made unequal
desigualdad *f* inequality
desilusionar to disappoint
desligar to untie
desliz *m* false step
deslizar to slide, to glide; to flow; to evade
deslumbrador dazzling, glaring
deslumbrante dazzling
deslumbrar to dazzle
desmayarse to faint
desmedirse (i, i) to forget oneself, to lose self-control
desmenuzado cut or torn into small pieces
desmesurado excessive
desmontar to dismount; to come down
desnudar to undress
desnudo nude
desobedecer to disobey
desolado desolate
desollar (ue) to skin
despacio slowly
despachar to dispatch; to sell
despacho *m* office
despavorido terrified
despectivo depreciatory, contemptuous
despedir (i, i) to dismiss
—**se** to say goodby
despejado clear
despertar (ie) to wake up, to revive
desplazar to displace
desplegar (ie) to unfold, to open or spread out
desplomarse to fall
despoblado uninhabited
despojo *m* spoils, plunder
desportilladura *f* chipped-off piece
desposado pertaining to marriage
m pl newlyweds
desposar to marry
despreciable contemptible
despreciar to scorn, to despise
desprecio *m* scorn, contempt
desprendido generous
despreocupación *f* state of not being worried
después after
despuntar to dawn
destacar to bring out, to emphasize

—**se** to stand out
desterrado exiled, banished
desterrar (ie) to banish, to exile
destilar to distill
destino *m* destiny
destreza *f* dexterity, skill
destrozar to destroy, to break
destruir to destroy
desvanecer to disintegrate, to divide into minute parts; to take away, to make disappear
desviar to reroute, to change the route
desvío *m* deviation, going astray
detallar to detail
detalle *m* detail
detención *f* delay, stop; arrest
detener to stop, to detain
detenidamente carefully, in detail
deteriorar to deteriorate
determinación *f* determination, final decision
determinadamente decidedly
determinar to determine
detonación *f* explosion
detonador *m* detonator, fuse
detrás behind, after
— **de** in back of
deuda *f* debt
devolver (ue) to return; to refund
devoto devout
día *m* day
diablo *m* devil
diablura *f* mischief
diabólico diabolical
dialogado in dialog form
diálogo *m* dialog
diantre *m* the devil! (expression of awe or impatience)
diario daily
m newspaper
dibujar to sketch, to draw, to make a drawing
—**se** to cast a shadow
dictar to dictate; to suggest
dicha *f* joy, happiness
dicho said, aforementioned
dichoso happy
diente *m* tooth
diestra *f* right hand
diestro skilled, expert
difícil difficult
dificultad *f* difficulty
dificultosamente with difficulty
difunto decreased, dead, late
m corpse
digerir (ie, i) to digest
dignarse to condescend, to deign
dignidad *f* dignity
dignificar to dignify
digno worthy
dilatación *f* extension, amplification
dilatado extensive, vast

diminutivo diminutive, small
dinastía *f* dynasty
dinero *m* money
Dios *m* God
dirección *f* address
directivo directing, managing
dirigir to direct, to lead; to address
discernir to discern, to distinguish
disculpa *f* apology
discurso *m* discourse, lecture, speech
discutir to discuss
diseminar to scatter
disentería *f* dysentery
disfraz *m* disguise
disimuladamente on the sly, secretly
disimular to feign, to pretend; to hide the truth
disimulo *m* dissimulation, pretense
disipación *f* scattering, thinning out
disipar to dissipate, to scatter
disminución *f* diminution
disminuir to diminish
disparar to shoot, to discharge
disparate *m* blunder, mistake; absurdity
disparejo uneven
disparo *m* discharge, shot
dispersar to disperse
disperso scattered, dispersed
displicencia *f* displeasure
displicentemente lazily
disponer to dispose; to arrange, to prepare
disputa *f* dispute
disputar to dispute
distinguido distinguished
distinguir to distinguish
distinto different, distinct
distraer to distract
diverso several
divertir (ie, i) to divert; to amuse
—**se** to amuse oneself
divino divine
divisa *f* emblem; *pl* holdings
divisar to distinguish, to perceive
doblar to fold
documentación *f* official papers
doler (ue) to pain, to grieve
—**se** to repent, to regret
dolor *m* pain
doloroso sad, painful, sorrowful
domador *m* tamer, trainer
domeñar to tame
domicilio *m* home, residence
dominar to dominate
domingo *m* Sunday
dominio *m* control
don *m* title for a man, Mr.; ability, talent
doncella *f* maid, servant; maiden
donde where
dondequiera anywhere
doquier anywhere

403 Vocabulario

dorar to gild, to paint gold
dormir (ue, u) to sleep
   —se to fall asleep
dorso *m* back
dosis *f* dose
dotado gifted
dotar to endow, to portion
dote *m* dowry
dramaturgo *m* dramatist
ducado *m* ducat, old Spanish money
duda *f* doubt
   sin — without a doubt
dueña *f* landlady; owner
dueño *m* owner, proprietor
dulce sweet; pleasant
dulzura *f* sweetness
durante during
durísimo very hard
duro hard, firm

E

e and (before words beginning with *i* or *hi*)
ebrio intoxicated
ecuestre equestrian, pertaining to horses
echar to throw; to dismiss; to expel, to drive away
   —se a to begin
edad *f* age
edificio *m* building
editar to edit; to publish
efe *f* letter *f*
efecto *m* effect, consequence
   en — indeed, really
efectuar to carry out, to do
efigie *f* effigy
efluvio *m* exhalation; emission
efusión *f* effusion, overflow
egoísta selfish
ejecutar to execute; to make; to perform, to do
ejemplar exemplary
ejemplo *m* example
ejército *m* army
el the
él he, him, it
elaborar to elaborate
elefante *m* elephant
elegir (i, i) to elect, to choose
elevar to raise
elogiable praiseworthy
elogio *m* eulogy
eludir to elude, to avoid
ella she, her
ello it
ellos them, they
embajada *f* embassy
embajador *m* ambassador
embarazar to embarrass
embarazoso embarrassing
embarcación *f* vessel, ship

embargar to restrain, to hinder; to suspend
embargo *m* embargo
   sin — however, nevertheless
embelesado spellbound
embelesar to amaze, to astonish; to charm
   —se to be charmed
embestir (i, i) to attack
emblanquecido bleached
emborrachar to become intoxicated
emboscada *f* ambush
embotellar to bottle
embriagado drunk
embuste *m* lie
embutido *m* sausage
eminente prominent, outstanding
emitir to emit
emoción *f* emotion
emocionante emotional
emparrado *m* arbor
empecinado stubborn
empedrado paved with stones, cobblestoned
empedrador *m* stonepaver
empellón *m* push
empeñado insistent, determined
empeñadura persistent
empeñar to oblige; to pledge, to promise
   —se en to insist
emperador *m* emperor
empero yet, however, notwithstanding
empezar (ie) to begin
empleado *m* employee
emplear to use, to employ
empleo *m* job
emprender to undertake
empresa *f* enterprise, undertaking
empresario *m* promoter
empujar to push
empujón *m* push
empuñar to grip
en in, at, on, by
   — derredor de around
   — seguida immediately
   — vilo in the air; in suspense
enamorar to inspire love
   —se to fall in love
enano *m* dwarf
encabezar to head, to lead
encajonar to encase, to enclose
encalado whitewashed
encaminarse to take the road to, to be on the way to, to head for
encanto *m* charm, enchantment, delight
encaramado perched
encaramarse to raise; to climb, to elevate onself
encarcelar to jail
encargado in charge, responsible

encargar to entrust; to order, to recommend; to take charge
encarnado red
encarnar to embody, to represent
encarnizado bloody, hardfought, fierce
encarrilar to guide
encastado inbred
encendido inflamed, scarlet
encerrar (ie) to lock up, to confine
encierro *m* round up of the bulls
encima above
   f evergreen oak
enclavado embedded; nailed, firmly located
enclavijar to join
encoger to contract, to shrink
encomendar (ie) to recommend; to entrust
encono *m* ill will
encontrar (ue) to find, to meet
encorvado bent, curved, doubled over with age
encrucijada *f* crossroad, street intersection
encuentro *m* meeting
enderecer to straighten out
enderezar to straighten
   —se to straighten up
endulzar to sweeten, to soften
endurecido hardened
enemigo *m* enemy
enfadar to anger
   —se to get angry
enfado *m* anger
enfermedad *f* sickness
enfermera *f* nurse
enfermería *f* infirmary
enfermo sick
enfilar to line up
enflaquecer to become thin, to lose weight
enfrentar to confront, to face
enfriar to cool
enfurecido enraged
engalanado decorated
enganchar to hook
engañar to deceive, to cheat, to fool
engaño *m* trick
engordar to fatten
engrandecer to make larger, to extend; to make something appear great
engrandecimiento *m* enlargement
engrosar to increase, to enlarge, to thicken
engullir to swallow
enigma *m* puzzle, riddle
enigmático puzzling
enlazar to bind, to tie
enlodado muddy
enloquecer to madden
   —se to go mad

enmarcado embroidered; framed
enmienda *f* correction, reward
ennegrecer to blacken
ennoblecer to ennoble, to enrich
enojado angry
enojar to make angry
 —se to become angry
enojo *m* anger
enredadera *f* vine, climbing plant
enriquecer to enrich
enriquecido enriched
enrojecido reddened
ensalada *f* salad
ensangrentado bloody
ensayo *m* rehearsal, practice, trial; essay
enseñanza *f* teaching, education
enseñar to teach
enseres *m* belongings, household goods
ensillar to saddle
ensueño *m* fantasy
ente *m* entity, being
entender (ie) to understand
entendido wise, knowing, prudent
entenebrecida in darkness
enterar to inform
 —se de to learn, to find out about
entereza *f* integrity
enternecido moved to compassion
entero entire
enterrar (ie) to bury
entierro *m* burial, funeral
entonar to chant, to sing
entonces then
entornado half-closed
entrada *f* entrance; admission ticket
 dar — a to allow someone to enter
entrar to enter
entre between
entrega *f* act of rewarding; delivery; surrender
entregar to deliver; to give up
entremezclado intermingled
entrenamiento *m* training
entrenzar to braid
entretanto meanwhile
entretener to entertain
 —se to amuse oneself
entrevista *f* interview
entrevistar to interview
entristecer to sadden
entusiasmar to make enthusiastic
enumerar to enumerate, to list
envanecerse to become vain
envenenar to poison
enviar to send
envidia *f* envy
envolvente surrounding
envolver (ue) to wrap
épico *m* epic
episodio *m* episode

epitafio *m* epitaph
época *f* epoch, era, time
epopeya *f* epic poem
equino equestrian, pertaining to horses
equipaje *m* luggage
equipar to equip
equipo *m* team
equitación *f* horseback riding
equivocado mistaken
 —se to be mistaken
erguido erect, straight; held up
erguirse (i, i) to stand erect
erizarse to stand on end (hair), to bristle
erróneamente incorrectly
erudito erudite, learned
esbelto tall, slender, well-built; graceful
escalofriante chilling, shivery
escalofrío *m* chill
escalón *m* stair
escalonado distributed or situated in steps
escama *f* fish scale
escapar to escape, to run away
escaparate *m* display case, store window
escape *m* flight
 a — at full speed
escarbar to dig
escarmiento *m* warning
escaso small; scarce
escena *f* scene, episode
escenificación *f* staging
escepticismo *m* skepticism
esclarecer to elucidate
esclavo *m* slave
escocés Scot, Scottish
escoger to choose, to select
escoltar to escort, to lead
escombro *m* rubble, ruin
esconder to hide
escondido hidden
 a —as secretly
escondite *m* hiding place
escopeta *f* shotgun
escopetazo *m* shot from a gun, wound made with a shotgun
escribir to write
escritor *m* writer
escritura *f* writing
escrúpulo *m* scruple, doubt
escuadra *f* squadron
escuchar to listen
escudo *m* shield, coat of arms; coin
escuela *f* school
escultórico sculptural
escultura *f* sculpture
esencia *f* essence, spice
esfinge *f* sphinx
esforzar (ue) to encourage
 —se to make an effort

esfuerzo *m* courage; effort
eslabón *m* steel for striking fire with a flint
esmeralda *f* emerald
esmero *m* careful attention
eso that
 por — for that reason, therefore
espacio *m* space
espada *f* sword; matador
 segundo — one who helps the bullfighter
espalda *f* back, shoulder
espantar to frighten
espanto *m* fright, dread
espantoso frightful
español Spanish
esparcir to spread
espárrago *m* asparagus
esparto *m* hemp
especie *f* kind
espejo *m* mirror
esperanza *f* hope
esperar to hope; to wait for, to expect
espeso dense
espía *m* spy
espina *f* thorn
espinaca *f* spinach
espiración *f* exhalation
espiral winding
espíritu *m* spirit, courage
esplendidez *f* splendor
espolear to spur (horse), to encourage
esponjado fluffy
esposa *f* wife
esposo *m* husband
espuma *f* foam
esqueleto *m* skeleton
esquiar to ski
esquina *f* corner
esquinazo *m* corner
esquivo elusive; reserved, cold
esta this
establecer to establish
 —se to settle oneself
estación *f* season; station
estado *m* state
estafeta *f* post office
estallar to explode
estampa *f* print, figure or image printed
estampido *m* explosion, crack, report of a gun
estampilla *f* stamp
estancado stagnant
estancia *f* small farm, ranch
estandarte *m* standard
estante *m* bookcase
estaño *m* tin
estar to be
este this
 m east
estentórreo stentorian, extremely loud

estertor *m* rattle in the throat; death rattle
estiba *f* bag
estilar to be accustomed; to be in fashion
estilo *m* style
estima *f* esteem
estimar to esteem, to respect
estirar to stretch out, to extend
esto this
estocada *f* stab
estómago *m* stomach
estoque *m* sword, rapier used by bullfighters
estorbar to hinder, to obstruct
estotro this other (combined form of *este* and *otro*)
estrangular to strangle
estrechar to narrow; to constrain
— **la mano** to shake hands
estrecho narrow
estrella *f* star
estremecer to shake, to tremble
estremecimiento *m* shudder
estreno *m* first performance, debut
estrofa *f* stanza
estudiantil pertaining to students
estudiar to study
estudio *m* study
estupefacto dumbfounded
estupendo stupendous
estupidez *f* stupidity
estúpido stupid
etapa *f* stage
eterno eternal
etiqueta *f* etiquette
evasión *f* evasion, escape
evitar to avoid
evocación *f* evocation, reminder
evocar to evoke
evocativo evocative, recalling something
exagerar to exaggerate
examinar to examine
excavar to dig
exceder to exceed
excelso elevated, sublime, lofty
excesivamente excessively
exclamar to exclaim
excluir to exclude
exhalar to exhale
exhibir to exhibit, to show
exhortar to exhort, to admonish
exigencia *f* requirement, demand
exigir to require, to need
exiguo scarce, meager
existir to exist
éxito *m* end, success
tener — to have success
expansionar to expand, to develop
expender to spend
expendio *m* shop

— **de carne** retail butcher shop
expirar to die, to come to an end
explicar to explain
explotación *f* exploitation; development; explosion
explotar to exploit; to explode
exponer to expose; to explain
—**se** to run a risk
expulsar to expel
extasiar to be in ecstasy, to revel in
extender to extend
exterminar to eliminate
extinción *f* suppression, extinction
extinguir to extinguish, to put out
extracción *f* extraction, background
extraer to extract
extranjero *m* foreigner
extrañar to wonder at
—**se** to refuse
extrañeza *f* surprise, wonder
extraño strange
extraviarse to get lost; to err
extremar to carry to an extreme
—**se** to exert to the utmost
extremaunción *f* extreme unction (sacrament administered to one in danger of death)
extremeño from Extremadura
extremoso extreme; very difficult or uncomfortable

F

fabada *f* mixture of pork and beans
fábrica *f* factory
fabricación *f* manufacture
fábula *f* fable
fabuloso fabulous, unusual
facción *m* faction; *pl* features
fácil easy
facilitar to facilitate, to make easy
fácilmente easily
facultad *f* faculty; ability
fachada *f* facade, front of a building
faena *f* work, labor, task
falda *f* skirt
falso false
falta *f* lack; offense, misbehavior
hacer — to need, to be necessary
faltar to be lacking; to falter
fallar to pass sentence, to render a verdict
fallecer to die
fallecido *m* deceased person
fallecimiento *m* death
fallo *m* error
fama *f* fame
familia *f* family
fango *m* mud
fangoso muddy
fantasma *m* phantom, apparition, ghost
fantoche *m* puppet
faro *m* beacon, lighthouse

farol (farolillo) *m* lantern; street lamp; bellshaped flower
fase *f* phase
fastidiado bothered
fastuosísimo pompous, majestic; gaudy, extremely ornate
fatiga *f* fatigue
fe *f* faith
febrilmente feverishly
fecha *f* date
felicidad *f* happiness
feligrés *m* parishioner
feliz happy
fénix *m* Phoenix; that which is exquisite or unique
fenómeno *m* phenomenon
feo ugly
féretro *m* coffin
feria *f* fair
feriado festive, holiday
ferocidad *f* ferocity
feroz ferocious
ferrocarril *m* railroad
ferviente fervent, ardent
fervor *m* earnestness, zeal, devotion
festejar to feast, to entertain
festejo *m* feast
festivo festive
festón *m* festoon, garland
fibra *f* fiber
ficticio fictitious, not real or true
ficha *f* chip, marker; domino
fidelidad *f* faithfulness
fiebre *f* fever
fiel faithful, true
fiera *f* wild animal; savage
fiereza *f* ferocity, fierceness
fiero fierce
fiesta *f* party, festival
fijamente fixedly, firmly, intensely
fijar to fix; to stabilize; to determine
—**se** to take notice
fijeza *f* firmness; steadfastness
fila *f* row, line
hacer — to line up
filial filial, relating to offspring
filmar to film for the screen
filo *m* blade
filosofía *f* philosophy
filosófico philosophic
filtrar to filter
fin *m* end, ending
a — de que so that
por — finally
finado pertaining to All Soul's Day
m deceased
finca *f* farm
fingido feigned
finura *f* fineness, gentility
firma *f* signature
firmamento *m* sky
físico physical

fisionomía *f* physiognomy, appearance
flaco thin
flama *f* flame
flamear to flutterer, to wave
flojamente lazily
flojo weak; lax, slack; lazy
flor *f* flower
— **y nata** the choice part
florecer to have flowers; to flourish
florero *m* flowerpot
florido flowery; choice, select
florín *m* florin, a silver coin
flota *f* fleet
fluvial fluvial, pertaining to rivers
foco *m* group of electric lights; spotlight, light bulb, flash bulb; focus, center
fogón *m* fireside, hearth
follaje *m* foliage
fomentar to foment, to encourage
fondo *m* bottom, depth; background; *pl* funds
forastero *m* foreigner
forjar to forge, to shape
forma *f* form
formar to form
fornido stout, robust
forrado lined; covered
fortaleza *f* fortress; strength
fortificar to fortify, to make strong
fortín *m* small fort
fosa *f* grave
foto *f* photo
frac *m* full-dress coat
fracasar to fail
fracaso *m* failure
fragmentación *f* fragmentation, breaking up
francamente frankly, openly
frasco *m* bottle, flask
frase *f* sentence, phrase
frecuencia *f* frequency
frecuentemente frequently
freidor *m* fryer; fried-fish vendor
frente *m* forehead
fresco fresh, cool
frescura *f* freshness
fríamente coldly, coolly
frijol *m* bean
friolento sensitive to cold; chilly; indifferent
frito fried
frondoso leafy
frotarse to rub, to rub in
fruición *f* enjoyment, satisfaction
fruncir to pucker
frustrar to frustrate
fruta *f* fruit
frutal fruit-bearing
fruto *m* fruit, produce
fuego *m* fire
hacer — to shoot

fuera out, without, outside
fuerte strong
m fort
fuerza *f* force, strength
fuga *f* escape, flight
fugaz fleeting; running away; apt to escape
fulgor *m* luster, brilliancy; life
fulgurante shiny; flashing, sharp
fulminante violent, exploding
fumador *m* smoker
fumigar to fumigate
funcionar to function
fundador *m* founder
fundar to found, to establish
fúnebre mournful, funeral, funeral
furiosamente furiously
furor *m* furor, fury
furtivamente furtively
furúnculo *m* boil
fusil *m* gun
fusilar to shoot, to execute
fútbol *m* football

G

gachupín *m* Spaniard settled in Mexico
gaita *f* bagpipe
gaitero *m* bagpipe player
gala pertaining to a festive occasion, gala
galán *m* ladies' man, lover
galanteador *m* lover; flatterer
galeón *m* galleon
galón *m* gallon
galope *m* gallop
gallardo elegant
gallina *f* hen
gallineta *f* sandpiper
gallo *m* rooster
misa de — Midnight Mass on Christmas Eve
gama *f* gamut, series
gana *f* appetite; desire
tener —**s de** to wish to
ganadería *f* cattle ranch, cattle raising
ganado *m* cattle, livestock
ganar to gain; to win; to earn
gangrenoso blood-poisoned, gangrenous
ganso *m* fool
garantía *f* guarantee
garantizar to guarantee
garapiñada *f* sugar-coated sweets
garapiñado candied, sugar-coated
garbanzo *m* chickpea
garbo *m* grace, elegance
garboso graceful
garganta *f* throat
gárgola *f* gargoyle
garlito *m* trap
garrafón *m* large bottle, large carafe
garza *f* heron
gastar to spend; to waste

gastronomía *f* art of eating well, gastronomy
gastrónomo *m* epicure, gastronomer
gatear to crawl
gato *m* cat
gaucho *m* cowboy of the Argentine pampas
gaviota *f* gull
gazpacho *m* Spanish cold soup made with vegetables, bread, garlic, oil and other ingredients
gema *f* gem
gemido *m* moan
gemir to groan
generación *f* generation, age
genialidad *f* disposition
genio *m* genius; disposition
gente *f* people
gentileza *f* charm
gentío *m* crowd
gerente *m* manager
germinar to germinate
gesto *m* gesture
giba *f* hump
gigante *m* giant
ginebra *f* gin
girar to spin, to turn
giratorio turning
giro *m* turn, rotation, gyration
gitano *m* gypsy
globo *m* balloon; globe
glotón *m* glutton
gobierno *m* government
golosina *f* tidbit, delicacy
golpe *m* blow, slap, hit
golpear to strike, to hit
golpecito *m* little tap
goma *f* gum, glue
gordo fat
gorjeo *m* warble, trill
gorro *m* cap
gota *f* drop
gotita *f* little drop
gozar to enjoy, to take pleasure in
gozo *m* joy
grabar to carve, to engrave
gracia *f* grace; *pl* thanks
grado *m* grade, rank
gradualmente gradually
gran, grande great, large
granada *f* pomegranate
grandeza *f* grandeur, greatness
granizar to hail
granizo *m* hail
granuja *m* urchin
gratis free
grato pleasing
grave serious
gravedad *f* gravity
graznar to hoot
graznido *m* croak, caw of a bird
gris gray

gritar to shout
gritería *f* outcry, shouting
grito *m* cry, shout
  — **pelado** top of one's voice
grosería *f* rudeness, ill-breeding, coarseness
grosero coarse, rude
grueso fat, bulky, big; thick
guacamayo *m* macaw
guagua *f* bus
guanábana *f* custard apple
guapetón *m* brave one
guapísimo very good-looking
guapo good-looking
guarapillo *m* tea
guardar to keep; to watch over
  —**se** to guard against, to avoid
guardarropa *m* checkroom, clothes closet
guardiano watchful vigilant
guarecer to shelter, to refuge
guarnecido trimmed, ornamented
guerra *f* war
guerrero *m* warrior, soldier
guía *m* guide
guijarro *m* rock
guiño *m* signal; wink
guisa *f* manner, way
  a — **de** in the manner of
guisar to cook
guita *f* money
guitarra *f* guitar
gusano *m* worm
gustar to like; to please
gusto *m* taste; pleasure
  a — at one's will; to one's taste or judgment
  darse el — to enjoy
gustoso tasty; pleasing

H

haba *f* bean, lima bean
haber to have (auxiliary verb)
habichuela *f* kidney bean
habilidad *f* ability
habitación *f* dwelling, residence
habitante *m* inhabitant
hacendado *m* landowner; rancher
hacer to make, to do
  — **caso** to obey, to pay attention
  — **cola** to stand in line
  — **daño** to hurt, to harm
  — **falta** to need, to be necessary
  — **gracia** to cause diversion, to amuse
  — **proa** to head for
  — **venir** to have come
hacia toward, in the direction of
hacienda *f* estate, ranch
hachón *m* large torch
hada *f* fairy
hado *m* fate

hallar to find, to discover; to observe
hambre *f* hunger
  pasar — to be hungry
  tener — to be hungry
hambriento hungry
harina *f* flour
harinoso mealy; starchy
hasta until, to, as far as; even
hatillo *m* small bundle; a few clothes
  — **de trapón** a few ragged clothes
hay there is, there are
haz *m* bundle
hazaña *f* feat, heroic deed
hebraico Hebrew
hebreo Hebrew
hechicero *m* witch, wizard
hechizar to bewitch, to injure by witchcraft
hecho *m* fact, event
hechura *f* build of a person
hegemonía *f* leadership
helado frozen
  m ice cream
hendidura *f* crack; cut
heno *m* hay
hereje *m* heretic
herencia *f* inheritance; heritage
herida *f* wound
herir (ie, i) to wound, to hurt
hermana *f* sister
hermano *m* brother
hermetismo *m* confused state
hermoso beautiful, handsome
héroe *m* hero
heroicidad *f* heroism
heroína *f* heroine
hervir (ie, i) to boil
hervor *m* boiling point
hiel *f* bitterness; gall
hielo *m* ice
hierba *f* grass, herb
hierro *m* iron; brand
higo *m* fig
higuera *f* fig tree
hija *f* daughter
hijo *m* son; *pl* children
hila *f* narrow strip; shred
hilacata *m* Indian foreman
hilera *f* row, line, tier, file
hilo *m* thread; fiber; wire
  al — parallel; the length of
hincapié *m* standing one's ground
hincar to thrust; to plant
  —**se** to kneel down
hinchazón *f* swelling; inflammation
hipocresía *f* hypocrisy
hirviente boiling
hispanohablante Spanish-speaking
hispanoparlante *m* Spanish-speaking person
hociquera *f* snout
hogar *m* home

hogareña domestic
hoguera *f* fire, bonfire; hearth; home
hoja *f* leaf; sheet of paper
hojalata *f* tin plate
hojalatería *f* art of making tin plate or utensils; tin shop
hojear to turn the pages of a book
hojita *f* leaf
holgar to be idle
hombre *m* man
hombro *m* shoulder
homicida *f* murder
hondo deep; low
hondonada *f* dale, ravine, glen
hondura *f* depth
hondureño Honduran
honor *m* honor, fame, glory
honra *f* honor; reverence
honrado honest, honorable
honrar to honor
honroso honorable
hora *f* hour
horca *f* gallows
hormona *f* hormone
hornear to bake
horno *m* oven
horripilante hair-raising
hosco dark-colored; gloomy
hospedaje *m* lodging
hospedar to lodge
hoya *f* hole, pit; basin of a river; dimple
hoyo *m* hole, hollow
huasco *m* horseman of Chile
hueco *m* hole, hollow
huelga *f* strike
huelguista *m* striker
huella *f* footprint, track; impression, trace
huérfano *m* orphan
huerta *f* vegetable garden, orchard
huerto *m* orchard, fruit garden
hueso *m* bone
huésped *m* guest
huevo *m* egg
huída *f* escape
huir to flee, to escape
humada *f* smoke signal
humedad *f* moisture, humidity
humedecer to moisten
húmedo humid, wet
humildad *f* humbleness, humility
humilde humble
humillación *f* humiliation
humillar to humble
humo *m* smoke
humorismo *m* humor
humorista humorous
  m humorist
humorístico humorous
hundir to sink
huracán *m* hurricane

hurtadillas: a — furtively
hurto *m* theft

I

ibero Iberian
ida *f* departure
idioma *m* language
idolatrado idolized, worshipped
ídolo *m* idol
iglesia *f* church
ignorar to be ignorant of
igual equal
igualdad *f* equality
iluminar to illuminate
ilustre illustrious
imagen *f* image
imaginar to imagine
imán *m* magnet
imbecilidad *f* imbecility, stupidity
impaciencia *f* impatience
impasible showing no emotion
impensadamente unexpectedly
imperceptible imperceptible, not visible
imperio *m* empire
ímpetu *m* impetus, stimulus
impetuosidad *f* impetuosity, rash behavior
impetuoso impetuous, violent, fierce
implorante imploring
implorar to implore
imponer to advise; to give notice; to instruct in; to assert
importancia *f* importance
importar to be important
impreciso uncertain
impregnable impossible to penetrate or conquer
imprimir to impress, to print
improvisar to improvise; to make use of
imprudencia *f* imprudence
impuesto *m* tax
inagotable inexhaustible
inarmónico inharmonious
incapaz incapable
incauto unwary, heedless
incendio *m* fire
incertidumbre *f* uncertainty
inclemencia *f* inclemency, severity
inclinación *f* inclination, tendency
inclinado slanting, disposed toward
incluir to include
incluso enclosed, included
incómodo uncomfortable
inconsciente unconscious
inconmovible immovable
inconsolable inconsolable
incontenible uncontrollable
incorporarse to straighten up; to join
increíble incredible, unbelievable
increpar to scold
incrustado encrusted, inlaid

indagar to inquire
indecible inexpressible; untold
indemnizar to compensate
indeterminado undetermined
indiada *f* crowd of Indians
indicar to indicate, to show
índice *m* index finger
indicio *m* indication, sign
indígena native
indignar to irritate
 —se to become indignant
indio *m* Indian
indiscutible indisputable
indispuesto indisposed
indomable unconquerable
indómito untamed, unruly; unchangeable
inducir to persuade
indudable unquestionable
indudablemente unquestionably
inédita unedited
ineducado *m* uneducated person
inepto inept, incompetent
inerme disarmed
inerte still, motionless
inesperado unexpected
inestimable invaluable
inevitable inevitable, unavoidable
infamia *f* infamy, disgrace
infantil childlike, childish
infantilidad *f* thing for children or infants
infatigable tireless, untiring
infatigablemente untiringly
infelicidad *f* unhappiness
infeliz unhappy
inferir (ie, i) to inflict
infernal infernal, hellish
infiel unfaithful
infierno *m* hell
infinito endless, infinite
inflado inflated
inflamado inflamed; excited
influyente influential
informar to inform, to tell
informe *m* information, report
infranqueable insurmountable
infundir to instill, to inspire
ingeniería *f* engineering
ingeniero *m* engineer
ingenioso ingenious
ingente huge
ingenuamente cleverly
ingenuidad *f* ingenuousness, innocence
ingle *f* groin
ingrato ungrateful
ingrediente *m* ingredient
inhábil incompetent
inhabitado uninhabited
iniciar to initiate, to begin
inimitable unable to be imitated
injerir (ie, i) to introduce

injuriar to insult, to offend
inmediatamente immediately
inmensurable immeasurable
inmoderado excessive
inmortalizado immortalized
inmóvil motionless
inmundo filthy, unclean
inmutable unchanging, inalterable
inolvidable unforgettable
inquebrantable unbreakable
inquietar to trouble; to excite
 —se to worry
inquietud *f* restlessness
inquirir (ie) to inquire
insalubre unhealthy conditions
insecto *m* insect
insensato insensitive
insigne renowned
insinuar to insinuate; to suggest
insipidez *f* insipidness
insistir to insist
insólito unexpected
insonable deep, unfathomable
inspirativo inspiring
instalar to install
 —se to move in, to settle
insular from the island
insurgente insurgent, rebel
insurrección *f* insurrection, uprising, rebellion
íntegramente entirely
integridad *f* integrity; strength of character
inteligencia *f* intelligence
inteligente intelligent
intemperie *f* rough or bad weather
 a la — outdoors
intendente *m* administrator, director
intentar to try, to attempt
interceder to intercede
intercesora *f* intercessor, one who intercedes
interesar to interest
 —se to be interested in
intereses *m* interests; goods, possessions; business affairs
interior *m* inside, interior
interminable endless
internacionalizar to internationalize
internar to enter
 —se to go deeply, to go inside
interponer to interpose
intérprete *m* interpreter
interrogar to question
interrumpir to interrupt
intervalo *m* interval
intervenir to intervene
intimar to intimate, to suggest, to hint; to notify
intimidar to intimidate
íntimo intimate
intraducible untranslatable

intrascendente   not of great importance
intrepidez *f*   intrepidity, courage
intrépido   daring, intrepid, courageous
intruso *m*   intruder, one who enters without right
inundar   to inundate, to flood
inútil   useless
inutilidad *f*   uselessness
inutilizado   ruined
invadir   to invade
invasor *m*   invader
inverosímil   improbable
investigar   to investigate
invierno *m*   winter
invitar   to invite
ir   to go
   —**se**   to go away
ira *f*   anger
ironía *f*   irony
irónico   ironical
irradiar   to irradiate; to emit beams of light
irrealizable   unable to be fulfilled
irremediablemente   irremediably, hopelessly, incurably
irritar   to irritate
isla *f*   island
izquierda   left

J

jacal *m*   hut
jactancia *f*   bragging
jactarse   to boast, to brag
jadeante   panting
jaleo *m*   merriment
jamás   never
jamón *m*   ham
jardín *m*   garden
jardincillo *m*   small garden
jaula *f*   cage, cell
jefe *m*   chief, boss, leader
   hacer de —   to act as chief
jíbaro *m*   hillbilly
jinete *m*   equestrian, rider
jipi *m*   hippy
jornada *f*   act of a play; journey
jornal *m*   day wages
joroba *f*   hump
jota *f*   spirited dance from northern Spain; letter j
joven   young
   m   young person
joya *f*   jewel
júbilo *m*   joy, glee
jubón *m*   doublet, jacket, bodice
judía *f*   green bean
judío *m*   Jew
juego *m*   game
jueves *m*   Thursday
juez *m*   judge, justice
jugada *f*   play (of a game)
jugador *m*   player

jugar (ue)   to play
jugo *m*   juice
juguete *m*   toy
jugueyear   to play around
juicio *m*   judgment
julio *m*   July
juntar   to join, to gather
junto   together
   — a   next to
juramento *m*   oath, vow
jurar   to swear, to take an oath
justamente   exactly, precisely
justiciero   just, fair
juventud *f*   youth

L

la   the; her, it, you
lábaro *m*   symbol, standard
labio *m*   lip
labrador *m*   farmer, peasant, worker
labranza *f*   tillage, farming; labor, work
labrar   to work; to cultivate; to carve; to engrave
lacerante   lacerating, sharp, piercing
ladeada   tilted to one side
lado *m*   side
ladrón *m*   thief
lago *m*   lake
lágrima *f*   tear
lamentación *f*   sorrow; will
lamentar   to lament, to mourn
lamento *m*   lament, wail
lámpara *f*   lamp
lana *f*   wool
lance *m*   episode, occurrence
lancha *f*   boat
langosta *f*   locust; lobster
langostino *m*   prawn, shrimplike seafood, small lobster
languidecer   to languish, to lose vigor, to die out, to slow down
lanzar   to throw, to launch
   —**se**   to launch forth; to throw oneself
lápida *f*   tablet, memorial stone
lápiz *m*   pencil
largo   long
   a lo —   along, lengthwise
las   the; them, you
lastimar   to hurt
lastimoso   pitiful
látigo *m*   whip
latinoamericano   Latin American
   m   person from Latin America
latir   to pulsate
latita *f*   small can
latoso   from a can
laurel *m*   laurel wreath of victory
lavadero *m*   washing place; lavatory
lavandera *f*   washwoman
lavar   to wash
laxante   loose, unrestrained

le   him, to him, for him; to her, for her; you, to you, for you (singular)
leal   loyal
lealtad *f*   loyalty
lección *f*   lesson
lector *m*   reader
lectura *f*   reading; lecture
leche *f*   milk
   — cuajada   junket
lecho *m*   bed
lechuza *f*   barn owl
leer   to read
legión *f*   legion; horde, multitude
legua *f*   league, measure of distance
legumbre *f*   vegetable
leguminosa   of the bean family
lejanía *f*   remoteness
lejano   distant, far
lejos   far
   — de   far from
lema *f*   motto
lengua *f*   tongue; language
lenguado *m*   sole
lenguaje *m*   language
lentamente   slowly
lenteja *f*   lentil
lentitud *f*   slowness, tardiness
lento   slow
leña *f*   firewood
leño *m*   log
leonés   from León
les   you, to you, for you (plural); them, to them, for them
lesión *f*   lesion, wound
letanía *f*   litany
letra *f*   letter (of the alphabet); handwriting
levantamiento *m*   uprising
levantar   to raise
   —**se**   to rise, to get up
leve   light, slight
levemente   lightly
ley *f*   law; quality or strength
leyenda *f*   legend
libertad *f*   liberty
libertado   freed, saved, liberated
libertador *m*   liberator
librar   to free
libre   free
   m   taxi
libro *m*   book
licenciar   to license
licor *m*   liquor
líder *m*   leader
lidia *f*   bullfight
lidiar   to fight
ligadura *f*   where the knot is tied in a bandage; binding; subjection
ligeramente   lightly, quickly
ligero   light; fast
limón *m*   lemon

limonada *f* lemonade
limpiar *f* to clean
limpio clean
lindar to border
lindezas *f* insults
lindo pretty, attractive
línea *f* line
lino *m* linen
linterna *f* lantern
líquido *m* liquid
liso smooth; straight
lisonja *f* flattery
listo ready; quick; clever
literario literary
lo him, it; the
— **que** that which
— **que sea** whatever it might be
lobo *m* wolf
lóbrego dark, lugubrious
localidad *f* locality; seat
locamente madly
loco insane
locura *f* insanity
lograr to obtain, to succeed in
loma *f* hill
lomo *m* loin; ridge
los the; them, you
losange *m* arrangement
lotería *f* lottery
loza *f* chinaware, porcelain, pottery
lucero *m* morning star
luciente shining
luciérnaga *f* firefly
lucimiento *m* brightness
lucir to shine
—**se** to be successful; to shine
lucha *f* fight
luchar to fight
luego later, afterward
lugar *m* place
lúgubre sad, gloomy
lúgubremente mournfully
lujo *m* luxury
lujoso luxurious
lumbre *f* fire
luminaria *f* illumination, light
luminoso brilliant, shining
luna *f* moon; glass plate of a mirror
— **de miel** honeymoon
lunes *m* Monday
lustre *m* luster, glaze
luto *m* mourning
luz *f* light

LL

llama *f* blaze, flame
llamada *f* call
llamamiento *m* call
llamar to call
—**se** to be named
llanta *f* tire
llanto *m* flood of tears, weeping
llanura *f* plain
llave *f* key
llegada *f* arrival
llegar to arrive, to reach
llenar to fill
lleno full, plenty
llevar to carry, to wear, to take
— **a cabo** to carry through, to accomplish
—**se chasco** to be disappointed
llorar to cry
lloveediza *f* rain
llover (ue) to rain
lluvia *f* rain
lluvioso rainy

M

macana *f* narrow shawl
macarela *f* mackerel
macetazo *m* blow resulting from a flowerpot falling or being thrown
macizo *m* flower bed
machetazo *m* blow with a machete
machete *m* long-bladed knife
macho *m* robust man, fearless one, he-man
madera *f* wood
maderamen *m* timber used for building a house; timber work
madre *f* mother
madrileño from Madrid
madrina *f* godmother
madrugada *f* dawn
madrugar to get up early
madurez *f* maturity
maduro ripe
maestría *f* mastery, competence
maestro *m* teacher
mágico magic
magistrado *m* magistrate
magnate *m* person of rank or wealth
mago *m* magician
mahonesa *f* mayonnaise
maíz *m* corn
majestad *f* majesty
majestuoso majestic
mal bad
m evil, harm
malagradecido ungrateful
malagueño from Málaga
maldad *f* badness, wickedness
maldito damned
maleable malleable, plastic
maleficio *m* spell; witchcraft
maleza *f* underbrush
malicia *f* malice
malignidad *f* malignity
malo bad
malograrse to fail, to come to naught
malsano unhealthy, sickly
maltratar to mistreat, to abuse
manar to flow out

mancha *f* stain, spot
manchar to stain
manchego from La Mancha
manchón *m* spot, large spot
mandar to command, to order; to send
— **hacer** to have made
mandato *m* order, command
mando *m* command
manejar to drive; to manage
manera *f* way, manner
manga *f* sleeve
manguera *f* hose (water)
manía *f* urge, desire; madness
manifestar (ie) to exhibit; to declare
maniobra *f* procedure; trick; maneuver
manjar *m* food, tidbit
mano *f* hand
mansamente meekly, tamely, slowly
manso, mansote docile, tame, meek
manta *f* woollen blanket
manteca *f* fat, lard
mantener to support, to maintain
mantequilla *f* butter
manto *m* cloak
manzana *f* apple
manzanilla *f* kind of sweet wine
manzano *m* apple tree
maña *f* skill
mañana *f* tomorrow; morning
de la — in the morning
por la — in the morning
mapamundi *m* map of the world
maquinal mechanical; unconscious
maquinalmente automatically
mar *m* sea
maravilla *f* wonder, marvel
maravillosamente marvelously
marco *m* frame
marchar to go, to leave; to march
marea *f* tide
mareo *m* dizziness, seasickness
marido *m* husband
marinero *m* sailor
marisco *m* shellfish
marítima maritime
martes *m* Tuesday
martillar to pound, to hammer
martillo *m* hammer
mártir *m* martyr
mas but
más more
es — moreover
masa *f* dough; *pl* masses (people)
máscara *f* mask
mata *f* plant
matador *m* killer; man who kills the bull in a bullfight
mantanza *f* slaughter
matar to kill
mate *m* Paraguayan or Uruguayan tea; shade, tone
matemático *m* mathematician

411 Vocabulario

matinal morning
matiz *m* shade, gradation, tone, blend
matrimonio *m* marriage, married couple
maullar to meow
mayo *m* May
mayor greater; larger, elder
mayorcito *m* largest; oldest
mayoría *f* majority
mazapán *m* sweet paste of almonds, marzipan
meca *f* name of mosque Arabs built in Córdoba; *cap* holy city of Moslems
mecánica mechanic, mechanical
mecenas *m* sponsor, patron, protector
mechón *m* large lock of hair
medalla *f* medal
medianoche *f* midnight
mediante by means of
médico *m* doctor
medida *f* measure
medio middle, half
  en — de in the middle of
  por — de by means of
mediodía *m* noon
medios *m* center of the bullring; ways, means
medir (i, i) to measure
medroso timorous, fainthearted, cowardly
mejilla *f* cheek
mejor better
mejorar to improve
melancólico melancholy
membrudo muscular, strong
memoria *f* memory
mencionar to mention
mendrugo *m* crust of bread
menear to wag
menester *m* job; need
menor smaller; younger; slight; least
menos less, least
mensaje *m* message
mensajero *m* messenger
mensual monthly
mente *m* mind
mentir (ie, i) to lie
mentira *f* lie
mentón *m* chin
menudo small, insignificant
  a — frequently
mercado *m* market
mercancía *f* merchandise
merced *f* favor, grace; mercy
merecer to merit
meridiano *m* meridian; dividing line; noon
meridional southern
merienda *f* snack
mes *m* month
mesa *f* table
mesar to tear out

mesita *f* small table
mestizaje *m* relative to the *mestizos*
meta *f* goal
metálico metallic
meter to put in, to insert
metro *m* subway; meter
mexicano Mexican
mezcla *f* mixture; mortar
mezclado mixed
mezclar to mix, to blend
miedo *m* fear
miedoso frightened, afraid
miel *f* honey
mientras while
  — tanto meanwhile
  miércoles *m* Wednesday
miga *f* crumb, soft part of bread; small piece
migaja *f* crumb of bread, inside part of a loaf of bread
mil thousand
milagro *m* miracle
milagrosamente miraculously
militar *m* military man
milpa *f* corn patch
milla *f* mile
millar *m* thousand; *pl* great number
mimar to coax; to pet; to indulge
minero *m* miner
ministerio *m* cabinet (government), department
minuciosamente minutely, thoroughly
minucioso thorough
minuta *f* bill of fare, menu
mirada *f* look
miramiento *m* consideration, reflection
mirar to look
misa *f* mass
misal *m* missal, mass book
miseria *f* misery
misericordia *f* pity
misionero *m* missionary
mismo same; self
misterio *m* mystery
misteriosamente mysteriously
mitad *f* half; middle
mítico mythical
mocedad *f* youth
mocetón *m* young man, strapping youth
moda *f* fashion, style
modestia *f* modesty
modo *m* way
mohán *m* priest of an ancient tribe of Indians from Colombia
mohíno sullen
mojado damp, wet
mojar to wet, to moisten
  —se to get wet
moldear to mold, to shape
moldura *f* molding
mole *f* mass
moler (ue) to mill, to grind

molestar to disturb
molestia *f* annoyance
molesto annoying, troublesome
molinera *f* miller's wife
molinero *m* miller
molino *m* mill
molusco *m* mollusk
momento *m* moment
  al — right away
monaguillo *m* acolyte, altar boy
monarquía *f* monarchy
moneda *f* coin, money
mono cute
monstruoso monstrous
montado mounted, on horseback
montaña *f* mountain
montar to mount, to ride; to cock (a gun)
monte *m* mountain, mount
montera *f* matador's hat
montón *m* heap, pile
montura *f* saddle
moraleja *f* moral, lesson
morcilla *f* blood sausage
mordedura *f* bite
morder (ue) to bite
mordisco *m* bite
moreno brown, dark, brunette
moribundo moribund, dying
morir (ue, u) to die
morisco Moorish
moro *m* Moor
morro *m* bluff, highland
mortaja *f* shroud
mortecino dying, pale, wan
mortificado tormented
mortificar to worry
mosca *f* fly
mostaza *f* mustard
mostrador *m* counter, display case
mostrar (ue) to show
motivo *m* motive, reason
mover (ue) to move
movimiento *m* movement
mozalbete *m* lad
mozo *m* youth
  buen — good-looking
muchacho *m* boy
muchedumbre *f* multitude, crowd
mudanza *f* move, change of residence
mudar to move
  —se to change one's residence
mudo silent, mute
mueble *m* furniture
mueca *f* grimace
muelle *m* wharf, pier
muerte *f* death
muerto *m* corpse
muestra *f* sample
mujer *f* woman, wife
mujerío *m* women's gathering
mula *f* mule

muleta *f* red flag used by the bullfighter; rod that holds the red flag; bullfighter's cape
mulita *f* small mule
multitud *f* crowd
mullido soft
mundanal worldly
mundial world, universal
mundo *m* world
munición *f* ammunition
muñeca *f* doll
muñón *m* stump
muralla *f* wall
murmullo *m* whisper, murmur
murmurar to murmur; to complain
muro *m* wall
músculo *m* muscle
musgo *m* moss
muslo *m* thigh
mutuamente mutually
mutuo mutual
muy very

N

nacarado pearly
nacer to be born
nacimiento *m* birth; starting place; Nativity scene
nada nothing
nadar to swim
nadie no one
naipe *m* playing card
naranja *f* orange
naranjal *m* orange grove
naranjo *m* orange tree
nardo *f* tuberose, type of Mexican flower
nariz *f* nose
narración *f* story
nata *f* cream
natatorio pertaining to swimming
naturaleza *f* nature; kind
navaja *f* razor, knife
navarro from Navarra
nave *f* ship
navegante *m* navigator
navegar to navigate
navideño pertaining to Christmas
navío *m* large ship, warship
neblina *f* fog
necesario necessary
necesitar to need
necio stupid
negar (ie) to deny; to decline
negociador *m* negotiator
negocio *m* transaction, business
negro black
nene *m* baby
nervudo vigorous
netamente clearly
nevado snowcapped
nevera *f* refrigerator

ni neither, nor
— **siquiera** not even
nido *m* nest
niebla *f* mist, fog
nieto *m* grandson; *pl* grandchildren
nieve *f* snow
ninguno no, none, not one, not any
niña *f* girl
niñez *f* infancy, childhood
niño *m* boy, child; *pl* children
nivel *m* level
nivelar to level
nocturno nocturnal, night
noche *f* night
nogal *m* walnut
nombre *m* name
noreste northeast
norma *f* rule, regulation
norteño northern, from the north
nos us
nosotros we, ourselves, us
nota *f* note; grade
notar to note, to observe, to notice
noticia *f* news, notice, information
noticiero *m* newscaster
novedad *f* novelty
novela *f* novel
novia *f* fiancée, bride
noviazgo *m* engagement, courtship
novillero *m* amateur or apprentice bullfighter
novio *m* fiancé, suitor
nube *f* cloud
nublarse to become cloudy
núcleo *m* nucleus
nudo *m* knot; crisis in a drama
nuestro our
nueva *f* news
nuevamente newly, recently
nuevo new
nuez *f* nut
— **moscada** nutmeg
nunca never
nutrido abounding

O

o or
obedecer to obey
obeso obese
obligar to obligate
obra *f* work
obraje *m* mill
obrero *m* worker, laborer
obsequiar to present with
obsequio *m* gift
observar to observe, to notice
obsesionar to obsess
obstinadamente stubbornly
obtener to obtain
occidental western
ocioso idle, fruitless, useless
ocultar to hide, to conceal

oculto hidden
ocupación *f* occupation
ocupar to occupy
—**se** to busy oneself, to pay attention, to take care of
ocurrir to occur, to happen
odiar to hate
odio *m* hatred
ofender to offend
ofensivo offensive; attacking
oferta *f* offer
oficiar to officiate
oficina *f* office
oficio *m* manual work, occupation, trade
ofrecer to offer
ofrenda *f* religious offering
ofuscar to dazzle
oído *m* ear
oir to hear
ojalá would that
ojeada *f* glance, glimpse
ojillo *m* little eye
ojo *m* eye
ojuelos *m* eyelet, lace
ola *f* wave
oleada *f* large wave
oler to smell
olor *m* odor
olvidar to forget
olvido *m* forgetfulness
olla *f* pot
— **podrida** Spanish dish with various ingredients such as ham, fowl and sausage
omitir to omit
ondulación *f* wave
onza *f* ounce
opacar to be dull, to darken
opaco opaque
opresor *m* oppressor
oprimido oppressed
oprimir to squeeze; to subdue
orador *m* orator, speaker
orar to pray
orden *f* order
oreja *f* ear
orfeonista *m* member of a choral society
organizar to organize
órgano *m* organ
orgullo *m* pride
orgulloso proud
originar to start
orilla *f* shore, riverbank
oro *m* gold
orquesta *f* orchestra
ortografía *f* spelling
osar to dare, to venture
oscurecer to obscure, to darken
oscuridad *f* darkness
oscuro dark

413 Vocabulario

ostentar to exhibit
otoño *m* autumn
otorgar to consent, to grant
otro other, another
ova *f* sea lettuce
oveja *f* sheep

P

pacer to graze
paciencia *f* patience
paciente *m* patient
padre *m* father; *pl* parents
padrino *m* godfather
paella *f* dish with saffron rice, seafood, chicken and vegetables
paellera *f* plate for paella
pagar to pay
página *f* page
pago *m* payment
país *m* country
paisaje *m* landscape
paja *f* straw
pájaro *m* bird
paje *m* page (of a court)
pala *f* shovel; blade of an oar
palabra *f* word
palabrota *f* coarse word
palacio *m* palace
paladar *m* to taste
palear to beat
palenque *m* stockade
paletilla *f* shoulder blade
pálido pale
palio *m* canopy
palizada *f* stick, branch
palma *f* palm, leaf; symbol of victory; prize
palmadita *f* little pat
palmera *f* palm tree
palo *m* stick, pole; mast; *pl* blows given with a stick
palomilla *m* common man
palpar to feel, to touch
pampa *f* extensive plain
pámpano *m* leaf; branch of the grapevine
pamplonés *m* resident of Pamplona
pamplonica from Pamplona
pan *m* bread
panal *m* honeycomb
panela *f* brown sugar
pantalones *m* pants, trousers
pantalla *f* light shade; screen; fireplace screen; canopy
pantanoso marshy, boggy
panteón *m* pantheon; cemetery
pantorrilla *f* calf of the leg
panza *f* belly, paunch
panzono potbellied
panzudo big-bellied
paño *m* cloth
pañuelo *m* handkerchief

papa *f* potato
papel *m* paper; role
— **de China** tissue paper
paquete *m* package
par *m* pair, two
para for, in order to
¿— **qué?** for what reason?
parábola *f* parable
parada *f* parade
paraguas *m* umbrella
paraíso *m* paradise
paraje *m* spot, place
parálisis *f* paralysis
paralizar to paralyze; to stop
parapetarse to hide behind a parapet
parar to stop
parcial partial
parcialidad *f* faction, party; bias
parco scarce, meager
parecer to seem; to look like
al — apparently
—se to resemble
parecido resembling
bien — good-looking
pared *f* wall
paredón *m* huge wall
pareja *f* pair, couple
parejero *m* racehorse
paroxismo *m* paroxysm, sudden attack, convulsion
parpadear to blink
párpado *m* eyelid
parque *m* park; room
parra *f* grapevine, grape arbor
párrafo *m* paragraph
parrandista *m* one who "paints the town red"
parrilla *f* broiler; grating, grill
parte *f* part
partícula *f* particle
particular particular; private
partidario *m* follower
partido *m* game, match; profit; party (political)
partir to split, to divide; to leave
a — de starting from
pasa *f* raisin
pasaje *m* journey
pasar to pass; to happen; to spend (time)
pase *m* pass
paseo *m* walk; parade; ride
dar un — to take a walk
pasillo *m* passage, corridor
pasión *f* emotion, passion
pasmoso astonishing
paso *m* step, footstep
pasodoble *m* music or dance to rhythm of a two-step
pasta *f* paste
pasto *m* pasture, grass
pastora *f* shepherdess

pata *f* paw, foot
patente *m* privilege, right, advantage
patentemente obviously
patio *m* yard, courtyard
pato *m* duck
patria *f* native country
patrimonio *m* patrimony, inheritance
patrón *m* patron, protector, landlord, master
pausadamente slowly
pava *f* turkey
pelar la — to carry on a flirtation
pavo *m* turkey
pavonearse to strut
pavor *m* fear
pavoroso frightful
paya *f* improvised poetical composition with guitar accompaniment
payador *m* one who improvises songs or *payas*
paz *f* peace
peculiar peculiar, special
pecho *m* chest
pedazo *m* piece
pedernal *m* flint
pedir (i, i) to ask for
pegar to hit; to glue
peinado *m* hairdo
peinar to comb
pelado *m* peasant
pelaje *m* character or nature of the hair, skin, hide
pelar to pluck
— la pava to carry on a flirtation
pelea *f* fight, struggle
pelear to fight
película *f* film
peligro *m* danger
peligroso dangerous
pelo *m* hair
al — timely, fittingly
pelota *f* ball
pelotón *m* platoon
pelucona *f* gold doubloon
pellejo *m* rawhide, animal skin
pena *f* pain
pendencia *f* quarrel
pender to hang
pendiente pending; hanging
penetrante penetrating
penetrar to penetrate; to enter
penoso laborious, painful, arduous, fatiguing
pensamiento *m* thought; mind
pensar (ie) to think
pensativo pensive, thoughtful
penúltimo penultimate, next to the last
peña *f* large rock
peón *m* laborer
— de arrea mule driver
peonada *f* gang of laborers
peor worse, worst

pepita *f* nugget, small round piece of metal
pequeño small
pera *f* pear
peral *m* pear tree
percibir to perceive, to observe
perder (ie) to lose
perdición *f* perdition; act of losing
perdido lost
perdonar to pardon
perecer to perish
peregrinación *f* pilgrimage
peregrinar to travel; to roam; to make a pilgrimage
peregrino strange, rare
   m pilgrim
perenne perennial, perpetual
pereza *f* laziness
perezosamente lazily
periódico *m* newspaper
periodista *m* journalist
período *m* period, space of time
peripecia *f* change in fortune
perito *m* expert
perla *f* pearl
permanecer to stay, to remain
pernoctar to pass the night
pero but
perpetuo permanent
perplejidad *f* perplexity, puzzlement
perrillo *m* switchblade
perro *m* dog
perseguidor *m* pursuer
perseguir (i, i) to pursue; to persecute
persistente persistent, determined
persistir to persist
personaje *m* character (in a play, etc.); important person
personalidad *f* personality
perspectiva *f* prospect
persuadir to persuade
pertenecer to belong
peruano Peruvian
pesadamente heavily
pesadez *f* heaviness
pesadilla *f* nightmare
pesar to weigh; to regret
   a — de notwithstanding
   m sorrow, grief
pescado *m* fish (caught)
pescador *m* fisherman
pescar to fish
pesebre *m* manager
peseta *f* Spanish unit of money
peso *m* weight; unit of money in some Latin American countries
pesquisa *f* search
petiso *m* little pony
pez *m* fish (in the water)
piadoso pious
picacho *m* peak
picada *f* puncture; trail

picadísimo chopped finely
picante hot, highly seasoned
picar to sting, to bite; to puncture
pícaro *m* rogue, rascal
picaresco roguish
pico *m* peak
picotear to peck, to nibble
pie *m* foot; base
piececilla *f* little piece
piedad *f* piety
piedra *f* stone
piedraslunas *f* moonstones
piel *m* skin
pierna *f* leg
pieza *f* room; piece
pilucho naked
pillaje *m* pillage, looting
pillar to catch
pimentón *m* paprika
pimienta *f* pepper
pimiento *m* red pepper
pincel *m* artist's brush
pinchazo *m* puncture, stab, prick
pino *m* pine tree
pintar to paint
pintoresco picturesque
pintura *f* painting
piña *f* pineapple
pirámide *f* pyramid
pirata *m* pirate
piropo *m* flattery, compliment
pirotécnico pyrotechnical, relating to explosives
pisada *f* footprint; footstep, hoofbeat
pisar to step on
piscina *f* swimming pool
piso *m* floor
pisotear to trample
pista *f* track, trail
pitón *m* antler; python
pizquita *f* small portion, bit
placentero pleasant
placer to place
   m pleasure
planeta *f* planet
plantar to plant
plantita *f* small, tender plant
plasmar to mold, to shape
plata *f* silver
plátano *m* banana
platería *f* trade or shop of silversmith
platero *m* silversmith
plática *f* talk, conversation
platillo *m* cymbal; dish
plato *m* dish, plate
platónicamente platonically
plausibilidad *f* plausibility
plazuela *f* small square
plegado *m* folding
plegaria *f* prayer
pleito *m* dispute
pleno full; complete

pliegue *m* fold, crease
plomo *m* lead
pluma *f* pen; feather, plume
población *f* population; town
poblado populated
   m town
poblador *m* inhabitant
poblana from Puebla
pobre poor
pobrecillo *m* poor little thing
pobreza *f* poverty
poco little, small
poder (ue) to be able to
   a más no — to the utmost
   — con to be able to bear, to manage, etc.
   m power, force
poderoso powerful
poesía *f* poetry
poeta *m* poet
policía *f* police
político *m* politician
pololear to flirt
polvo *m* dust
pólvora *f* gunpowder
polvoriento dusty
polvorístico pertaining to fireworks
pollito *m* chick
pollo *m* chicken
ponderar to exaggerate
poner to put, to place; to set (the table)
pongo *m* errand
poniente *m* west
popa *f* stern
popularidad *f* popularity
por by, through, by means of, over, during, in, per, along
   — completo completely
   — contera as a finishing touch
   — lo tanto for that reason
   — lo visto apparently
   — su cuenta on one's own
   ¿— qué? why?
porcino *m* pig, pork
porción *f* portion
porfiar to persist
pormenor *m* detail
porque because
porra *f* tip; club
porrazo *m* blow; knock
portal *m* entry, entrance
portátil portable
porteño from the port city, from Buenos Aires
portón *m* front door
porvenir *m* future
pos: en — de behind
posada *f* Christmas procession
posadero *m* innkeeper
posar to perch
poseedor *m* owner

Vocabulario

poseer to possess
posible possible
poste *m* post
posteriormente lastly, finally, at the end
postre *m* dessert
postrer, postrero last
póstumo after death
potaje *m* pottage, soup of meat and vegetables
pote *m* a kind of stew
potrero *m* pasture
potrillo *m* colt
potro *m* colt
pradera *f* meadow
prado *m* field, pasture
precaución *f* precaution
precepto *m* rule
precioso precious; beautiful
precipitación *f* haste
precipitadamente hastily
precipitar to rush
—**se** to throw oneself headlong
precisamente precisely
preciso necessary; exact, accurate
predicar to preach
predilecto favorite
predominar to predominate, to prevail
preferido favorite, preferred
preferir (ie, i) to prefer
pregón *m* cry
pregonar to cry out, to announce publicly, to hawk
pregunta *f* question
preguntar to ask
premiar to reward
premio *m* prize; reward
premura *f* urgency, haste,
prenda *f* article of clothing
prender to seize, to grasp, to catch; to turn on
preocupar to preoccupy
—**se** to worry
preparar to prepare, to fix
presa *m* dam
presagio *m* presage, omen, forewarning
presbítero *m* priest
prescindir to do without
prescribir to prescribe
presenciar to witness
preso arrested, imprisoned
m prisoner
prestar to lend, to loan; to pay (attention)
—**se** to offer or lend oneself
prestigio *m* prestige
pretender to pretend; to aspire to; to try
pretexto *m* excuse
prevenir to prevent
prever to foresee, to know in advance
previsión *f* forecast
previsor far-seeing

primavera *f* spring
primero first
primo *m* cousin
primor *m* beauty, exquisiteness
principiar to begin
principio *m* principle; start
al — in the beginning, at first
prisa *f* haste
privación *f* privation, lack
privar to deprive
privilegiado privileged
proa *f* prow
probar (ue) to try, to test
problema *m* problem
procedente coming (from)
proceder to proceed, to begin
procurar to try; to obtain
prodigar to waste, to lavish, to misspend
prodigio *m* prodigy; marvel
producir to produce
prófugo *m* fugitive
profundo profound, deep
progenitor *m* parent
prohibir to prohibit
prolongado prolonged
promedio *m* middle
promesa *f* promise
prometer to promise, to offer
promover (ue) to promote
pronombre *m* pronoun
pronóstico *m* prediction, omen
pronto quick, fast; ready; soon
de — suddenly
propagar to propagate; to enlarge
propiamente properly, fittingly
propiciar to propitiate
propicio favorable
propiedad *f* property; quality
propietario *m* proprietor
propio one's own; proper, correct, suitable
proporcionado proportioned
prórroga *f* prolongation, extension
prosa *f* prose
proseguir (i, i) to continue; to pursue
protagonista *m* protagonist, hero
proteger to protect
provecho *m* benefit, advantage; profit
provechoso profitable
proveer to provide
provenir to arise
próvido provident
provincia *f* province
provocar to provoke
proyectil *f* projectile, missile, bullet
prueba *f* test
psicología *f* psychology
público public
puchero *m* stew
pudrir to rot
pueblecito *m* small town

pueblo *m* town
puente *m* bridge
puerta *f* door
puerto *m* port
puertorriqueño Puerto Rican
pues because, for, as, since; so
puesto *m* stand; place, position
pulir to clean, to shine
pulso *m* pulse
a — with the strength of the hand
punta *f* point, end
puntiagudo sharp-pointed
puntillero *m* bullfighter's assistant who kills bull with a poniard (dagger)
puntito *m* dot
puntuación *f* punctuation
puntuar to punctuate
punzada *f* sharp pain
punzar to puncture
puñada *f* blow with the fist
a —s in fistfuls
puñal *m* dagger
puñalada *f* stab with a dagger
puñetazo *m* blow with the fist
puño *m* fist; handle
pupila *f* pupil
pupitre *m* desk
puro pure
m cigar
púrpura purple
pusilánime fainthearted, cowardly
putrefacción *f* putrefaction, decay; corruptness

Q

quebrada *f* narrow opening between two mountains, gorge, ravine
quebrado broken
quebrar (ie) to break
quedamente quietly
quedar to remain
quedo quiet, still; gentle
quehacer *m* work
queja *f* complaint, lament
quejar to complain
quejoso plaintive
quemado burnt
quemante burning
quemar to burn
querer (ie) to want; to wish; to love
querido *m* lover; loved one
queso *m* cheese
quien who
¿quién? who? whom?
quietud *f* rest, repose; quietness
quincena *f* fortnight
quinina *f* quinine
quinta *f* country house, villa
quinto fifth
quista: bien — beloved
quitar to take away, to remove
—**se** to take off; to refrain

quite *m* act of taking away
quizá, quizás perhaps

R

rábano *m* radish
rabia *f* rage
rabino *m* rabbi
rabo *m* tail
racimo *m* bunch
racha *f* gust
radial radial; pertaining to radio
radioemisora *f* radio station
raído worn, ragged
raíz *m* root
rama *f* branch
rana *f* frog
ranchería *f* ranch; village
rancho *m* mess (food)
rápidamente rapidly
raptor *m* kidnapper, thief
rasgar to break; to tear; to scratch
rasgo *m* characteristic
rastreador *m* pathfinder, tracer, follower
rastro *m* track, trail
rato *m* short time
   a cada — frequently
   buen — good time
ratón *m* mouse
rayo *m* ray
raza *f* race
razón *f* reason
   tener — to be correct
razonable reasonable
reacción *f* reaction
reaccionar to react, to respond
real royal; real, true
   m silver coin
realidad *f* reality
realista royalist
realizar to fulfill, to carry out
reaparecer to appear again
reata *f* rope
rebajar to reduce, to lessen
rebaño *m* flock
rebato *m* alarm
rebelar to rebel
rebelión *f* uprising, rebellion
reblandecido softened
rebotar to bounce; to ricochet
recado *m* message
recámara *f* bedroom
recelo *m* suspicion, fear
receloso distrustful
receta *f* recipe; prescription
recetar to prescribe
recetario *m* record of prescriptions
recibidor *m* receiving clerk
recibimiento *m* greeting, welcome
recibir to receive
   — calabazas to be given the cold shoulder

reciente recent
recientemente recently
recinto *m* area; enclosure
recio loud
reclamar to demand
reclutar to recruit
recobrar to recover
recoger to gather
recoleta religious
recomendar to recommend; to entrust
recompensa *f* compensation, recompense
reconocer to recognize; to admit
recordación *f* remembrance
recordar (ue) to remember
recorrer to travel; to go over
recorte *m* profile
recreo *m* recreation
rectificar to rectify
recto straight
recua *f* drove of beasts of burden
recuerdo *m* memory
recurrir to apply, to resort
recurso *m* recourse, appeal
rechazar to reject
red *f* net; network
redactor *m* editor
redecilla *f* net; railing
rededor *m* surroundings
   al— around
   en — around
redentor *m* saving, redemption; redeemer
rédito *m* interest
redoble *m* drum roll
redondel *m* bullring; circle
redondo round
reducir to reduce
reemplazar to replace
referir (ie, i) to refer
reflejarse to reflect
reflejo *m* reflex, reflection
reflexionar to think, to reflect
reforzar to reinforce
refrán *m* refrain, saying
refregar (ie) to rub
refrescar to refresh
refugiado *m* refugee
regalar to present, to give a gift
regalo *m* gift
regañar to grumble, to growl
regar (ie) to water, to irrigate
regidor *m* city magistrate, councilman
régimen *m* rule
registrar to register; to inspect, to examine
regla *f* rule
regocijo *m* joy, gladness
regresar to return
regreso *m* return
rehusar to refuse
reina *f* queen

reinar to reign; to prevail
reino *m* reign, kingdom
reír (i, i) to laugh
reiteradamente repeatedly
reiterar to repeat
reivindicar to vindicate
reja *f* iron bar; grating
rejilla *f* small iron bar; small grating
rejón *m* barbed spear used in bullfighting
rejoneadora *f* woman who fights the bull using the *rejón*
rejoneo *m* fighting the bulls with a *rejón*
relámpago *m* lightning
relampaguear to flash like lightning
relatar to relate, to tell
relato *m* story
relevar to relieve
relieve *m* relief
relincho *m* neigh
reloj *m* watch, clock
reluciente shining
relumbroso shiny, glittering
rellenar to stuff, to fill
remar to row
rematar to finish, to put an end to
remedio *m* remedy
remo *m* oar
remolacha *f* beet
remolcado towed
remolino *m* whirl; waterspout; whirlpool
remover (ue) to stir up; to move from place to place
renacimiento *m* rebirth; *cap* Renaissance
rencor *m* rancor, bitterness
rendición *f* surrender
rendido submissive, humble
rendija *f* crack
rendirse (i, i) to surrender; to be exhausted
renglón *m* line of business; written line; *pl* writings
renombre *m* renown, fame
renovar to renew
renta *f* income; profit
renunciar to renounce
reñido at odds with another
reñir (i, i) to quarrel, to fight
reo *m* offender, culprit
repartir to distribute
reparto *m* delivery
repasar to review
repente *m* impulse
   de — suddenly
repentino sudden
repercusión *f* repercussion
repetir (i, i) to repeat
replegarse (ie) to fall back, to retreat in order

replicar to reply
reponer to replace; to answer
   —se to recover oneself; to replace
reportaje *m* reporting, report
reposadamente quietly
reposo *m* rest
representar to act out, to represent
reprimir to repress
réprobo *m* reprobate
requerir (ie, i) to require
requisito *m* requirement
res *f* head of cattle
resabio *m* unpleasant aftertaste
resbalarse to slip, to slide
rescatar to ransom; to rescue
rescate *m* ransom, redemption, exchange
rescoldo *m* ember
reseca very dry
resentir (ie, i) to resent
reserva *m* reserve
residir to reside
resignarse to resign onself, to accept
resistir to resist
resolver (ue) to resolve
resonar (ue) to resound, to echo
resorte *m* spring, elasticity
respaldo *m* back of a chair
respecto *m* respect, relation
respetar to respect
respeto *m* respect, regard
respirar to breathe
resplandor *m* light; splendor
responder to answer
respuesta *f* answer
restar to subtract, to remain
restaurar to restore
resto *m* rest; *pl* remains
resucitar to resurrect; to revive
resultar to result
resumen *m* summary
retablo *m* magnificent decoration of altars, altarpiece
retador challenging
   m challenger
retaguardia *f* rear guard
retirar to withdraw
   —se to retire, to leave
retorcido twisted
retractarse to retract oneself, to go back on one's word
retratado described, pictured, traced
retrato *m* portrait, picture
retroceder to go back, to retreat
reunión *m* meeting, gathering
reunir to gather, to assemble
revancha *f* revenge
revelar to reveal
reventar (ie) to exhaust; to burst
reverenciar to respect
revés *m* reverse
   al — in the opposite direction

revisar to review
revista *f* magazine
revistero *m* reviewer
revivir to revive
revolotear to flutter, to fly around
revolver (ue) to stir
rey *m* king
rezagado lagging behind
   m remainder; straggler
rezar to pray
rezonar to grumble
riachuelo *m* small river
ribazo *m* mound
ribera *f* bank, shore
ribete *m* earmark
rico rich; delicious
ridiculez *f* ridiculousness
ridículo *m* ridicule
riego *m* irrigation
rienda *f* rein of a bridle
riente smiling
riesgo *m* risk, danger
rigorista very strict
rima *f* rhyme
rimar to rhyme
rincón *m* corner
riña *f* quarrel
río *m* river
riojano of north central Spain
riqueza *f* richness, excellence; wealth
riquísimo very rich
risa *f* laugh
risueño pleasant
ritmo *m* rhythm
rito *m* rite, ceremony
rizo *m* curl
roano roan
robar to steal
roble *m* oak
robo *m* robbery; fraud
roca *f* rock
rocín *m* old horse
rocío *m* dew; drizzle
rocoso rocky
rodar (ue) to rotate, to revolve; to fall down
rodeado surrounded
rodear to surround
rodilla *f* knee
rogar (ue) to request; to beg; to crave; to pray
rojo red
rollizo chubby
rollo *m* roll
romano Roman
romper to break
ron *m* rum
roncar to snore
ronco hoarse
ronda *f* rounds (by a night watchman, etc.); processional
ropa *f* clothes

rosario *m* rosary
rostro *m* face
roto broken
rótula *f* kneecap
rotular to label, to put a title to
rozadura *f* chafing, chafed spot
rozar to graze; to pass lightly over
rubio blond
rudo rough, unpolished
rueda *f* wheel
ruedo *m* bullring; hem
ruego *m* prayer, request
rugir to roar
rugoso wrinkled, corrugated
ruido *m* noise
ruleta *f* roulette
rumbo *m* course, route, direction
rumor *m* murmur, noise, sound of voices
rural rustic
   m country dweller
rústico rustic
ruta *f* route
rutilante sparkling, brilliant

S

sábana *f* sheet
sabandija *f* small grublike animal from the sea
sabatina taking place on Saturday
   f divine service
saber to know
sabiamente wisely
sabiduría *f* learning, knowledge
sabio wise
sabor *m* taste, flavor
saborear to taste, to savor
sabroso savory, tasty
sacar to take out, to pull out, to extract
sacerdote *m* priest
saco *m* coat, jacket
sacrificar to sacrifice
sacrificio *m* sacrifice
sacudida *f* shock; jerk
sacudir to shake, to beat, to shake off
sagrado sacred
sal *f* salt
sala *f* living room, room
salado salty
salamandra *f* salamander
salambó *f* character of exceptional beauty in a novel
salario *m* salary
salchicha *f* sausage
salchichón *m* large sausage
saldo *m* balance
salero *m* saltcellar; witty ways; gracefulness
salida *f* way out, exit
salir to leave, to go out
salitre *m* niter

418 Vocabulario

salmo *m* psalm
salón *m* large parlor, living room
saltar to jump
salto *m* jump
   — **de agua** waterfall
salud *f* health
saludar to greet
saludo *m* bow, salute
salvador *m* savior, rescuer
salvaje *f* savage
salvajismo *m* savagery
salvar to save
salvo excepting
Sanfermines *m* festivals of San Fermín
sangre *f* blood
sangriento bloody
sano sane; sound, healthy
santiaguino of Santiago
santísima holy
santo *m* saint
   — **y seña** password
santuario *m* sanctuary
saquear to plunder, to loot
saqueo *m* pillage
sargento *m* sergeant
sarmiento *m* branch of a grapevine
sarnoso mangy
satisfecho satisfied
saya *f* skirt
sayón *m* henchman, executioner
sazón *f* season
   a la — then, at that time
sazonar to season
sacramente dryly
secar to dry
seco dry
secretaría *f* secretary's office
secuestro *m* kidnapping; stealing
secular lay, not related to the church
sed *f* thirst
seda *f* silk
sedoso silky
seguida *f* continuation
   en — immediately
seguir (i, i) to follow
según according to
segundo second
seguramente surely
seguridad *f* security, safety
seguro sure
seleccionar to select
selva *f* jungle, forest, woods
sellar to seal
sello *m* postage stamp
semáforo *m* traffic light
semana *f* week
semanal weekly
semanalmente weekly
semblante *m* look, countenance, expression
sembrar (ie) to sow, to seed
semejante similar; such

semejar to resemble
semiborrado hazy, not clear
semidesnudo half-naked
semidiós *m* demigod
semilla *f* seed
sencillamente simply
sencillez *f* simplicity
sencillo simple; single
senda *f* trail, path
sendero *m* path
seno *m* chest, bosom
sentarse (ie) to sit
sentido felt, offended
   m sense, meaning
sentimiento *m* sentiment
sentir (ie, i) to feel, to perceive; to regret
seña *f* sign
   santo y — password
señal *f* sign
señalar to point out
separar to separate
septentrional northern
septiembre *m* September
sepultar to bury
sepultura *f* burial; grave
sepulturero *m* gravedigger
sequiedad *f* dryness
ser to be, to exist
   m existence, being
serenata *f* serenade
sereno serene, calm
seriedad *f* seriousness
serio serious, grave
serpentina serpentine
   m rolled paper that is thrown on festive occasions
serranía *f* ridge of mountains, mountainous country
servicio *m* service
servidor *m* servant
servidumbre *f* staff of servants; slavery
servir (i, i) to serve
si if, whether
sí yes
   para — to oneself
sicosis *f* psychosis
sidra *f* cider
siembra *f* seeding; sown field
siempre always
sien *f* temple, side of the forehead
sierra *f* mountain range
siervo *m* serf, slave
siglo *m* century
significado *m* meaning
significar to mean
signo *m* sign
siguiente following, next
sílaba *f* syllable
silabario *m* reader, book to teach reading; speller
silbante hissing
silbar to whistle

silencio *m* silence
silencioso silent
silvestre wild
silla *f* chair
sillón *m* armchair
símbolo *m* symbol, sign
sin without
   — **embargo** nevertheless
sinceramente sincerely
sinfín *m* endless amount
sino but; besides
   m destiny, fate
sinónimo *m* synonym
sintético synthetic, artificial
siquiera even
   ni — not even
sirena *f* siren; mermaid
sitiador *m* besieger
sitio *m* place, space, spot
so under
soberana *f* sovereign
soberbio superb; arrogant, proud
sobornar to bribe
sobra *f* leftover, surplus
   de — in excess
sobrar to exceed, to have in excess
sobre above, on, about
   m envelope
sobrecoger to surprise
sobrehumano superhuman
sobrenombre *m* nickname
sobrepasar to exceed, to pass
sobresaliente outstanding
   m bullfighter's understudy or substitute
sobresaltado frightened, startled
sobretodo above all
sobrevivir to survive
sobrino *m* nephew
sobrio sober
sociedad *f* society
socio *m* member, partner
socorro *m* help
sofocar to suffocate
soga *f* rope
sol *m* sun
solamente only
solar *m* yard; plot of ground
soldado *m* soldier
solemne solemn
solemnemente solemnly
soler (ue) to be accustomed to, to be used to
solícito diligent, solicitous, careful
solicitud *f* solicitude, attention
solidaridad *f* solidarity
solidarizarse to act together
solo alone
sólo only
soltar (ue) to let go, to let loose
soltero *m* bachelor
solterón *m* old bachelor

solucionar to solve
sollozar to sob, to weep
sombra *f* shade, shadow
sombrero *m* hat
sombría gloomy, sad, somber
someter to submit; to subdue
somnolencia *f* drowsiness
sonámbulo sleepy
   m sleepwalker, sleepwalking
sonar (ue) to sound, to ring
soneto *m* sonnet
sonido *m* sound
sonoro sonorous, resonant
sonreír (i, i) to smile
sonriente smiling, happy
sonrisa *f* smile
soñar (ue) to dream
sopa *f* soup
soplar to blow
sopor *m* sopor, lethargic sleep
soportar to bear, to support
sorber to sip; to absorb
sorbete *m* top hat
sordo deaf; muffled
sorprendente surprising
sorprender to surprise
sorpresa *f* surprise
sorteo drawing, raffle
sosegado quiet, calm, peaceful
sospechar to suspect
sospechoso suspicious
sostener to support, to hold up; to uphold; to assist
su his, her, its, your, their
suave smooth, soft
suavidad *f* gentleness, softness
subalterno inferior
subido strong, loud
subir to rise; to climb, to go up; to raise
súbito sudden, quick; impetuous
sublevar to rebel, to rise in rebellion
sublimar to elevate, to exalt
sublime sublime, solemn
subrayado underlined
suburbio *m* suburb, outskirts
succionar to absorb
suceder to happen
sucedido *m* event, happening
suceso *m* event, happening
sucio dirty
suculencia *f* rich flavor
sucumbir to succumb
sudar to perspire
sudario *m* shroud
sudor *m* sweat
sudoroso perspiring freely, sweating
sueldo *m* salary
suelo *m* floor
suelto loose; limp
sueño *m* dream; sleep, drowsiness
suerte *f* luck

sufridor *m* sufferer
sufrimiento *m* suffering
sufrir to suffer
sugerencia *f* suggestion
sugerir (ie, i) to suggest
sujetar to subdue
sujeto *m* subject
sumamente very, quite exceedingly
sumar to add
sumergir to submerge, to sink
sumido sunken
sumisión *f* submission
sumiso meek, humble, resigned
sumo great, supreme
supereminente supereminent, extremely distinguished or conspicuous
superficie *f* surface, area
superiora *f* mother superior
súplica *f* request, petition
suplicante entreating
suplicar to supplicate, to implore, to beg
supremo supreme
sur *m* south
sureño from the south
surgir to surge; to make a sudden appearance
surtido *m* assortment
sus his, her, its, their, your
suspender to suspend
suspensión *f* suspense
suspiro *m* sigh
sustituir to substitute
susto *m* fright
susurrar to whisper
sútil subtle
suyo his, hers, theirs, yours; his own; her own, their own, your own (formal)

T

tabaco *m* tobacco
taberna *f* tavern
tabla *f* board
tablero *m* card table
tabloncillo *m* last row of seats in the bullring
tacañería *f* stinginess
taciturno silent
tacto *m* touch
tajada *f* slice, piece, portion
tajo *m* cut
tal such, so, as
tala *f* leaf
taleguilla *f* breeches worn by bullfighters
talón *m* heel
talla *f* carving
tallar to deal (cards)
taller *m* factory, workshop
tallo *m* stalk, stem
tamaño *m* size

tambor *m* drum
tampoco neither
tan so, as, so much
tanteo *m* approximate calculation
tanto so much, as many, so many
   por lo — for that reason
tapar to cover; to close up
tapia *f* wall
tarde *f* afternoon
tarea *f* task
tarjeta *f* card
   — postal post card
tartamudear to stammer
tasajo *m* dried beef
tatarabuelo *m* great-great-grandfather; *pl* great-great-grandparents
taurino taurine, pertaining to bulls
taza *f* cup
té *m* tea
técnico technical
techo *m* ceiling; sky
teja *f* roof tile
tejado *m* clay tile roof
tejido *m* web; fabric
tela *f* cloth
telefonear to telephone
teléfono *m* telephone
telonazo *m* flourish with a cape
tema *m* theme, subject
temblar (ie) to tremble
temblor *m* tremor, earthquake
tembloroso trembling
temer to fear
temeroso fearful
temor *m* fear
tempestad *f* storm
tempestuoso stormy
templado moderate, tempered
templar to temper, to calm, to moderate
templo *m* temple
temporada *f* period of time, season
temporal *m* storm
temprano early
tenacidad *f* tenacity
tenazmente tenaciously, firmly, stubbornly
tendencia *f* tendency
tender (ie) to stretch, to spread out
tendido *m* row of seats
tenebroso tenebrous, dark
tener to have
   — ganas de to wish to
   — la culpa to be guilty
   — lugar to take place
   — que ver con to have to do with
   — razón to be correct
   —se en pie to remain standing
teniente *m* lieutenant
tentación *f* temptation
tentar (ie) to attempt
tenue soft, thin, delicate
teñir (i, i) to tint, to color

terapeútico therapeutic, curative
terciopelo *m* velvet
terco stubborn
terminantemente positively
terminar to finish, to end
término *m* term; ending
ternera *f* veal
ternura *f* tenderness, fondness
terrateniente *m* landowner
terremoto *m* earthquake
terrestre terrestrial
terrorífico frightful
terruño *m* piece of ground
tertulia *f* party
tesoro *m* treasure
testarudo stubborn
testigo *m* witness
   — del hecho eyewitness
tétrico dark, gloomy
tibio tepid, lukewarm
tiburón *m* shark
tiempo *m* time; weather
tienda *f* store; tent
tiento *m* touch, feel, stroke
tierno tender, affectionate
tierra *f* ground, earth, land
tieso stiff
tigre *m* tiger
tilma *f* cloak
timbal *m* kettledrum
timbalero *m* kettledrummer
timonel *m* helmsman
tinta *f* ink
tintero *m* inkwell
tinto *m* red wine
tintorería *f* dyer's shop; dry cleaner
tío *m* uncle; *pl* aunts and uncles
tirador *m* shooter, gunfighter
tiranía *f* tyranny
tiránico tyrannical
tiranizar to tyrannize
tirante drawn, taut, tense
tirar to pull; to throw; to shoot
   — una moneda to flip a coin
tiritar to shiver
tiro *m* shot
tirotear to shoot at
titánico titanic, of great magnitude, force or power
titubear to hesitate, to waver; to stutter
título *m* title
tiznado stained
toalla *f* towel
tobillo *m* ankle
tocar to touch; to play; to fall to one's share; to be one's turn
tocino *m* bacon
todavía still, yet
todo all
tomar to take; to drink, to eat
tonificar to give tone, to tone up
tono *m* tone

tontería *f* foolishness, nonsense
tonto stupid
topacio *m* topaz
toque *m* ring, ringing (bell)
torcer to turn
torcido twisted
tordillo *m* gray horse
torear to fight bulls
toreo *m* art of bullfighting
torero *m* bullfighter
toril *m* pen for keeping the bulls before a fight
tormenta *f* storm
torna *f* return
   en — de around
tornar to return
torno *m* turn
toro *m* bull
torpe slow, dull, stupid
torpeza *f* stupidity, clumsiness
torre *m* tower
tórrido torrid, hot
torta *f* cake or loaf made of a bready dough
tórtola *f* turtledove
tortuga *f* turtle
torturador *m* torturer
torturar to torture
tosco rough, crude
toser to cough
tostado toasted; light brown color
trabajador *m* worker
trabajar to work
trabajo *m* work, job
tractorista *f* tractor driver
traducir to translate
traductora *f* translator
traer to bring, to carry; to wear
tragar to swallow; to devour; to engulf
trágico tragic
trago *m* drink, swallow
   echar un — to take a drink
traición *f* betrayal, treason
traidor *m* traitor
traje *m* suit
   — de luces suit the matador wears
trance *m* danger
tranco *m* stride, gait
tranquilamente calmly
tranquilizador soothing
tranquilo calm
transcurrir to pass; to elapse; to happen
transformar to change
tránsfuga *m* deserter
transitar to travel; to pass (by a place)
tránsito *m* traffic
transmitir to transmit, to pass along; to broadcast
transparente transparent, clear
transpiración *f* perspiration
tranvía *m* streetcar, trolley
trapiche *m* sugar press

trapo *m* bullfighter's cape
tras after
trascendental very important
traslado moved, changed from one place to another
traspasar to transfer; to pierce
traspié *m* stumble
   dar —s to stumble
trasponer to go behind
trastienda *f* back room
trastorno *m* upset; disturbance, disorder
tratamiento *m* treatment
tratar to treat
   — de to try
trato *m* treatment; manner
través *m* inclination; misfortune
   a — de through, across
travesía *f* sea crossing
travesura *f* prank, mischief
travieso prankish, mischievous
trecho *m* distance
tremendo tremendous
trémulo tremulous, quivering
tren *m* train
trenzador *m* braider
trenzar to prance; to braid
trepador climbing
trepar to climb, to clamber
trepidar to shake
   m shaking, vibration
tribu *f* tribe
tribunal *m* court of justice
tributar to render (homage)
trigo *m* wheat, wheat field; *pl* crops, grain fields
tripa *f* intestine
tripulación *f* crew
triste sad
tristeza *f* sadness
triunfar to triumph
triunfo *m* triumph
trocar to change
trofeo *m* trophy, award
tronco *m* trunk
trono *m* throne
tropa *f* troop; multitude; drove of cattle
tropel *m* confusion
tropelía *f* abuse, injustice
tropezar (ie) to meet, to stumble upon
trotar to trot
trovador *m* troubadour, minstrel; poet
trozo *m* piece
truco *m* trick
trucha *f* trout
trueno *m* thunder
trueque *m* change
   a — de in exchange for
tú you (familiar)
tuerto *m* wrong; injury
tumba *f* tomb
tumbar to tumble, to fall down

tuna *f* prickly pear, Indian fig
turbación *f* confusion, disorder
turbante disturbing, upsetting
  m turban
turbar to disturb; to confuse
turbio troubled, disturbed; not clear, blurred
turno *m* turn
tuza *f* small rodent with beady eyes

U

u or (before words beginning with *o* or *ho*)
ubicarse to be situated, to be located
ubre *f* udder
Ud., Uds. you (formal; abbreviations for **usted, ustedes**)
último last
ultrajado abused
unanimidad *f* unanimity
  por — unanimously
unción *f* unction
único only, unique
unidad *f* unity
unido united
uniforme *m* uniform
unir to unite
un, uno one
unos some
uña *f* fingernail
urna *f* urn, jug
usado accustomed; worn out
usar to use; to wear
  —se to be in fashion
utensilio *m* utensil, implement, tool
útil useful
utilizar to use
utópico Utopian
uva *f* grape

V

vaca *f* cow
vacación *f* vacation
vaciar to empty, to drain
  —se to spill; to divulge (a secret)
vacilar to hesitate, to be undecided
vacío empty; unloaded
vagabundo *m* vagabond, vagrant, tramp
vagar to wander
vago wandering; vague
  m vagabond, loafer
vagón *m* car (train); wagon
vajilla *f* tableware
valentía *f* valor, courage
valer to cost, to be worth; to avail; to protect
valiente brave
valor *m* value; bravery
vals *m* waltz
valla *f* fence, stockade
valle *m* valley

vano vain, conceited
vaquero *m* cowboy
vaquilla *f* small cow
vara *f* thrust with a picador's lance; yardstick; twig, switch
variado varying, diverse
variedad *f* variety
varilla *f* rib or stick of a fan
varón *m* male, man
vasallo *m* vassal, subject
vasija *f* container
vaso *m* glass
vasto vast, huge, extensive
vaticinio *m* prediction
vecindad *f* neighborhood, vicinity
vecindario *m* neighborhood
vecino *m* neighbor
vejete *m* little old man
vejez *f* old age
vela *f* candle
velado veiled, hidden
velar to watch over, to care for
velocidad *f* velocity
veloz fast, nimble
velozmente quickly
vello *m* fuzz
vellón *m* five-cent piece
vena *f* vein
venado *m* deer
vencedor *m* conqueror, winner
vencer to conquer, to defeat
vendar to cover the eye; to bandage
vendedor *m* seller, salesman
vender to sell
veneno *m* poison
vengador revenging
venganza *f* revenge
vengativo vindictive, revengeful
venida *f* arrival
venir to come, to arrive
venta *f* inn; market
ventaja *f* advantage
ventana *f* window
ventanal *m* large window
ventanilla *f* window of a ticket office, bank teller, etc.
ventanuco *m* window
ventorillo *m* poor inn
ver to see
verano *m* summer
verdad *f* truth
  ¿verdad? true?
verdadero true; real
verde green
verdugo *m* hangman, executioner
verdura *f* vegetable, greens
vereda *f* path, narrow trail
vergajos *m* short whips
vergonzoso shameful, disgraceful
vergüenza *f* shame
  tener — to be ashamed

verificar to take place; to check, to confirm
versado versed
verso *m* line of poetry
verter (ie, i) to spill
vestido *m* dress, clothes
vez *f* time, occasion
  a la — at the same time
  de — en cuando occasionally
  a veces sometimes
viajar to travel
viaje *m* trip
víbora *f* viper, snake
vicio *m* vice
víctima *f* victim
victoria *f* victory
vid *f* vine, grapevine
vida *f* life
vidriado glazed
viejecilla *f* little old lady
viejecita *f* little old lady
viejecito *m* little old man
viejo old
viento *m* wind
vientre *m* abdomen
viernes *m* Friday
vigía *m* lookout
vigilia *f* vigil, watch
vil vile, mean
vilmente vilely, contemptibly
vilo: en — in the air; in suspense
villancico *m* Christmas carol
vinagre *m* vinegar
vindicar to avenge
vindicativo vindictive, revengeful
vinícola pertaining to wine
vino *m* wine
  — chico small wine measure; table wine
  — grande large wine measure; expensive wine
viña *f* vineyard
virrey *m* viceroy
virtud *f* virtue
visera *f* shield
visita *f* visit
visitante *m* caller, visitor
visitar to visit
víspera *f* eve, evening or day before
vista *f* sight, view, vision
visto seen
  por lo — apparently
vitalidad *f* vitality
viuda *f* widow
vivaz lively, bright
vivero *m* seedbed
vívido vivid, bright
vivienda *f* dwelling, home
vivir to live
vivo alive, living
vizconde *m* viscount

vocablo *m* word, term; language
vocal *f* vowel
vociferar to cry out
voltear to turn over (around); to overturn
voluntad *f* will, determination; good will
voluta *f* volute, type of ornament
volver (ue) to return, to come back
 — **a** *plus infinitive* to — again
vomitar to vomit
vómito *m* vomit
vorágine *f* whirlpool
voraz voracious, greedy
vórtice *m* whirlpool
voz *f* voice
vuelta *f* turn; change
 dar la — to turn around; to mull over

Y

y and
ya already; now
yacer to lie, to be located
yararacusú *m* poisonous snake
yegua *f* mare
yema *f* egg yolk
yerba (hierba) *f* grass
yerro *m* mistake
yesca *f* fuel; incentive; stimulation
yo I
yuyo *m* wild grass, weeds

Z

zacate *m* grass; hay, fodder
zafarse to slip away; to get loose
zaguán *m* vestibule
zambullir to dive
zanahoria *f* carrot
zanja *f* ditch; irrigation canal
zanjón *m* deep ditch
zapato *m* shoe
¡zape! exclamation of aversion or surprise
zócalo *m* public square

Verbos

Regular verbs

Infinitive	**hablar**	**comer**	**vivir**
	to speak	*to eat*	*to live*
Present Participle	hablando	comiendo	viviendo
Past Participle	hablado	comido	vivido

SIMPLE TENSES
INDICATIVE

Present	hablo	como	vivo
	hablas	comes	vives
	habla	come	vive
	hablamos	comemos	vivimos
	habláis	coméis	vivís
	hablan	comen	viven
Imperfect	hablaba	comía	vivía
	hablabas	comías	vivías
	hablaba	comía	vivía
	hablábamos	comíamos	vivíamos
	hablabais	comíais	vivíais
	hablaban	comían	vivían
Preterite	hablé	comí	viví
	hablaste	comiste	viviste
	habló	comió	vivió
	hablamos	comimos	vivimos
	hablasteis	comisteis	vivisteis
	hablaron	comieron	vivieron

Future	hablaré	comeré	viviré
	hablarás	comerás	vivirás
	hablará	comerá	vivirá
	hablaremos	comeremos	viviremos
	hablaréis	comeréis	viviréis
	hablarán	comerán	vivirán
Conditional	hablaría	comería	viviría
	hablarías	comerías	vivirías
	hablaría	comería	viviría
	hablaríamos	comeríamos	viviríamos
	hablaríais	comeríais	viviríais
	hablarían	comerían	vivirían

SUBJUNCTIVE

Present	hable	coma	viva
	hables	comas	vivas
	hable	coma	viva
	hablemos	comamos	vivamos
	habléis	comáis	viváis
	hablen	coman	vivan
Imperfect	hablara	comiera	viviera
	hablaras	comieras	vivieras
	hablara	comiera	viviera
	habláramos	comiéramos	viviéramos
	hablarais	comierais	vivierais
	hablaran	comieran	vivieran

COMPOUND TENSES
INDICATIVE

Present	he			
	has			
	ha			
	hemos	hablado	comido	vivido
	habéis			
	han			
Pluperfect	había			
	habías			
	había			
	habíamos	hablado	comido	vivido
	habíais			
	habían			

425 Verbos

Future	habré			
	habrás			
	habrá	hablado	comido	vivido
	habremos			
	habréis			
	habrán			
Conditional	habría			
	habrías			
	habría	hablado	comido	vivido
	habríamos			
	habríais			
	habrían			

SUBJUNCTIVE

Present	haya			
	hayas			
	haya	hablado	comido	vivido
	hayamos			
	hayáis			
	hayan			
Pluperfect	hubiera			
	hubieras			
	hubiera	hablado	comido	vivido
	hubiéramos			
	hubierais			
	hubieran			

DIRECT COMMANDS

INFORMAL
(*tú* and *vosotros* forms)

Affirmative	habla (tú)	come (tú)	vive (tú)
	hablad	comed	vivid
Negative	no hables	no comas	no vivas
	no habléis	no comáis	no viváis

FORMAL

	hable Ud.	coma Ud.	viva Ud.
	hablen Uds.	coman Uds.	vivan Uds.

Stem-changing verbs

FIRST CLASS

	—ar verbs		—er verbs	
	e → ie	o → ue	e → ie	o → ue
Infinitive	sentar [1]	contar [2]	perder [3]	soler [4]
	to seat	*to tell*	*to lose*	*to be accustomed*
Present Participle	sentando	contando	perdiendo	soliendo
Past Participle	sentado	contado	perdido	solido

INDICATIVE

Present	siento	cuento	pierdo	suelo
	sientas	cuentas	pierdes	sueles
	sienta	cuenta	pierde	suele
	sentamos	contamos	perdemos	solemos
	sentáis	contáis	perdéis	soléis
	sientan	cuentan	pierden	suelen

SUBJUNCTIVE

Present	siente	cuente	pierda	suela
	sientes	cuentes	pierdas	suelas
	siente	cuente	pierda	suela
	sentemos	contemos	perdamos	solamos
	sentéis	contéis	perdáis	soláis
	sienten	cuenten	pierdan	suelan

[1] *Cerrar, comenzar, despertar, empezar* and *pensar* are similar.
[2] *Acordar, acostar, almorzar, apostar, colgar, costar, encontrar, jugar, mostrar, probar, recordar, rogar* and *volar* are similar.
[3] *Defender* and *entender* are similar.
[4] *Disolver, doler, envolver, llover* and *volver* are similar.

SECOND AND THIRD CLASSES

	second class		third class
	$e \to ie, i$	$o \to ue, u$	$e \to i, i$
Infinitive	sentir [5]	morir [6]	pedir [7]
	to regret	to die	to ask for, to request
Present Participle	sintiendo	muriendo	pidiendo
Past Participle	sentido	muerto	pedido

INDICATIVE

Present	siento	muero	pido
	sientes	mueres	pides
	siente	muere	pide
	sentimos	morimos	pedimos
	sentís	morís	pedís
	sienten	mueren	piden
Preterite	sentí	morí	pedí
	sentiste	moriste	pediste
	sintió	murió	pidió
	sentimos	morimos	pedimos
	sentisteis	moristeis	pedisteis
	sintieron	murieron	pidieron

SUBJUNCTIVE

Present	sienta	muera	pida
	sientas	mueras	pidas
	sienta	muera	pida
	sintamos	muramos	pidamos
	sintáis	muráis	pidáis
	sientan	mueran	pidan
Imperfect	sintiera	muriera	pidiera
	sintieras	murieras	pidieras
	sintiera	muriera	pidiera
	sintiéramos	muriéramos	pidiéramos
	sintierais	murierais	pidierais
	sintieran	murieran	pidieran

[5] *Mentir, preferir* and *sugerir* are similar.
[6] *Dormir* is similar; however, the past participle is regular—*dormido*.
[7] *Conseguir, despedir, elegir, medir, perseguir, reir, repetir, seguir* and *servir* are similar.

Irregular verbs

	andar *to walk, to go*
Preterite	anduve, anduviste, anduvo, anduvimos, anduvisteis, anduvieron

	caber *to fit*
Present Indicative	quepo, cabes, cabe, cabemos, cabéis, caben
Preterite	cupe, cupiste, cupo, cupimos, cupisteis, cupieron
Future	cabré, cabrás, cabrá, cabremos, cabréis, cabrán
Conditional	cabría, cabrías, cabría, cabríamos, cabríais, cabrían

	caer[8] *to fall*
Present Indicative	caigo, caes, cae, caemos, caéis, caen

	conocer *to know, to be acquainted with*
Present Indicative	conozco, conoces, conoce, conocemos, conocéis, conocen

	dar *to give*
Present Indicative	doy, das, da, damos, dais, dan
Present Subjunctive	dé, des, dé, demos, deis, den
Preterite	di, diste, dio, dimos, disteis, dieron

[8] Spelling changes are found in the present participle—*cayendo;* past participle—*caído;* and preterite—*caíste, cayó, caímos, caísteis, cayeron.*

	decir *to say, to tell*
Present Participle	diciendo
Past Participle	dicho
Present Indicative	digo, dices, dice, decimos, decís, dicen
Preterite	dije, dijiste, dijo, dijimos, dijisteis, dijeron
Future	diré, dirás, dirá, diremos, diréis, dirán
Conditional	diría, dirías, diría, diríamos, diríais, dirían
Direct Command	di (tú)

	estar *to be*
Present Indicative	estoy, estás, está, estamos, estáis, están
Present Subjunctive	esté, estés, esté, estemos, estéis, estén
Preterite	estuve, estuviste, estuvo, estuvimos, estuvisteis, estuvieron

	haber *to have*
Present Indicative	he, has, ha, hemos, habéis, han
Present Subjunctive	haya, hayas, haya, hayamos, hayáis, hayan
Preterite	hube, hubiste, hubo, hubimos, hubisteis, hubieron
Future	habré, habrás, habrá, habremos, habréis, habrán
Conditional	habría, habrías, habría, habríamos, habríais, habrían

	hacer *to do, to make*
Past Participle	hecho
Present Indicative	hago, haces, hace, hacemos, hacéis, hacen
Preterite	hice, hiciste, hizo, hicimos, hicisteis, hicieron
Future	haré, harás, hará, haremos, haréis, harán
Conditional	haría, harías, haría, haríamos, haríais, harían
Direct Command	haz (tú)

	incluir[9] *to include*
Present Indicative	incluyo, incluyes, incluye, incluimos, incluís, incluyen

[9] Spelling changes are found in the present participle—*incluyendo;* and preterite—*incluyó, incluyeron.* Similar are *atribuir, constituir, contribuir, distribuir, fluir, huir, influir* and *sustituir.*

ir[10]   *to go*

Present Indicative	voy, vas, va, vamos, vais, van
Present Subjunctive	vaya, vayas, vaya, vayamos, vayáis, vayan
Imperfect Indicative	iba, ibas, iba, íbamos, ibais, iban
Preterite	fui, fuiste, fue, fuimos, fuisteis, fueron
Direct Command	vé (tú)

oir[11]   *to hear*

Present Indicative	oigo, oyes, oye, oímos, oís, oyen

poder   *to be able*

Present Participle	pudiendo
Preterite	pude, pudiste, pudo, pudimos, pudisteis, pudieron
Future	podré, podrás, podrá, podremos, podréis, podrán
Conditional	podría, podrías, podría, podríamos, podríais, podrían

poner   *to put, to place*

Past Participle	puesto
Present Indicative	pongo, pones, pone, ponemos, ponéis, ponen
Preterite	puse, pusiste, puso, pusimos, pusisteis, pusieron
Future	pondré, pondrás, pondrá, pondremos, pondréis, pondrán
Conditional	pondría, pondrías, pondría, pondríamos, pondríais, pondrían
Direct Command	pon (tú)

producir   *to produce*

Present Indicative	produzco, produces, produce, producimos, producís, producen
Preterite	produje, produjiste, produjo, produjimos, produjisteis, produjeron

[10] A spelling change is found in the present participle—*yendo*.
[11] Spelling changes are found in the present participle—*oyendo*; past participle—*oído*; and preterite—*oíste, oyó, oímos, oísteis, oyeron*.

querer *to wish, to want*

Preterite	quise, quisiste, quiso, quisimos, quisisteis, quisieron
Future	querré, querrás, querrá, querremos, querréis, querrán
Conditional	querría, querrías, querría, querríamos, querríais, querrían

saber *to know*

Present Indicative	sé, sabes, sabe, sabemos, sabéis, saben
Present Subjunctive	sepa, sepas, sepa, sepamos, sepáis, sepan
Preterite	supe, supiste, supo, supimos, supisteis, supieron
Future	sabré, sabrás, sabrá, sabremos, sabréis, sabrán
Conditional	sabría, sabrías, sabría, sabríamos, sabríais, sabrían

salir *to leave, to go out*

Present Indicative	salgo, sales, sale, salimos, salís, salen
Future	saldré, saldrás, saldrá, saldremos, saldréis, saldrán
Conditional	saldría, saldrías, saldría, saldríamos, saldríais, saldrían
Direct Command	sal (tú)

ser *to be*

Present Indicative	soy, eres, es, somos, sois, son
Present Subjunctive	sea, seas, sea, seamos, seáis, sean
Imperfect Indicative	era, eras, era, éramos, erais, eran
Preterite	fui, fuiste, fue, fuimos, fuisteis, fueron
Direct Command	sé (tú)

tener *to have*

Present Indicative	tengo, tienes, tiene, tenemos, tenéis, tienen
Preterite	tuve, tuviste, tuvo, tuvimos, tuvisteis, tuvieron
Future	tendré, tendrás, tendrá, tendremos, tendréis, tendrán
Conditional	tendría, tendrías, tendría, tendríamos, tendríais, tendrían
Direct Command	ten (tú)

	traer[12] *to bring*
Present Indicative	traigo, traes, trae, traemos, traéis, traen
Preterite	traje, trajiste, trajo, trajimos, trajisteis, trajeron

	valer *to be worth*
Present Indicative	valgo, vales, vale, valemos, valéis, valen
Future	valdré, valdrás, valdrá, valdremos, valdréis, valdrán
Conditional	valdría, valdrías, valdría, valdríamos, valdríais, valdrían

	venir *to come*
Present Participle	viniendo
Present Indicative	vengo, vienes, viene, venimos, venís, vienen
Preterite	vine, viniste, vino, vinimos, vinisteis, vinieron
Future	vendré, vendrás, vendrá, vendremos, vendréis, vendrán
Conditional	vendría, vendrías, vendría, vendríamos, vendríais, vendrían
Direct Command	ven (tú)

	ver[13] *to see*
Past Participle	visto
Present Indicative	veo, ves, ve, vemos, veis, ven
Imperfect Indicative	veía, veías, veía, veíamos, veíais, veían

[12] Spelling changes are found in the present participle—*trayendo;* and past participle—*traído.*
[13] Spelling changes are found in the preterite—*vi, vio.*

Sobre los artistas

Estas breves notas biográficas representan los acontecimientos importantes de la vida de los artistas representados en color en el texto.

SALVADOR DALÍ (1904–)

Dalí, nacido en Cataluña, es representante del suprarrealismo en el arte español. En sus cuadros hay todos los elementos más extravagantes de esta escuela pictórica. Es el pintor más discutido de hoy.

FRANCISCO DE GOYA (1746–1828)

El rey Carlos III le invitó a Goya a ornamentar el nuevo palacio de Madrid. Todos los palacios requerían tapices para adornar sus salas frías. Entre 1776 y 1791 Goya pintó unos cuarenta y cinco cuadros al óleo. La Real Fábrica de Tapices de Madrid copió estas escenas que hoy se pueden ver en El Prado. El año 1786 Goya fue nombrado Pintor del Rey y más tarde Pintor de Cámara durante el reinado de Carlos IV.

La obra que le dio al pintor mayor fama en el extranjero fue los «Caprichos». Estos son aguafuertes que demuestran unos asuntos caprichosos de la vida como la vio el artista.

EL GRECO (DOMENICOS THEOTOCOPOULOS) (1540–1614)

Nacido en Creta, este gran artista se encontró en Venecia, Italia, a los veinte años. Allá estudió entre las glorias de Ticiano, Tintoretto, Veronés y Miguel Angel. Pero es Toledo que le llevó a la madurez de su arte.

Muy notable en su obra es el alargamiento de las figuras. Algunos han dicho que es a causa de un defecto en la vista del pintor. Pocos son los que toman en serio esta explicación.

El cuadro titulado «El Cardenal» es una de sus más célebres retratos. Representa al cardenal inquisidor Guevara. Esta obra se encuentra hoy en el Metropolitan Museum of Art de Nueva York.

Para todo forastero o extranjero que por primera vez llega a la ciudad imperial es de rigor estacionarse, antes de cruzar el Tajo, en la colina de donde se ve la ciudad tal como la vio El Greco cuando la inmortalizó en su «Vista de Toledo».

JUAN GRIS (1887–1927)

La muerte prematura de este pintor español en el pleno apogeo de su arte ha sido una gran pérdida para el mundo de las artes. Otro de los españoles de la escuela de París, era uno de los mayores exponentes del cubismo.

ROBERTO MONTENEGRO (1885–)

Nació en Guadalajara, Jalisco. Estudió en la Academia de San Carlos, México, D. F. Viajó por Europa y también estudió allí. Organizó el Museo de Artes Populares en Mexico, D. F., en 1934.

Además de ser pintor es también fresquista, ilustrador, escenógrafo, grabador y editor.

PABLO RUIZ PICASSO (1881–)

El pintor español más renombrado de los tiempos modernos es Pablo Picasso, nacido en Málaga. Sus arlequines, sus músicos melancólicos y sus mujeres masivas preocupan a todo el mundo.

En 1900 su padre, profesor de arte de una academia barcelonesa, le envió a París para continuar sus estudios. En 1903 se estableció en Francia definitivamente.

Su obra abarca desde lo realista y común de sus primeros cuadros através del cubismo hasta el simbolismo de «Guernica».

Considerado por la mayoría de los críticos como la primera figura del arte contemporáneo, el insigne maestro andaluz reside y trabaja actualmente en Francia.

DIEGO MARÍA RIVERA (1886–1957)

Nació en Guanajuato, México. Rivera estudió en la Academia de San Carlos. En 1907 viajó a España para continuar con sus estudios.

Agrarian Leader Zapata es una variación del fresco que está en el Palacio de Cortés en Cuernavaca, México.

Durante toda su vida tuvo mucho interés no sólo en los asuntos políticos de México sino también en los del mundo.

DIEGO RODRÍGUEZ DE SILVA Y VELÁZQUEZ (1599–1660)

Hijo de padre portugués y madre andaluza, estudió y trabajó en el estudio del pintor Pacheco. Años después se casó con la hija de su maestro. En 1623 fue a la corte y al servicio del rey Felipe IV.

Son numerosas las obras maestras de Velázquez. Entre éstas figuran «Las Meninas», «La Rendición de Breda» y «Los Borrachos». Todo le interesó a Velázquez como tema. Desde los enanos y borrachos hasta las infantas, todos se encontraron fielmente representados en los lienzos del maestro.

DAVID ALFARO SIQUEIROS (1898–)

El pintor nació en Chihuahua, México. Siqueiros igual que Rivera estudió en la Academia de San Carlos. De joven se alistó al ejército de Carranza. Después de viajar por Europa, volvió a México donde se interesó en los asuntos políticos del país.

JOAQUÍN SOROLLA Y BASTIDA (1863–1923)

Nació en Valencia en 1863. Era uno de los más notables representantes del arte español contemporáneo. Sus cuadros más famosos son los que retratan las diferentes regiones de España.

RUFINO TAMAYO (1899–)

El fino pintor mexicano al principio fue muralista como sus compatriotas Rivera, Orozco y Siqueiros. También como ellos metía en su obra el tema revolucionario. Más tarde siguió un camino independiente en que divorció la estética de lo social. Se considera hoy en la tradición de Picasso.

IGNACIO ZULOAGA (1870–1945)

Ignacio de Zuloaga, pintor del siglo XX, nos presenta retratos sobre fondos de paisaje español. Se distingue por su gran realismo.

En la provincia de Teruel de la región de Aragón se encuentra la antigua ciudad árabe de Albarracín que era capital de un pequeño reino desaparecido. Fue construida a orillas del río Guadalaviar. Las casas se amontonan sobre una rocosa colina. Muy notable es la muralla gótica que sube desde el pueblo a un castillo que hoy está en ruinas.

FRANCISCO DE ZURBARÁN (1589–1664?)

Hoy día se reconoce el gran valor de este pintor que se encontraba en el olvido el siglo pasado. Forma con Velázquez la pareja de gigantes del arte español del siglo XVII.

Grande es el contraste entre la obra de los dos genios. Velázquez, pintor de la corte, es todo color y vida mientras que Zurbarán sigue el camino de los temas religiosos, de la meditación.

Nació Zurbarán en un pueblecito de Extremadura. A los dieciséis años se marchó a Sevilla donde se estableció. Antes de cumplir los treinta años ya se le consideraba maestro.

De los últimos años de Zurbarán se sabe muy poco. Desapareció después de 1664 y no se sabe cómo, cuándo, ni dónde murió.

Índice gramatical

adjectives, demonstrative, 301
    possessive, 300
andar, preterite tense of, 36–39

caber, conditional tense of, 98–101
    future tense of, 98–101
    preterite tense of, 36–39
commands, direct, 139–142
        familiar form of, 141–142
        formal form of, 139–141
        irregular verbs, 140–142
        orthographic-changing verbs, 140–141
        regular verbs, 139–142
        verbs with irregular stems, 139–141
    indirect, 142–143
como si, 249–250
compound tenses, indicative, 347–349
    subjunctive, 349–350
conditional perfect tense, 348–349, 350–351
conditional tense, 98–101, 350–351
    of probability, 101
conjunctions, 222–223, 246–247
cuyo, 370

dar, present subjunctive of, 194–197
    preterite tense of, 37–39
decir, conditional tense of, 98–101
    future tense of, 98–101
    preterite tense of, 37–39
demonstratives, adjectives, 301
    pronouns, 301
direct object pronouns (*see* **pronouns**)

el cual, 369
el de, 301
el que, 369
estar, contrasted with *ser*, 277–279
    in passive voice, 393
    present subjunctive of, 194–197
    preterite tense of, 36–39
    uses of, 276–279

future perfect tense, 348–349
future tense, 98–101, 350–351
    of probability, 101

gerund (*see* **present participle**)

haber, conditional tense of, 98–101
    future tense of, 98–101
    present subjunctive of, 194–197
hacer, conditional tense of, 98–101
    future tense of, 98–101
    preterite tense of, 36–39

imperative (*see* **commands**)
imperfect tense, of irregular verbs, 59–60
    of regular verbs, 59–60
    use of, 60–62
indirect object pronouns (*see* **pronouns**)
infinitives, use of, 77–78, 247
ir, imperfect tense of, 59–60
    present subjunctive of, 194–197
    preterite tense of, 37–39

la de, las de, 301
lo cual, 370
lo que, 370
los de, 301

mandato (*see* **commands**)

object pronouns (*see* **pronouns**)
oir, preterite tense of, 37–39

para, contrasted with *por*, 324–325
participle, past, 347–351
    present, 119–121
        as adverb, 121
passive voice, with *estar*, 393
    with *se*, 78, 392
    with *ser*, 391–392

pluperfect tense, indicative, 348–349
    subjunctive, 349–351
poder, conditional tense of, 98–101
    future tense of, 98–101
    preterite tense of, 36–39
poner, conditional tense of, 98–101
    future tense of, 98–101
    preterite tense of, 36–39
por + adjective + *que*, 247–248
por, contrasted with *para*, 324–325
possessive adjectives (*see* **adjectives**)
possessive pronouns (*see* **pronouns**)
prepositions, with pronouns, 171
present participle, 119–121
    as adverb, 121
present perfect tense, indicative, 347–349
    subjunctive, 349–350
present progressive tense, 119–121
preterite tense, of first conjugation verbs, 16–17
    of irregular verbs, 36–39
    of radical-changing verbs, 37–39
    of regular verbs, 16–19
    of second conjugation verbs, 17–18
    of third conjugation verbs, 18–19
    use of, 60–62
progressive tense, 119–121
pronouns, demonstrative, 301
    direct object, 166–167
    direct and indirect, position of, 168–170
    indirect object, 167–168
    possessive, 300
    with prepositions, 171
    reflexive, with indirect object pronoun, 170
        with infinitive, 77–78
    relative, 368–370

que, 368
querer, conditional tense of, 98–101
    future tense of, 98–101
    preterite tense of, 36–39
quien, 368–369

radical-changing verbs, 37–39, 245–250
reflexive pronouns (*see* **pronouns**)
reflexive verbs, 77–78
relative pronouns (*see* **pronouns**)

saber, conditional tense of, 98–101
    future tense of, 98–101
    present subjunctive of, 194–197
    preterite tense of, 36–39
salir, conditional tense of, 98–101
    future tense of, 98–101
se, to express involuntary action, 170
    in passive voice, 78, 392
ser, contrasted with *estar*, 277–279
    imperfect tense of, 59–60
    in passive voice, 391–392
    present subjunctive of, 194–197
    preterite tense of, 37–39
    uses of, 274–279
si clauses, 249, 350–351
subjunctive, imperfect, with adjectives, 247–248
    in adverbial clauses, 246–247
    after *como si*, 249–250
    of irregular verbs, 244–250
    in noun clauses, 245–246
    of radical-changing verbs, 245–250
    of regular verbs, 244–250
    in relative clauses, 248–249
    in *si* clauses, 249, 350–351
    present, in adverbial clauses, 222–223
    of irregular verbs, 194–197
    in noun clauses, with expressions of doubt, 196
        with expressions of emotion, 195–196
        with expressions of will, 194–195
        with impersonal expressions, 197
    of regular verbs, 193–197
    in relative clauses, 224
    of verbs with irregular stem, 193–197
    present perfect, 349–350
    pluperfect, 349–351

tener, conditional tense of, 98–101
    future tense of, 98–101
    preterite tense of, 36–39
traer, preterite tense of, 37–39

valer, conditional tense of, 98–101
    future tense of, 98–101
venir, conditional tense of, 98–101
    future tense of, 98–101
    preterite tense of, 36–39
ver, imperfect tense of, 59–60